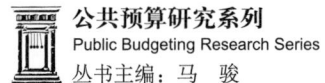

公共预算研究系列
Public Budgeting Research Series
丛书主编：马 骏

中国公共预算研究

第五届学术会议论文集（2014·北京）

China's Public Budgeting Research

马 骏 王浦劬 黄 严 主编

中央编译出版社
Central Compilation & Translation Press

目 录

编者序 ………………………………………………………… / 1

国家治理与预算制度改革

盐津县"群众参与预算":国家治理现代化的基层探索 ……… 马 骏 / 3
权责发生制视角的中国公共部门改革:评述与
　　优先议程 …………………………………… 王雍君　谢 林 / 40
政府间预算管理制度构建与预算约束 …………………… 李 燕 / 63
基于源头治理的地方预算体制改革 …………… 胡宁生　张荣凤 / 77
新预算法的认知及实施难度研究
　　——基于基层公务员问卷调查的实证分析 …… 邝艳华　张 俊 / 88

人大预算监督与审计

人大预算监督效力评价和改革路径选择 ………………… 魏 陆 / 109
预算模式、预算机会主义和预算审计 …………………… 郑石桥 / 129
加强黑龙江省地方人大全口径预决算审查监督工作研究
　………………… 黑龙江省人大常委会预算工作委员会课题组 / 141
绩效视角下我国政府采购的改进
　　——以 A 市为例的一个研究 ………………… 袁星侯　宋雅琴 / 151

中央政府预算执行审计与公共预算改革的关系研究
——基于1996—2014年全国人大常委会公报的
内容分析 ………………………………………… 赵早早 / 163

公共收入、支出与政府财政风险

地方政府债务偿还机制研究 ……………………………… 苗庆红 / 181
政策与支出：中国社会福利的转型和忧思 ………… 石 慧 马 骏 / 198
均等与增长：转移支付对县级公共服务财政投入的影响
——以2007年四川省数据为例 ……………………… 周美多 / 227
嵌入科层体系中的包税制：中国财政收入汲取模式的
组织学新解 ……………………………………… 张 克 / 244

政府间财政关系

中国地方政府省际财政健康度评价及解释
——结合资产负债与收支信息的分析
………………………………… 解洪涛 陈志勇 陈利伟 / 267
自下而上 VS 自上而下：政府事权分割的理论逻辑和
现实进路 ………………………………………… 靳继东 / 290
财政分权对地方政府规模的影响效应研究
——基于1997—2012年的省际面板数据分析
…………………………………………… 严 敏 朱春奎 / 308
地方分权与预算自主
——论分税制下的地方预算自主权及其宪制意涵 ……… 吴良健 / 337

编　者　序

　　尽管公共预算研究领域发展时间并不算悠久，但是已经有越来越多的研究者不断加入到这一学术阵营当中，同时，公共预算为其他领域研究的开展也提供了非常好的视角，因此也吸引了许多相关研究者的关注。"中国公共预算研究"全国学术研讨会旨在为各位从不同角度探究公共预算的专家学者提供良好的交流平台，提升中国公共预算的研究水平，同时也为中国公共预算改革提供全面丰富的理论指导和智力支持，并有效推进中国公共预算改革的发展。至今，这一由国内著名高校共同举办的学术研讨会已经成功举办了五届，吸引了国内外众多高校研究人员和实践工作者的积极参与，产生了一大批优秀的研究成果。

　　第五届"中国公共预算研究"全国学术研讨会于 2014 年 8 月 22 日在北京举行。这次会议由北京大学政治发展与政府管理研究所、中山大学中国公共管理研究中心、中山大学政治与公共事务管理学院、北京大学复旦大学吉林大学中山大学国家治理协同创新中心联合主办，吸引了来自北京大学、清华大学、复旦大学、上海交通大学、中山大学、中国社会科学院、国家行政学院、中央财经大学、中南财经政法大学、西南财经大学、华南师范大学、南京审计学院等高校的三十余名专家学者，以及来自全国人大、黑龙江省人大常委会、浙江省温岭市人大常委会的多位公共预算实践专家的参与。在此次研讨会上，学者们从不同研究视角对公共预算理论和实践进行了深入交流和讨论，同时，来自全国各地的预算实践者们则提供了非常宝贵的预算实践经验。这种理论与经验的结合与碰撞，极大拓展了中国公共预算研究的领域，并改善了研究方法。

本论文集遴选了本届研讨会众多优秀参会者的论文汇编而成，在原有的研究议题的基础上进行整合，集中以"国家治理与预算制度改革""人大预算监督与审计""公共收入、支出与政府财政风险"和"政府间财政关系"四个板块为主题分别进行汇总。研究内容丰富，既有扎实的经验研究，也有深刻的评估性研究，希望能够为预算及相关领域的研究者和实践者提供有力参考。第一个主题围绕国家治理与预算制度改革展开，通过深入讨论云南盐津"参与式预算"实践来探索我国通过基层预算改革实现国家治理现代化的现实路径。从权责发生制视角剖析中国公共部门改革，提出构建政府间预算管理约束制度和改革地方预算体制的建议，并通过对公务员的问卷调查分析了该群体对新《预算法》的认知及实施难度。第二个主题围绕人大预算监督与审计展开，从权力保障、能力建设和约束机制这三个维度构建了一套评判立法部门预算监督效力高低的标准，并利用这一标准对我国人大预算监督情况进行了问卷调查和定量定性评价。同时，还分析了预算模式与预算审计之间的关系，介绍了黑龙江人大对政府预算决算审查监督的实践经验，提出了对政府采购改革的建议，并探讨了中央政府预算执行审计与公共预算改革的关系。第三个主题讨论了地方政府的债务偿还机制，通过解析社会政策支出提出了对我国社会福利政策转型过程中的忧虑与思考，考量了转移支付对地方公共服务财政投入的影响，还从新的角度解释了我国财政收入汲取模式。第四个主题对我国政府间财政关系进行了探讨，通过对资产负债与收支信息的分析和评价解释了我国地方政府省际财政健康度，对政府支出责任分割的理论逻辑和现实进路进行了分析，研究了财政分权对地方政府规模的影响效应，并讨论了分税制下我国地方预算自主权的法律意涵。

如今，"中国公共预算研究"研讨会已走过五届十载，承载了众多对公共预算领域感兴趣的"预算人""政治人""管理人""经济人"

及"财政人"的研究热情、动力、领悟与心血。我们在此由衷感谢各位参会学者和实践者对以往五届"中国公共预算研究"研讨会及其论文集出版的恒久支持,同时感谢为此付出无限热忱、时间与汗水的会议主办方、组织者、会务老师、论文集编辑老师及同学们。我们将继续不懈努力,共同期待我们的"中国公共预算研究"迈进下一个十年、百年甚至更远的未来!

编者

2015 年 8 月

公共预算研究系列
Public Budgeting Research Series

国家治理与预算制度改革

盐津县"群众参与预算":国家治理现代化的基层探索*

马 骏**

内容摘要:三十多年的经济社会变迁对中国国家治理体系构成了巨大的挑战。中国共产党十八届三中全会明确提出了推进国家治理体系现代化的改革目标。在此进程中,基层治理是最基础性的。通过在预算过程中引入公民参与,实行预算民主,云南省盐津县在2014年实行的群众参与预算改革不仅在基层治理领域丰富和发展了基层民主,而且在基层治理领域建立起一种"共同治理"的民主治理模式,使得公共资金的分配更加能够满足公民的需要,进而提高了资源配置效率。此外,由于建立起一种共同治理,群众参与预算的实施也极大地降低了国家治理的成本。总之,盐津群众参与预算改革是一次成功的在基层治理领域推进国家治理体系现代化的改革试点,它不仅对盐津县也对云南省其他地方乃至中国其他地方推进基层治理体系现代化具有深远的意义。

关键词:公民参与 公共预算 基层治理 国家治理

---

* 该文发表于《公共行政评论》2014年第5期。
** 马骏,中山大学中国公共管理研究中心、政治与公共事务管理学院教授。

三十多年的经济社会转型，不仅从根本上改变了中国的经济体制和社会结构，也对国家与社会关系产生了巨大的影响。在这个过程中，民众的思想观念也发生了巨大的变化。这些都对国家治理体系构成了巨大的挑战。面对这样一个已经发生了根本性变化而且仍处在迅速变化中的中国社会，原来行之有效的治理模式开始变得不那么有效，在某些情况下，它不仅不能解决问题，反而成为问题本身。一言之，经济社会变迁要求中国全面地重构国家治理体系及其治理模式。如果说前三十年国家转型的重点是经济体制改革，那么，在未来三十年，改革的重点应是国家建设（state-building），或者更准确地说，是国家重建（state-rebuilding）。在国家重建的过程中，中国必须适应经济社会变迁重构国家治理模式（马骏，2010a）。对此，中国的执政者有着清醒的认识。中国共产党十八届三中全会明确提出推进国家治理体系现代化，提高国家治理能力的改革目标，并将其提到了前所未有的高度。在国家重建的过程中，国家需要重新界定它与市场和社会之间的关系。面对充满不确定性而且处于全球市场体系中的现代市场经济，以及日益多元化而且深受市场经济影响的社会，国家必须是有能力的。然而，同样重要地，这个强有力的国家必须是民主的、负责的（马骏，2010a）。正如历史社会学家蒂利（Tilly，2007：15）总结的，在现代国家建设的过程中，有两个至关重要的维度，一是国家能力，二是政治民主化。中国在推进国家治理体系现代化的过程中，也应同时从这两个方面来谋划改革。

古人云："郡县治，天下安。"在国家治理体系中，基层治理是最基础性的。在很大程度上，国家政策有赖于基层政权贯彻落实，人民对国家和政府的认识也主要来自于他们与基层政权的互动。如何推进基层治理现代化，是国家治理体系现代化的基础性问题。对于推进基层治理现代化来说，如何进一步健全基层民主则是非常核心的。中国共产党十八届三中全会明确提出"发展社会主义民主政治，必须以保证人民当家作主为根本"，并提出应"更加注重健全民主制度、丰富民主形式"。对于社会主义民主建设，十八届三中全会在强调"推动人民代表大会制度与时俱进"的同时，提出"推进协商民主广泛多层制度化发展，发展基层民主"。在健全基层民主方面，十八届三中全会明确提出"畅通民主渠道，健全基层选举、议事、公开、述职、问责等机制。开展形式多样的基层民主协商，推进基层协商制度化，建立健全村民、居民监督机制"。此外，值得注意的是，在提出国家治理现代化的同时，十八届三中全会也明确提出现代财政预算制度是国家治理的基础制度。

本文将介绍和分析云南省盐津县的群众参与预算改革。从2012年起，盐津县开始试点公民参与预算，并在2014年将其发展成为群众参与预算。通过在基层治理领域建立现代预算制度，实行预算民主，盐津的群众参与预算不仅丰富了基层民主形式，发展了基层民主，而且在基层治理层面推进了国家治理现代化，建立起一种民主治理的基层治理模式。为了提供一个理解的背景，本文首先分析预算民主的重要性，以及中国地方政府在这一领域的探索。随后，本文介绍盐津群众参与预算是如何产生的，以及它的主要制度设计。在此基础上，本文着重分析2014年盐津群众参与预算的实施情况。紧接着，本文分析盐津2014年群众参与预算的实施成效，并探讨它对完善国家治理的意义。最后是结论和讨论。

本文对盐津群众参与预算的分析，综合运用了来自多种渠道的资料和数据，包括：(1) 盐津县委、县政府及其财政局，以及参加群众参与预算试点的四个乡镇制定的各种文件。(2) 云南省财政厅提供的四个乡镇编辑的2014年群众参与预算资料汇编。(3) 本文作者的现场观察。2013年10月10日至11日，本文作者应邀观摩了豆沙镇、庙坝镇的参与预算，2014年4月2日至3日观摩了豆沙镇和中和镇的群众参与预算。(4) 本文作者访谈。在2013年10月观摩后，云南省财政厅牵头对盐津参与预算进行完善。在这一过程中，本文作者在提供咨询意见的同时，也就相关问题请教了云南省财政厅、盐津县委、县政府及其财政局的相关制度设计者。此外，在2014年2月27日至28日，本文作者应邀为盐津群众参与预算的议事员和民主议事会主持人进行了培训。在这个过程中，也就相关问题进行了了解。(5) 问卷调查。针对2014年盐津群众参与预算,我们设计了调查问卷。在云南省财政厅和盐津当地政府的帮助下,对参加试点的四个乡镇的群众议事员进行了问卷调查。盐津县四个乡镇随机抽选产生的议事员共有 71 人,直接推选的议事员共有 72 人,合计 143 名议事员,实际参加各乡镇第一次民主议事会的议事员为 136 人。在问卷调查中,实际发放问卷 136 份,收回问卷 132 份,有效问卷 122 份。

一、预算民主的兴起:中国基层探索

民主可以通过多种形式实现。不过,从 20 世纪开始,经过熊彼特、达尔等学者的简化式处理,民主开始被等同于选举。然而,民主并不是国家建设的最终目标。国家建设的最终目标是建立一个对人民负责的政府,民主只不过是实现这个目标的一个手段。为了建立一个对人民负责的政府,有两个最基本的问题是必须要关注的。一是权力由谁来使用,或者说,选择什么样的人来做官员。另一个基本问题是权力如何使用。为了解决这两个问题,在两千多年中,人类试验了各种办法。从 19 世纪开始,在这两个基本问题上,人类社会开始逐步形成了某种共识。对于"由谁来使用权力"这个问题,竞争性选举被视为一种相对比较好的制度,但不是最民主、最公平的制度。对于"权力如何使用"这个问题,一种共识是建立权力使用的监督机制,其中,现代财政预算制度被视为最重要的监督机制。相应地,与选举制度相联系在一起的是选举民主,与预算监督相联系在一起的是预算民主(马骏,2010b)。

关于选举民主和预算民主的关系,将近百年前,美国政治学家,同时也是美国预算改革领导者的克里夫兰(Cleveland)曾非常精辟地进行了分析。1919 年,克利夫兰发表了《民众控制的政府》一文。一开篇,克里夫兰这样写到:我们美国人如此地相信选举,我们坚信通过选举能够解决一切政治弊病。在过去的一百二十多年中,我们不断地完善选举制度。不幸地,我们仍然失望地发现,民主选举产生的政府居然也是不负责的。在克里夫兰看来,这主要是因为缺乏一种有效的监督机制，一种能对权力的使用积极主动地进行监督的机制。解决之道是，建立现代预算制度，通过控制资金来控制权力的使用。在此基础上，克里夫兰呼吁，民主不能发展到选举民主就停步不前，在选举制度之上还应再建立像预算监督这样的控制机制。

在整个19世纪直至20世纪80年代之前，预算民主主要是与立法机构所谓的"钱袋子"的权力联系在一起的。立法机构的预算监督是代议制民主的一部分。然而，即使政治家是民选的，一旦选举结束后，公民也难控制这些政治家，并确保他们在权力使用过程中真正关注公民的利益。在此背景下，从20世纪80年代开始，一种新的预算民主形式，即公民参与预算，开始兴起。公民参与预算是指公民直接参与政府的预算决策过程，并能影响预算资金的分配。它最初是在巴西的一些城市开始试验，随后在20世纪90年代扩展到其他拉美国家，在过去的十多年中公民参与预算开始扩展到其他发展中国家乃至发达国家。在实行选举民主的国家，公民参与预算主要是作为代议制民主的补充形式而出现的。公民参与预算扩大了公民参与，尤其是它使得那些原来被排除在政治过程之外的收入较低、受教育程度也比较低的公民能够参与到政治过程中。同时，由于公民参与预算将预算权力直接交给人民，这使得财政资金开始被重新配置去提高穷人的生活质量，提供公民所需要的公共服务。最后，它也显著地增加了财政透明度（Ackerman，2003）。如果说立法机构的预算监督在财政领域建立起一种水平问责的政治问责机制，公民参与预算则建立起一种更为直接的社会问责机制（Ma，2009；Ma & Hou，2009）。

在过去十多年中，随着预算改革的推进，中国的一些地方开始试点公民参与预算。2005年，浙江温岭市泽国镇试点了公民参与预算。这是中国最早的公民参与预算。它在公民参与预算中融合了美国资本预算的项目评分技术和温岭市自20世纪90年代末期发展起来的民主恳谈制度。在泽国的试验中，随机抽出的公民代表对政府提出的基础设施项目进行恳谈后再对项目进行打分，然后政府根据各个项目的得分确定纳入政府预算的项目。2006年，温岭市新河镇试点了"预算民主恳谈"。它是在镇人代会审议、批准镇政府预算的环节，以温岭本地的民主恳谈为基础，建立了预算修正程序，并吸纳部分公民参与预算审查监督。不过，最后只有镇人大代表才能提出预算修正案。一旦镇人大代表大会通过了某项预算修正案，政府就必须相应地修改政府预算。尽管都是预算民主恳谈模式，但泽国镇2005年模式和新河镇2006年模式存在着以下不同：(1) 新河镇的预算民主恳谈是以人大预算监督为主，公民参与预算为辅的，而泽国模式则是以公民参与预算为主的；(2) 新河模式将所有政府预算都纳入人大预算监督和公民参与，而泽国模式主要适用于资本预算，即基础设施建设支出；(3) 新河模式的公民参与是在人大审批预算的环节，而泽国模式是在政府编制预算的环节。从2008年开始，新河模式开始变成温岭预算民主恳谈的主要形式。在人大审批预算环节建立预算修正程序也成为温岭预算民主恳谈制度的核心环节。不过，尽管引入了新河模式在人大预算监督环节的预算修正程序，但泽国在人大代表审议预算之前，继续实行公民参与预算，由随机抽取的民意代表对政府预算进行民主恳谈。根据民主恳谈的意见，政府对预算进行调整，再提交人大审议。此外，在公民代表对政府预算进行恳谈时，人大代表现场进行旁听，了解参与公民的意见与想法。这有助于人大代表在人代会审议政府预算的环节吸纳一部分公民的意见。同样地，与新河模式一样，参与公民也可旁听人大代表的预算恳谈。2008年，温岭在6个乡镇推开预算民主恳谈，2009年在16个乡镇街道全面实施。

  2006年，在中国发展基金会的推动之下，哈尔滨市和无锡市开始试点称为"参与式预算"的公民参与预算。哈尔滨市在街道开展改革试验的同时，也选择了少数农村进行试点，无锡市主要在街道开展了"参与式预算"试验。2006年，哈尔滨市在阿城县和道里区的2个街道和1个村试点了"参与式预算"，涉及3个项目。2007年，改革推广到3区1县，12个街道，5个乡镇，共31个项目。2006年，无锡市在2个区选择2个街道进行"参与式预算"改革试点，涉及3个项目。次年，改革推广到5个区，16个街道，共32个项目。2008年，哈尔滨市各区根据实际情况继续扩大"参与式预算"的试验范围，无锡市除原乡镇建制的街道以外，在所有街道全面推行"参与式预算"。哈尔滨、无锡的"参与式预算"主要是在政府编制预算环节引入公民参与，主要适用于与公民生活息息相关的基础设施建设，而且只是其中的一部分项目。在项目选择上，两地主要运用投票决定或协商决定模式。哈尔滨"参与式预算"的特点是：政府在项目选择上有较强的主导性，在大多数情况下，是由政府选定项目类型，再由居民代表选择项目实施的先后顺序，居民更多参与项目的后期管理。无锡"参与式预算"的特点是：居民全程参与项目选择和项目管理（中国发展基金会，2009）。

在这些先驱性探索的影响下，其他一些地方也开始了公民参与预算改革试点。2012年，安徽省淮南市在市本级预算的编制过程对参与式预算作了试点，首先运用网络评审的方式，由公民对政府拟定的项目进行评审，然后在会议评审环节纳入公民参与（黄仕兴，2012）。2011年11月，广东省顺德市在推进社会体制综合改革的过程中，将参与式预算作为深化财政管理体制改革的重点。2012年7月，顺德区出台《参与式预算试点工作方案》及《实施细则》。随后，顺德区参与式预算工作小组对2013年度区属单位申报的500多个新增预算项目进行筛选，最终确定"孕前优生健康检查项目"和"残疾人辅助器具适配、居家无障碍改造项目"为试点项目。通过公民参与的方式，最后这两个项目获得了认可，但预算金额进行了调整。不过，顺德参与式预算改革纳入的项目比较少，参与面也不够高（中国社会科学院，2014）。

目前，国内这些地方实行的公民参与预算普遍都存在着一些局限性。从2006年开始，温岭预算民主恳谈已将恳谈的重点转移至人大预算监督环节，从而变成以人大预算监督为主、公民参与为辅的预算民主形式。至于哈尔滨、无锡的公民参与预算，目前已开始陷入停顿。在顺德模式中，纳入公民参与的政府项目是非常有限的。在淮南模式中，公民只是参与评议政府项目，而无对项目的决定权。此外，在温岭模式以及哈尔滨和无锡实行的"参与式预算"中，公民获得了对政府项目的决策权，但无项目提议权。最后，在哈尔滨和无锡实行的参与式预算以及顺德实行的参与式预算中，纳入公民参与预算的财政资金在政府当年安排的财政资金中仅占极小的比重。从2012年开始，在云南省财政厅的指导下，在借鉴国外公民参与预算经验的基础之上，云南省盐津县开始探索创新公民参与预算。从2012年至2014年，盐津县在豆沙和庙坝两个乡镇试点了公民参与预算。在总结这两个乡镇改革试点经验的基础之上，2014年，盐津县进一步完善了公民参与预算。2014年3—4月，一个全新的公民参与预算模式——"群众参与预算"——在盐津的四个乡镇推开。盐津的改革对于进一步在中国各地推进公民参与预算以及完善基层治理具有非常重要的意义。

二、盐津模式：群众参与预算

盐津县是云南省昭通市下属的一个县，而且是国家扶贫开发工作重点县，财政自给率比较低。例如，2010年，县级财政一般预算收入9199万元，县级基金收入388万元，中央、省、市各项补助收入78956万元，其中一般性转移支付14875万元，专项资金36206万元（盐津县财政局，2011）。2011年，在省财政厅的指导下，盐津县委、县政府开始谋划通过财政预算改革来推动基层政府的治理体系完善。盐津的财政预算改革包括三块互相联系的内容：部门"比例·绩效"预算、县乡财税增长激励机制、公民参与预算。其中，后两者最为密切地联系在一起（李晓，2014）。

2008年，云南省实施"乡财县管"体制，取得了明显成效。然而，一些新问题也开始出现。首先，《预算法》关于一级政府一级预算的规定悬空，乡镇财政职能不断弱化，财权与事权不匹配。其次，乡镇政府发展经济的积极性削弱，抓财政收入的积极性降低，对县财政的依赖心理比较严重。第三，乡镇财政预算缺乏民主监督，乡镇人大预算监督未能落实。在"乡财县管"体制下，乡镇被视为县级预算的一个部门，每年编制部门预算，向县人代会简单汇报，有的甚至不汇报。乡镇预算的执行和调整也不向乡镇人大主席团汇报。2012年，盐津县开始改革县乡财政管理体制，实行了乡镇财政增收的激励机制，包括界定县乡收入范围，核定乡镇收入基数，建立转移支付和定额上解制度。最重要的是，基数核定后，三年不变。这实质上是向乡镇下放财权，有助于调动乡镇增收节支的积极性（李晓，2014b）。

然而，向乡镇下放财权后，一个新的问题也随之而来，即如何确保乡镇政府负责地使用这些资金。盐津改革者选择了公民参与预算。在认真研究了国内外公民参与预算经验以及温岭的预算民主恳谈经验之后，2012年，盐津县在庙坝镇和豆沙镇尝试了以"代表推选、民主恳谈、项目评议、编制预算"为主要内容的公民参与预算改革试点。不过，尽管都是公民参与预算，但两个镇的参与式预算又有所不同。在参与方式上，庙坝镇采取以群众为主导的"自下而上"的方式来编制预算，即群众代表参与、竞争立项，再由群众代表投票表决；豆沙镇则采取以政府为主导的"自上而下"的方式来编制预算，即政府按照当年全镇财力和经济社会发展需要，拟定当年建设项目，再提交群众代表议事表决（李晓，2014b）①。在两年的试点中，尽管采用不同的方式，在庙坝镇和豆沙镇，公众都首次参与到项目支出预算的讨论、评议和确定，直接参与政府预算编制。在庙坝镇，公民还拥有项目提议权。参与式预算的实施改变了传统的完全由政府主导的乡镇预算编制方式。正如盐津县李晓（2014b）县长所说的，参与式预算的实施"实现预算编制由'闭环'向'开放'的转变"。

从2013年下半年开始，为了进一步完善和推进公民参与预算，在省财政厅的指导下，盐津县委、县政府对庙坝镇和豆沙镇参与式预算改革试点经验进行总结。2014年1月，盐津县将庙坝和豆沙模式的优点有机地结合起来，形成了名为"群众参与预算"的公民参与预算制度。2014年1月，盐津县政府颁布了《盐津县群众参与预算改革试点方案》，正式启动群众参与预算改革。盐津的群众参与预算改革是在县委的领导下，由县政府负责实施的。为了加强对改革工作的领导，县政府

---

① 庙坝镇参与式预算包括"推荐代表、民意调研、额度测算、确定项目、群众恳谈、公开公示、人大审定"七个方面；豆沙镇参与式预算包括"项目额度测算、拟定项目计划、选举议事代表、推行民主恳谈、项目公开公示、人大审议批复"等六个方面（李晓，2014b）。

成立了"盐津县乡镇群众参与预算改革领导小组",以统一领导和部署群众参与预算改革试点工作。同时,各试点乡镇也成立了相应的领导和工作机构,负责具体实施改革工作(盐津县人民政府,2014a)。

公民参与预算需要一个公平公正、理性规范的参与程序与规则。否则的话,公民参与预算不仅不能取得预期的效果,反而可能产生负面影响,例如变成公民发牢骚的会议。在充分借鉴国内外公民参与预算的经验并在两年试点准备的基础上,盐津的改革者设计了一套既符合公民参与预算要求,又适合当地实际情况的参与制度。具体地,盐津群众参与预算包括五个主要环节:

(一) 推选群众议事员

对于公民参与预算来说,如何产生公民代表是最基础性的工作。在这个问题上,盐津创设了"群众议事员"。群众议事员的推选由乡镇"群众参与预算"工作小组负责组织,包括两类从不同渠道、运用不同方式产生的群众议事员。一类是村两委直接推选的议事员,具体通过定额推荐产生,以行政村为单位,每个行政村无论大小,均有2名议事员,由村两委召开会议提名推荐。另一类是按人口规模随机抽取的议事员,具体按每个行政村人口总数0.5‰的比例分配议事员名额,从各村民小组推荐的人选中随机抽取。两类议事员的推选结果须报领导小组与监督委员会备案。群众议事员一经产生,任期3年(盐津县人民政府,2014a)。

盐津群众参与预算推选参与代表的方式非常有特色。它既借鉴了温岭泽国模式运用的随机抽取方法,但又进行了创新。首先,对各村按人口比例进行配额,然后由各村民小组推举候选人,最后在这些候选人中随机抽取议事员。这种抽取方式比较公平。但可能导致某个行政村缺乏代表。为解决这个问题,盐津模式采取各村村两委定额推荐议事员,确保各村都有自己的代表。这样既实现了随机抽样的公平性,也保证了各村的利益都有代表。此外,由于议事员是从两种不同的渠道推选的,即由体制内的村两委推荐的代表和村民小组推荐的代表,这有助于将农村基层社区不同的利益整合进公民参与预算。最后,在盐津模式中,议事员是任期制的。这是国内试点的公民参与预算所没有的，应是借鉴了巴西公民参与预算的经验。这种模式有助于加强参与代表的责任感，也有助于提高参与代表的参与能力。不过，其局限性是不能扩大公民参与面。

（二）项目准备

盐津群众参与预算的项目准备环节包括两项工作：首先，确定资金总量。公民参与预算常常会面临一个矛盾，即公民需求与政府财力之间的矛盾。在盐津模式中，在形成项目之前，政府首先确定群众参与预算的资金总额。具体地，乡镇政府会测算全年财力及项目资金安排总量，将当年财力减去基本支出与必保刚性支出后的财力余额即为本年度群众参与预算总金额。同时，县级财政按中央清理归并专款的原则，对上级专款中未指定具体项目的部分进行测算预计，并按一定比例预下达到乡镇，群众参与预算的试点乡镇将其纳入群众参与预算项目资金安排。群众参与预算总金额需在项目提交前通报群众议事员，并在召开民主议事会时作为确定项目的资金控制依据（盐津县人民政府，2014a）。

其次，建立项目库。如何形成项目，谁有权力提出项目，将决定公民参与预算的深度。如果公民不能提出项目，公民参与预算的深度就比较低。在盐津群众参与预算中，群众议事员获得了项目提议权。而在国内的绝大部分公民参与预算中，例如2005年温岭模式、顺德模式等，项目是政府提出的，公民只是参与讨论政府提出的项目，或者在讨论后决定或修正政府预算项目。然而，盐津群众参与预算有一个非常巧妙的制度设计，即群众议事员与政府都可以提出项目，但以群众议事员提出项目为主。原则上每位议事员可以提出1个项目，最多不超过2个。群众议事员所提项目应当符合项目管理的基本条件，并按统一规定的格式文本填报。群众议事员所提项目应当广泛、充分体现本村组村民的意见。乡镇政府根据本区域的发展规划、产业发展政策和导向，拟定当年政府主导发展的项目，经政府办公会讨论通过后进入项目库（盐津县人民政府，2014a）。

在此，一个需要讨论的问题是，对于一个真正的公民参与预算来说，政府是否可以提出项目？由于担心政府项目挤占公民项目，公民参与的拥护者可能会反对政府提出项目。然而，如果纳入公民参与预算的资金量比较多，同时将政府提出的项目数控制在一定比例内，政府提出项目并不会改变公民参与预算的性质。更为重要地，政府提出项目也自有其道理。我们不能假定公共官员知道公共利益是什么，尤其不能接受这样一种假定，有权者就掌握着真理。但是，我们也不能滑向另一个极端，假定只有公民才知道公共利益。无论是行政官员、公民还是其他希望从政府服务中获得满足的任何团体，都不能宣称只有自己才明白什么是公共利益，只有自己对公共利益的理解是最正确（Herring，1936）。这实际上意味着，只有在纳入公民参与的真诚、平等的对话中，我们才能真正明白公共利益是什么，只有在这种对话的过程中，公共利益才能"社会性地"确立下来（Simonsen & Robbins，2000：5）。正如吉登斯（Giddens）所说的，真实是社会性地建构起来的。任何仔细观察过公民参与实践的人，或许都会观察到这一点。公民应该参与治理。然而，每个公民参与时最主要关心的是他周围的事情，他们一般不会想离自己比较远的事情。以盐津为例，来自每个村的群众议事员最关心的肯定是与本村利益最直接的事情，他们不会站在整个镇的层面来想问题。在此，镇政府参与进来，从镇的角度提出项目，正好可以弥补这种不足。

（三）项目审查

盐津群众参与预算在公民代表审议项目之前，专门设置了项目审查环节。具体地，由县改革领导小组组织相关部门人员或委托专业机构对纳入项目库的各类项目进行独立的技术性、政策性审查，并出具审查意见，然后在民主议事会上予以通报。项目审查主要内容包括资格审查、形式审查（例如是否符合预算规范，是否有清晰的目的等）、内容审查（例如是否违反国家政策和法律等）。在民主议事会召开10天前，政府须将项目库审查情况提交群众议事员，并予以公开，供群众查阅。只有审查通过的项目，才能提交民主议事会审议（盐津县人民政府，

2014a)。

这是盐津模式非常独特的一个地方。由于项目审查是由政府组织的,一个非常自然的担心就是,这会不会对公民参与预算产生干扰,甚至出现政府意志取代公民需求的情况。从盐津群众参与预算的制度设计来看,这种担心是不必要的。首先,项目是民众代表提出的,而且主要是以民众代表提出项目为主。政府审查只能审查民众提出的项目,而不能将民众代表的项目否定后,提出自己的项目。其次,项目审查是由县政府组织,而不是乡镇政府组织的。在此制度环境下,设置项目审查有助于提高公民参与预算的质量。尽管那种以预算专业性很强而否定公民参与的观点是非常错误的,但预算的确涉及各种专业性和政策性问题。例如,在陡峭的山坡上修水渠在技术上是否可行,修路砍伐森林是否违反国家森林保护政策,等等。

(四)民主议事

如何在竞争性的项目中进行选择并分配资金,是预算决策最核心的环节。在很大程度上,一项改革是不是真正的公民参与预算,关键是看,在决定项目的环节,公民代表的影响力有多大。盐津模式通过民主议事会的形式,将项目的决定权赋予了群众议事员。

在项目选择阶段,由乡镇工作小组组织召开民主议事会,民主议事会的成员是本镇的全体群众议事员,没有镇政府官员。民主议事会议每年召开两次,第一次是决定编制年初预算,第二次是审议预算执行中的预算调整。根据实际需要,亦可召开民主议事会临时会议,讨论和确定相关事宜。民主议事会的议程主要包括:(1)镇长向全体议事员通报上年项目执行、绩效评价及问责情况;(2)相关政府工作人员通报群众参与预算项目的技术性与政策性审查意见,对于审查未通过的项目,必须说明理由;(3)镇财政所通报项目库项目及资金总量测算意见;(4)群众议事员和政府逐一对所提项目进行陈述,包括立项的理由,受益群众多少,需要多少资金,申请多少财政资金等,紧接着,其他群众议事员提问,然后讨论;(5)投票表决(盐津县人民政府,2014a)。

从制度设计上看，在盐津模式中，项目选择是由参与群众投票决定的。总体来看，尽管各镇采取的计票方式有所不同，但都是根据获得支持的票数对项目进行排序，再结合预留给群众参与预算的资金总额，来确定纳入政府预算的项目。这实质上将项目的决定权交给了民众，实现了"群众的事情群众定"。当然，在投票之前，群众议事员要就自己提出的项目陈述理由，说明资金需要，然后再回答其他议事员提出的问题。这显然借鉴了浙江温岭的民主恳谈经验。不过，盐津模式有一个非常独特的制度设计：为了确保民主议事会会议能够高效、有序地进行，专门设置了民主议事会的会议主持人。最为关键的，这个主持人不是政府官员，而是从群众中抽取的。

（五）执行反馈

为了确保公民关心的公共问题最终得到解决，在公民参与预算中，不仅需要在预算资金分配环节运用公民参与，而且需要在预算执行和预算执行后引入公民参与。在制度设计上，盐津群众参与预算非常重视参与项目的执行及其效果。对于民主议事会决定的项目，镇政府将编入政府预算草案，再提交乡镇人代会或人大主席团会议审批。人大审议通过后的政府预算，由乡镇人民政府统一负责组织执行。在预算执行过程中，群众议事员将负责监督自己提出的项目的执行。此外，在预算执行中，政府调整预算需经民主议事会议表决，民主议事会决定的项目，由乡镇财政编制进当年的预算调整草案，经乡镇政府审核签字并报乡镇人大主席团审议批复后，方可执行。此外，财政年度结束后，乡镇财政所会组织决算，并联系县财政局，由其牵头组织项目绩效评价及问责。在次年的民主议事会上，乡镇政府须向全体议事员报告决算及绩效评价结果（盐津县人民政府，2014a）。

三、2014年群众参与预算的实施情况

2014年，盐津县选择四个乡镇试点群众参与预算，即庙坝镇、豆沙镇、牛寨乡、中和镇。为了确保群众参与预算取得预期的效果，在

实施群众参与预算改革之前，盐津对群众议事员和民主议事会主持人进行了培训。除了各乡镇自行组织的培训之外，云南省财政厅专门邀请国内的专家学者参与培训。培训内容包括：群众参与预算制度规则、群众议事员的权利与义务、国内外公民参与预算实践等。2014年3月至4月，四个乡镇先后实行了群众参与预算：牛寨乡（3月20日）、庙坝镇（3月28日）、豆沙镇（4月2日）、中和镇（4月3日）。现从群众参与预算的主要环节，对盐津四个试点乡镇的群众参与预算进行分析。

（一）群众议事员

公民参与预算并不是说全部公民都参与预算。这样做成本太高。对于公民参与预算来说，首要的问题是：谁参与以及参与者的代表性如何。从表1看以看出，四个乡镇群众议事员的代表性比较好。各乡镇从普通群众中随机抽取的议事员在人数上至少与村两委推荐的议事员基本持平。在中和镇与庙坝镇，从群众中随机抽取的议事员多于村两委推荐的议事员。从群众议事员的身份上看，即使采用了村两委推荐的做法，但是，除了豆沙镇外，群众身份的议事员多于具有村两委干部身份的议事员。当然，在随机抽取的群众议事员中，有部分是村小组的组长。然而，在中国现有体制下，一方面这些人不应视为官员，另一方面他们在利益上也更多地与普通群众比较密切。第三，从受教育程度上看，群众议事员具备足够的参与能力。从四个乡镇的情况来看，群众议事员至少有小学学历，而且绝大部分议事员都至少有初中以上学历。由于乡镇层面的参与预算主要是讨论基层社区的公共问题以及各种与每个民众的生活息息相关的事情，这样的学历是足够的。最后，从年龄上看，群众议事员的年龄分布也比较合理。除牛寨乡缺乏30岁以下的公民外，在其他三个镇，各个年龄段都有公民代表。此外，群众议事员主要是30—60岁的公民代表。相较于年轻公民来说，这个年龄段的公民社会经验比较丰富，对社区历史和公共事务的了解也比较多，参与能力更强。

表 1 群众议事员基本情况

		牛寨乡	庙坝镇	豆沙镇	中和镇
总人数		32	48	26	37
实际参会人数		32	44	24	36
性别	男	32	44	22	35
	女	0	4	4	2
产生方式	直接推选	16	23	14	18
	随机抽选	16	25	12	19
个人身份	村两委干部	8	23	15	18
	群众	24	25	11	19
教育程度	大专	3	6	5	6
	高中	3	5	5	7
	中专	3	3	2	1
	初中	17	30	13	20
	小学	6	4	1	3
年龄	20—30 岁（含 20）	0	4	1	2
	30—40 岁（含 30）	6	11	8	8
	40—50 岁（含 40）	7	21	9	11
	50—60 岁（含 50）	8	10	7	10
	60 岁以上	11	2	1	6

资料来源：关于议事员产生方式的数据，来自盐津县人民政府（2014a）；关于中和镇的其他数据，来自中和镇政府（2014a）；关于豆沙镇的其他情况，来自豆沙镇政府（2014）；关于庙坝镇的其他情况，来自庙坝镇政府（2014a）。群众身份的议事员中，包括 1 名退休干部，1 名教师，其他皆是农民。关于牛寨乡的其他情况，来自牛寨乡政府（2014a）。

公民参与预算的效果如何，在很大程度上，取决于公民代表的参与积极性。整体上，盐津四个镇群众议事员的参与积极性都比较高。首先，如表 1 所示的，群众议事员参加民主议事会的出席率比较高。牛寨乡没有议事员请假，其他三个乡镇也只有个别议事员请假，未参加民主议事会。其次，问卷调查表明，群众议事员的参与意愿也比较高。在受访的 121 名群众议事员中，91%的受者访表示比较乐意或非常乐意担任议事员。① 不过,更能够测量群众议事员参与积极性的是他们的参与行为,例如提出项目的情况等。

(二) 项目准备与审查

表2详细地呈现了四个乡镇群众参与预算的项目准备和审查情况。牛寨乡群众参与预算共提出32个项目,而且全部是群众议事员提出的项目,共需资金790.61万元。其中,申请政府财政资金588.639万元,各村群众以投资投劳等形式自筹的资金为201.971万元。此外,全部项目都通过了项目审查(牛寨乡政府,2014c)。庙坝镇群众参与预算共提出82个项目,共需资金4068.12万元。其中,群众议事员提出80个项目,共需资金4004.65万元,申请政府财政资金3863.87万元,各村群众自筹资金为140.78万元;政府提出2个项目,共需资金63.47万元。通过项目审查的项目27个,共需总投资资金763.49万元。其中,2个是政府提出的项目,25个项目是群众议事员提出的(庙坝镇政府,2014b)。豆沙镇群众参与预算总共提出40个项目,共需资金1421.43万元,其中申请政府财政资金1164.73万元,各村群众以投资投劳等形式自筹的资金256.7万元。其中,36个项目为群众议事员所提,共需资金1022.42万元,申请政府财政资金962.92万元,群众自筹资金59.5万元;4个项目为政府所提,共需资金399.01万元,申请财政资金201.81万元,其他来源资金197.2万元。项目审查后,有16个项目获得通过,共需资金480.2万元,其中申请财政资金434.3万元,群众自筹资金45.9万元。在审查通过的16个项目中,政府提出的项目2个,共需资金65万元;群众议事员提议项目14个,共需资金415万元,其中申请财政资金369.3万元,群众自筹资金45.9万元(豆沙镇政府,2014b)。中和镇群众参与预算总共提出37个项目,共需投资1437.46万元,其中申请财政资金983.24万元,各村群众自筹资金454.22万元。在37个项目中,群众议事员提出32个项目,共需资金1186.26万元,

---

① 关于群众议事员参与意愿更详细的分析,见林慕华(2014)。

其中申请财政资金 867.24 万元,群众自筹资金 319.02 万元;政府提出 5 个项目①,共需资金 251.2 万元,其中申请财政资金 131 万元,另有 135.2 万元的群众自筹资金。通过项目审查的项目数为 18 个,共需资金 603 万元,其中申请财政资金 467 万元,群众自筹资金 136 万元。在 18 个项目中,政府提出的项目 4 个,共需资金 101 万元,其中申请财政资金 86 万元,群众自筹资金 15 万元;群众议事员提出的项目 14 个,共需资金 502 万元,其中申请财政资金 381 万元,群众自筹资金 121 万元(中和镇政府,2014b;盐津县财政局,2014)。

表 2 项目提出、审查和审议通过的情况

		牛寨乡		庙坝镇		豆沙镇		中和镇	
		项目数	金额(万元)	项目数	金额(万元)	项目数	金额(万元)	项目数	金额(万元)
项目提出	政府	0	0	2	63.47	4	399.01(201.81,197.2)	5	251.2(131,135.2)
	议事员	32	790.61(588.639,201.971)	80	4004.65(3863.87,140.78)	36	1022.42(962.92,59.5)	32	1186.26(867.24,319.02)
项目审查通过的项目	政府	0	0	2	63.47	2	65	4	101(86,15)
	议事员	32	790.61(588.639,201.971)	25	700.02(651.9,48.12)	14	415.2(369.3,45.9)	14	502(381,121)
民主议事会通过项目	政府	0	0	1	20	2	65	3	56
	议事员	20	418.240(305.015,113.225)	12	255.45(230.43,25.02)	10	415.2(369.3,45.9)	10	321.4(219.6,101.8)

① 其中有 1 个项目为该镇副镇长提出,因其不是议事员,故本文将其纳入"政府提出项目"加以统计。

（续表）

	牛寨乡		庙坝镇		豆沙镇		中和镇	
	项目数	金额（万元）	项目数	金额（万元）	项目数	金额（万元）	项目数	金额（万元）
民主议事会通过且安排进预算的项目资金总额		305.015		250.43		275.9（只安排10个项目，议事员项目有8个，政府项目2个）		275.6
群众参与预算可用资金总额		340		310		279		315
群众参与预算剩余资金		34.985		59.57		3.1		39.4

注释：关于项目资金金额，括弧外为总投资金额，括弧内先是申请的财政资金金额，其后是群众自筹资金金额。在豆沙镇、中和镇政府提议项目中，括号内后一个数据为"其他投资"。

数据来源：牛寨乡政府（2014c，2014d），庙坝镇政府（2014b，2014c，2014e），豆沙镇政府（2014b，2014c，2014d）。关于中和镇的数据，来自中和镇政府（2014b，2014d，2014e）和盐津县财政局（2014）。

在盐津的群众参与预算试点中，群众议事员非常踊跃地参与进乡镇政府的预算过程。这首先反映在群众议事员提出的项目数上。如表2所示，牛寨乡32个议事员共提出了32个项目，人均一人一个项目；庙坝镇48个议事员共提出80个项目，实际参会议事员为44人，参会议事员人均提出1.8个项目。此外，通过对比庙坝镇议事员名单与议事员提出的项目汇总表，我们发现所有参会议事员最少都提出了一个项目，个别未参加民主议事会的群众议事员也提交了项目。在豆沙镇的26名议事员中，只有4名议事员未提出项目。其中，有2名议事员因事请假，未参加群众参与预算。这就是说，参加民主议事会的议事员只有2名未提出项目。参会的24名议事员共提出了36个项目，人均提出1.5个项目。相比较而言，中和镇群众议事员的踊跃程度比其他三个乡镇稍微低。中和镇有37个群众议事员，1人请假未参加民主议事会，共提出项目32个，参会的议事员人均提出0.89个项目。

其次，尽管在制度设计上乡镇政府也可提出项目，但在群众参与预算中，项目主要是由群众议事员提出的，而且，在项目审查后提交民主议事会审议的项目中，政府提出的项目也只占很小的比重。如表2所示，在牛寨乡，项目全部是群众议事员提出的，而且全部通过了项目审查。在庙坝镇，群众议事员提出了80个项目，政府只提出了2个项目。项目审查后，政府提出的2个项目保留，群众议事员提出的项目只有25个通过了项目审查。尽管群众议事员提出的项目大部分没有通过项目审查，但通过审查的项目仍远远多于政府提出的项目。在豆沙镇，群众议事员提出了36个项目，政府提出了4个项目。在项目审查后，政府提出的项目一半未通过项目审查，议事员提出的项目有14个通过了项目审查。在中和镇，群众议事员提出了32个项目，政府提出了5个项目。项目审查后，政府提出的项目有4个被保留，议事员提出的项目保留了14个。除了牛寨乡外，在其他三个镇，议事员所提项目大部分都没有通过项目审查。这在一定程度上说明，公民仍然不能很好地掌握项目设计的预算规范，以及与项目设计紧密相关的技术性和政策性问题。尽管如此，在项目审查后，议事员提出的项目仍然在民主议事会审议的项目总数中占据绝对的多数。在民主议事会审议的全部项目中，牛寨乡群众议事员所提项目所占的比重为100%，庙坝镇为93.1%，豆沙镇为87.5%，中和镇为77.8%。

第三，从群众议事员所提出项目的类型来看，在整体上，各乡镇的群众议事员都比较好地履行了公民代表的角色，通过项目提议真实地反映了当地民众最关心的问题。表3反映了议事员最关心的问题。从中可以看出，在四个乡镇，群众议事员最关心的问题是桥梁道路。在历史上，盐津曾是中原入滇的重要通道，目前仍保存有秦朝开凿的"五尺道"古迹。然而，由于地处西南的乌蒙山脉，交通极其不便。落后的交通不仅严重地制约当地的经济发展，而且给民众的生活带来诸多困难。因此，修桥修路一直是盐津百姓最关心的问题。群众议事员提出的也主要是这一类项目。

表3 群众议事员提出项目的主要类型

	牛寨乡	庙坝镇	豆沙镇	中和镇
议事员项目	桥梁道路 22 水利沟渠 5 人畜饮水 2 老年活动中心 1 集镇环卫设施 1 产业发展（柑橘蛆虫防治）1	桥梁道路 55 水利沟渠 3 集镇环卫设施 4 产业发展 8 村卫生室 5 村文化大院 1 村委办公楼 2 其他（农用物资集中供应等）2	桥梁道路 24 水利沟渠 1 人畜饮水 3 村文化广场 1 村委集中办公 1 异地搬迁 1 产业发展（天麻种植补贴等）5	桥梁道路 25 水利沟渠 3 产业发展 2 片区房屋亮化 1 文体场所建设 1
政府项目	无	镇政府院坝硬化 1 文化广场建设 1	镇基础设施建设 1 镇基础设施维护 1 集镇环卫日常维护 1 保障性住房建设 1	集镇农贸市场建设 1 教育奖补基金 1 便民服务中心建设 1 集镇环卫设施建设 1 小米辣产业发展 1
项目数	32	80 + 2 = 82	36 + 4 = 40	32 + 5 = 37

数据来源：牛寨乡政府（2014c），庙坝镇政府（2014b），豆沙镇政府（2014b），中和镇政府（2014b）。

最后，即使政府也可以提出项目，但是由于群众参与预算将项目的决定权交给了公民代表，这就对政府构成了约束，政府在设计和提出项目时必须充分研究当地民众最关心的问题。在牛寨乡，政府干脆不提出项目。在其他3个乡镇，镇政府提出的项目大体上都是民众关心的问题。庙坝镇政府提出的2个项目分别是镇政府院坝硬化和文化广场建设，豆沙镇政府提出的4个项目分别是镇基础设施建设、镇基础设施维护、集镇环卫日常维护、保障性住房建设。中和镇政府提出了5个项目，包括副镇长提出的集镇农贸市场建设项目和其他4个以政府名义提出的项目。在这5个项目中，只有1个是受益面比较小的产业发展项目。

（三）项目确定：民主议事会

民主议事会是盐津群众参与预算最激烈的环节。在这个环节，我们全程现场观察了豆沙镇和中和镇的民主议事会会议。在这两个镇，整个会议严格按制度规定的程序和规则进行，既激烈活跃，又井然有序。绝大部分项目的陈述表明，议事员在事前做了比较充分的准备，包括事前调研、项目理由、项目的受益群众多少、所需资金的测算等。在中和镇，每个项目陈述人还准备了PPT。在PPT中，为了争取其他群众议事员的支持，大部分项目陈述人还呈现了相关图片，例如一条雨后泥泞的黄土路等。每个项目陈述完后，基本上都会有其他群众议事员提出问题，负责陈述项目的群众议事员一般都能礼貌并有针对性地回答疑问。根据林慕华（2014）对中和镇2014年民主议事会的现场统计以及对牛寨乡2014年民主议事会现场录音的分析，在中和镇民主议事会的项目讨论环节，对项目提问的群众议事员共有61人次，每个项目平均接受议事员的提问达到3.39次，发言最多的议事员提问达到8次。不过，在36名参会的议事员中，仍有10名议事员未对其他项目发表任何意见。在牛寨乡的民主议事会上，参会的32名群众议事员针对32个项目共提问44次。由于中和镇和牛寨乡是2014年才开展公民参与预算，这样的提问次数已属不低。整体上看，在我们观察的两个乡镇，在相对中立的民主议事会主持人的主持之下，整个讨论基本都在一种理性、相互尊重的氛围中开展，而且从头到尾政府官员都没有介入讨论。所有项目陈述和讨论完后，群众议事员开始投票。在计票环节，从群众议事员中选出三位议事员分别负责唱票、写票、监票，其他议事员现场监督着整个计票过程。最后，根据各个项目得票多少，结合乡镇政府安排给群众参与预算的资金总额，确定出纳入政府预算的项目。

具体地，牛寨乡民主议事会审议通过20个项目，共需财政资金305.015万元，而乡政府安排给群众参与预算的财政资金是340万元，剩余34.985万元。此外，各村群众为20个项目自筹资金113.225万元（牛寨乡政府，2014d）。庙坝镇民主议事会通过13个项目，共需财政资金250.43万元,其中政府提议的项目1个,即集镇环卫设施项目,用于修建4个垃圾池和16盏路灯。镇政府为群众参与预算安排的财政资金是310万元,剩余59.57万元(庙坝镇政府,2014c)。豆沙镇民主议事会审议通过12个项目,其中2个是政府的项目,10个是议事员的项目,共需财政资金434.3万元。然而,该镇为群众参与预算安排的财政资金是279万元,只能支持10个项目。豆沙镇根据得票数排序选择了10个项目,其中政府项目2个,议事员项目8个,一共涉及财政资金275.9万元。在安排了这10个项目后,群众参与预算的财政资金结余3.1万元(豆沙镇政府,2014c,2014d)。中和镇民主议事会审议通过13个项目,其中政府提出的项目3个,群众议事员提出的项目10个。13个项目共需财政资金275.6万元,而安排给群众参与预算的资金为315万元,剩余资金39.4万元(中和镇政府,2014d,2014e)。按制度规定,群众参与预算的剩余资金滚入下一次民主议事会使用。

  表4汇总了四个乡镇民主议事会通过项目的类型。从通过的项目可以看出,民众完全有能力参与公共事务决策,并在这个过程中做出最符合大多数民众利益诉求的判断。首先,对于应该投票给什么样的项目,群众议事员显然具有公共性的考虑,也在这方面有足够的辨别能力。在群众议事员提出的项目中,有一类是产业发展项目。这类项目通常涉及少数农户为种植某种经济作物,或者经营某种生产(例如酒厂),因资金不足而向政府申请补贴。相对于其他项目而言,这类项目不是服务于公共目的,受益面也相对其他项目小,因此不应纳入公共预算。从通过的项目来看,在四个乡镇,民主议事会只有豆沙通过了一个产业发展的项目。其他通过的项目都是服务于公共目的的。其次,民主议事会通过的项目绝大部分是桥梁道路建设的项目。如前所述,这是当地民众当前最关心的问题。这同时也说明,为了使得政府预算资金的分配更能反映民众最关心的问题,公民参与预算是最有效的途径。

表 4　民主议事会通过项目的类型

	牛寨乡	庙坝镇	豆沙镇	中和镇
议事员项目	桥梁道路：14 水利沟渠：4 产业发展：0 环卫设施：1 人畜饮水：1 其他：0	桥梁道路：8 水利沟渠：2 环卫设施：1（垃圾池） 产业发展：0 教育发展：1（教育扶贫基金） 其他：0	桥梁道路：6 水利沟渠：1 产业发展：1 其他：0	桥梁道路：9 水利沟渠：1 产业发展：0 其他：0
政府项目	无	镇政府院坝硬化 1	集镇环卫日常维护 1 集镇基础设施维护 1	集镇环卫设施维护 1 便民服务中心改造 1 教育奖补基金 1
总项目数	20	13	10	13

数据来源：牛寨乡政府（2014c）；庙坝镇政府（2014e）；中和镇政府（2014d，2014e）；豆沙镇政府（2014c，2014d）。

在观摩前，我们一直好奇，群众议事员会如何对待政府提出的项目。如表 4 所示的，在政府提出项目的三个镇，经过民主议事会会议之后，每个乡镇都有政府项目没有通过民主议事会审议。这说明，群众代表敢于否决政府提出的项目。

最后，与国内其他地方的公民参与预算相比较，盐津群众参与预算将比重比较大的财政资金交由公民参与来决定。如表 5 所示，在盐津的四个乡镇，平均有 22.48% 的财政资金是通过公民参与预算来分配的。其中，中和镇的比重接近 30%，牛寨乡的资金比重比较低，但也有 16.5%。

表 5　群众参与预算支出

	牛寨乡	庙坝镇	豆沙镇	中和镇
预算总支出（万元）	2060.42	1598.73	1142.65	1063.87
群众参与预算支出（万元）	340	310	279	315
占比（%）	16.50%	19.39%	24.42%	29.61%

数据来源：牛寨乡政府（2014d）；庙坝镇政府（2014d）；中和镇政府（2014c）；豆沙镇政府（2014e）。

四、改革成效与治理意义

总体来看，2014年盐津群众参与预算改革试点是相当成功的，是真正的公民参与预算。首先，从群众议事员的构成来看，盐津群众参与预算以随机抽取和两委推荐的方式产生群众议事员，既能保障公民代表的代表性，也能兼顾基层农村社区的各种利益，同时也确保了公民代表具备足够的参与能力。同时，正如问卷调查显示的，92%的群众议事员认为议事员的推选是公平的（表6）。

表6 群众议事员的推选是否公平？

		次数	百分比	有效百分比	累积百分比
有效	非常公平	61	50.0	54.0	54.0
	比较公平	43	35.2	38.1	92.0
	一般	9	7.4	8.0	100.0
	总计	113	92.6	100.0	
遗漏	系统	9	7.4		
总计		122	100.0		

来源：作者自制。

其次，尽管政府也可提出项目，但从2014年的实施情况来看，项目主要是由群众议事员提出的，民主议事会审议和讨论的也绝大部分是群众议事员提出的项目，政府提出的项目只占很小的比例。最为重要地，尽管借鉴了温岭预算民主恳谈的恳谈经验，但与之不同的是，盐津模式赋予民众代表项目提议权，而不是邀请民众来讨论、选择政府提出的项目（例如，温岭2005年泽国模式），也不是邀请民众参与预算恳谈再通过人大代表对政府的项目进行修正（例如，温岭新河模式）。当然，盐津模式区别于其他公民参与预算的一个地方是，它设置了一个由上级政府（县政府）主导的项目审查环节。这容易令人担心政府会阻扰民众的意愿表达。不过，问卷调查表明，这种担心是不必要的。在民主议事会会议期间，在议事员陈述项目之前，政府首先要报告哪些项目通过了审查，哪些项目未通过审查。对于未通过的项目，政府要说明理由。如表7所示，68.5%的受访群众议事员认为政府提供的关于未通过项目的说明至少是比较有说服力的，只有4.7%的议事员认为缺乏说服力。由于不少议事员提出的项目未通过项目审查，这个百分比应该说不算低。

表7 政府关于项目未通过审查的说明是否令人信服？

		次数	百分比	有效百分比	累积百分比
有效	非常有说服力	25	20.5	23.1	23.1
	比较有说服力	49	40.2	45.4	68.5
	一般	29	23.8	26.9	95.4
	不太有说服力	2	1.6	1.9	97.2
	完全没说服力	3	2.5	2.8	100.0
	总计	108	88.5	100.0	
遗漏	系统	14	11.5		
	总计	122	100.0		

数据来源：作者自制。

第三，盐津群众参与预算不仅将项目提议权主要交给了群众议事员，而且将项目的选择权完全交给群众议事员，由群众议事员按一人一票的方式对项目进行票决。公民参与预算在多大程度上是一种民主形式，关键是看，公民是否在财政资金分配上拥有最后的决定权，是否与政府分享了这种决策权（Simonsen & Robbins, 2000：26）。在这方面，盐津群众参与预算是非常彻底的。此外，平均起来看，在参加试点的四个乡镇，22%的财政资金是通过群众参与预算来进行分配的。这比国内哈尔滨、无锡等纳入公民参与预算的资金量要高许多，而且已比较接近巴西等公民参与预算的最高资金比例（一般为30%）。而这在群众参与预算的试点就已实现。

最后，在参与预算过程中，群众议事员基本上都比较认真、负责地履行了公民代表的角色，而且呈现出比较好的参与能力。根据问卷调查，在提出项目前，有97.5%的受访议事员通过召开村民大会和私底下询问等方式来调查和了解民众的需求。此外，如前所述的，群众议事员不仅踊跃地提出项目，而且所提的项目绝大部分都是当地民众最关心的问题。根据问卷调查，有 29.8% 的受访议事员认为，议事员提出的项目全部都代表了当地民众最关心的问题，有 89.4% 的受访议事员认为，大部分项目做到了这一点（表8）。在民主议事会会议上，如前所述的，大部分议事员都比较活跃。从民主议事会通过的项目来看，基本上都是服务于公共目的的项目，而且都是当地民众当前最关心也最迫切希望解决的问题。这说明，即使群众议事员包括村两委推荐的议事员，他们在参与过程中考虑的也主要是本村民众的利益，而非镇政府的政策意图，他们主要是以本村利益代言人的身份参加民主议事会的。

表8　项目有多少代表了本镇老百姓的要求？

		次数	百分比	有效百分比	累积百分比
有效	全部项目	28	23.0	29.8	29.8
	大部分项目	56	45.9	59.6	89.4
	一半项目	4	3.3	4.3	93.6
	小部分项目	6	4.9	6.4	100.0
	总计	94	77.0	100.0	
遗漏	系统	28	23.0		
总计		122	100.0		

数据来源：作者自制。

总之，盐津的群众参与预算是一个真正的公民参与预算。它的实施在盐津地区显著地推进基层治理的现代化。首先，群众参与预算的实施使得政府财政资金的分配能够更好地满足公民的诉求。公共治理现代化的首要目标是提高公共治理对公民诉求的回应性。在这个问题上，一个政治体系是否实行竞争性选举不是充分条件。对于中国来说，解决这个问题尤为迫切。在世界银行的治理质量评估中，中国每年评估得分最低的一直是满足公民诉求。① 在一些研究者眼里，这主要是因为中国没有

---

① 参见世界银行治理指标体系及其数据，下载自：http://info.worldbank.org/governance/wgi/index.asp.

实行竞争性选举。然而，即使没有实行竞争性选举，实行真正的公民参与预算也许比选举更能够提高政府决策对公民诉求的满足程度。如表9所示，97.3%的受访议事员认为群众参与预算让财政资金的分配更好地满足了民众的需要。其次，群众参与预算的实施在盐津县的基层治理中扩大了公民对公共政策制定的参与。这主要是因为，预算资金分配是公共政策制定过程中最核心也最具有实质性内容的领域，如果公民能真正地参与预算过程并能影响预算决策，那么，公民就能参与并影响绝大部分重要的公共政策制定。如表9所示，92.2%的受访议事员认为群众参与预算使得民众能够参与政府的政策决策。总之，群众参与预算的实施使得那些在原来的治理体制下完全不可能参与治理过程的基层民众获得了参与预算决策，进而参与公共政策制定的机会，并能发挥决定性的影响。

表9 群众参与预算是否实现了目标？

	群众参与预算这种方式让财政资金的使用更好地满足老百姓的需要				群众参与预算这种方式能够让老百姓参与政府决策			
	次数	百分比	有效百分比	累积百分比	次数	百分比	有效百分比	累积百分比
非常赞同	85	69.7	77.3	77.3	71	58.2	69.6	69.6
比较赞同	22	18.0	20.0	97.3	23	18.9	22.5	92.2
一般	3	2.5	2.7	100.0	6	4.9	5.9	98.0
不太赞同	0	0	—	—	1	0.8	1.0	99.0
完全不赞同	0	0	—	—	1	0.8	1.0	100.0
总计	110	90.2	100.0		102	83.6	100.0	
遗漏（系统）	12	9.8			20	16.4		
总计	122	100.0			122	100.0		

数据来源：作者自制。

盐津群众参与预算在基层治理领域开展了一场意义深远的预算民主探索，推动了盐津县基层民主政治建设。在国外，公民参与预算主要是为了弥补以竞争性选举为基础的代议制民主存在的不足而产生的。而在中国，公民参与预算是在竞争性选举仍未彻底推开的条件下出现的一种基层民主形式。对盐津群众参与预算的问卷调查表明，高达98.1%的受访议事员认为这是一种很好的基层民主形式（表10）。归根结底，公民参与预算是一种社会问责机制。通过公民参与预算资金的分配，一个真正的公民参与预算也应当能够使得政府更加对公民负责（Smulovitz & Peruzzotti，2000；World Bank，2005）。在中国的政治环境中，公民参与预算是在没有实行竞争性选举的条件下实现社会问责的机制（Ma，2009；Ma，2012）。根据问卷调查，高达97.1%的受访议事员认为，群众参与预算可以让政府对民众更加负责（表11）。

表10 群众参与预算是一种很好的基层民主形式

		次数	百分比	有效百分比	累积百分比
有效	非常赞同	81	66.4	78.6	78.6
	比较赞同	20	16.4	19.4	98.1
	一般	2	1.6	1.9	100.0
	总计	103	84.4	100.0	
遗漏	系统	19	15.6		
总计		122	100.0		

数据来源：作者自制。

表11 群众参与预算可以让政府对民众更加负责

		次数	百分比	有效百分比	累积百分比
有效	非常赞同	84	68.9	80.0	80.0
	比较赞同	18	14.8	17.1	97.1
	一般	3	2.5	2.9	100.0
	总计	105	86.1	100.0	
遗漏	系统	17	13.9		
总计		122	100.0		

数据来源：作者自制。

不过，如果与其他的问责机制相比较，群众议事员对于公民参与预算的认同程度就呈现出一种非常令人好奇的下降。如表12所示的,对于哪一种政治机制最能够让政府更加对民众负责,盐津群众参与预算的议事员们目前最偏爱的问责机制仍然是好官模式,其次是选举模式,再后才是公民参与模式。应当说,这准确地反映了中国民众政治认知的路径依赖。然而,虽然人们的政治认知会影响他们的制度或机制偏好乃至选择,但是,政治认知也是长期实行某种制度或机制的结果,是被这种制度或机制塑造出来的。如果盐津的群众参与预算能够在未来获得制度化,深深地镶嵌进现有的治理过程,那么,公民的政治认知也会相应发生变化。

表12 哪种做法最能让政府对民众更加负责

		次数	百分比	有效百分比	累积百分比
有效	1. 乡(镇)长是由我们老百姓直接投票选举产生(选举模式)	20	16.4	17.9	17.9
	2. 不管乡(镇)长怎么产生,只要我们老百姓能参与政府决策(公民参与模式)	16	13.1	14.3	32.1
	3. 只要乡(镇)长在作决策的时候,时时刻刻想到老百姓的利益(好官模式)	61	50.0	54.5	86.6
	4. 由强有力的、有水平的乡(镇)长,根据他们认为最好的来决策(精英模式)	3	2.5	2.7	89.3
缺失值		12	9.8	10.6	100.0
	总计	112	91.8	100.0	
遗漏	系统	10	8.2		
总计		122	100.0		

数据来源:作者自制。

最后,从政府的角度,公民参与预算也是一种筹集民间资源,减少治理成本的好机制。在世界各地,实行公民参与预算都有助于提高政府在民众中的受欢迎程度,重建民众对政府的信任,赢得民众对政府政策和项目的支持。在此基础上,民众就不再只是希望享受"免费午餐"的公民。如果公民信任政府,公民缴纳税收的积极性就会上升。更进一步,如果公民参与进预算,了解政府的财政状况,了解公共资金用于何处,并亲自确定项目,那么公民愿意缴纳更多的税收,而且也愿意在税收之外贡献资源(Simonsen & Robbins, 2000: viii-xix; McNeil & Malena, 2010: 15, 17)。例如,在坦桑尼亚和塞内加尔,由于实行公民参与预算,不仅纳税人缴纳的税收增加,私人机构也更加乐意向政府提供捐助(McNeil & Malena, 2010: 17)。在盐津群众参与预算中,这种令人可喜的现象也发生了。如表13所示,在试点的四个乡镇,对于许多群众议事员提出的项目,各村群众都愿意以出资出劳的方式自筹一部分资金。群众自筹资金占项目总投资的比重最低有9.79%,最高达31.67%。而如果这些项目是由政府确定的,全部投资资金可能都要由政府承担。此外,项目实施中牵涉的其他问题,例如修路征地等,群众议事员都表示不需要政府出面解决,群众自己会去解决。正如李晓县长解释的,由于这些项目是各村群众通过群众议事员提出的,是群众愿意做的项目,群众本身就支持这些项目,有问题群众自己会去协调,自己解决。而以前,如果是政府做这样的项目,比如修一条路,政府就得自己去和群众协商征谁家的地,要非常辛苦地和土地被征的群众谈征地补偿。[①] 显然地,实行公民参与预算就把政府要做的事情变成了群众自己要做的事情,这就大大地降低了治理成本。

表13 群众自筹资金

	牛寨乡	庙坝镇	豆沙镇	中和镇
财政资金(万元)	305.015	230.43	369.3	219.6
群众自筹资金(万元)	113.225	25.02	45.9	101.8
总投资(万元)	418.24	255.45	415.2	321.4
群众自筹占比(%)	27.07%	9.79%	11.05%	31.67%

数据来源:根据表2数据计算。

[①] 2014年4月3日访谈。

五、总结与讨论

盐津群众参与预算是一次真正的公民参与预算改革。在中国目前的制度环境中，由于推行竞争性选举民主仍然面临不少障碍和阻力，实行群众参与预算就具有更加重要的意义。首先，它在中国的基层治理领域改变了预算资金的分配方式，推进了预算民主的发展，进而发展了基层民主。通过实行公民参与预算这样一种预算民主形式，基层政府的财政资金分配方式开始发生根本性的转变，由原来完全由政府官员决定的分配方式，转向盐津县群众参与预算改革宣传标语所倡导的预算民主模式，即"政府的钱怎么花，群众来当家"。显然地，在基层治理中实行预算民主已使得政府财政资金的分配能够更好地满足民众的利益需求，更好地被用来解决那些民众当前最迫切希望解决的问题。其次，它将中国的基层治理从原来的封闭式治理转变为开放式治理，有效地扩大了政治参与。群众参与预算的实行使得那些原来完全没有机会影响预算资金分配和公共政策制定的普通民众不仅开始走进预算决策过程和公共政策制定过程，而且开始分享原来完全由政府官员垄断的决策权或决定权。第三，群众参与预算的实行在基层治理的预算过程中建立起一种社会问责机制。由于公民亲自参与了预算决策，并且拥有了决定权，这就可以使政府变得更加负责。这说明，即使没有实行竞争性选举，通过改变公共决策（包括预算决策）的规则，引入公民参与，同样也可以提高政府的负责程度（Ma，2009；Ma，2012）。

总之，盐津群众参与预算是一次成功的、有益的基层治理模式创新。阿克曼（Ackerman，2003）在分析巴西公民参与预算时指出，公民参与预算的意义远远超越了社会问责，它建立起一种以"共同治理"（co-governance）为基础的政治问责机制。在这种共同治理模式中，公民不再是只能从外部来影响政策制定，例如通过媒体呼吁等，而是直接进入政府内部，自己来做决策，与政治家共同治理。对于中国来说，实践一种共同治理，可能更加有必要。在未实行竞争性选举的前提下，通过推行像群众参与预算这样的预算民主形式，将有助于在中国的基层政治中建立起一种"共同治理"的民主治理机制。在这个意义上，盐津群众参与预算改革不仅对盐津县乃至云南省推进基层治理现代化和发展基层民主具有重大意义，而且也对中国其他地方具有重要的启示。

在过去十年左右的时间，公民参与预算民主在中国基层的探索，一直拓展很慢。而且，几乎所有的改革试点都局限在经济水平相对较好的地方。经济落后的地方能否实行公民参与预算一直是一个悬而未决的问题。在此，盐津改革的另一个意义就显现出来。如果像盐津这样的国家级贫困县都能够成功地实行公民参与预算，那么，还有什么地方不可以呢？显然地，一个地方能否实行公民参与预算，关键不在于有没有客观条件，例如经济发展水平、财力充足程度等，而在于执政者的理念。长期以来，中国形成了一种好官加精英的治理模式。如前所述的，中国的民众也形成了对这种治理模式的认知偏爱。不过，这种认知偏爱可能在官员的思想中更加根深蒂固。在这种模式下，治理的关键就是选拔有能力的、心里装着百姓利益的精英好官，然后交由他们来治理。毫无疑问，选拔官员是非常关键的，这样选拔官员也是正确的。然而，对于国家治理现代化来说，这是远远不够的。套用克利夫兰（1919）的话，推进国家治理现代化的努力不能仅仅停留在选拔机制上，还应在此基础上建立一种民众可以控制和分享治理权力的民主治理机制。其实，个中的道理是非常简单的。即使有了精英好官，他们与其坐在办公室里想"公民最关心什么"，不如直接去倾听公民的声音，让公民告诉官员"我们最关心什么"，更不如直接开放治理过程，让公民参与治理过程，让公民来自己做决定。

此外，公民参与预算不仅能够提高治理的民主化，而且可以提高预算资金的配置效率。在此，涉及公民参与预算的一个关键性的争论。例如，在巴西的公民参与预算中，关于地方政府引入这一模式的目的或动机一直存在争论，即引入公民参与预算是为了提高效率还是增进民主，巴西似乎主要偏重于后者（Medeiros，2007）。不过，这取决于我们如何理解效率。正如著名预算专家艾伦·希克（Schick，1990：1）在

《预算能力》一书中定义的，预算能力必须包括的一个基本内容是，将稀缺的财政资金配置来解决公民最希望解决的公共问题。这就是说，对于财政资金的配置效率来说，最重要的是要在每个时期都能够将稀缺的财政资源配置去解决公民最希望解决的问题。如果从这个意义上去理解资源配置效率，公民参与预算就不仅是一种预算民主，它还有助于提高财政资金的分配效率。总之，对于基层政府的预算决策来说，只有多倾听公民的需要，让民众参与决策，政府才能做最正确的事情，也才能将资金安排到最正确的方向上去。

最后，需要指出的是，盐津群众参与预算并不是一个完美的公民参与预算模式。也许，它仍然存在一些需要完善的地方，例如完善议事员的推选方式，扩大公民的参与面，完善计票规则等（参见贾西津，2014）。不过，这世界上没有完美的模式，我们也没有必要去构建完美的模式。对于盐津模式来说，最大的挑战在于是否能够持续，能否在未来获得制度化的机会，并被牢牢地镶嵌进中国基层治理过程。在这方面，需要更高层面，尤其是国家层面的政治支持。在此，中国也许可以借鉴拉美等国的经验，在国家层面通过立法，明确公民参与预算的地位。

【参考文献】

豆沙镇政府（2014a）：《豆沙镇2014年群众参与预算议事员名单》，见《豆沙镇群众参与预算资料汇编》[内部资料]。

豆沙镇政府（2014b）：《豆沙镇2014年群众参与预算项目汇总表》，见《豆沙镇群众参与预算资料汇编》[内部资料]。

豆沙镇政府（2014c）：《豆沙镇群众参与预算2014年第一次民主议事会拟纳入预算项目资金安排意见》，见《豆沙镇群众参与预算资料汇编》[内部资料]。

豆沙镇政府（2014d）：《豆沙镇2014年群众参与预算项目投票结果统计表》，见《豆沙镇群众参与预算资料汇编》[内部资料]。

豆沙镇政府（2014e）：《豆沙镇财力测算表—豆沙镇2014年预算平衡表》，见《豆沙镇群众参与预算资料汇编》[内部资料]。

黄仕兴（2012）：《淮南市参与式预算的实践与思考》，2014年8月26日下载自

http://cz.huainan.gov.cn/main/czlt/2012-01-11/10750.html。

贾西津（2014）：《参与式预算的模式：云南盐津分析》，见《公共行政评论》，5。

李晓（2014a）：《努力构建跨越发展的核心动力机制——对盐津县财政"三项"改革的思考与探索》，见《盐津县内部总结报告》[2014]。

李晓（2014b）：《盐津县"三位一体"财政改革工作情况发言提纲》，见《云南省财政厅盐津群众参与预算座谈会（2014 年 4 月 4 日）》。

林慕华（2014）：《参与式预算中的群众议事员：舞台、角色与演绎——基于盐津案例的实证研究》，见《公共行政评论》，5。

林慕华、马骏（2012）：《中国地方人民代表大会预算监督研究》，见《中国社会科学》，6：73-90。

马骏（2010a）：《经济、社会变迁与国家重建：改革以来的中国》，见《公共行政评论》，1：3-31。

马骏（2010b）：《实现政治问责的三条道路》，见《中国社会科学》，5：103-120。

Medeiros, Janann Joslin. (2007)：《财政分权背景下的公民参与：市政管理中的实践——公民参与政府预算：来自巴西的经验》，载马骏、侯一麟、林尚立主编《国家治理与公共预算》，北京：中国财经出版社。

庙坝镇政府（2014a）：《庙坝镇 2014 年群众参与预算议事员名单》，见《庙坝镇群众参与预算资料汇编》[内部资料]。

庙坝镇政府（2014b）：《庙坝镇 2014 年群众参与预算改革项目基本情况》，见《庙坝镇群众参与预算资料汇编》[内部资料]。

庙坝镇政府（2014c）：《庙坝镇 2014 年群众参与预算项目审查情况》，见《庙坝镇群众参与预算资料汇编》[内部资料]。

庙坝镇政府（2014d）：《庙坝镇财力测算表——庙坝镇 2014 年预算平衡表》，见《庙坝镇群众参与预算资料汇编》[内部资料]。

庙坝镇政府（2014e）：《庙坝镇 2014 年群众参与预算改革通过项目基本情况》，见《庙坝镇群众参与预算资料汇编》[内部资料]。

牛寨乡政府（2014a）：《牛寨乡 2014 年群众参与预算议事员名单》，见《牛寨乡群众参与预算资料汇编》[内部资料]。

牛寨乡政府（2014b）：《牛寨乡 2014 年群众参与预算项目审查情况汇总表》，见《牛寨乡群众参与预算资料汇编》[内部资料]。

牛寨乡政府（2014c）：《牛寨乡 2014 年群众参与预算第一次民主议事会通过项目汇总表》，见《牛寨乡群众参与预算资料汇编》[内部资料]。

牛寨乡政府（2014d）:《牛寨乡人民政府关于 2014 年收支预算编制情况》，见《牛寨乡群众参与预算资料汇编》[内部资料]。

中国发展基金会（2008）:《"参与式预算改革"：成效研究评估报告》。

中国社会科学院（2014）:《中国法治发展蓝皮书（2014）》，北京：中国社科文献出版社。

盐津县财政局（2011）:《关于盐津县 2010 年地方财政预算执行情况以及 2011 年地方预算草案的报告》，2011 年 2 月，盐津县第 14 届人民代表大会第 4 次会议。

盐津县财政局（2014）:《盐津县财政局关于中和镇群众参与预算项目审查意见》，盐财办[2014]16 号。

盐津县人民政府（2014a）．盐津县人民政府关于印发《盐津县群众参与预算改革试点方案》的通知．盐政发[2014]3 号。

盐津县人民政府（2014b）:《盐津县群众参与预算群众议事员推选办法》，盐政发[2014]4 号。

中和镇政府（2014a）:《中和镇 2014 年群众参与预算议事员名单》，见《中和镇群众参与预算资料汇编》[内部资料]。

中和镇政府（2014b）:《中和镇 2014 年群众参与预算申报汇总表》，见《中和镇群众参与预算资料汇编》[内部资料]。

中和镇政府（2014c）:《中和镇 2014 年财力测算情况通报》，见《中和镇群众参与预算资料汇编》[内部资料]。

中和镇政府（2014d）:《中和镇 2014 年群众参与预算改革项目计票结果报告单 1》，见《中和镇群众参与预算资料汇编》[内部资料]。

中和镇政府（2014e）:《中和镇 2014 年群众参与预算改革项目计票结果报告单 2》，见《中和镇群众参与预算资料汇编》[内部资料]。

Ackerman, John. 2003. Co-governance for Accountability: Beyond "Exit" and "Voice". *World Development* Vol. 32, No 3: 447-463.

Cleveland, F. A. 1919. Popular Control of Government. *Political Science Quarterly*, Vol. 34, No. 2: 237-261.

Ma, Jun. 2009. The Dilemma of Developing Financial Accountability without Election. *Australia Journal of Public Administration* Vol. 68: 62-72.

Ma, Jun & Yilin Hou. 2009. Budgeting for Accountability: A Comparative Study of Budget Reforms of USA Progressive Era and Contemporary China. *Public Administration Review* Dec.: 53-59.

Ma, Jun. 2012. Accountability without Election. In Mark Lenoard Eds. *China 3.0*. Paris: European Council on Foreign Relations.

McNeil, Mary & Carrmen Malena. 2010. *Demanding Good Governance: Lessons from Social Accountability Initiatives in Africa*. Washington, D. C. : The World Bank.

Schick, Allen. 1990. *Capacity to Budget*. Washington, D. C. : The Urban Institute Press.

Simonsen, William & Mark D. Robbins. 2000. *Citizen Participation in Resource Allocation*. Boulder: Westview Press.

Smulovitz, C. & E. Peruzzotti. 2000. "Societal Accountability in Latin America", *Journal of Democracy* Vol. 11, No. 4: 147 – 158.

Tilly, Charles. 2007. *Democracy*. New York: Cambridge University Press.

World Bank. 2005. *Societal Accountability in the Public Sector*. Washington D. C. : The World Bank.

权责发生制视角的中国公共部门改革：
评述与优先议程

王雍君 谢 林[*]

内容摘要：全球首份全面实施的公共部门权责制会计、报告与预算距今 20 年了。许多国家已经或正在加入这一进程，学界亦对此做了大量研究。尽管如此，就中国公共部门改革的关键目标而言，转向权责制既非改革清单中的优先事项，亦非其他改革的前提条件。矫正政府职能错位和政府间财政安排的扭曲，特别是构建基于支出周期的全面预算会计以强化预算执行控制，在改革议程中应置于比权责制更优先的位置。

关键词：权责制 公共部门改革 前景 优先议程

一、引 言

政府会计作为所有公共管理系统最基本的技术，与法律（提供规则、授权或限制）、政治环境（制约预算程序）和组织架构一道，共同构成公共财政管理的基础（理德、斯韦恩，2001：6）。正因为如此，如果缺失了必要且适当的政府会计改革的支撑，公共部门改革通常难以成功，

---

[*] 王雍君，经济学博士，中央财经大学财经研究院教授、院长、博士生导师；谢林，经济学博士，中国社会科学院财经战略研究院博士后。

至少无法实现预期的效果。更一般地讲，会计和控制系统对于公共部门是必需的，没有它们便不可能有"好的政府"（Mullins and Pagano, 2005: s3-s45）。

政府会计的两项传统功能分别是记录财政交易和促进对公共资源的预算控制。基于这一目的，公共部门传统上一直采用现金制会计、财务报告和预算，注重对拨款和拨款分配信息的记录和监控，并未要求保持对资产、负债、收入、支出和资产净值的完整记录，也很少关心成本（詹德，1996: 4, 79）。除了契合以现金资源为焦点的基本合规性控制目的外，现金会计还具有简洁、低运行成本和不易操纵等优势。然而，当公共部门转而追求成果导向[①]（outcome-orientation）的绩效目标时，现金制的种种缺陷便显现出来。一般认为，现金会计最严重的缺陷是不能在任何经济意义上，计量被提供服务的完全成本（Jones, 2007: 23），而完全成本信息在支持成果导向的公共部门改革中，发挥着重要而广泛的作用。与合规导向或控制导向不同，成果导向的改革要求政府会计在确保传统功能不受损害的前提下，提供更广泛和更相关的信息，包括现金会计无法提供的资产、负债、净资产和费用[②]信息，所有这些都能够在会计、财务报告和预算系统中实现。全球范围内，公共部门从现金制转向权责的改革与此密切相关。

在20世纪70年代兴起的新公共管理运动的影响下，新西兰中央政府于1993—1994财年在全球范围内首次采纳了权责发生制（以下简称权责制）的政府会计、财务报告和预算[③]。随后，许多发达国家和部分

[①] 成果导向比主流文献语境下的绩效导向更具包容性。成果定义为公共部门利用财政资源达成政策目标的能力。理想的财政成果要求在遵循适当程序的前提下，公共资源总量、配置和运营决策产生令人满意的结果。公共管理文献中的绩效概念通常限定为运营层面的成果，即经济性、效率和有效性。

[②] 完全权责制会计确认的是费用而非支出。会计上的费用是指会计期间内资源的使用，支出指的是同一期间内所取得的商品与服务的价值。详见王雍君，2010。

[③] 新西兰的权责发生制财务报告分为"部门报表"和"整个政府报表"两个层次，1992年新西兰第一份正式的部门权责制年度财务报告出现，1993年编制出第一份完全合并的中央政府财务报表。1994年6月第一份政府年度预算案以《财政责任法案》（Fiscal Responsibility Act）的形式通过。详见楼继伟，2002: 212–213。

发展中国家相继在不同程度和范围内，将传统的现金制政府会计、财务报告甚至预算转向权责制，形成公共部门改革的一道亮丽风景。一些著名的国际组织——如国际货币基金组织（IMF）、世界银行以及经济合作与发展组织（OECD）——亦鼓动将公共部门现金会计转向权责会计，国际会计师联合会（IFAC）也支持这个方向的改革。尽管如此，公共部门采纳权责会计的改革所获得的支持并不普遍；而且一般地讲，由于所面对的环境与挑战的特殊性，发展中国家很难从转向权责会计的改革中获益（Paul Boothe，2007：179-200）。本文以中国公共部门改革为背景的讨论，与此相当吻合。

作为引入权责制的最新努力的一部分，中国财政部于2013年颁布了《2012年度权责发生制政府综合财务报告试编办法》（财库〔2013〕16号），决定采用权责基础会计编制一系列政府财务报表。①但时至今日，中央和地方政府仍未制定公共部门全面采纳权责制的计划，表明权责制的前景仍不明朗。究其根源，在于国内学界和官方对以下四个基本问题依然缺乏明确的、具有广泛共识的答案：（1）中国公共部门改革的关键目标是什么？（2）就促进关键目标而言，权责制相对于现金制的内在优势或潜在收益是什么？（3）将这些潜在收益转化为现实收益需具备哪些基础条件？（4）即使权责制的潜在收益被充分发掘，哪些困难和挑战仍难妥善应对，从而需要将注意力和优先性集中在其他方向上？

本文尝试通过回答上述问题，对中国公共部门改革全面转向权责制的前景做出评估，在此基础上给出公共部门改革的优先议程，以确保改革集中在正确的主题和方向上。为此，本文第一部分探讨中国公共部门改革的关键目标与测试标准，将关键目标界定为系统和持续提升"花好（纳税人的）钱"的能力，并视其为检验执政能力的最佳标准；第

---

① 我国财政部对权责发生制在公共部门中应用的重视是从政府会计领域开始的，2000年财政部预算司与香港理工大学联合组成"政府预算与会计权责发生制"课题组，从预算角度对权责发生制政府会计进行了初步研究；2003年财政部成立会计准则委员会并下设政府及非营利组织会计专业委员会和专家组，出版研究报告《政府绩效评价与政府会计》和《政府财务报告研究》。

二部分讨论在促进公共部门明智的总量决策、配置决策和运营决策方面，权责制相对于现金制的优势，以及转向权责制可带来的潜在收益；第三部分探讨将权责制的潜在收益转换为实际收益所需具备的基础条件，以及权责制的局限性和公共部门改革的优先议程。最后的结语部分给出如下初步结论：即使权责制的内在优势能够被充分发掘，全面转向权责制亦非中国公共部门改革议程中的优先事项，更不构成其他改革的先决条件；其他更具紧迫性或成本有效性的改革，包括建立基于支出周期的全面的预算会计以强化预算执行过程中基本的财务合规性控制，在改革议程中应置于比权责制更优先的位置。

二、中国公共部门改革：关键目标与测试

权责制的应用前景首先取决于回答下述基本问题：中国公共部门改革的关键目标究竟是什么。目标的清晰和准确定位，才能为洞察和比较权责制的内在优势或劣势提供适当参照系。由于公共部门的目标是多元的，无法想象权责制对于每个特定目标而言都具有绝对优势或劣势。界定统一的、可进行严格测试的兼容性目标，就本文目的而言十分重要。

与主流文献不同，本文将中国公共部门改革的关键目标界定为系统和持久地提升"花好（纳税人的）钱"的能力。这一定位基于三个明确的理由。首先，"花好钱"的能力充分契合执政能力的实质，即利用公共资源以妥善应对经济与社会转型中涌现的各种棘手挑战的能力。在贫穷政府迅速转变为富裕政府的背景下，政府的能力瓶颈早已从资源汲取瓶颈转向资源利用瓶颈。经济、社会和公共财政环境的深刻变化，客观上要求公共部门致力推动能力转型，即从聚焦资源汲取能力转向聚焦更具挑战性的资源利用能力。能力转型隐含的逻辑是：执政的过程本质上就是转型的过程，需要不断适应变化的环境以抓住发展的机遇（Schick，2003：72）。

改革开放初期至20世纪90年代中期，公共部门的能力瓶颈主要体

现为以"两个比重"① 连年下降为特征的资源汲取能力不足,并在官方和学界引起深度关注与担忧(王绍光、胡鞍钢,1993)。此后,得益于经济高速增长和1994年开始实施的分税制财政体制改革,情形出现了戏剧性变化:公共部门汲取和支配使用的公共资源增量(当年财政收支)以及占有的公共资源存量(累积的资产与负债)经历了前所未有的高速增长(参见图1;政府财政收支、中央政府债务的增速都高于GDP增速②)。考虑到庞大的预算外资金、财政担保和税收减免优惠以及其他形式的"准财政活动"③,公共部门实际控制的资源规模还要大得多。自此,中国公共部门进入一个资源相对富足、甚至绝对富足(财政资金大量闲置沉淀即为明证)的时代。在这个时代里,资源本身依然重要,但更重要的是利用这些资源以应对棘手挑战的能力。

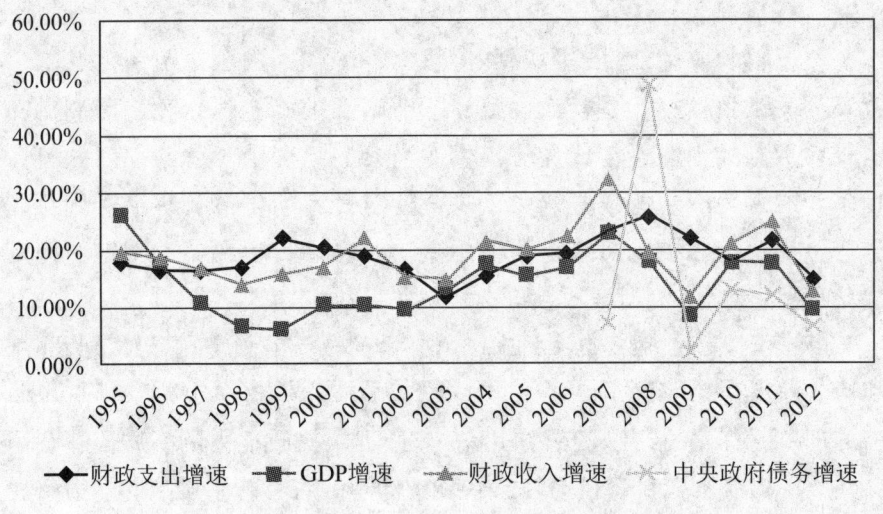

图1 1995—2012 公共部门支配使用的财政增量资源

---

① 两个比重指财政收入占 GDP 比重和中央政府财政收入占全国财政收入的比重。
② 相关数据根据《中国统计年鉴》(2012)以及《关于2012年中央和地方预算执行情况与2013年中央和地方预算草案的报告》计算得出。
③ 准财政活动指对于(直接的)税收或支出政策具有某种替代性的政府活动。研究表明,发展中国家若以明确的税收和公共支出取代这些管制工具,其数额占 GDP 的比重可能与传统的税收和公共支出所占的比重相同。参见维托·坦兹,1995。

然而，在汲取资源的能力快速提升的同时，各级政府"花好钱"的能力出现了系统退化的趋势。浪费性支出行为、寻租（如"跑部钱进"）、腐败和不透明，不断消蚀政府声誉和公众对政府执政能力的信心。政府银行账户与现金流量管理方面的过度行政裁量（王雍君，2012）①、公共资产的大而不当和资金拨付的严重滞后，进一步表明政府"花好钱"的能力似乎正沿着斜坡下滑，也考验着政府扭转局面以增强执政能力的意志。

历史教训更让我们无法淡化或漠视问题的严峻性。许多曾盛极一时的专制王朝之所以灰飞烟灭，除了外因（西北游牧民族侵掠），究其根本原因，莫不在于统治者"花好钱"的能力与资源汲取能力之间，随着时间推移渐行渐远。在达到某个临界点时（图1中的Te），专制王朝便无可救药地在这一日益张大的财政剪刀差的重压下土崩瓦解。杜树章（2009：289—290）对此有如下描述：

从每个王朝中期开始，整个社会矛盾不断积累、社会危机重重、逐渐走向崩溃边缘的迹象已经很明显了。对于这个危如累卵的局面，社会中的有识之士看得很清楚，可人人都无能为力，人们似乎无论做什么都无法改变矛盾总爆发的宿命。

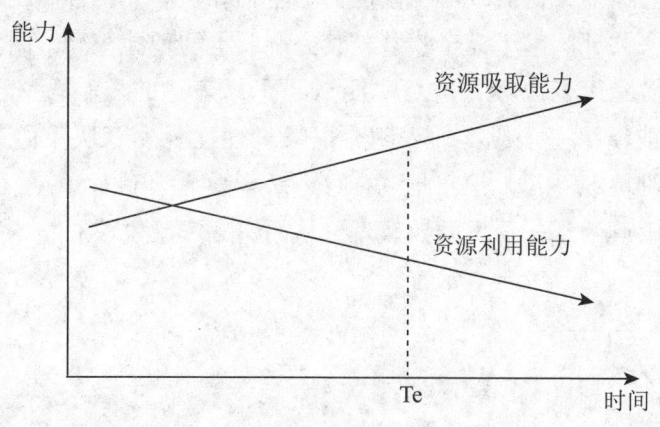

图2　财政剪刀差与能力瓶颈

---

① 详细讨论参见王雍君，2012。

如今，历史早已翻开了新的一页。但那把古老而沉重的财政剪刀差犹如达摩之剑，依然高悬于当代执政者面前。随着财政剪刀差的张开而日积月累的社会矛盾，即便处于可控范围，也绝不可掉以轻心。因为剪刀差的张大本身预示了一个不祥结局，即只要财政社会沿着斜坡不断下滑，总有一天将坠入万劫不复的深渊，除非我们能够及时扭转趋势。

其次，"花好钱"的能力可以（而且必须）根据财政成果（fiscal outcomes）进行严格测试。财政成果概念表达的基本含义就是在遵循适当程序①的前提下，公共部门应致力向公众提供有效的服务和执行有效的规划。② 理想的财政成果覆盖三个层次——总量控制、资源优先性配置和运营绩效。③ 与此相对应，"花好钱"的能力依次涵盖：（1）总量决策能力，旨在确保公共资源总量的汲取与使用，既满足经济社会发展需求、又满足可持续性与可承受性；（2）配置决策能力，旨在确保不同用途间的资源配置充分反映政府战略和政策优先性；（3）运营决策能力，旨在促进公共管理所珍视的3E价值所表达的运营绩效，即经济性（economy）、效率（efficiency）和有效性（effectiveness）。④

以上三组能力构成政府执政能力的基础和核心。不言而喻，明智的决策要求公共部门基于完全收益与其完全成本的理性权衡，制定和实施总量、配置和运营决策，这是"测试"术语表达的核心含义（参见图2）。忽视或漠视完全成本即表明难以通过理性（明智决策的基础）测试。在这种情况下，"花好钱"的能力乃至执政合法性就会受到质疑，甚至会被解读为水平低下的执政者，从而引起广泛争议。

---

① 适当程序的核心是法定预算程序。
② 规划（programs）为政策执行的基本单元，系指旨在促进相同目标的若干活动的组合。公共部门通过各类规划——比如儿童保健、土壤改良和道路维护——生产和交付服务。
③ 对该主题的详细讨论参见 Matthew Andrews, 2007：359 - 383。
④ 经济性强调以合理的成本及时获取必要的投入，避免浪费和延滞；效率关注投入与产出间的关系，强调以最低成本实现既定产出；有效性强调以合理的成本及时实现既定目标。

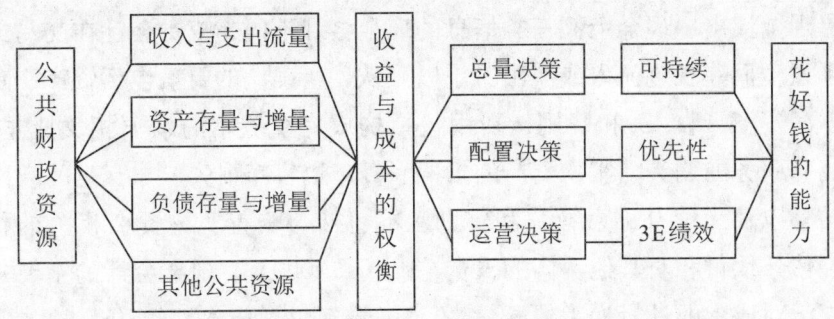

图3 中国公共部门改革的关键目标

最后,"花好钱"的能力兼容了中国公共部门改革的其他目标,即除了务实质朴的管理或绩效维度外,还包括令人敬畏的政治维度和法治维度。大量文献在"服务型政府""透明的政府""低成本政府""法治政府""绩效政府"等诸多范式下,探讨了公共部门改革问题。[①] 推论起来,无论这些文献为公共部门设定的改革目标是怎样的,所有范式都无一例外地指向"花好钱"这一目标,其他均可高度浓缩在此目标下,民主与法治也不例外。[②]

一旦公共部门改革的关键目标锁定为"花好钱"的能力,基本的技术性挑战便立即呈现出来:如何通过政府会计提供最佳信息,并将其融入政府财务报告和公共预算系统,以支持明智的决策和增进透明度。接下来本文将说明,权责制为何在这些方面比现金制拥有优势,以及由此带来的潜在收益是什么。

三、与现金制比较:权责制的优势与潜在收益

良好的公共部门管理高度依赖于适当的会计信息。与确认[③]现金流

---

① 关于这一主题的详细讨论可参见卡马克,2005。
② "花好钱"的能力事关纳税人的核心利益——钱包权 (the power of purse),后者正是立法权威的基础,影响立法与行政间的权力平衡 (参见 Ippolito, 1978: 81),因而必须纳入民主治理和法治的轨道。
③ 会计上的"确认"概念指什么要素应该被纳入财务报告。

入、现金流出、现金余额三类信息的现金会计不同,权责会计在交易或事项发生而非现金流入或流出时予以确认,所确认的要素包括资产、负债、净资产、收入①和费用,费用包括构成完全成本的以下相关成本:商品与服务的购买、实物资产的折旧、资产销售净损失、非互惠的政府间转移以及无偿补助、缴款和赞助,不包括与购置实物资产相关的付款、债务偿付和对其他实体的投资(IFAC,2000)。现金会计的主要劣势在于对成本的计量通常既不完整(仅限于付现成本)也不及时(对于未来才流出现金的交易或事项)——只有资本资产购置决策例外,由此造成决策扭曲和管理失败的风险,在总量、配置和运营层面上都能反映出来。

1. 总量决策

政府将实物资产(包括固定资产和存货)、现金和其他资源投入各部门,通过这些机构的运营交付服务和推动政策。要想取得良好的绩效,政府必须管理好这些被占用的公共资产(平衡表左边),以及为购置或取得这些资产征集的税收、举借的债务和包括非税收入在内的其他财务资本(平衡表右边)。明智的总量决策要求机构意识到,资产占用和财务资本筹措都具有机会成本,因而应尽可能提高资产利用效率和避免过度占用。权责制在公共部门的应用,能够使公众知道有多少纳税人的钱用被用于固定资产和其他资产,并以向机构占用的固定资产存量收费——资产占用费——的形式来衡量资产成本。这种变化虽然不会立即发生,但各部门仍会有减少持有资产的动力,因为那样能降低下一年度应上缴政府的资产占用费。部门可以选择出售多余的资产(并将所得交给国库)、避免购置不必要资产、购置更低价格资产或租用办公楼、车辆、设施等,来减少实物资产的占用。政府还可以采取对部门债务存量收取利息的方式,来鼓励各部门减少债务规模。鉴于过度占用资产和过度累积债务的现象在中国极为普遍且日益严重,假如改革者决心改变

---

① 权责会计下的收入不包括债务融资和权益融资(比如出售政府股权)流量,也不包括资产销售收入和政府作为受托人而代收入的款项。在现金会计下,收入指现金流入。

现状，那么，应积极考虑将资产占用费制度和利率制度（要求各部门就其债务存量向政府付息）纳入公共部门改革议程；在这种情况下，权责制的吸引力就会显现出来，因为权责制是发展这两类激励机制的前提，二者必须在权责制下运作（Ian Ball，2002：49-76）。①

由于资产占用的机会成本并代表相应的现金流出，资产随时间发生的损耗也是如此，现金会计既不能确认资产占用费和应计利息，也不确认折旧和摊销。对于各部门而言，这意味着无论占用多少，资产都无异于"免费午餐"，因而制定资产占用决策时很少会考虑成本因素，其结果便是推动资产规模——进而支出、债务和政府规模——的持续膨胀，直至其边际收益为零这一社会无法承受的水平（图4中的B点），只有权责制（连同资产占用费和利率制度）才能将其矫正到社会最优水平（图4中的A点）。

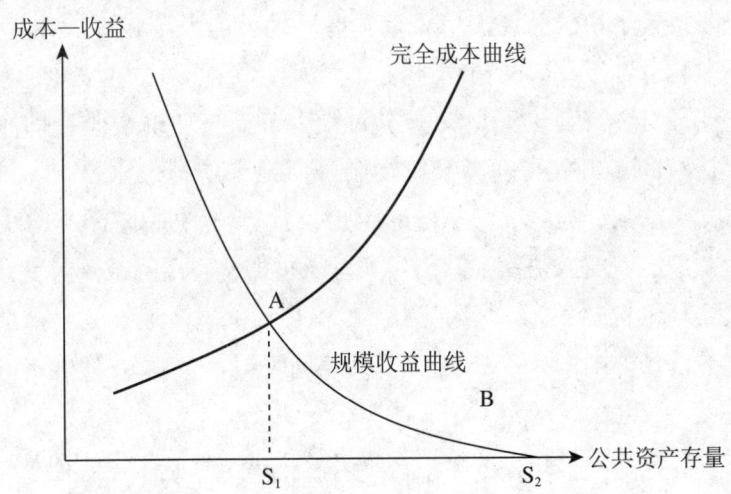

图4 现金制与权责制下的公共资产规模

然而，权责制在资产存量（占用总量）决策上的相对优势，可能被其在资产购置决策上的相对劣势抵消掉。从理想的角度看，在购置资

---

① 原因有二。首先，权责会计而非现金会计才确认资产要素；其次，资产占用行为产生的是机会成本而非现金流出。

本资产的决策做出（无论是否获得资产）时，即应以完全成本为基础记录预算授权（budget authority）与支出。即时记录成本是每个决策制定系统的优势所在。通过在购置时按购置价格记录为一笔资本支出，现金会计满足了这一条件；与此不同，权责制将资本支出归结为一笔折旧费（将资本支出从总支出中剔除），而折旧只是直到购置完毕才会开始，而且每年只是资产购置成本的一小部分，因此，获得此项资产的预算成本（budgetary cost）相对于购买该项资产的资源而言非常便宜，甚至为零，这将诱使决策制定者大量购置资产而很少顾及其客观需要。由于这一原因，一些研究认为，在那些须遵循预算平衡的授权环境下，偏爱资本积累的政府将发现：权责制比现金制更具吸引力（Boothe，2007：195）。如果这一论点成立，那么，在固定资产和存货购置情形下，现金制计量因满足"即时记录全部成本"而优于权责制计量。

但如果置于中国的现实背景下，情形很可能大不相同。在实践中，基数法主导了各级政府的预算过程。基数越大的部门，在来年的预算资源分配越是居于有利位置。就资本购置决策而言，现金会计即时（一次性）记录的支出水平远高于权责制分期记录的折旧水平，由此产生更大的支出基数，为各部门来年获得更大预算份额提供了更重的筹码。这至少在一定程度上诱使公共部门大量从事那些不适当或不具起码比较优势的活动，包括大兴"楼、堂、馆、所"和政绩工程。漠视或忽视成本原本就是中国的政府体制（尤其是问责机制）和决策机制的一个内在弱点，现金会计加剧了这一情况。①

许多与财政总量相关的跨期财政决策，包括贷款担保、针对政府的未决诉讼、法定承诺（如提高养老金支付标准）和"法定支出"②，虽然在决策制定时已然形成支出义务或负债，但相应的现金流出很晚才出

---

① 只是提供现金流量信息意味着政府只是对现金使用负责，并不存在可得的、能够表明政府对其管理的资产和负债负责的信息。
② 中国现行《教育法》《农业法》《科技法》等为各级政府创设了范围广泛的法定支出义务。由于特定财政年度的预算资源无法同时满足这些义务，那些未能兑现的法定义务便在当年形成"拖欠"，现金会计却无法对此加以计量和报告。参见王雍君，2011：226-229。

现,因此,现金会计和支出预测便将其掩饰起来,从而使政府财务状况看起来比实际的要好(David Mosso,2005:8-9)。相比之下,权责制可作为在决策做出时即在预算中确认相关成本的工具,这会向决策者提供用以比较这项决策的成本和利益的信息和激励,也有助于引导公众支持更加审慎、较低风险的决策,这一优势是现金制无可企及的。①

2. 配置决策

就"花好钱"的能力而言,配置目标或许是中国公共部门改革最困难的目标,公共资源配置与关键政策领域意欲成果间的严重脱节,一再表明了这一点。尽管配置决策本质上是一个政治过程,但基于完全成本与收益比较的理性决策仍可扮演一个积极角色。这是因为,稀缺资源的有效配置意味着政府在正确的事情上花钱,以使资源流向最具社会回报潜力的用途。而什么是正确的事情取决于两项判断:通过政治过程建立起社会偏好的优先性,以及满足这些优先性需要的规划和活动的成本(Andrews,2007:375)。据此,即使那些偏好排序靠前的用途,也需要考虑完全成本;成本过高意味着偏好排序靠前的用途,也不宜置于资源配置排序中的优先位置。考虑到中国各级政府配置决策中充斥着自由裁量和主观意志,假如改革者决意修复这一重大缺陷,那么,公共部门引入权责会计的吸引力(提供完全成本信息)就会进一步凸显出来。

这种吸引力在市场化取向的配置决策上尤其明显。中国公共部门拥有世界上最庞大的公共资产和资源,但长期以来管理不善。从办公楼、会议室、公车、电脑等公共资产,到会计、餐饮、维修、采购、垃圾采集、环境绿化等公共服务,再到财政资金的分配,政府的大包大揽依然十分普遍,合同管理、外包、租赁乃至民营化仍未普及。此类市场化取向的配置决策无一例外地依赖于完全成本的公私可比性。在公共部门使

---

① 权责会计主要通过确认负债和或有负债来量化这些风险。对于管控财政风险而言,权责会计仍不充分,需要借助代际会计(generation accounting)等工具予以补充。代际会计反映一个典型的社会成员在其一生中,将会支付给政府的税收和得到的转移支付净额;如果政府对当代人征收的税收不足以支付转移支付和消费,那么下一代人就必须来支付这个账单。参见 Eschker,2005。

用现金会计而私人部门使用权责会计的局面下，由于政府提供的商品与服务的成本不包括资本使用的成本，任何一项特定的"自给—外购"决策，都会导致私人部门在竞争中处于相对不利的地位，因为后者面对的完全成本总是高于公共部门面对的现金成本。在此意义上，现金制具有强化公共部门垄断和限制竞争的内在倾向，而权责制才能提供理想的矫正机制，使私人部门有更多的机会提供以往由公共部门提供的服务，而公共部门也可能更愿意考虑将餐饮、维修、街道清扫等范围广泛的服务外包给私人部门，或与其进行合作。①

3. 运营决策

运营决策的焦点是促进结果导向的绩效。后者暗含的对绩效负责的管理性分权逻辑②，要求对支出机构乃至整个政府的绩效进行计量，据此进行事后评估，而不仅仅是对预算投入的事前规定（传统预算的特点），这就要求有相应的会计系统，能够将费用分摊到相应的产出和成果上，同时确保绩效信息与财务信息同样的完整性和可靠性。权责制大致可满足这一要求。在这里，产出和成果的完全成本包括部门和机构使用资产的两项成本，即折旧和资产占用费。

近年来，财政绩效评价在中国各地蓬勃发展，财政部对此投入了极大热情。③但绩效评价并非目的，而是驱动运营绩效的必要手段。如果改革者对应用评价结果改进运营绩效的兴趣和信心持续增强，权责制取

---

① 以街道垃圾清扫为例。假设政府环卫局以现金成本为基础的报价为每年 100 万，如果外包给私人部门，后者以完全成本为基础的报价假设为 110 万元，结果将是前者胜出。如果要求环卫局亦以完全成本为基础报价，假设其中的非现金成本为 20 万元，那么私人部门将胜出。只有采用权责制下的完全成本信息，才能为公私部门的竞争提供可比的基础。

② 管理性分权指同一层级政府内部的核心部门与一线运营机构间的分权，与政府间财政分权概念相区分。核心部门指负责法定授权、政策制定和财政监督的部门，主要包括立法机关、政府高层、审计机关和财政部门。

③ 2009 年财政部印发《财政支出绩效评价管理暂行办法》（财预〔2009〕76 号），详见：http：//xm. mof. gov. cn/lanmudaohang/zhengcefagui/200910/t20091019_220361. html；2012 年财政部印发《预算绩效管理工作规划（2012—2015 年）》（财预〔2012〕396 号），详见：http：//www. mof. gov. cn/zhengwuxinxi/caizhengwengao/wg2013/wg201301/201303/t20130315_777408. html；2012 年财政部印发《预算绩效评价共性指标体系框架》（财预〔2013〕53 号），详见：http：//yss. mof. gov. cn/zhengwuxinxi/zhengceguizhang/201305/t20130507_857159. html

代现金制的时机便将逐步趋向成熟,因为与绩效相关的因素集中反映在权责会计诸要素而非现金会计要素上。即使注重评价而非驱动绩效,权责信息比现金信息仍具显著优势。① 然而,这一论点不应过分强调。这有两个原因。首先,在中国这样一个庞大而复杂的政府体制下,对产出和成果进行精确和全面的计量虽然可改进运营决策,但不足以成为制定预算的基石。发达国家的经历表明,如果说将投入成本配置到产出上是可能的,那么以合理的方式将产出成本分配到成果上,就是非常困难的甚至是不可能的。② 其次,权责制可能并不反映完全成本的所有要素或类别,比如固定和变动成本、直接和间接成本、生产和非生产成本、可控和不可控成本,因而需要考虑开发基于完全成本的成本会计系统,并与财务财会记录的结果进行协调。③

以上讨论限于会计领域,权责制的相对优势在政府财务报告领域同样显著。现金会计并不提供公共部门的资产负债表,由此丧失了一个可帮助评估真实财务状况和监测财政风险的宝贵工具。多年来,中国各级政府通过出售、出租甚至毁损公共资产(比如滥用环境资产)的方式,获得了大量"横财"般的财政收入。④ 现金会计一方面将这些收入记录为现金流入,由此大大高估了政府获取正常收入的财政能力;另一方面对由此造成的资产所有权、使用权的缩减或者资产基础的破坏,却没有相应记录(因为没有即期现金流出)。这种"报喜不报忧"的内在弱点误导了人们对政府财政状况和可持续性的评估,也增大了政府资产负债管理和财政整顿的难度。只有引入权责制,这个问题才可望得到妥善解决。

---

① 这源于如下两个事实:(1) 服务交付的数量、质量、及时性和客户满意度等绩效属性,不仅取决于现金资源,也取决于资产、负债和净资产;(2) 评价绩效必须一并评价完全成本,脱离成本的绩效评价是片面的和武断的。
② IFAC, "Perspectives on Cost Accounting for Government", Study 12, 2000, p.25 详见: http://www.ifac.org。
③ IFAC, "Perspectives on Cost Accounting for Government", Study 12, 2000, p.41 详见: http://www.ifac.org。
④ 土地财政最典型。地方政府的土地出让金占地方预算内收入普遍达 40%—50%,少数地方甚至超过预算内收入。参见黄小虎,2011。

与政府会计和财务报告领域相比,权责制的相对优势更为集中地体现在公共预算领域,尽管难度也大得多。权责预算模式与传统的现金预算模式存在巨大差异,后者仅仅"为现金资源而预算",资产、负债和政府活动的完全成本从法定预算程序(覆盖申报、审查、批准、执行控制、评估与审计)中消失了,成了名副其实的"黑箱预算"。转向权责预算模式意味着公共资产、负债和完全成本如同现金收入和支出一样,必须纳入法定预算程序加以管理,包括申报、审查、批准、执行控制、评估和审计。这将为堵住资产负债管理和成本控制上的种种纰漏,强化政府预算在中国经济社会生活中的作用,增进财政透明度,将预算塑造为"最基本、最正式和最频繁的治理程序"(Moynihan,2007),创造难得的历史机遇。

四、权责制的局限性与改革的优先议程

引入权责制的收益是巨大的和广泛的,但这些利益大多是潜在的而非现实的。充分发掘这些潜在利益以使其转化为实际利益,需要具备一系列条件。在过去30多年中,中国以"摸着石头过河"的方式积累了许多宝贵的改革经验。尽管如此,满足这些条件对于各级政府仍将构成严峻考验,而且需要假以时日。

首先,也是最重要的,中央政府须具有推进权责制改革的强烈政治意愿。后者进一步取决于:(1)财政危机或深度财政困境,足以促使中央政府寻求变革应对危机,早期采用权责制的国家(如新西兰、英国、澳大利亚等)大多经历了此类危机[①];(2)来自公民社会的关注和压力,包括关于财政透明度和"少花钱、多办事"的压力,令中央政府感觉到有必要做出适当的正面回应;(3)其他国家的成功案例带来强大的示范效应,然而此类案例少之又少;(4)改革方案的可靠评估,确保从现金制到权责制的转换井然有序,或者至少不会引起混乱。这些

---

① 新西兰、英国、澳大利亚等国家权责制改革背景,详见楼继伟,2002:43-50。

条件在现阶段并不具备，只有透明度诉求有所例外。①

其次，即便政治意愿足够，设计全面的改革方案也非易事，尤其在行为层面。从现金制转向权责制远非单纯的技术性转换，更涉及公共部门和官员复杂的行为模式的转变，特别是从合规性（控制）导向到绩效导向的转变。行为模式的强大惯性意味着这样的转变非常难以实现。如果公共官员典型的行为特征是忽视绩效并且难以转变，那么，权责制取代现金制的改革招致失败的风险将会很高。

最后，大规模的前期培训和资产清晰登记无可避免。权责制的运行成本比现金制高得多，信息的计量与报告需要大量判断②，没有大批具有较高专业素质的会计人员便不可能胜任（马蔡琛，2006）。

如果以上困难都得到克服，接下来需要设计正确的改革次序。考虑到中国的实际情况并参照其他国家的经验，权责制导向的公共部门改革宜首先在政府会计领域实施，随后转向政府财务报告领域，最后再考虑是否转向政府预算领域。会计基础具有各种不同变体。各种会计基础的区别在于交易确认的标准、时间和范围不同，尤其是确认交易时间的不同。国际会计师联合会（IFAC）在1998年发布的研究报告《政府财务报告指南》中区分了可应用于公共部门的四种会计基础，即现金基金、修正现金基础、修正权责基础以及完全权责基础。这个反映先易后难的次序，亦可考虑作为中国权责视角的公共部门改革的次序。无论转向何种会计基础，有选择地进行试验、积累经验后再逐步推广十分重要。

假如这些改革能够实施，权责制的潜在优势也可被充分发掘，以权责制取代现金制是否即应作为中国公共部门改革的第一方向？是否构成公共部门其他改革的先决条件？更具紧迫性或成本有效性的改革又是什么？

---

① 近年来，公众透过互联网和其他媒体对财政透明问题表达的关切日益增加，但多限于诸如"三公消费"等敏感性支出。政府则多以"细化预算编制"和单独公开"三公消费"等方式回应。除学界外，公众要求政府充分披露资产、负债、成本等权责会计信息的诉求仍相当淡漠。

② 基础设施、军事资产和遗产等许多公共资产需要通过评估确定其价值。公共部门养老金和法定承诺——比如承诺增加公务员工资或医疗支出——是否构成负债也需要判断。现金会计对判断的依赖性很小。

寻找答案要求对权责制所固有的局限性有所认知。权责制虽然可为政府会计、财务报告和公共预算提供理想的信息,但政府如何征税以及与此相关的政府如何花钱的问题,从根本上说是个政治问题,因此更应从政治层面探讨(彼得斯,2008)。理性的成本—收益权衡有助于修正、但无法取代政治因素的主导作用。

此外,与权责制的缺失相比,政府职能错位、扭曲的政府间财政安排和基于支出周期的财务合规性控制机制缺失,对中国公共部门改革关键目标构成的挑战更为严峻,这在主流文献中似乎被普遍忽视了。首先是政府职能的错位。公共管理范式将公共部门的适当角色定位为公共服务交付者,其目标是寻求服务交付绩效,即以正确的方式(效率)提供正确的服务(匹配公众偏好)。权责制的逻辑和优势与此最相契合。但在实践中,政府的"越位"和"缺位"现象十分严重,"公共企业家"(广泛介入与民争利的营利性和竞争性领域)和"行政审批者"的角色,远远压倒了服务交付者角色,GDP 导向的官员问责制远远压倒了绩效导向的问责制。

矫正角色错位的最佳方法莫过于推动走上正轨的预算改革,后者定义为那些旨在强化预算对政府活动进行规制的能力。预算和政府是交互缠绕在一起的;幻想一个有活力的预算是不可能的,除非政府是非常强大和有能力的;如果政府预算缺少规制公共财政的能力,那将不可能有一个强大的政府(Schick,2002)。这里隐含的逻辑是:预算重视什么,政府才会重视什么;预算忽视什么,政府也会忽视什么(希克,2000:12-17)。据此,预算可以通过精心界定其范围来约束政府活动的边界。中国共产党的"十八大"报告对"全口径预算"的确认①,朝着这一方向迈进了一大步。在此意义上,权责制改革不宜被置于比预算范围的改革更优先的位置。

其次是扭曲的政府间财政安排。当前的政府间支出划分(模糊不

---

① 十八大报告在谈到推进政治体制改革时,提出要"加强对政府全口径预算决算的审查和监督",详见胡锦涛,2012。

清和责任过度下放)、收入划分（体制内过度集权而体制外过度分权）和转移支付（规模过大且过度强调上级控制和裁量），形成了一个充满矛盾的体制架构。过度集权、过度裁量（Schick，2007：131-133）、过度碎片化和寻租成本过高，构成这一体制的四个典型特征和主要弱点，以至于地方政府（尤其是基层政府）在很大程度上丧失了因地制宜和统筹规划地方公共事务的能力和主动性。①

最后是预算过程基本财务合规性控制机制的缺失。时至今日，中国依然没有建立起真正意义上的预算会计（发达国家已相当成熟），即"记录拨款和拨款使用"的政府会计（Schiavo-Campo and Tommasi, 1999：22）。拨款和拨款使用覆盖支出周期（expenditure cycle）的四个阶段：立法机关的法定授权、支出机构在授权范围内做出支出承诺（如采购合同和订单）、对供应商交付的商品与服务进行核实、核实无误后办理对供应商的款项支付。没有对所有四个阶段的交易信息进行完整记录的预算会计技术，任何政府和预算单位便没有可能对公共支出实施全程式追踪和监控；由此留下的监控盲区为种种腐败、寻租、浪费行为和过度自由裁量大开方便之门。

很少有人意识到，这一软肋不可能通过权责制改革予以消除。原因很简单：除了支出周期下游的付款（现金流出）外，上游的法定授权、支出承诺（形成支出义务）和中游的核实（形成应计支出），在权责会计中没有对应的记录，因而无法通过追踪权责信息实施全过程监控。由于事关纳税人的核心利益，任何管理良好的政府都必须为公共开支建立起基本的财务合规性控制机制。即便各国的政府财务报告和预算大多采用现金会计基础，对立法机关和外部使用者而言，以及对那些以预算授权为参照系来监督实际开支的内部使用者而言，"立法机关授权的支出

---

① 专项拨款过多过滥最具代表性。中央政府各部门热衷于通过部门专项拨款掌控权力和资源，以及对地方政府实施自上而下的控制。控制的逻辑取代了合理的经济学逻辑—鼓励地方政府提供具有广泛外部性的公共设施与服务。在中央对地方的转移支付总额中，专项拨款长期高居40%以上，在《2013年中央财政预算》中这一比例为43.98%，详见：2013年中央对地方税收返还和转移支付预算表, http://yss.mof.gov.cn/2013zycyzys/201303/t20130322_784988.html。

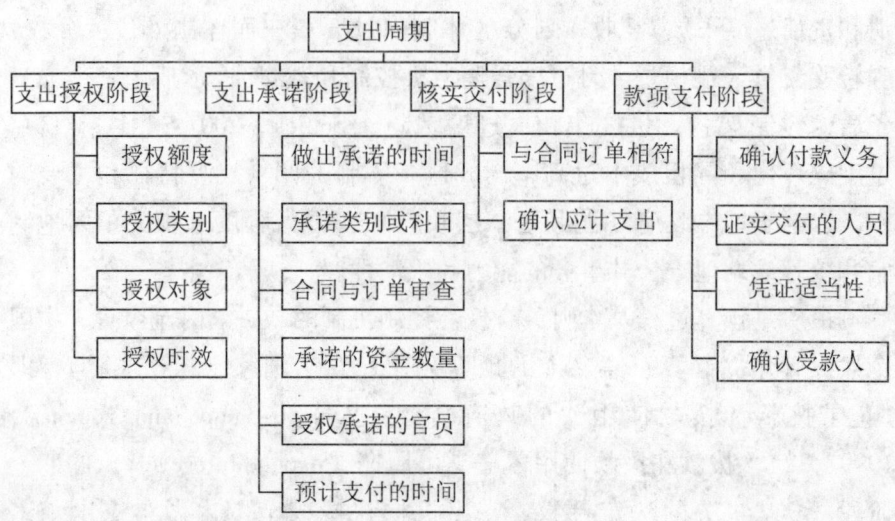

图5　基于支出周期的财务合规性控制框架

是多少"这类信息对于监控预算执行以确保合规性而言是十分有用的(IFAC, 2000: 52-54)。

真正意义上的预算会计——记录支出周期各阶段交易信息的预算会计,正是为此量身定制。在这里,将其与政府财务会计(涵盖现金基础和权责基础)区分开来很重要。后者旨在帮助公共部门实施预算过程的合规性控制,前者旨在帮助评估公共部门的财政可持续性和财务健全性。将政府预算会计等同于政府财务会计的看法是错误的。事实上,预算与财务会计的分立是许多国家政府会计的共同特点,美国联邦政府会计中就单设了4000个预算会计账户(Laine, CGFM, and Kreyche, 2005)。

良好的预算会计对于立法机关和其他监管者尤其重要,强大的立法机关(代表性、职业化和专业化)更是守护纳税人钱包的第一道安全阀。在法治与民主社会里,制定预算或许是立法机关和管理者最重要的责任。立法机关授权行政部门支出资源以促进政府政策目标,约束和监管行政部门遵循法定授权,改进服务质量,确保公共资源的管理责任。在这一过程中,作为法定文件(legal documents)的预算文件扮演着关键角色。良好的预算文件既表达政府基本的政治价值观和持续承诺,也界定政府的经济和政治角色,从而约束行政管理者的活动。对于合规性控制如此重要的法定预算文件,必须借助良好的预算会计进行准备,并通过预算会计确认法定合规性（legal compliance）（Wilson,2010：531）。考虑到中国公共资源规模庞大而管理松散的现实,建立基于支出周期的全面的预算会计,其重要性、紧迫性和优先性自应位居权责制导向的改革之上（王雍君,2007）。

结　语

权责制确实在中国公共部门改革中有其用武之地,但其用途是有限的,主要是作为在做出决策的当时即全面确认成本的一个工具。更一般地讲,权责制在支持以财政成果测试的管理决策、强化政策可持续性评估、促进透明度,以及扩展公共部门受托责任框架方面,能够提供比现金制更大的潜力,进而为提升政府"花好钱"的能力做出贡献。然而,转向权责制带来的大部分利益是潜在的而非现实的。挖掘潜在利益需要满足一系列基础条件,并且需假以时日。

即使潜在收益可望转化为现实收益,引入权责制亦非中国公共部门改革的迫切方向,更不构成其他改革的先决条件。在考虑系统地引入权责制之前,有必要在其他方向上推动更具优先性的改革,包括矫正政府职能借位、重塑政府间财政安排、改进现金会计系统和建立基础牢固的公共财务管理体制,特别是建设基于支出周期的全面的预算会计。① 只有在这些改革取得实质进展的基础上,引入权责制才可能真正带来实质的成果。

---

① 许多国家都遵循预算会计优先于权责会计的改革次序,荷兰和意大利就是典型例子。两个国家在20世纪90年代引入权责会计前,基于支出周期的预算会计体系均已牢固地建立起来。参见 Hoke, 2005; Anessi-Pessina and Steccolini, 2005。

【参考文献】

艾伦·希克:《当代公共支出管理方法》,经济管理出版社2000年版。

B. 盖伊·彼得斯:《税收政治学——一种比较视角》,郭为桂、黄宁莺译,江苏人民出版社2008年版。

B. J. 理德,约翰·W. 斯韦恩:《公共财政管理》(第二版),朱萍、蒋洪等译,中国财政经济出版社2001年版。

杜树章:《中国皇权社会的赋税研究》,中国财政经济出版社2009年版。

胡锦涛:《坚定不移沿着中国特色社会主义道路前进为全面建成小康社会而奋斗——在中国共产党第十八次全国代表大会上的报告》,人民出版社2012年版。

黄小虎:《解析土地财政》,载《税务研究》,2011年第1期。

楼继伟:《政府预算与会计的未来——权责发生制改革纵览与探索》,中国财政经济出版社2002年版。

马蔡琛:《政府会计确认基础与权责发生制预算改革的思考》,载《财会通讯》,2006年第7期。

普雷姆詹德:《有效的政府会计》,中国金融出版社1996年版。

萨尔瓦托雷·斯基亚沃－坎波:《公共支出管理》,张通译,中国财政经济出版社2001年版。

王绍光、胡鞍钢:《中国国家能力报告》,辽宁人民出版社1993年版。

维托·坦兹:《政府职能与政策工具的效率》,《中国财经报》,1995年10月12日(上)和10月19日(下)。

王雍君:《公共预算管理》(第二版),经济科学出版社2010年版。

王雍君:《中国公共预算改革:从年度到中期基础》,经济科学出版社2011年版。

王雍君:《支出周期:构造政府预算会计框架的逻辑起点》,载《会计研究》,2007年第5期。

伊莱恩·卡马克(Elaine Ckamarck):《过去20年各国政府改革的经验与教训》,载《经济社会体制比较》,2005年第6期。

Allen Schick, "Does Budgeting Have a Future?" *OECD Journal on Budgeting*, No. 2, 2002.

Allen Schick, "Performance Budgeting and Accrual Budgeting: Decision Rules or Analytic Tools?", *OECD Journal on Budgeting*, No. 7, 2007, pp. 131 – 133.

Allen Schick, "The Performance State: Reflection on an Idea Whose Time Has Come but

Whose Implementation Has Not", *OECD Journal on Budgeting*, Vol. 3, No. 2, 2003, pp. 71 – 103.

Daniel R. Mullins and Michael A. Pagano, "Local Budgeting and Finance: 25 Years of Developments", *Public Budgeting & Finance*. Special Issue (Silver Anniversary Issue), Changing Public Budgeting and Finance: A Quarter Century Retrospective, Vol. 25, No. 4s, 2005, pp. s3 – s45

David Mosso, "Accrual Accounting and Social Security", *Journal of Government Financial Management*, Vol. 54, No. 3, 2005, pp. 8 – 9.

Dennis Ippolito, *The Budget and National Politics*, W. H. Freeman and Company, 1978.

Donald P. Moynihan, "Citizen Participation in Budgeting: Prospects for Developing Countries", in Anwar Shah (ed.), Participatory Budgeting, The World Bank. Washington, D. C., 2007.

Earl R. Wilson, *Accounting for Governmental and Nonprofit Entities* (Fifteenth edition), New York: McGraw-HILL/Irwin, 2010.

Erick Eschker, "Generational Accounting and the Saving Rate Decline", *Public Budgeting & Finance*, Vol. 25, No. 1, 2005.

Eugenio Anessi-Pessina and Ileana Steccolini, "Evolutions and Limits of New Public Management—Inspired Budgeting Practices in Italian Local Governments", *Public Budgeting & Finance*, Vol. 25, No. 2, 2005.

Ian Ball, "Modern Financial Management Practices", *OECD Journal on Budgeting*, Vol. 2, No. 2, 2002, pp. 49 – 76.

IFAC, "Perspectives on Cost Accounting for Government", *Study* 12, 2000.

IFAC, "Government Financial Reporting: Accounting Issues and Practices", *Study* 11, No. 243, 2000.

M. Peter Van Der Hoke, "From Cash To Accrual Budgeting and Accounting in the Public Sector: the Dutch Experience", *Public Budgeting & Finance*, Vol. 25, No. 1, 2005.

Mackenzie and Stella, 2009, "Quasi-fiscal Operations of Public Financial Institutions", *IMF paper*, No. 142.

Matthew Andrews, "What Would Ideal Public Finance Management System Look Like?" in Anwar Shar (ed.), *Budgeting and Budgetary Institutions*, overview, The International Bank for Reconstruction and Development/The World Bank, Washington, D. C., 2007, pp. 359 – 383.

Mitch Laine, CGFM, and Catherine A. Kreyche, "Revisiting Federal Financial Management Reform", *Journal of Government Financial Management*, Vol. 54, No. 12, 2005.

Paul Boothe, "Accrual Accounting in the Public Sector: Lessons for Developing Countries", in Anwar Shar (ed.), *Budgeting and Budgetary Institutions*, The International Bank for Reconstruction and Development/ The World Bank, Washington, D. C., 2007, pp. 179 – 200.

Rowan Jones, "Financial Accounting and Reporting", Anwar Shar (ed.), *Local Public Financial Management*, The World Bank, Washington, D. C. 2007, pp. 7 – 32.

Salvatore Schiavo-Campo and Daniel Tommasi, "Managing Government Expenditure", Asian Development Bank, 1999.

政府间预算管理制度构建与预算约束[*]

李 燕[**]

内容摘要: 本文从政府间预算管理制度的构建应具有的预算约束效应角度,阐述了现代预算所具有的对政府财政行为约束的本质属性,梳理了我国不同类型预算管理体制下的预算约束效应,并根据党的十八届三中全会决议对财政改革的要求,指出了预算管理体制的构建不仅需要在事权、支出责任及收入配比上进行政府间财政制度的探讨,更需要在制度设计的原则、预算控制的形式等方面进行顶层设计。

关键词: 预算 预算管理体制 预算约束

---

[*] 本文是李燕教授主持的国家社会科学基金重点项目"建设现代预算制度研究"(14AZD022)、国家社会科学基金项目"财政民主与监督的环境基础研究"(09BZZ036)、北京市哲学社会科学规划项目"财政监督视角下的全口径、多维度政府预算报告体系构建研究"(11JGB091)以及中国财政发展协同创新中心、中央财经大学重大科研课题培育项目、中财—鹏元地方债研究所"国家治理能力提升下的政府施政行为规范研究"项目的阶段性成果。并已部分发表于《中央财经大学学报》2014 年第 11 期。

[**] 李燕,女,中国财政发展协同创新中心、中央财经大学财政学院教授、博士生导师,中央财经大学政府预算管理研究所所长,研究方向主要为政府预算理论与政策、政府预算管理实务、财政理论与政策等。

一、预算硬约束是现代预算的本质属性

（一）现代预算产生于约束

现代预算和传统预算的最大区别在于，现代预算不再只是传统意义上的财政收支记录，现代预算制度的目的在于对政府用钱的控制和约束，以实现公共资源的有效配置，其本质是对政府行为的财政基础进行合法化、合理化规制。被誉为孕育了现代预算制度基本精神的1215年英国大宪章运动，就是为制约由于英国皇室的过度奢靡而引起的横征暴敛以及没收贵族土地的行为。由此，英国确立了"非赞同毋纳税"的原则。美国建国以后通过制定一系列的法律对政府的预算行为加以限制，经过在总统和国会之间的多轮博弈后，于1921年通过了《预算与会计法》，该法案的颁布标志着美国现代预算制度的正式建立。美国20世纪初开始兴起的一系列现代预算改革，在一定意义上就是通过对支出进行有效控制以遏制腐败，这些改革迫使政府官员能够通过一种合理有效的预算控制机制去清楚地阐释开支的理由和效果，也大大激发了公众起来反对政府中的浪费和腐败的热情。因此，现代预算的根本属性已不再仅仅是统治者对其财产的管理，而更重要的体现为立法机关对政府预算收支的约束与控制。

（二）硬预算约束与软预算约束

政府的预算一经立法机构的审查和批准就具有法律效力，是"带电的高压线"，不能随意突破。因此，硬预算约束就是指预算主体的行为要控制在法定的预算制度框架内，并必须承担其由于财政决策所带来的成本，如果出现支出增加超过其可承受收入限额，则必须自担后果。硬预算约束可以激励预算主体谨慎地配置财政资源，有利于提高财政效率。

硬预算约束是相对于软预算约束而言的。软预算约束是指预算主体在经济活动和事业发展中缺乏硬性的预算限制，一旦出现入不敷出则不断地向有关主体索取财政资源来进行弥补的行为。这种行为具体在各级

政府中则表现为政府及政府间的财政行为不受预算约束，上级政府可较为随意地调整与地方政府的收支关系，下级政府也有着突破已有预算限制、实现规模与权力扩张，且通过游说上级部门以图获得预算外资源的行为、预期和冲动，它从整体上损坏了经济效率和经济秩序。

（三）硬预算约束是政府间财政关系良好运行的基础

多层级政府架构是当今多数国家的主要治理形式和有效管理的必要条件，十八届三中全会审议通过的《中共中央关于全面深化改革若干重大问题的决定》提出"财政是国家治理的基础和重要支柱"。因此，现代财政制度的核心内容就是要通过合理的财政授权建立起良好的政府间财政关系，以更有效地履行各级政府的职责。而预算硬约束是政府及政府间财政关系有序和有效运行的基础。

政府预算管理体制是确定政府间财政关系的制度体现和保障，是确定中央与地方以及地方各级政府之间分配关系的根本制度，也是国家财政经济体制的重要组成部分。作为中央与地方财政分配关系的集中表现形式，预算管理体制通过财政分级管理的原则，划定各级政权在财政管理方面的权限、收支范围和财力，处理财政分配中各方面的责、权、利关系，实现财政管理和财政监督。然而这种财政授权的制度安排是建立在法定制度基础之上的，对各级预算主体具有约束性，它反映着一国的财政治理体系与治理能力。

预算管理体制的核心要素是事权、支出责任、财权和财力，因此，预算管理体制的制度设计始终围绕着政府间事权、支出责任、财权财力的集权与分权、集中与分散进行，也就是围绕着政府间事权划分、支出责任的确定、收入的划分以及相应的转移支付制度的确立。各要素之间的关系是环环相扣的：事权划分是前提，是上一级科目，它决定了支出责任的确定，政府支出责任的大小又决定了用以覆盖支出的收入划分形式及程度，而转移支付制度是辅之以分级分税财政体制的一种制度形式，主要用于解决体制设计出现的收入上收、支出下沉的政府间财政格局，并通过它可以更多体现上级财政的政策意图。

一国的预算管理体制是随一国政权结构、行政区域的划分以及管理需要而演变的,新中国成立以来,我国预算管理体制也经历了统收统支、分类分成、总额分成、包干制直至分税制等多次的调整,但无论哪种形式的政府预算管理体制,其设计原则和目的都应该是要规范政府间的财政行为,将各级政府财政及其行为通过制度安排圈于硬预算约束之下。

二、我国政府预算管理体制的设计原则及约束效应

新中国成立后,财政预算管理体制随着政治环境和经济条件的变化经历了多次调整,但从体制的预算约束形式来看主要可以分为三个阶段:1950—1979 年为中央集中度比较高的"统收统支"阶段、1980—1993 年为基于中央与地方分权的包干阶段、1994 年至今为分税制阶段。而不同时期预算管理体制的设计原则不同,其预算约束的程度及产生的效应也不同。

(一)"统收统支"体制的预算约束效应

新中国成立以后至以包干制为特征的中央与地方"分灶吃饭"改革以前,预算体制的基本特征可以说是以中央集中和集权控制为主,是中央与地方"大统一"的格局。

在"统一领导、分级管理"的构建预算管理体制的基本原则下,预算控制与约束的基本内容为:中央的三个统一和地方的三个职权。中央三个统一为:(1)统一的财政方针政策。即国家财政工作的大政方针,根据大权独揽的原则,必须由中央统一制定,地方和部门必须保证执行;(2)统一的财政计划。即国家统一安排的国家预算,规定当年预算收入、支出的规模和构成。地方各级预算是国家预算的组成部分,它的编制、执行和决算都必须在国家统一安排下进行;(3)统一的财政制度。即重要财政制度由中央统一制定颁发,各级地方财政据此执行。地方的三个职权:(1)统筹安排预算权。即在坚持中央统一领导的前提下,授予地方一定的统筹安排预算权;(2)机动财力使用权。即在国家规定的预算内或预算外拥有使用机动财力权;(3)结合地方

的实际情况，制定具体执行办法和实施细则权。可以看出，这一原则内容对体制安排的预算约束主要体现在中央的集中统一领导之下，具体表现为"统收统支"和"收支两条线"，即地方的收入统一全部上交中央，地方所需的支出统一全部由中央拨付，且体制基本"一年一定"，收入与支出不挂钩，地方没有财政分配的自主权及相应的责任。所以，这一时期中央财政对地方财政的预算约束更多地表现为一种行政约束。

  这种高度集中的预算管理体制，从根本上说是由计划经济体制下社会资源配置方式决定的，它在我国大规模工业化建设初期，缓解了百废待兴与国家财力分散薄弱的矛盾，对于集中全国的人力、物力、财力进行重点建设，无疑发挥了巨大的作用，建立了历史功绩。但是，这种被俗称为"大锅饭"的高度集中的预算统收统支体制与运行机制使财权财力基本上控制在中央政府财政手中，地方财政依附于中央财政。地方能从自身预算收入的增长部分中得到的好处很少，预算收入的增长与可支配支出不挂钩，甚至出现了"鞭打快牛"的现象，即收入增长越多，向中央的上缴也越多。地方由于手中没有财权财力，自然也谈不上什么预算责任和约束，缺乏自身预算约束的意识和主动性，并有着强烈的突破预算的冲动，就是惯于通过各种方式向中央或上级政府争得更多的预算，此举被形象的比喻为"一年四季在于争"，并出现了"会哭的孩子有奶吃"，即向中央诉苦越多的地方，得到的预算支持也越大。此时的软预算约束特征表现为"自下而上"。

（二）"财政包干"体制的预算约束效应

  改革开放初期，我国是高度集中的计划财政，作为计划体制下资源配置的中枢，财政控制了绝大部分经济资源。党的十一届三中全会中央提出对经济体制逐步进行全面改革，并要求以扩大地方和企业的财权为起点，以财政体制改革为突破口，先行一步。1980年，国务院颁布了《关于实行"划分收支、分级包干"财政管理体制的暂行规定》，决定改过去中央与地方"一灶吃饭"为"分灶吃饭"，通过明晰各级政府的事权、财权以及相应的责任，调动各级政府当家理财、增收节支的积极性。

从 1980—1993 年，我国财政包干体制的演变一共经历了三个阶段：1980 年的"划分收支、分级包干"；1985 年的"划分税种、核定收支、分级包干"；1988—1993 年多种形式的包干制。

伴随着包干制的体制改革，我国对建立预算体制的原则表述也发生着变化。在继续坚持"统一领导、分级管理"的同时更加强调收支挂钩，权责结合。这种指导建立预算管理体制的原则变化是基于当时环境发生了变化，经济上要扩大地方和企业的经营管理自主权，则财政就必须放权让利，根据新的经济形势对原来的体制进行改革，使财政体制与经济改革开放相适应。

预算管理体制从统收统支到包干制，实际上就是在中央和地方政府间就各级财政的权力和责任、收入分配、支出范围进行承包，这种承包应该是建立在具有约束效应的预算契约合同基础上的。也就是说，这一时期构建预算体制的原则及其体制要求将人们的关注点引向中央与地方间的责、权、利合理划分上来。在预算管理体制由集权向分权过渡的过程中，制度设计要考虑地方政府应有的财政职责权限，制度执行结果要能够使得地方的财政自主性和参与意识、责任意识能够提高。因此，在此期间，不同形式包干制的预算管理制度与之前相比都强调了：(1) 在中央和地方政府之间划分收入和支出范围（责任），地方每年的各项支出，均由各地根据国民经济计划的要求和自己的财力情况统筹安排，中央各部门不再下达支出指标；(2) 分级包干。就是在划分收支范围的基础上，确定地方财政收支包干基数，在基数确定后，再确定用地方收入弥补地方支出的方式以及上缴中央或中央给予补助的形式和比例；(3) 中央给予地方的分成、上交或补助比例核定后，原则上几年不变。地方在划定的收支范围内，多收可以多支，少收了要少支，自求平衡。在预算执行中，除遇特大自然灾害或国家重大措施出台影响外，一般不再调整地方的包干基数或补助数额。

可以看出，基于包干制的预算管理体制设计，其初衷强调的是权责结合的预算约束与控制，就是改全国"一灶吃饭"为中央地方"分灶吃饭"，实现"千家花钱一家平衡"为"各家花钱自求平衡"。应该说，预算包干制在"多劳多得"的包干效应刺激下,调动了地方增收节支、发展地方经济的积极性,促进了财政收入的增长和国民经济的稳步发展,形成了"一年四季在于增"的局面。但同时又出现了地方重复建设和经济封锁,影响了社会资源的整体有效配置,阻碍了全国统一市场的形成和生产力的合理布局,削弱了财政的宏观调控能力,使得财政收入占国民收入的比重、中央财政收入占全国财政收入的比重严重下滑,同时出现了中央财政极为困难的局面。一方面国家财政收入(不包括内外债)占国内生产总值的比重由1979年的28.4%滑落到1993年的12.6%;另一方面,随着地方分权,中央财政收入占全国财政收入的比重由1979年的46.8%下降为1993年的31.6%。1992年,全国财政收入3500亿元,中央收入1000亿元,地方收入2500亿元;中央财政支出2000亿元,赤字1000亿元。

在这种情况下,预算的硬约束似乎形同虚设,"包而不干"。中央为缓解财政困难,特别是中央财政的困难,采取了一些突破预算约束的办法。一是以费补税。由于减税和包税导致了中央收入的下降,为了弥补中央财力不足,1983年以税收强制性和无偿性为原则,开征了"国家能源交通重点建设基金",200亿元的基金除了由财政、银行负责解决80亿元外,其余的120亿元,从各地区、各单位的预算外资金中筹集。1989年又直接以加强国家宏观调控能力、平衡预算为目标,出台了"国家预算调节基金",面向所有国营企事业单位、机关团体、部队和地方政府的预算外资金以及所有集体企业、私营企业和个体工商户缴纳所得税后的利润中按比例征收。二是中央向地方借钱。为了弥补中央财政支出缺口,要求各省作"贡献",就是不以偿还为目的的"借款"。由于这种预算的软约束行为影响了中央财政的信誉,造成了中央与地方及企业单位的关系紧张,即使是比较富裕的地区也不愿慷慨解囊。三是财政包干体制下,各级财政支配的财力在很大程度上取决于地方上解、中央补助或共享分成的比例和基数的高低,而这些比例或基数的核定又缺乏充分的客观性,难以避免中央和地方之间种种"讨价还价"的因素,各地都倾向于增加支出基数,压缩收入基数,提高分成比例,使得中央与地方政府之间处于无规则的博弈之中。由于"包而不干",最后矛盾又集中反映到中央财政上来。

所以,在中央政府试图通过包干制以期不断硬化预算约束的同时,统收统支体制下那种地方政府"自下而上"的软预算约束在一定程度上受到限制,但是,一种新的逆向软预算约束开始出现,即中央政府开始通过"自上而下"地索取资源来突破预算限制。

(三)分税制体制的预算约束效应

针对包干制的种种问题,特别是中央财政急剧减少,被动向地方借钱的"弱干强枝"的局面,中央痛下决心要改革包干制财政体制。如何改?一时众说纷纭,经过多方论证,决定借鉴国际上的通行做法,结合我国的具体国情,明确了实行分税制财政体制的方向。其实,在1987年中共十三大报告中就简要地提出了"要在合理划分中央和地方财政收支范围的前提下实行分税制"。但由于当时社会经济环境不具备实施分税所要求的市场经济体制,分税制应该说只是一种愿景和设想,并没有付诸实施。尽管如此,对分税制改革理论与政策的研究及探讨则一直在进行。时任财政部长王丙乾同志在各种场合多次提出要抓紧进行分税制的试点工作并亲自或组织财政部相关司局广泛听取各方面意见,进行深入的调查研究。经过缜密研究和反复测算,于1990年设计了分税制财政体制试点改革的初步方案。1992年,邓小平南巡讲话确立了我国市场经济的改革模式,同年,在党的十四大报告又明确提出了"要逐步实行税利分流和分税制"。1992年6月5日,财政部公布了《关于实行"分税制"财政体制试点办法》,并选择天津市、辽宁省等9个地方开始了进行分税制的试点。

可以看出,分税制财政体制启动于社会主义市场经济改革背景之下,目的是为了进一步规范中央与地方的财政分配关系,因此对建立预算体制的理论依据和现实依据的描述有了明显的市场经济色彩。理论依据中更多的是引用公共产品与服务理论、财政联邦主义理论等,而现实依据则比较多的谈及保障各级政府履行职能的财权、财力、调节财政能力差异、公平与效率以及促进统一市场体系形成等。财政决策部门设计分税制方案时在借鉴国外做法及结合我国具体情况基础上实行分税制的指导思想是：通过分税制，建立一个适应社会主义市场经济需要的财政运行机制，健全和强化行政职能，调动中央和地方两个方面的积极性，实现各级政府财力分配的科学化、规范化，在国家法律和政策的规定范围内，实现各级财政自主管理。具体地说，必须遵循以下原则：正确处理中央与地方的分配关系，调动两个积极性，促进国家财政收入合理增长，逐步提高中央财政收入的比重，合理调节地区之间财力分配。坚持统一政策与分级管理相结合的原则。坚持整体设计与逐步推进相结合的原则。并据此进行了中央和地方间税种的划分、支出和事权范围的确定、基数的确定、税收返还、转移支付等预算制度设计。

就强化预算控制与约束来说，分税制财政管理体制建立和健全了分级预算制度，明确了各级地方政府的收入和支出范围，使得财政资金筹集和分配比较规范，1995年《预算法》的实施，更强化了地方政府的财政平衡的责任意识。但是，这一改革的制度设计关心的重点是收入的划分，并没有同时调整支出责任。而在收入划分上，各级政府都是"层层抓大"，将大税种抓在自己手中。此后中央又几次重新调整了与地方的收入划分，如1998年将属于地方的证券交易税变成共享税，2002年将属于地方的两个所得税变成共享税等。同时，从中央开始，各级政府都逐层将事权下压，例如，本来属于中央的出口退税现在要求地方也承担一部分，2004年又将一些负担比较重的中央企业下放给地方。收入上层层收权和支出层层将责任下放的结果就是地方政府在收入和支出上的不均衡，导致地方财政自给能力逐步下降。

随着收入的层层上收，事权层层下放，致使地方政府特别是县市级财政陷入困境，但是县市级政府并没有选择"有多少钱办多少事"，而是在可以利用的预算内资源非常有限的情况下，政绩考核的激励机制又诱导地方政府产生突破预算约束而借债做事的强烈冲动，所以，在"税源"与"费源"有限的情况下，纷纷选择了突破预算限制，走向"负债经营"。并且，这种软预算约束又从政府间扩大至一级政府所辖区域范围之内，例如上级政府通过专项转移支付拿出一部分资金并要求地方政府配套来鼓励下级政府利用各种方法集资完成某项工程，地方政府向企业和个人征收正式税收之外的各种苛捐杂税，以及通过各种政治压力或交换关系诱使所辖区域的企业或其他实体单向政府倡导的政绩项目或者其他公共设施出资。在这种软预算约束下，地方政府账面上的财力对其行为并不能构成实质性的约束，地方政府可以通过权力在其管辖范围内攫取其他组织和个人的资源来突破现有预算限制，而且地方政府在分权体制下自己所确定的目标和完成目标所选择的行为都已经建立在这种突破预算的预期之上。近些年来的地方融资平台的迅速发展、地方政府向民间直接借债及担保负债、地方政府的土地财政等，都是地方政府为了突破现有的预算限制及预算法的规定而通过权力向下索取资源来完成政府的政策目标。地方政府债务快速膨胀，地方政府债务收支未完全纳入预算管理，债务监管不到位；部分地区和行业偿债能力弱，存在着风险隐患，而这种财政风险在地方存在对中央政府的救助预期下被弱化了。

而这时的软预算约束相比统收统支与包干制体制呈现出的则是一种各级政府之间自上而下与自下而上的软预算约束相互交织的特征。

三、硬化预算约束的改革对策及顶层设计

无论是"统收统支"体制下的自下而上的软预算约束还是包干制自上而下软预算约束以及分税制中的上下交织的软预算约束表明，预算固有的约束效应一直处在"一统就死、一放就乱"的尴尬境地。如何改变这种情况，真正实现预算的硬约束？从国际上看，20世纪90代初，巴西、加拿大、阿根廷、匈牙利等国地方政府赤字和债务增长迅速，主要原因就是对地方政府预算约束软化。越来越多的国家为抑制地方政府过度支出，通过完善政府间财政关系，硬化预算约束，从而防范地方政府将其支出责任或债务风险向上级政府转嫁。因此，硬化政府间预算约束，明确各级政府财政债务及其偿债责任，对于防范地方政府债务风险很有必要。

以上说明，政府间财政关系的处理既要有良好的预算管理制度设计，更要有一个遵守财经纪律、硬化预算约束的运行环境。目前，我国政府间财政关系无论在制度设计空间方面还是在预算约束上，都存在一些问题，焦点还是事权与支出责任不清晰。因此，除了目前广泛热议的要在各级政府之间调整事权和支出责任、调整税收的归属及分成的比例以及转移支付制度外，还要重视进行有利于预算发挥其控制功能的顶层制度设计，这一点在党的十八届三中全会决议中已有所体现。

（一）以"激励相容"为预算约束的基本原则

如何设计带有预算约束力的政府预算管理制度框架？前提应建立在合理划分各级政府的职能，明确各自的收入和支出责任，真正让不同层级的政府分职治事、各司其责，从而高效提供相应的公共产品和服务。遵循现代国家的通行做法，这种划分需按照外部性、信息处理的复杂性和激励相容三原则进行，其中从有利于增强预算约束来说，激励相容应该是基本的原则。

"激励相容"是美国学者哈维茨（Hurwiez）在创立的机制设计理论中最早提出的，是指在市场经济中，每个理性经济人都会有自利的一面，其个人行为会按自利的规则行为行动。如果能有一种制度安排，使行为人追求个人利益的行为，正好与企业实现集体价值最大化的目标相吻合，这一制度安排就是"激励相容"。以激励相容原则进行政府间预算体制设计就是要使得所有的公共产品与服务的提供者或参与人——各级政府即使按照有利于本区域利益的方式去运作，也能实现整体利益最大化。

与市场经济相对应的政府分权财政管理体制，也被称为财政联邦主义，其重要特征之一是各层级政府分工履行公共财政职能，各级政府间在事权和支出责任上应有比较清晰的划分，分工的原则是保证市场更有效地发挥资源配置的决定性作用。在财政联邦主义分级财政体制下，各级政府有着比较充分的投资决策权，而作为各级政府地方官，都有着"为官一任、造福一方"的愿望，同时，在经济增长与社会发展的双重政绩考核要求下，这种愿望具体化为投资的冲动。如新型城镇化建设的战略目标迅速演变成基层地方政府盖房子及摊派购房的行为、上海建立自贸区效应引发各地方几乎都将建设自贸区纳入自己的发展战略中，如此等等，以实现各地方福利和利益的最大化。这种情况往往又会与整体战略目标与政策产生差异并有悖于上级政府的决策意图，诱发地方债增大的风险及影响市场经济统一市场的形成等等。而在激励相容原则下设计的体制就是要使地方政府能够理性地考虑本区域的发展策略，在实现本区域利益最大化的同时，又与中央政府所期望的目标相一致，从而使地方政府自愿按照策略设计者的期望采取行动，实现中央政府与地方政府的"双赢"或各级政府的"多赢"。

（二）改收支平衡控制为支出预算控制

预算平衡限制是要求预算编制和执行必须遵守收支平衡的原则，实际上就是"以收定支"的方法。在平衡限制下，预算执行中如若收大于支，则应通过一定的机制如纳入预算稳定调节基金后再经过法定程序批准调整预算使用；若收不抵支则应压缩相应开支以平衡预算。这种看似严格的限制形式在实践中会带来严重的预算软约束，并且容易造成预算调节的"顺周期"问题，即在经济不景气时，收入预算原本难以完成，但在平衡限制的情况下，政府面对收支矛盾和政绩考核，为了不突破预算赤字规模又满足支出需要往往"竭泽而渔"，不是通过限制支出而是不考虑税源实际情况一味强调和固化税收的任务意识，通过增加税收甚至出售资产来实现平衡。这种简单而不是动态调整的"税收任务意识"扭曲了正常的征管行为，容易引发"过头税""寅吃卯粮""杀鸡取卵"等等税收执法的乱象，从而增加了经济实体的负担，进一步加剧了经济的衰退。如在我国由于经济增长放缓导致财政收入下滑的情况下，各地政府及财政部门为了保证人大批准的收入任务却在千方百计忙于寻找和稳住税源，以保证税收任务完成，媒体对多地财政局长为收入"急白了头发"的描述就是足以佐证；而当经济过热时，税源充裕，本可以通过增加税收加以调节，但此时财政部门基于预算平衡目标以及避免抬高收入预算基数反而对采取这种逆向调节的手段不积极，"藏富于民"，从而加剧了经济的过热。因此，现代预算管理改革的趋向是将预算限额集中在控制支出总额方面，并且独立于收入限额，即不与收入限额挂钩。预算支出限额制度作为一种严格的资源"定量配给"机制发挥作用，它不允许支出部门随意提出超过限额的支出需求。因此，党的十八届三中全会审议通过的《中共中央关于全面深化改革若干重大问题的决定》明确提出，审核预算的重点由财政收支平衡状态、赤字规模向支出预算和政策拓展，这是一项重大的机制变化，这一变化在新修订的《预算法》中给予了法律依据，即建立跨年度预算平衡机制。

（三）建立跨期预算平衡机制

如果将目前预算控制的重点转到预算支出政策和具体支出项目上来，而收入预算只作为预期目标，就会使得预算收支平衡状态在预算执行中因经济的波动有可能会被打破，并且还会出现支出增长过快问题，在发展中国家尤为如此。所以与之配套的就是在建立起中长期重大事项的科学论证机制基础上，改年度预算平衡控制机制为跨年度预算平衡控制机制，并将预算支出政策、支出重点及支出规模置于跨年度中期预算的基础之上。跨年中期预算规划通常是为期3—5年（有些国家更长）的、滚动的、具有约束力的预算规划，它为政府和政府各部门提供每个未来财政年度中支出预算必需遵守的预算限额，即中期预算的核心就是确立支出限额，据以对支出、赤字和债务总量实施控制。并且，该规划每年的支出估计数可以依据政府的政策、经济状况的改变以及各规划的修正做出相应的调整，然而一旦调整完毕后，支出限额便成为编制年度预算时务必遵守的界限。跨年中期预算的主要作用是确定未来各年度的预算限额，并以年度预算限额作为预算编制的重要依据。与一年一定的预算限额（年度预算）办法相比，以跨年中期预算规划实施预算限额的好处是显而易见的，它便于政府研究分年开支重点并落实到年度预算，并以此更强有力地约束各支出部门的支出需求，有利于更好地确保政府预算支出政策的前瞻性和可持续性，减弱经济波动及政府领导人的更替对预算和政策造成的负面影响。

【参考文献】

李燕:《财政可持续发展与透明视角下的中期预算探究》,载《中国行政管理》,2012年第9期。

李燕:《政府预算理论与实务》,中国财政经济出版社2010年版。

刘克崮、贾康:《中国财税改革三十年亲历与回顾》,经济科学出版社2008年版。

楼继伟:《解读三中全会深化财税改革三大亮点》,载《人民日报》,2013年11月21日。

楼继伟:《中国政府间财政关系再思考》,中国财政经济出版社2013年版。

马骏、侯一麟:《中国政绩预算中的非正式制度》,载《经济研究》,2004年第10期。

周雪光:《"逆向软预算约束":一个政府行为的组织分析》,载《中国社会科学》,2005年第2期。

《中共中央关于全面深化改革若干重大问题的决定》,人民出版社2013年版。

基于源头治理的地方预算体制改革

胡宁生　张荣凤[*]

内容摘要：推进地方预算体制改革是从源头上提升地方治理现代化的重要举措。地方预算体制改革是系统工程，但关键是要从源头上取得突破。厘清地方预算源头的两大法宝是强化人大的审议与公众的参与。审计部门提前介入是保障地方预算源头清澄的重要制度安排。

关键词：预算体制改革　治理　审计

一、推进地方预算体制改革是从源头上
提升地方治理现代化

中国共产党十八届三中全会明确提出了深水区和攻坚阶段上改革的总体目标，到2020年，要在重要领域和关键环节改革上取得决定性成果，形成系统完备、科学规范、运行有效的制度体系，使各方面制度更加成熟更加定型。这其中理所当然的包含着中央和地方的公共预算制度的建设和完善。

从地方政府改革的层面来审视，地方公共预算制度的改革和成熟定

---

[*] 胡宁生，女，南京审计学院教授；张凤荣，女，江苏省财政厅副处长。

型，不仅仅是实现地方治理现代化的一个普通环节，而是其中的处于源头地位的重要环节。中国共产党的十八届三中全会在有关创新社会治理体制的顶层设计中提出需要改进社会治理方式，坚持源头治理的重要策略。从更广泛的意义上讲，源头治理不仅是改进社会治理的一种有效方式，也是从整体上提升地方治理现代化水平的一种有效策略。

在提升地方政治理现代化的过程中，公共预算体制改革及相应制度的建设之所以成为地方整体制度建设的源头，其理由有二。首先，地方各个领域公共治理的制度建设的核心是将公共权力的运行关入笼子之中、置于阳光之下，确保其运行的合法、合理、有效。目前包括今后相当长时期中，中国地方治理仍然要以经济建设为中心、要以完善市场体制为推动力，因而公共权力的使用和运行首先表现在公共财税及资金的使用与管理上。这直接和公共预算体制及相应的制度联系在一起。

其次，从目前地方治理的制度建设的现状来思考，公共权力运行中监督最为薄弱、也是缺漏最大的方面恰恰就是公共资金的投入与使用。现在审查出的各类贪腐行为、违规现象、不正之风，没有一件不是和钱财有关的。而这些被侵吞、瓜分、挪用、挥霍的钱财又都和预算内和预算外的支出直接或间接地联系在一起，即或多或少都与预算体制不健全、预算编制不合理、预算执行不严格相关联。一旦地方预算体制和制度合法、合理、合规了，没有那些供一些人非法或违规使用的钱财和资金了，贪腐、乱纪、违规也就必然成为无木之木、无水之源。反腐攻坚战要能真正取得胜利，必由之路是要从运动反腐、群众反腐到制度反腐，这就需要设立一系列的制度，使得有贪腐之心的人，不能贪、不敢贪、不想贪，在这一系列的制度设计中，严格的预算制度设计一定是处在首位的。

预算反映政府的政策，体现政府活动的范围和方向，预算形式上记载的是政府的收支，实际上反映着政府的施政方针。就目前和今后一段时期地方层面的体制改革和制度建设来说，以预算体制改革和相应的制度建设来带动其他领域和方面的制度建设是一个值得考虑的思路。中国地方的党治和吏治要纳入法治的轨道，公共权力要真正在阳光下运行、在笼子中使用，就需要在公共预算体制改革和制度建设这一源头上取得突破。

二、地方预算体制改革是系统工程但关键是要从源头上取得突破

公共预算体制改革是整体财税体制改革的一部分。改革攻坚阶段上的财税体制改革包括预算体制改革，不是政策上的修修补补，更不是扬汤止沸，而是一场关系国家治理现代化的深刻变革，是一次立足全局、着眼长远的制度创新和系统性重构。现代预算制度是现代财政制度的基础，从中央层面的决策来看，改进预算管理制度主要从七方面推进：以推进预算公开为核心，建立透明预算制度；完善政府预算体系，研究清理规范重点支出同财政收支增幅或生产总值挂钩事项；改进年度预算控制方式，建立跨年度预算平衡机制；完善转移支付制度；加强预算执行管理；规范地方政府债务管理；全面规范税收优惠政策。①

同时中央层面也规定了预算体制改革首要任务，即把建立透明预算制度放在预算改革首位。预算公开本质上是政府行为的透明，是建设阳光政府、责任政府的需要，也是依法行政、防范财政风险的需要。我们常说，财政收入"取之于民、用之于民"，怎么让群众能看懂、社会能监督？提高透明度是最有效的途径（王洛忠、李姗、李帆，2011）。

地方预算体制改革当然要服从全局和中央的预算体制改革的部署，但地方层面的预算体制改革一方面要细化和具体落实中央的部署；另一方面，地方的预算体制改革应从地方的实际出发，确立必要的和可行的突破口。

现在不少研究地方预算制度改革的论文强调要加强对中期预算执行和后期预算支出结果的监督，这固然有一定的道理。因为预算的编制再合理、再完善，对预算编制的审查再合法、再严格，如果预算的执行缺

---

① 《一场关系国家治理现代化的深刻变革：财政部部长楼继伟详解深化财税体制改革总体方案》，参见http://www.21ccom.net/articles/zgyj/ggcx/article_20140704108831.html。

乏监督，对预算执行结果缺乏评估，整个预算仍然会出问题。但是从中国地方预算体制的实际构成和运行来看，相当多的问题部分是出在预算的编制、审核不合理上，即在预算的源头上就出了问题。

之所以应当将近期地方预算体制改革和现代预算制度建设的源头锁定在预算的编制和审查环节或阶段上，是基于下列的思考：

首先，地方预算体制改革必须朝着建立现代公共预算制度的方向努力。计划经济体制下的地方预算是纯粹的政府预算，在建立市场经济体制的初期，地方预算仍然保留着政府预算的残余。经过近几年的理论和实践探索，让预算从政府说了算的单一的财税收支中走出来，转变为公共预算，已经成为一种共识。要让预算从政府部门自说自话，既当计划者，又当执行者，还当评估者，转变为多元、民主、法治的过程，在预算过程的源头即预算的编制和审核职代会阶段上，就应由纳税人和公共利益的载体的公众作为不可缺的参与者，由代表人民的地方人大作为权威的审查者、由地方审计机关作为法定的专职的介入者。

其次，只有确保了地方预算编制民主、编制合法，预算的执行才有坚实的基础。公共预算仅仅有编制、审核的环节固然不完整，公共预算的目标必须在执行中得到实现，而且预算执行的好坏，也只有经过最终的审核才能知道。但是，预算执行的依据是预算的编制，只有编制是合理的、并且是合法的，预算的执行才有可能是有效的，并且预算执行中公众监督的前提必须是预算的支出符合公众的要求，这种要求只有在预算编制时吸纳公众的诉求才能得到确认。至于预算执行效果的评估，更应当以预算开始阶段的编制为基准。预算执行的评估就是将预算的支出、达到的效果与预算编制中计划的项目逐一加以对照。因此，处于公共预算源头的工作十分重要。

第三，只有确保了在预算的编制及其审核环节上的民主性和合法性，预算执行的监督和结果的评估才能发挥作用。地方公共预算过程许多问题的确出在预算的执行中，一些地方政府部门不按预算编制程序的规定，不列出需按法律程序审核的项目支出，使得预算执行过程中资金或闲置不用，或被私人侵吞、挪用、移作它用，或被超标使用，等等。

一些预算编制中列出的项目或支出，执行后被发现是不当的、低效的、甚至是失误的。但是，这些预算执行中发现的问题，只有作为重要的信息，让公众、地方人大预算审核机关、地方专职的审计机构知晓，并作为教训引入到后续的公共预算编制与审核中，才能真正促进地方公共预算水平的提升。

三、括清地方预算源头的两大法宝是人大的审议与公众的参与

传统的单一政府预算，预算的编制本着政府部门做出，预算编制几上几下的审核仍旧由政府操控。这种做法与现代公共预算的要求是不相符的。而西方地方预算制度的设计重视源头上的审议，但主要是依靠议会中的政党论争和利益集团的介入。要让地方公共预算正本清源，既不能死守传统的僵化做法，也不能照搬西方的那一套。中国有自己的历史传统、政治体制和基本国情，我们要做的是用法治的权威与程序以及人民的参与与监督来管好公共钱袋子。

我国宪法规定了人民代表大会的预算审批权。纳税人的钱花到哪，怎么花，当然是纳税人说了算，都应经过纳税人的决定和认可。因而，作为纳税人代言人的人大代表拥有对政府预算的审查和批准的权力。中央预算由全国人民代表大会审查和批准，地方各级政府预算由本级人民代表大会审查和批准。作为人大预算审查机构，预算委员会要把依靠人大代表审查监督政府预算放在更加重要的位置，充分发挥人大代表的作用。抓住了这个环节，就抓住了政府预算审批的切入点和突破点，就抓住了政府预算审批的要害和关键。

地方人大首先要促进预算编制的改进和规范。加快预算制度改革，将政府的所有收支纳入预算，先有预算，后有支出，严格按照批准的预算支出，其重要内容之一就是提前编制预算，细化预算内容，编制部门预算。这既是实现"人大按预算监督、政府按预算执行、审计机关按预算审计"的需要，也是加强和改善预算监督工作的重要基础和前提，

更是人大和政府搞好预算监督的共同责任。各级政府及财政部门应自觉接受监督，深化预算制度改革，按照自上而下、自下而上、上下结合、综合平衡的民主程序，编制部门预算。抓紧完善预算编制的基础，改善预算科目设置，按资金使用目的和性质划分科目，结合实际情况，核定预算支出标准，摸清预算单位基本情况，更公平、公开地分配财政资金。在此基础上，按照人大批准的预算，及时批复预算，集中力量开展预算执行的日常监督，加强对预算资金使用情况的检查监督。

要充分发挥地方人大在公共预算源头的审核、监督作用，就要加强人大代表的责任感和使命感。我们国家的一切权力属于人民，而行使国家权力的机关是各级人民代表大会。人大代表作为人民代表大会的组成人员，应代表人民的利益和意志，依照宪法和法律赋予本级人民代表大会的各项职权，参与行使国家权力，包括对政府预算的审查和批准。人大代表要意识到自己的责任与使命，充分认识预算审查批准的重要性，不断加强对政府"钱袋子"的监督意识，要以对人民高度负责的精神，认真、深入地审查政府预算，积极发表意见，对是否批准政府预算行使好代表神圣的权利。

同时，还要为地方人大代表行使预算审批权提供保障。人大及其有关工作机构和政府及其有关部门，要为人大代表行使预算审查批准权力提供各项保障，包括信息保障、技术保障、时间保障等。要及早将预算草案及其相关材料提交给代表，使代表有充足的时间来仔细阅读政府预算报告，有充足的时间来审查政府预算草案。可以根据情况需要，适时组织代表对政府预算或政府预算的某些项目进行专门座谈或专门调查，使代表能了解更多的情况，以便更好地审议政府预算。要加强代表培训工作。要通过培训，提高广大代表的代表意识和责任意识，提高代表的预算审议能力。政府部门要为人大代表提供明了易懂、编制细化的预算草案和相关资料，增大预算的透明度，保障人大代表的知情权，确保代表审有资料、查有数据、议有参考。

地方人大对地方公共预算源头的审核、监督的基础是公众的民主参与。传统的政府预算的做法，一般是财政部门根据政府各个部门的要求和职能需要编制，报人大表决通过后实施。在人大的讨论中，通常只是针对预算构成比例，细化到具体项目的较少。虽然近年来随着政府决策民主化、科学化进程的加快，各级人大加强了预算审查，而这毕竟只限于人大内部。只有让公众进入公共预算的议程，扩大社会参与层面，广泛吸收民意，形成"参与式预算"，才能打破政府预算编制、审核的封闭式运行模式。

从行政预算或单一的政府预算走向公共预算，这就是走民主预算的道路。我国财政预算经历了由"国家机密、不得向社会公开"到"部分预算向人大代表公开"，再到"预算向社会公众公开"三个历程。近年来，中央和地方各级政府都积极推动财政预算公开，向社会"摊开"自己的"账本"。公共预算，目的是为老百姓服务，我们原来的预算是为政府服务。要把钱用在社会公共福利，而不是政府上。在国外，政府开销是很少的一部分，要削减政府开销为社会服务。我们是政府机关越来越大，把预算吃掉了。第二是要有公众参与，要公开，要参与。这才叫公共预算。

要让普通公众参与讨论由自己缴纳的税款形成的公共财政如何交由政府来使用，其前提条件下就要实行预算公开。地方预算公开包括两个层次，一是向权力机关即地方人大公开，接受代表的审议；二是向公众公开，以保障公众的知情权、参与权和监督权。然而，在实际运作中，每年"两会"期间，地方人大代表们几天之内要审议多份重头报告，能真正用于审议预算报告的时间寥寥无几，而且许多时候还抱怨看不懂。至于普通大众，更是无缘接触预算报告，就算有所知晓，只言片语也只是从媒体的零星报道中获知，根本无法参与到预算过程中来。所以，及早公布政府预算，不要等到正式公布那一天才解密，无疑是非常必要的。

在我国香港特区，政府让预算早早"泄密"。香港的政府财政预算不是在出炉之后才向社会公布的，而是在制定的过程中就阶段性地向社会及民众咨询，获得反馈后进行修改，如此往复。一般性的公众咨询会提前3—4个月，于前一年年底全面展开。其时，政府开设热线电话、宣传网站、发布广告、举办民意调查、收集市民信函，了解市民对香港经济的看法；政府财金官员，包括财政司司长都会实地考察，走访商户、公司、社团,切身感受经济调整对民生的影响;"财年"结束前的1个月,财政司司长会提交财政预算案,让立法会议员有足够的时间研读与辩论。预算案发布后,财政司司长又要再度奔波于电台、电视台等公众舆论平台,举办记者招待会,现身各类论坛和会场等公共场所,详解预算案方方面面,明示于公众。如此不厌其烦地收集民意解释预算,体现的正是对公众参与权的尊重。①

目前在地方预算编制流程中,职能部门与财政部门之间的上报批复,再到提交人大审议,时间大约有8个月,完全有时间征求民众的意见,听取公众的需求,听取专业中介的分析,使政府预算得以修正,以免预算一出台,部分内容与民意观感甚远,徒惹众怨,引发对预算支出合法性的质疑。就此而言,已不仅仅是预算编制的技术性问题,更涉及到公共决策是否科学民主,预算支出是否合理的原则性问题。

地方预算很复杂,但预算也可以很简单。连在乡镇一级,公众也有能力参与预算的审查。例如:2006年,浙江温岭新河镇就召开过"民主恳谈会",120名公众对该镇即将提交人大审议的预算草案进行"预审"。镇政府将年度预算交给公众讨论,这是中国财政史上的第一次,专家称之"真正意义上的公共预算"。试问一下,我们的省级、市级是否有过真正的公共预算?②

预算是政府决策的集中表现。预算不仅应该让公民看得见,看得懂,还应该得到纳税人和代议机构的同意,这是世界通例。但公开只是透明的第一步,对政府来说,预算编制如何反映民众诉求,预算报告如何公开、什么时候公开、以什么方式公开等等,许多细节需要推进完善,如此才能真正透明,体现民主。

预算改革总的来讲是个中性改革,不涉及直选,只涉及政府怎么花纳税人的钱。从老百姓的角度看,这很合理;从官员的角度讲,风险小

---

① 《有公众参与,才有真正的公共预算》,参见:http://news.21cn.com/today/topic/2012/01/14/10496478.shtml。
② 《预算改革:从"公开"到"公共"——专访世界与中国研究所所长李凡》,参见:http://www.chinanews.com/gn/2011/01-20/2800870.shtml。

得多，双方都可以接受。从中央的角度看，这个方案也可控制地方官员贪污腐败。所以我们认为，从中央到老百姓，都能够认可这个中性改革的方案，而且官员的行为也会发生变化，不会像选举那样大，但也会变化。比如，温岭的官员对老百姓就客气得多。

在大多数人的观念中，公共预算是政府的事情。地方公共预算体制改革的实质则是要创造各种方式和渠道，让公众参与进来，监督也是参与的一种。对于地方政府来讲，它的资金已经主要不是来源于国有企业的收入，而是来自于社会群众的税收，因此，政府财政如何开销，已经不能再由政府单独说了算，而必须有社会的介入，政府也必须对社会负责。所谓公共预算改革，就是政府预算要公开，不仅信息要公开，而且要允许社会对预算过程的介入和参与。①

民意压力更容易形成制度，比如，温岭从开始实行协商式预算以来，这里的书记已经换了三任，市长也换了三任，人大主任也换两任，民主恳谈和参与式预算依然能持续，并且每年都有点新的进步，这就形成了基本确认下来的制度。

四、审计部门提前介入是保障地方预算源头清澄的重要制度安排

一般的审计理论认为，审计机关具有经济监督、经济评论和经济鉴证这三方面的职能，这些职能的发挥应当贯穿于审计活动的全过程。但在实际的审计活动中，无论是国家审计、社会审计还是内部审计，大量进行的还是事后审计，如法纪审计、财务决算审计和行政事业单位的定期审计等等。事中审计，特别是事前审计还未引起足够的重视（高毓基，1990）。

现代审计理论则强调，地方审计机关不能满足于简单的封闭运行，

---

① 《温岭："参与式预算"的民主样本》，参见：http：//www.chinanews.com/gn/2011/01-20/2800865.shtml。

应当前瞻性地对社会经济趋势及可能存在的重大问题提前做出预判和预警，应当围绕国民经济的热点、难点和重点问题有针对性地提出揭示倾向性问题的审计意见。

做好事前审计要求审计人员在被审计单位的财政财务收支和经济业务发生之前进行审计。这种审计主要对单位的计划、方案、预算制定的审查，经济合同批准之前的审查，经营决策及其可行性研究报告的审查。事前审计可以起预防作用，减少失误，防止弊端，有助于实现决策的科学化。

地方审计机关从事的国家审计，应当重点关注政府责任，首先是政府公共责任的确立，具体包括揭露政府责任的滥用，发现政府责任的缺失和促进政府责任效率的提高。

作为社会主义制度内法定的经济监督部门，各级审计机关，包括地方审计机关，在公共预算方面，应当受托于人民，担当起看守人和防卫者的职责，从源头上介入预算审计。要做到这一点，就需要加大对预算编制审计的力度。

首先，要审查预算编制是否符合预算法等法律法规和国家的有关政策。是否坚持了量入为出、收支平衡的原则和预算编制有无细化到明细科目、细化到具体部门。

其次，要审查预算编制依据和标准是否充分、合理。主要审计公职人员经费标准是否准确，公用经费定额是否合理。专项经费政策依据是否充分和重大项目支出是否经过科学论证，是否有可行性预测。

第三，要审查预算收入是否真实、可靠。主要审计收入是否包括纳入预算管理的所有一般预算收入及基金预算收入。是否在对国民经济和社会发展进行科学预测的基础上，对预算收入的增长进行科学预测。是否将上年的非正常收入、本年度已减少的收入纳入预算收入的范围。①

第四，要审查预算支出是否合法、合理。主要审计支出结构是否优

---

① 詹红梅：《财政预算编制和预算执行审计中存在的问题及建议》，http://www.audit.gov.cn/n1057/n1072/n1342/1720222.html。

化合理,是否在保工资、保运转、保稳定的基础上,围绕政府中心工作,按轻重缓急合理安排教育、科技、农业、卫生、环保等重点支出。财政供给范围是否规范,财政资金是否退出竞争性、经营性领域,是否将经营性事业单位、公司或行业协会的单位和部门逐步推向市场,与财政供给脱钩。预备费的设置是否符合预算法的规定,按照本级预算支出的 1% 至 3% 安排。上级专项拨款的安排使用是否符合规定,是否按预算管理体制办理对下级财政返还和转移支付等。

另外,还要审查部门预算编制是否真实、准确。由于部门预算组成了政府预算,因此,进行预算编制审计,除了审查财政部门编制的预算草案外,还应抽查部分政府部门编制的部门预算。对部门预算编制审计的重点:一是审查部门预算编制是否经过"两上两下"的程序。二是审查部门预算是否按零基预算方法编制,彻底改变"基数加增长"的做法。三是审查部门预算编制的内容是否完整、真实。各项收入是否全部纳入预算,行政性收费和预算外收入是否列明具体单位和项目,各项支出是否真实,是否多报、虚报项目支出。

【参考文献】

《一场关系国家治理现代化的深刻变革:财政部部长楼继伟详解深化财税体制改革总体方案》,参见:http://www.21ccom.net/articles/zgyj/ggcx/article_20140704108831.html。

王洛忠、李姗、李帆:《中国政府预算公开的现状、问题与对策》,载《财政监督》,2011 年第 12 期。

《有公众参与,才有真正的公共预算》,参见:http://news.21cn.com/today/topic/2012/01/14/10496478.shtml。

《预算改革:从"公开"到"公共"——专访世界与中国研究所所长李凡》,参见:http://www.chinanews.com/gn/2011/01-20/2800870.shtml。

《温岭:"参与式预算"的民主样本》,参见:http://www.chinanews.com/gn/2011/01-20/2800865.shtml。

高毓基:《论事前审计》,载《华东经济管理》,1990 年第 2 期。

詹红梅:《财政预算编制和预算执行审计中存在的问题及建议》,http://www.audit.gov.cn/n1057/n1072/n1342/1720222.html。

新预算法的认知及实施难度研究
——基于基层公务员问卷调查的实证分析

邝艳华　张　俊[*]

内容摘要：2014年8月31日，全国人大常委会通过预算法修订，十年磨一剑，新预算法终于尘埃落定。为了推进新预算法的顺利落实，本研究通过对基层公务员的问卷调查，来了解基层政府对新预算法及其落实的看法。调查发现，基层公务员的新预算法知晓度处于中等水平，主动关注新预算法的积极性也不高；较之原预算法，新预算法在指向四大现代公共预算目标的十三个新制度中，与基层政府利益直接相关的总额控制和运作效率的相关制度实施难度较大，已经陆续着手部署的配置效率和财政问责的相关制度实施难度较小。在上述的研究基础上，提出了以下政策建议：在制定具体的新预算法实施方案前，各级政府充分调查研究预算参与者的需求和意见，吸纳各方参与；正视新预算法的实施难度，做好充分的思想准备以及做好难点突破、完善配置制度等工作安排。

关键词：预算法修订　新预算法知晓度　现代公共预算目标　实施难度

---

[*] 作者：邝艳华，广东财经大学财政税务学院；张俊，广州大学华软软件学院。本研究系国家社科基金青年项目"推进生态城市建设的预算决策议程动力模型及应用研究（13CGL152）"的阶段性成果。

一、引 言

"如果要了解一个国家的政治,就去看该国的政府预算;如果要了解政府的政策受益者,也得看该国的政府预算。"(Levi,1974)政府预算影响广泛而深刻,其重要性不言而喻,因此,预算法的制定和修订一直吸引着社会的关注。

我国首部预算法诞生于1994年,1995年正式实施依赖,对于规范预算管理、促进依法理财、强化国家宏观调控发挥了不可替代的作用。随着我国社会主义市场经济体制和公共财政体制的逐步建立,1994年的预算法已经渐露疲态,楼继伟部长就此进行了总结:如预算内容的完整性、预算编制的科学性、预算执行的规范性、预算监督的严肃性和预算活动的公开性等重大问题缺乏明确而严格的规定,此外近年来在推进部门预算、国库集中收付、收支两条线、政府收支分类和预算公开等改革方面积累了一些成功经验,也需要用法律的形式确定下来(楼继伟,2014)。2014年十八届三中全会明确定下了全面深化改革的目标,强调了预算管理在国家治理中的重要地位,明确了构建现代预算制度的基调。对预算法进行修订,再次提上了议事日程。

从本质上讲,预算法是一部经济宪法,也有亚宪法之称。预算法涉及每年巨额财政收入的流向,牵扯到各方的利益关系,涉及犬牙交错的权力格局的重构。每一处细微的调整,背后都是激烈的博弈,其修订拉锯相持的时间之长、引发的讨论之激烈、征求到的意见之多,在我国立法史上尚属罕见。2014年8月31日,全国人大常委会通过预算法修订,十年磨一剑,新预算法终于尘埃落定。

新预算法着实让人眼前一亮,政府钱怎么花、钱袋子怎么管等诸多方面有很多新规定。财政部官员、人大代表、专家学者、媒体记者纷纷就此进行了细致的解读,展开了热烈的讨论。但是,基层地方政府鲜有表达意见,而且新预算法的落地需要各级地方政府尤其是基层地方政府的不懈努力，也就是说，基层政府的态度对于推进新预算法的落实来说非常重要。那么，到底基层地方政府对新预算法及其落实有什么看法？这是本文的研究问题。

研究基层地方政府对新预算法的看法，能够为下一步制定新预算法实施方案提供有针对性的智力支持，以顺利地推进新法在基层地方政府的落地。

二、新预算法中的新制度

较之原预算法，新预算法的变化体现了现代公共预算的四大基本目标：总额控制、配置效率、运作效率、财政问责（希克，2000）。

（一）总额控制

总额控制是指，对于政治家决定在某一时期准备开展的活动，可以通过一个预先确定的财政收支总额来进行约束，进而将公共支出、赤字、债务的比率控制在一个可以承受的水平，最终使得财政是可持续的（马骏、赵早早，2011）。

1. 全口径预算管理

要实现总额控制，首先得把所有财政性资金都纳入预算管理，接受人大预算审查。新预算法删除了原预算法有关预算外资金的内容，并明确规定政府的全部收入和支出都纳入预算。预算包括一般公共预算，新预算法新增了政府性基金预算、国有资本经营预算、社会保险基金预算等三本预算，同时对四本预算功能定位、编制原则及相互关系做出了规范的说明。

2. 跨年度预算平衡

新预算法突破了传统的理财观念，建立跨年度的预算平衡制度。原预算法强调年度规划和机械平衡，不允许地方政府列赤字，但实际上地方政府出于发展的需要，通过各种方式执行赤字预算。新预算法正视现实，强调预算的动态平衡，并且为此制定了新的配套措施。

(1) 规定超收收入用途

为了实现动态平衡，新预算法要求各级政府设置预算稳定调节基金，用于弥补以后年度预算资金的不足，如果预算执行中有超收收入的，只能用于冲减赤字或者补充预算稳定调节基金；如果出现短收，通过调入预算稳定调节基金、减少支出等方式仍不能实现收支平衡的，经本级人大或者其常委会批准，可以增列赤字，报财政部备案，并应当在下一年度预算中予以弥补，以此提高预算编制的真实性和全面性。

(2) 不下达收入指标

原预算法规定预算审查的重点是收支平衡，并且要求预算收入征收部门完成收入上缴任务，无疑给这些部门造成了压力。比如，经济放缓时，征收部门为了完成任务，实现收支平衡，征收过头税，打击本来就脆弱的投资热情；经济景气时，征收部门为了减缓基数压力，该收不收，导致经济过热，这样一来，大大削弱了税收政策对经济调节的自动稳定器作用。为此，新预算法规定，实行跨年度平衡，同时不得向预算收入征收部门下达收入指标，保证预算收入与经济发展情况相适应，与财政政策相互配合。

实行跨年度预算平衡，也反映高层决策者开始把预算看作中长期政策工具，实行预算管理与中长期规划无缝衔接，提高政策的前瞻性和论证的科学性，减少政策制定的碎片化。

3. 地方政府自行发债及债务管理

地方政府出于发展需要，通过融资平台等多种借债方式来融资，已经形成较大规模的债务，而且这些债务并未纳入预算管理，形成了一定的财政风险。因此，规范地方政府债务管理成为了新预算法的重要内容。在发债主体上，只有国务院批准的省级政府允许发债。在发债方式上，通过发行地方政府债券的方式来发债，不得采取其他方式筹措，除法律另有规定外，不得为任何单位和个人的债务以任何方式提供担保。在债务管理方面，对地方政府债务实施分类管理和规模控制，地方政府只能在国务院下达的限额内举债，同时把地方政府的债务纳入预算管理，接受地方人大监督，还要接受上级行政和上级人大的监督，规范债务的全过程管理。在债务用途方面，规定举借债务只能用于公益性资本支出，不得用于经常性支出。在债务偿还方面，地方政府举借债务需要制定有偿还计划，拥有稳定的偿还资金来源，国务院建立地方政府债务风险评估和预警机制、应急处置机制以及责任追究制度。

（二）配置效率

配置效率指政府根据公共项目实现其战略目标的效果的基础上对资源进行分配的能力，要求政府具有将资源从旧有的优先项目转移到新的优先项目以及从效果差的项目转移到效果好的项目的能力（希克，2000：48）。配置效率问题涉及经典的科伊问题：在什么基础上决定把X美元分配给活动A而不是活动B？（Key，1940）

为了提高配置效率，新预算法强调了绩效理念，把讲求绩效明确列为预算管理的原则之一，并且将绩效理念贯穿于预算管理全过程之中。

1. 根据绩效评价结果编制预算

新预算法规定，各级政府编制预算时除了根据年度经济社会发展目标、国家宏观调控总体要求和跨年度预算平衡的需要，参考上一年预算执行情况和本年度收支预测以外，还需要依据财政支出绩效评价结果。各部门、单位也需要根据绩效目标管理的要求来编制自己的预算。这样一来，从部门、单位项目申报到财政部门项目审核，形成了绩效约束，能够引导资金从效果差的项目转移到效果的项目。

2. 开展绩效评价

在年度预算结束后，新预算法规定各级政府、各部门、各单位都需要对预算支出情况开展绩效评价。绩效评价结果引导下年度预算分配，并且纳入人大决算审查范围。人大对决算进行审查时，新预算法新增了一项审查内容：重点支出、重大投资项目资金的使用及绩效情况。

(三)运作效率

运作效率是指政府机构所花费的资源与这些资源形成的产出之间的比率(希克,2000:50)。要实现运作效率,需要在预算执行中保证预算管理模式或智力结构能够有效率地组织和管理财政交易,包括能够为资金的使用者提供充足的激励,有效地进行协调、控制和约束各种财政机会主义行为(马骏、赵早早,2011:27)。

1. 完善转移支付制度

针对专项转移支付肢解地方政府预算完整性、配套资金压力过大、资金下达不及时、转移支付资金缺乏有效监管等问题,为了提高转移支付资金的运作效率,新预算法规定,以为均衡地区间基本财力、由下级政府统筹安排使用的一般性转移支付为主体,建立健全专项转移支付定期评估和退出机制,并且明确规定了转移支付资金的下达时限。

2. 编制政府综合财务报告

为了全面、真实地反映各级政府的财务情况,新预算法规定,各级政府财政部门按年度编制以权责发生制为基础的政府综合财务报告,报告政府整体财务状况、运行情况和财政中长期可持续性,报本级人民代表大会常务委员会备案,并且向社会公开政府的资产负债表,引入风险评级制度。以此倒逼各级政府提高财政资金运作效率。

(四)财政问责

财政问责是指政府及其预算管理对公民负责,这需要建立健全一系列的制度来约束政府花钱的行为。

1. 强化人大预算审查

为了增强人大的预算审查和监督的力度,实现财政问责,新预算法规定地方政府需要在本级人民代表大会会议举行的三十日前,将本级预算草案的初步方案提交本级人民代表大会有关专门委员会进行初步审查,并且明确要求报送各级人民代表大会的预算草案要细化,本级一般公共预算支出,按其功能分类应当编列到项;按其经济性质分类,基本支出应当编列到款。本级政府性基金预算、国有资本经营预算、社会保险基金预算支出，按其功能分类应当编列到项。除了细化预算以外，还增加了新规定，要求地方政府广拓途径吸纳民意，在人民代表大会举行会议审查预算草案前，采用多种形式，组织本级人民代表大会代表，听取选民和社会各界的意见。

2. 预算和决算公开

看不见的政府，不可能是负责任的政府（Frederick, 1915: 1-35）。为了倒逼地方政府向老百姓负责，实现财政问责，新预算法规定，经本级政府财政部门批复的部门预算、决算及报表，需在批复后二十日内由各部门向社会公开，并对部门预算、决算中机关运行经费的安排、使用情况等重要事项作出说明。除此以外，各级政府、各部门、各单位还需要把政府采购的情况和审计工作报告及时向社会公开。修订条例明确了预算公开的主体、时限和具体内容，有助于增强老百姓对政府活动的知情权和监督权。

三、研究方法

（一）数据收集

1. 问卷调查

本研究主要运用问卷调查方法来了解基层地方政府的看法，包括对新预算法的知晓度、获取信息的来源、关注的原因、实施难度等四方面内容。其中，知晓度和实施难度采用李克特五点量表的模式来构建。问卷按照递进程度来编码，安排如下：非常了解=5，比较了解=4，一般=3，比较不了解=2，非常不了解=1；非常难=5，比较难=4，一般=3，比较容易=2，非常容易=1。

根据新预算法的变化，把实施难度细分成总额控制、配置效率、运作效率、财政问责等四个维度，全口径预算管理、跨年度预算平衡等十三个小题目（具体见表1）。最后让受访对象对新预算法的实施难度进行整体性的评价。

表 1　新预算法实施难度量表

维度	题目
总额控制	1. 全口径预算管理
	2. 跨年度预算平衡
	3. 地方政府债务管理
	4. 不下达收入指标
	5. 规定超收收入用途
配置效率	6. 根据绩效评价结果编制预算
	7. 开展绩效评价
运作效率	8. 专项转移支付定期评估和退出
	9. 以权责发生制为基础编制政府综合财务报告
财政问责	10. 人大开会前组织人大代表听取各界对预算草案的意见
	11. 预算公开
	12. 决算公开
	13. 审计工作报告向社会公开

表格来源：作者自制。

2014 年 10 月，笔者利用开展公务员能力培训的机会，向参加培训的两个省份的两个区级政府公务员发放 80 份调查问卷，回收问卷 63 份，其中有效问卷 59 份。本研究用 SPSS17.0 来处理并分析问卷数据。

2. 访谈

笔者还利用培训期间的间隙，与 10 位公务员进行开放式访谈，每位公务员的访谈时间大约为 20 分钟，主要询问关注或不关注新预算法的原因、基层政府实施新预算法的难度等内容。这些公务员来自区财政局、卫生局等职能部门。

（二）问卷初步分析

1. 信度分析

为了保证问卷的信度，本研究计算了问卷的克朗巴赫·阿尔法指数（Cronbach's α），该指数为 0.887，说明问卷具有较好的信度。

2. 样本情况

对受访者个人信息进行初步分析，发现受访者的性别比例以及加入机关工作年限的分布比较均衡，年龄以中年为主，最高学历集中在大专和本科，级别基本在科级以下（具体见表2）。本研究的样本情况与区级政府公务员的现状基本吻合，反映样本具有较好的代表性。

表2　样本属性描述性分析

项目	属性	个数①
性别	男	27
	女	30
年龄	20—30 岁	8
	31—40 岁	19
	41—50 岁	21
	51—60 岁	5
最高学历	高中/中专	1
	大专	22
	本科	32
进入机关工作年限	5 年及以下	12
	6—10 年	4
	11—15 年	10
	16—20	14
	21 年以上	9
级别	雇员	11
	副股级	9
	正股级	14
	科员	17
	副科级	5
	正科级	1

表格来源：作者根据问卷数据自制。

---

① 由于个别受访者没有填写完整的个人信息，因此加总数不等于59。

三、结果分析

（一）预算法修订的知晓度分析

1. 知晓度

基层公务员对此次预算法修订的知晓度均值为3.03，知晓度处于中等水平。了解程度比较高的基层公务员只占不到19%，大部分基层公务员处于听说过但一知半解的水平，接近14%的基层公务员对此不了解。结果反映基层公务员对法律修订等顶层设计的了解程度不高。

表3 预算法修订知晓度

选项	人数	百分比（%）
非常了解	1	1.69
比较了解	10	16.95
一般	40	67.80
比较不了解	6	10.20
非常不了解	2	3.39

表格来源：作者根据问卷数据自制。

2. 获取信息的途径

在获取信息的途径方面，接近50%的基层公务员会主动去关注预算法修订的消息，自行查阅网络上的相关信息的占42.37%，通过微信朋友圈获取信息的占1.69%。被动接受相关信息的基层公务员占37.28%，其中，通过上级单位的发文知道相关信息的占15.25%，同事或朋友告知的占13.56%，单位组织学习才得知相关消息的占8.47%。结果反映基层公务员主动关注预算法修订这种顶层设计的积极性不是很高。

表4 预算法修订信息来源

来源	人数	百分比（%）
自行查阅网络信息	25	42.37
阅读微信朋友圈的信息	1	1.69
同事/朋友告知	8	13.56
单位组织学习	5	8.47
上级单位的发文	9	15.25
其他	11	18.64

表格来源：作者根据问卷数据自制。

3. 关注原因

在关注预算法修订的原因方面，没有基层公务员是由于个人兴趣而去关心新预算法。大部分的基层公务员由于自身工作的缘故而关注新预算法，占了71.19%。8.47%的基层公务员的关注动机是由于新预算法与所在地区改革有紧密关系，同样有8.47%的基层公务员的关注动机是新预算法与国家改革相关，只有5.08%的基层公务员由于新预算法与老百姓福祉有关而去关心预算法修订。结果反映基层公务员主要是因为预算法与工作相关才关注预算法修订，缺乏个人兴趣等主观动力，导致基层公务员对新预算法的知晓度不高，主动关注新预算法的积极性也不高。

表5 关注原因

原因	人数	百分比（%）
个人兴趣	0	0
与个人工作相关	42	71.19
与所在地区改革相关	5	8.47
与国家改革相关	5	8.47
与老百姓福祉相关	3	5.08
不知道	2	3.39

表格来源：作者根据问卷数据自制。

4. 知晓度和主动关注积极性不高的原因分析

根据访谈资料,基层公务员对新预算法的知晓度不高,主动关注新预算法的积极性不足,一个重要原因是因为他们普遍认为预算法修订属于顶层设计,只是停留在人大常委会通过的阶段,现阶段对基层政府实际工作的影响不大,在正式实施之前,还很多的步骤,得一步一步来。

首先国务院、财政部等中央政府部门的指示文件下发到省政府,然后省政府、省财政厅下达文件部署改革,接着市政府、市财政局下达文件来具体安排,最后才轮到区政府、区财政局根据上级文件来制定细化的实施方案,区级政府部门方始落实新预算法。所有工作都严格地按部就班,等上级政府下达明确指示,下级政府才开始启动落实工作。除此以外,除了财政部门,其他区级政府部门往往不参与制定方案,只负责执行方案。因此对于基层政府以及基层公务员来说,新预算法离他们比较遥远,甚至有基层公务员认为,最快都要到2015年6月才轮到自己区启动落实工作①。

正是由于新预算法需要各级政府的逐级具体部署和落实,此举尚需时日,基层公务员也普遍深谙此道,所以他们对新预算法的知晓度不高,主动关注新预算法的积极性也不足。

(二) 新预算法的实施难度

基层公务员就新预算法较之原预算法的新变化在基层政府落实的实施难度进行了评价(结果见表6)。新预算法落实的整体难度均值为3.21,标准差为0.65,调查结果说明,基层公务员认为新预算法的落实具有较大的难度,而且受访对象的评价差异度不大。

1. 总额控制

在总额控制方面,基层公务员认为实施难度最大的是地方政府不向收入征收部门和单位下达收入指标,实施难度均值达到3.41(非常容易=1,非常困难=5)。基层公务员认为,不下达收入指标不利于基层政府收入任务的完成,对于上层政府来说影响不大,但是对于财力捉襟

---

① 根据访谈资料整理而成。

见肘的基层政府来说，不能通过下达指标保证财政收入会进一步打击财政汲取能力、财力更加不足①。

实施难度紧随其后的是跨年度预算平衡，实施难度均值为 3.37。基层公务员认为实施跨年度预算平衡是利大于弊的，提高了每年预算的弹性，但是没有财政收入的保障，担心周期性平衡很难实现②。

实行地方政府债务管理、全口径预算管理和规定超收收入的用途等三个新变化的实施难度相近，实施难度均值分别为 3.18、3.16 和 3.14。基层公务员对规范地方政府债务管理的做法比较认同，认为债务的显化有助于缓解财政风险，不过基层政府在申请和获取债务收入的过程、债务的监管等细节仍需要进一步明确和细化，如果过程管理不顺畅、监管不到位，将会诱发基层政府到省政府争夺债务额度的恶性竞争③，增加基层政府规范地实行债务管理的难度。

对于全口径预算管理，基层公务员认为这项的落实主要看上级政府的部署，制定一系列的表格和填报方法，基层政府照做就行，基层财政部门普遍不愿意多管事，因为现在实行连带责任制，多管事就得和职能部门承担连带责任，所以不会涉及财政分配权的重新调整等深层次问题，有一定的实施难度但不大④。

实施难度较小的是规定超收收入用途，超收收入只能用于冲减赤字或者补充预算稳定调节基金。基层公务员认为此举有助于改变预算编制的行动规则，促使预算参与者逐渐把预算收入编制得更加贴近实际情况，正式实施时可能会存在一段调适期，长期来看，实施难度不是很大⑤。

2. 配置效率

在配置效率方面，基层公务员认为根据绩效评价结果来编制预算以及对预算支出执行情况开展绩效评价的实施难度都不大，均值分别为

---

① 根据访谈资料整理而成。
② 根据访谈资料整理而成。
③ 李富强：《中国出招破解地方债困局或又埋下新隐患》，路透中文网，2014 年 11 月 2 日。
④ 根据访谈资料整理而成。
⑤ 根据访谈资料整理而成。

2.98和3.07。参与调研的这四个基层政府都开展了财政支出绩效评价改革，事后对预算支出执行情况开展绩效评价已经成为习以为常的规定动作，以绩效评价结果引导预算分配也一直是各地绩效评价实施办法的条款之一，至于落实的程度以及对财政资金配置效率的影响程度，主要看当地领导的重视程度，因此基层公务员将这两项列入较容易实施的条款行列。

3. 运作效率

在运作效率方面，建立专项转移支付定期和退出机制的实施难度较大，实施难度均值为3.39。基层政府一般是专项转移支付资金的申请者和接受者，该机制的评估对象主要针对基层政府，基层公务员认为要真正建立起退出机制的话首先需要建立具有公信力的评估机制，但是建立该机制的难度非常大，因为专项转移支付资金种类多样，项目类型各异，涉及的评估对象数目众多，评估的难度大[①]。

关乎运作效率的另一项制度——以权责发生制为基础编制政府综合财务报告的实施难度却不大，实施难度均值为2.91。我国政府一直沿用的会计方法是收付实现制，此制度的落实涉及到政府会计方法的改革，预计实施难度较大，可是结果却出人意料。在接受访谈的基层公务员看来，编制政府综合财务报告制度早已在2012年正式推行，至此积累了一定的经验，会计方法的改革一直有提，政府内部也陆续启动了个别学习和尝试，只要上级政府制定了详细的操作指引和模板，基层政府的跟进不会有很大的困难。[②]

4. 财政问责

在财政问责方面，审计工作报告向社会公开的实施难度最大，均值为3.22。基层公务员认为，基层政府的审计工作报告公开鲜有先例，要形成机制将此举常态化，需要克服的困难较多，比如审计机制的完善、明确公开的时间和公开的程度等。

调查结果反映，预算公开和决算公开的实施难度一样，均值都是

---

① 根据访谈资料整理而成。
② 根据访谈资料整理而成。

3.14。2013年国务院就对各级政府的预算公开和决算公开进行了部署,要求 2013 年 30% 的地方政府要公开预算和决算,2014 年 50% 的地方政府要公开预算和决算,2015 年 100% 的地方政府要公开预算和决算,对此基层政府已经做好了相关的安排和准备工作①,所以在基层公务员看来,落实新预算法所要求的预算公开和决算公开的难度不算很大。

人大开会前组织人大代表听取各界对预算草案的意见,这条新规的实施难度均值为 2.97。基层公务员认为新预算法只是要求组织人大代表听取民意,并没有对人大和政府如何处理民意等后续的安排做出明确规定,给基层政府创造了实施的弹性②,所以实施起来难度不大。

表6 新预算法实施难度

维度	内容	最小值	最大值	平均值	标准差
总额控制	不下达收入指标	1	5	3.41	0.97
	跨年度预算平衡	1	5	3.37	0.87
	地方政府债务管理	1	5	3.18	0.77
	全口径预算管理	1	5	3.16	0.79
	规定超收收入用途	1	5	3.14	0.78
配置效率	对预算支出执行情况开展绩效评价	1	5	3.07	0.91
	根据绩效评价结果编制预算	1	5	2.98	0.83
运作效率	专项转移支付定期评估和退出	1	5	3.39	0.84
	以权责发生制为基础编制政府综合财务报告	1	4	2.91	0.69
财政问责	审计工作报告向社会公开	1	5	3.22	0.83
	预算公开	1	5	3.14	0.90
	决算公开	1	5	3.14	0.94
	人大开会前组织人大代表听取各界对预算草案的意见	1	5	2.97	0.87
整体评价		2	5	3.21	0.65

表格来源:作者根据问卷数据自制。

---

① 根据访谈资料整理而成。
② 根据访谈资料整理而成。

五、研究结论

(一) 主要发现

本文通过对基层公务员的问卷调查和访谈,从基层政府的角度来观察新预算法。根据调查数据的分析,主要有以下发现:

1. 尽管预算法修订的靴子落地后引发了热烈的讨论,但是基层公务员对新预算法的知晓度只有3.03,处于中等水平,甚至有3.39%的受访对象没听说也不关心预算法修订的消息。基层公务员主动关注新预算法的积极性也不高,而且大部分基层公务员是由于自身工作关系才关注新预算法的相关消息。原因是新预算法在基层政府的正式实施,需要较长的一段准备时间,需要各级政府从上至下制定实施方案,最后才轮到基层政府启动相关工作,此过程按部就班、急之不得,加上除财政部门以外,其他政府部门不参与具体实施方案的制定。这样一来,基层公务员就认为新预算法离自己比较远,对现阶段的工作实际影响不大,也就缺乏了主动关注的积极性,对新预算法的知晓度也有限。

2. 相对于原预算法,新预算法更能指向现代公共预算的四大目标(总额控制、配置效率、运作效率和财政问责),但是基层公务员认为其实施难度较大,难度均值为3.21。在四个目标中,总额控制的实施难度最大,因为基层公务员担心总额控制难以实现,基层政府不用任务指标等行政命令保障预算收入的话将会恶化财力吃紧的现状,无法保障预算收入将难以实现跨年度预算平衡。建立政府债务管理制度在开前门堵后门的同时,如果制度设计存在漏洞,可能会引发基层政府为争夺债务额度而产生的恶性竞争,加大了制度顺利落实的难度。

指向配置效率的两个新制度实施的难度相对较小,这与各地方政府陆续开展财政支出绩效评价改革、基层公务员逐步绩效评价视为规定动作有关。

在指向运作效率目标的两项新制度中,专项转移支付评估和退出机制的实施难度比较大,原因是专项转移支付资金的效益评价对象主要针对基层政府,基层公务员对评价的复杂性和结果的公正性科学性表达了担忧。而以权责发生制为基础编制政府综合财务报告的实施难度较小。

为了实现财政问责,此次预算法修订把审计报告公开、预算公开、决算公开等制度纳入其中。调查结果显示,审计报告公开的实施难度最大,因为涉及到审计机制的完善、公开程度的明确等复杂问题;由于早有准备的缘故,预算公开和决算公开的实施难度不是很大。

(二) 政策建议

预算法修订尘埃落定后,下一步在各级地方政府实施新预算法的过程中,需要注意以下问题:

1. 在制定具体的实施方案前,各级政府需要充分调查研究预算参与者的需求和意见,提高新预算法的知晓度和参与的积极性。在下级政府习惯于参照上级政府的实施方案来落实制度的政治生态下,高层政府需要特别注意这个问题。往往预算制度制定的主要参与者是财政部门,而其他预算参与者的参与程度非常低,这样会导致实施过程中偏重于保护财政部门的利益和损害其他部门的利益,会直接影响新预算法在地方政府落实的效果。首先,国务院需要引导地方政府加大对实施新预算法、启动下一步预算改革的宣传,提高公务员对新预算法的知晓度。其次引导地方政府扩大实施方案制定的讨论范围,创造条件将讨论和调查研究组织化,吸引预算参与者关注并参与实施方案的制定,让各方充分表达利益诉求,在讨论的过程中深化认识、打消顾虑,确保最终的实施方案能够最大化地平衡各方利益。

2. 各级政府需要正视新预算法的实施难度,做好充分的思想准备以及落实新法的工作安排。首先,明确并关注新预算法的实施难点,如预算收入指标做法的变更、跨年度预算平衡、专项转移支付的评估和退出机制等,加大调查研究力度重点突破,在制定实施方案时全面考虑各种困难因素,在正式实施时定期评估实施效果,及时查缺补漏。其次,研究建立与之相配套的制度,调整与之相冲突的制度,如政府会计制度的调整、转移支付制度的调整等,为新预算法的落地保驾护航。再次,根据各地的实际情况对新预算法的实施进行周密部署和安排,循序渐进，分步骤推进改革，在环环相扣的预算管理格局中找准突破口，先易后难，牵一发继而动全身。最后，在这一系列的实施过程中，加强对参与预算管理工作的公务员的培训，跟进调整和完善预算管理软件，学术界加大对落实新预算法的研究，对于攻克新预算法的实施难关，能够提供必不可少的技术支持。

【参考文献】

艾伦·希克：《当代公共支出分析方法》，王卫星译，北京：经济管理出版社2000年版。

李富强：《中国出招破解地方债困局或又埋下新隐患》，路透中文网，2014年11月2日。

楼继伟：《认真贯彻新预算法 依法加强预算管理》，载《人民日报》，2014年9月1日。

马骏、赵早早：《公共预算：比较研究》，北京：中央编译出版社2011年版。

Frederick, A. Cleveland, "Evolution of the Budget Idea in the United States", *Annals of the American Academy of Political and Social Science*, Vol. 62, 1915, pp. 1 – 35.

Key, V. O., "The Lack of a Budgetary Theory", *American Political Science Review*, Vol. 34, 1940, pp. 1137 – 1140.

Levi, M. A., *Conflict and Collusion: Police Collective Bargaining*, Doctoral Dissertation, Harvard University, 1974.

公共预算研究系列
Public Budgeting Research Series

人大预算监督与审计

人大预算监督效力评价和改革路径选择*

魏 陆**

内容摘要：立法部门对行政部门的预算进行监督具有扎实的理论基础和丰富的政策实践。基于多国立法机构预算监督实践，从权力保障、能力建设和约束机制这三个维度构建了一套评判立法部门预算监督效力高低的标准，并利用这一标准对我国人大预算监督情况进行了问卷调查和定量定性评价，其中，目前我国《宪法》中关于人大预算监督权限的保障性等指标得分较高，而人大代表与社会公众之间预算委托代理关系的强度等指标得分较低。总体来看，人大预算监督象征意义大于实质意义。为了实现人大预算监督从形式向实质的转变，近期可以将改革重点放在较容易解决的技术性层面上，但是长期来看深层次的制度性改革必须进行。

关键词：人大 预算监督 预算改革

人大预算监督具有扎实的理论基础和丰富的政策实践，近年来各级

---

* 本文系本人 2010 年国家社科基金项目"完善我国人大预算监督制度研究（项目编号：10CZZ009）"主要研究成果。

** 魏陆（1972— ），男，汉族，江苏徐州人，上海交通大学国际与公共事务学院副教授，博士，公共经济与社会政策系执行系主任，主要研究方向：公共预算、公共财政。

人大在加强预算监督方面进行了积极探索，人大预算监督效力显著提高，但是仍存在较大的不足，没有实现实质性预算监督。党的十八届三中全会通过的《中共中央关于全面深化改革若干重大问题的决定》指出："健全'一府两院'由人大产生、对人大负责、受人大监督制度"；"审核预算的重点由平衡状态、赤字规模向支出预算和政策拓展"，对人大预算审查和监督提出了更高的要求。基于立法部门预算监督效力评价标准，通过对专家学者和人大代表的问卷调查，本文对人大预算监督情况进行了定量和定性评价，提出了改进人大预算监督的近期改革重点和远期改革难点。

一、预算与立法部门预算监督

公共预算反映了政府活动的范围、内容、政策导向，是公共财政运作的控制和组织系统，也是立法部门和社会公众对政府进行监督和制约的重要工具或"制度载体"，在各国政治经济生活中都占据着非常重要的地位。美国著名预算专家阿伦·威尔达夫斯基（Aaron Wildavsky）认为：预算——即企图通过政治过程配置稀缺的金融资源，以实现各种美好生活——是政治过程的中心（威尔达夫斯基、凯顿，2006：7）。沃伦（Warren）认为，预算乃行政机构的生命之源（沃伦，2005：172）。预算资金是行政机构运作的经济基础，控制住政府的预算，就控制住了政府，预算监督是预算民主和法治的重要体现。

作为现代民主政治体制的一个重要组成部分，立法部门对行政部门的预算进行监督具有坚实的法理基础。根据契约理论，预算是社会公众与政府就政府的活动范围和方向所形成的委托代理契约关系，委托人（社会公众）和代理人（政府）存在信息不对称，代理人的预算机会主义行为（表现为逆向选择和道德风险）可能会损害委托人的利益，立法机关作为人民选出的代表，当然有权监督政府如何花纳税人的钱。权力有作恶滥用的自然本性（伦斯基，1988：8），根据公共选择理论，预算过程是一个公共决策过程，由于政府决策机制的缺陷以及政府决策参与者的利己主义行为取向，很可能产生滥用公共权力、非法谋取私利和低效率等"经济人"行为，要防止滥用权力，就必须以权力制约权力。根据宪政分权说，立法、行政、司法三权分立是现代宪政制度的核心，其出发点是建立一个权力相互制衡和监督的机制，立法部门对行政部门的预算进行审查和监督是宪政分权和民主政治的本质要求，是实现预算民主的重要途径，立法机构的这一权力在多数国家受到宪法保障。正如约瑟夫·怀特和艾伦·威尔达夫斯基所指出的那样："（美国）三权分立的原则不是为提高政府效率而设计的，而是为防止权力的滥用（卡恩、希尔德雷思，2010：52）。"

立法机构的预算监督还有丰富的制度实践。根据立法机构预算权力的大小，阿克塞尔罗德（Axelrod）将立法机构分为相对积极的议会、反应型的议会、边缘化的议会、橡皮图章型的议会四种类型，其预算权力由强到弱（Axelrod，1988）；诺顿（Norton，1993）将立法机构划分为制定预算的议会、影响预算的议会、批准预算的议会三种类型，这三种类型的预算权力也是由强到弱。根据立法机构在预算资源配置中发挥的作用，可以对立法机构预算权力的大小进行评估（林慕华，2010）。比较简答的方法是选取一个一个可以直接测量的变量来评价立法机构预算权力的大小，如是否通过预算修正案、通过的预算修正案的数量、立法机构监督工具的数量、议会所通过的预算总额与政府提交的预算总额的差异性等。另一种方法是采取多个变量组合的综合法来测量立法机构预算权力的大小，如利耶那采用中期预算战略的批准、修改年度预算的权力、可供讨论年度预算的时间、得到的技术性支持、预算执行过程中的限制这五项指标来构建立法机构预算权力的测量框架（Lienert，2005）。林慕华、马骏采用信息（政府活动及成本信息）、对话（人大与政府就其活动选择及成本测算进行对话）与强度（对政府及其各个部门的预算做出支持或不支持的决策）这三个维度，对预算改革后我国地方人大预算监督情况进行了定量分析和评价（林慕华、马骏，2012）。其他还有一些学者提出了不同的评价指标和方法。

成立于1997年的国际预算合作组织（International Budget Partnership，IBP）① 是一个致力于推动预算公开透明的非政府组织，该组织的《2012年开放预算调查报告（Open Budget Survey 2012）》对100个国家的预算公开状况进行了问卷调查，一共125个问题，其中部分问题与立法机构的预算监督能力相关，主要考查立法部门在行政部门预算提交前的预算参与过程、立法部门的研究和分析能力、立法部门的修正权和批准预算前讨论这些预算修正的时间，以及在预算实施过程中批准改变资金用途、补充预算和应急费用（contingency funds）的权力这四个方面，并据此对立法机构的预算监督能力进行了比较。总体来看，100个国家的平均得分是52分，美国和西欧国家的得分较高，非洲和中东国家的得分较低，其中美国国会得分为87，中国人大仅得12分。② 世界银行根据立法机构使用预算监督工具数量的多少（如委员会听证、议会全体大会的听证、成立调查委员会、询问、政府官员答复议员质询的质询时限、质询、调查等）及其约束性强弱（一般认为，质询、质询时限、调查、成立调查委员会约束性较强），对各国预算监督能力进行了考评和排名，结果显示美国国会的预算能力高居榜首（王淑杰，2009）。

虽然关于立法机构预算能力的评价方法不同，但是结果却有一定的一致性。总体来看，中高收入国家和民主国家立法机构的预算监督能力较强，而中低收入国家与非民主国家的预算监督能力较弱，但是在民主国家，还要看立法机构与行政机构之间是合作型关系，还是分离型关系，不能一概而论，如英国国会的预算权力就较低，而瑞典国会的预算权力很高。立法机构的预算监督并不是要取代行政机构在预算执行和管理中的作用，也不是说立法机构越是与行政机构针锋相对就越好，而是二者各司其职，共同实现政府收支的公平与效率，进而达到社会福利的最大化。

---

① IBP 官方网址：http://internationalbudget.org。
② 详见 IBP，"Open Budget Survey 2012"，pp. 53 – 54。

二、人大预算监督效力评价标准及问卷调查基本情况

立法机构预算监督效力，即立法部门在预算过程中的作用和影响力。2010年本人承担了国家社科基金项目《完善我国人大预算制度研究（批准号10CZZ009）》，基于目前已有的立法机构预算监督权力（能力）评价方法及诸多国家的立法机构预算监督实践，提出了一套评价立法部门预算监督效力的标准，并利用这一标准对我国人大预算监督情况进行了问卷调查和定量定性评价。

1. 立法机构预算监督效力评价标准

在全面分析了美国（总统制国家）、英国（议会制国家）、俄罗斯（转轨国家）等国家立法部门预算监督实践的基础上，如立法部门的预算权力是如何演变的，立法部门的预算监督机构是如何分工的，以及立法部门的预算监督机制是如何设置的，从权力保障、能力建设和约束机制这三个维度提炼出了一套评判立法部门预算监督效力高低的标准。其中，权力保障包括立法部门的预算监督权力所依据的法律是否完备、立法部门是否能够独立科学地做出预算决策、立法部门的预算监督范围是否涵盖政府全部收支、立法部门是否拥有较大的预算控制权、立法部门的预算决策是否有严格的责任追究机制等。能力建设包括立法部门的预算人员是否是职业性和专业性的、立法部门是否下设专门的预算监督机构、立法部门是否有完善的预算审查机制等，约束机制包括预算审计机构是否有较强的独立性、预算过程是否公开透明和鼓励公众参与等，其中，有些评价标准又可以进一步细分为多个二级指标[①]。

这三个维度相辅相成：权力保障是前提，否则立法部门进行预算监督就缺少法理依据和制度基础，其监督效力将是空中楼阁，不具有可持续性；能力建设是支撑，否则赋予立法部门的预算监督权力就无法落到

---

① 关于立法部门预算监督效力评价标准详见本人发表于2011年第3期《探索》杂志的《人大预算监督：亟须加快从形式向实质的转变》，第63—68页。

实处，其进行监督将有心无力，只能流于形式；约束机制是外部保障，独立的审计机构和公开透明就像监督预算的两双眼睛，使立法机构对预算监督的效力如虎添翼，把政府关进公共预算笼子里需要三个维度共同发挥作用。相较于目前已有的立法机构预算权力评价标准，本课题所提炼的立法机构预算监督效力评价方法更为全面，具有较强的普遍适用性，如果对其赋以分值，可以作为评价立法部门预算监督效力的量化指标。

2. 问卷调查基本情况

考虑到评价人大预算监督效力既需要了解国际比较先进的做法，又必须非常熟悉我国人大预算监督实际情况，要求调查对象具有较高的专业性并长时间关注这一问题，因此本调查主要是针对预算领域内的一些专家学者及部分人大代表或预算工作者进行的：一是本人参加第一至第四届中国公共预算研究全国学术研讨会上结识的专家学者，二是在进行文献综述和撰写课题报告时涉及到的在本领域中有突出研究成果的专家学者，三是在本领域中较有影响力的其他一些专家学者，涵盖政治学、财政学等不同学科领域，四是部分省市的人大常委会委员以及人大财经委和预算工作委员会相关预算工作者。

本调查问卷共包括三个方面的内容，一是人大预算监督基本情况评价，主要涉及本研究所提炼的立法机构预算监督效力评价标准中的相关指标，由受访者对全国人大预算监督情况进行评分；二是关于人大预算监督取得的成绩、存在的不足以及改革建议的调查，验证前一部分的有效性并为后面一章的对策建议分析提供支撑；三是受访者个人的基本情况，包括性别、年龄、职称、学科背景、关注预算时间等，看看受访者的身份差异是否对评价结论有影响。由于具有较高的专业性，因此调查范围不是很大，本次共发放问卷 100 份，收回有效问卷 82 份，其中高校中的专家学者完成 44 份，人大代表及预算工作者完成 38 份，除了完成问卷问题外，一些受访者还对如何完善人大预算监督提出了中肯的建议。

三、人大预算监督得分较高和较低的项目及总体效力评价

纵向来看，近年来我国在加强人大预算监督方面做了大量工作，取得了一定的进展，人大预算监督的基本框架已经建立起来；但是，横向来看，人大预算监督仍存在诸多不足之处，一些环节尤为薄弱，问卷调查结果基本反映了我国人大预算监督现状。

1. 人大预算监督评价中得分相对较高的项目

根据问卷调查统计分析，如果满分为10分的话，在所有24个关于人大预算监督效力的量化评价指标中，只有两个指标的得分略微超过或达到及格线（6分），虽然各项评价指标的得分都不是很高，但是指标之间还是存在明显差距的，其中得分最高的5个项目如下。

一是目前我国《宪法》中关于人大预算监督权限的保障性。这一项目的平均得分为6.2分，排在第一位，并且专家学者和人大代表及预算工作者的观点非常一致，在各自的评价中都是得分最高的。这表明大家对我国在20世纪80年代初所制定的《宪法》中能对人大预算审查监督做出这样的规定还是比较肯定的，如要求预算必须经过人大的审查和批准，人大有权对预算进行询问和质询等，但是令人遗憾的是，《宪法》中的很多规定没有得到很好的落实。

二是人大审查监督的预算涵盖政府收支的全面性。这一项目的平均得分为6.0分，刚好达到及格水平，多数人给其的评价在5—7分之间。这说明这几年随着国有资本经营预算、政府性基金预算、社会保险基金预算逐渐纳入预算管理并接受人大审查监督，政府全口径预算收支管理所取得的进展还是得到认可的，进步比较明显，因此也评价较高。但是与此相关的另一个问题，"人大预算审查监督所涵盖的政府收支的详细性"得分就低得多，只有5分不到，评价结果反映了二者之间的差距。

三是人大财经委和预算工作委员会的工作胜任性。这一项目的平均得分为5.7分，在排序上差异不是很大，但是在得分上人大代表和预算

工作者对自身的评价明显高于专家学者。这一评价反映了近年来人大在预算监督机构和机制建设方面所取得的成绩，财经委特别是预算工作委员会在人大预算监督中发挥的作用越来越积极，如很多预算听证、专题询问等都是由人大财经委或者预算工作委员会组织的，因此也得到了肯定。与此相关的问题，如"关于人大预算审监督查机制的合理性"的得分也还可以。

四是目前我国《预算法》中关于人大预算监督权限的完善性。这一项目的平均得分为5.2分，并且专家学者和人大代表与预算工作者对其的相对评价都不错。虽然《预算法》迫切需要修改，但是这一项目的得分仍然相对较高，其道理与《宪法》有点相似。我国1994年制定的《预算法》对于加强人大预算监督具有重要意义，并对《宪法》中的人大预算监督进行了细化，同样其中的很多规定也没有得到很好落实，但由于其他很多项目差强人意，所以其得分还相对较高。

五是人大预算审查监督中预算问询权的运用情况。这一项目的平均得分为5.1分。随着近几年预算专题询问和预算听证的开展，人大与政府之间的预算互动愈发频繁，不管是在人代会期间，还是人大会期之外，预算询问成为一种常用方式，并且政府基本上都能给予回答，因此也得到了相对较高的评价。与此相关的另两个问题——"人大在预算审查监督中预算质询权的运用情况""预算重大事项调查权的运用情况"，这两项的得分就低得多，评价差异符合人大预算监督实际情况。

虽然上述5个项目的得分相对较高，但是离理想水平都仍有较大的差距，并且只有两项略微超过或刚达到及格线水平。这些得分较高的项目与问卷第26题"您认为近年来我国在人大预算监督方面所取得的突出成绩是哪些"的回答结果既有一致性也有不一致的地方，在这一题的回答中，（A）预算相关法律制度的完善、（F）政府提交的预算的全面性、（B）预算的公开透明、（D）人大财经委和预算工作委员会的加强、（E）预算审计监督的加强这5个选项出现的频率最高。其中，预算相关法律制度的完善、政府提交的预算的全面性、人大财经委和预算工作委员会的加强这3个选项在量化评价中的得分也较高，二者具有一致性；虽然预算的公开透明（4.8分）与预算审计监督的加强（4.5分）也被认为近年来取得了突出成绩，但是其得分却并不很高，没有进入前五位，这表明其离人们的期望水平仍有较大的差距。在第26题的回答上，专家学者和人大代表及预算工作者的回答差异不是很大，表明对近年来预算改革所取得的成绩具有共识性。

2. 人大预算监督评价中得分较低的项目

在调查问卷所列的24个关于人大预算监督效力的量化评价指标中，一些项目的得分非常低，在2-3分之间，与得分较高的项目存在明显的差距，反映了人大预算监督的实际情况，其中得分最低的5个项目如下。

一是人大代表与社会公众之间预算委托代理关系的强度。这一项目的平均得分仅为2.4分，在所有指标中几乎所有受访者都给与了其最低评价，甚至有的受访者（包括部分人大代表和预算工作者）给与了其零分。正如我们前面分析的那样，虽然人大代表名义上存在广泛的代表性，但是实际上不管是直接选举产生的代表，还是间接选举产生的代表，社会公众对人大代表作为自己的代言人并不认同，其与社会公众之间的预算委托代理关系是十分薄弱的，因此得分最低是实至名归的。

二是预算过程中的公民参与程度。这一项目的平均得分为2.5分，所有受访者对其评价都较低，这也与我国实际情况是相符的。中央和省级政府从来没有就预算政策征求过社会公众的意见，没有发布过前期预算，除了极少数基层政府举行过预算听证活动外，绝大多数情况下社会公众都没有参与预算过程的机会，只能被动地通过事后的预算公开了解一些预算信息。根据国际预算合作组织（IBP）的评价，多数国家预算过程中的公民参与度都不高，我国这一项目得分较低也不奇怪。

三是人大对于政府预算控制权的大小。这一项目的平均得分也是2.5分，其是通过"政府对于人大通过的预算自由裁量权的大小"来反映的，得分越高表示政府的自由裁量权越大，人大对政府预算的控制力就越小，反之亦然。专家学者和人大代表及预算工作者对其的评价具有惊人的一致性，其平均分都是7.5分，如果从反向角度来考虑人大对政府预算控制力的话,其得分是 2.5 分 (10 - 7.5),也是属于评价较低的项目之一。

四是人大预算审查监督时间的充足性。这一项目的平均得分为 2.8 分。如同我们前面分析的那样,政府向人大提交预算报告的时间较晚,一般人大代表拿到预算报告的时间就更晚了,而人大会期短只有短短几天①,面对厚厚一大摞预算,对于很多代表来说,预算不但看不懂,而且看不完,然后就要对巨额公共资金的安排进行表决,所以很难做出高质量的预算决策,预算审查监督时间不足是影响人大预算监督的一个重要因素,使得人大的预算审查监督只能流于形式,这一点是得到公认的,因此得分也较低。

五是人大代表在预算审查监督中的专职性。这一项目的平均得分为 2.9 分。如我们前面分析的那样,由于我国人大代表是兼职性的,目前只是在人大常委会委员中实现了部分专职化,基层人大代表的专职化进程几乎没什么进展,非专职性使得人大代表没有动力和精力投入到预算监督工作中,非专职性也很难做到专业性,使得预算监督效力难以提高。与此相关的另一个问题,"人大代表在预算审查监督中的专业性"得分也很低(2.9 分),由于人大代表名额的分配要考虑党派、职业、地区、民族等各种因素,广泛性和专业性很难兼顾,因此专业性得分也很低。

上述 5 个项目的得分都在 3 分以下,这些得分较低的项目与问卷第 27 题"你认为目前在人大预算监督中存在的突出问题是哪些"的回答既有一致性也有不一致性。在这一题的回答中,(B)人大代表与社会公众的委托代理关系低、(A)预算相关法律制度不完善、(H)人大代表是非专职性的、(J)预算的公开透明度低、(C)人大预算审查时间不足这 5 个项目出现的频率最高。其中,人大代表与社会公众的委托代理关系低、人大代表是非专职性的、人大预算审查时间不足这三个项目

---

① 2014 年的十二届人大二次会议会期仅为 8 天半 (3 月 5 日至 12 日上午),其中还包括一天休息时间 (3 月 8 日,星期六)。

的量化评价得分较低,具有一致性。

综合得分最高和最低的项目来看,虽然近年来我国在预算公开透明方面取得了突出成绩,属于较突出的五个进步之一,但是仍然认为"预算的公开透明度低"是一个突出问题,因此预算的公开透明性既没有进入得分较高的前5个项目,也没有进入得分较低的5个项目,既肯定了其近年来所取得的成绩,又希望能进一步提高。"预算过程中的公民参与度"虽然得分较低,但并不认为其是突出问题,这也是与现实相符的,我国预算监督还没有发展到那一步。其他得分较低的项目还有人大在预算审查监督中预算质询权、重大事项调查权的运用情况、预算审计机构的独立性等,虽然改革开放以来人大预算监督改革主要在于落实《宪法》等现有法律框架已经赋予的权力,没有改变固有宪政框架下的权力结果,属于"制度内的权力成长"(仁喜荣,2010),但是这种权力落实情况仍然是十分不理想的,这也与人们经常说的人大预算监督"形式至上、实质虚置"这一判断是吻合的。关于预算法律法规制度这一项非常有意思,在前面得分相对较高的项目中,对《宪法》和《预算法》等法律法规中的相关规定给予了较高的评价,但是同时又认为当前预算相关法律制度不完善是一个突出问题。这也不矛盾,前者评价的是前期所取得的进步,反映了受访者对预算法律制度建设的重视,对其保障人大预算监督、实现预算法治化意义的充分肯定;后者反映的是当前存在的问题,对于这些法规法律的落实情况,如人大在预算审查监督中预算质询权的运用情况等很不满意,希望通过法律法规建设进一步加强预算的法治化,也反映了对加快修订《预算法》的渴望,专家学者和人大代表与预算工作者对此具有较强的共识性。

3. 人大预算监督效力总体评价

根据专家问卷调查结果并结合我国实际情况,人大预算监督效力一级评价项目的得分如表1所示,没一个一级评价项目的得分在6分以上,很多项目的得分在2-4分之间,在收回的82份问卷中,没有一个受访者(包括人大代表)认为我国人大预算监督已经进入实质性监督阶段。所不同的是,多数专家学者(70%以上)认为我国人大预算监督仍处于"形式监督阶段",而多数人大代表及预算工作者(60%)认为我国人大预算监督正处于"从形式向实质转变的过渡阶段"。

表1 人大预算监督效力综合评价

评判标准	具体项目	得分
权力保障	人大的预算监督权力所依据的法律是否完备	5.6
	人大是否能够独立科学地做出预算决策	2.5
	人大的预算监督范围是否涵盖政府全部收支	5.8
	人大是否拥有较大的预算控制权	3.5
	人大的预算决策是否有严格的责任追究机制	3.6
能力建设	人大预算人员是否是职业性和专业性的	2.8
	人大是否下设专门的预算监督机构	5.7
	人大是否有完善的预算审查机制	5.0
约束机制	预算审计机构是否有较强的独立性	4.5
	预算过程是否公开透明和鼓励公众参与	4.0
合计		43.0

如果满分是100的话,我国人大预算监督效力综合得分为43分,而改革开放初期的人大预算监督效力接近于零,应该说经过30多年发展,所取得的成绩还是很明显的,应该给予肯定。但是目前的人大预算监督效力还远没有及格,预算监督可以说有"形"无"神",象征意义大于实质意义。在问卷调查中,一位人大代表这样评价人大预算监督:"虽形式上人大法定预算监督权,但实际上预算决策权、预算执行权、预算问责权均游离人大之外。"这种评价还是非常中肯的。这表明我国预算的民主化还处在起步阶段,很多方面都亟待加强。

从受访者的背景信息来看,对预算关注时间越长、在本领域中知名度较高的学者对人大预算监督效力的评价越低;在学科领域上倒没有多大的差异,一些财政学背景的专家学者对人大预算监督效力的评价甚至比政治学背景的还低;从职业身份上来看,人大代表及预算工作者与高校中的专家学者对人大预算监督效力的相对评价(排序)差别不是很大,但是前者给予的绝对评价普遍高于后者,尤其表现在对预算审查监督机制的完善性、人大履行预算审查监督职责的能力、人大财经委和预算工作委员会的工作胜任性等自身工作评价方面，而专家学者对人大代表与社会公众之间的预算委托代理关系、人大代表的专职性和专业性等方面的评价相对低得多，这可能是职业习惯及考虑问题的立场不同所致。

我国实行的是"议行合一"的政治体制，政府是由人大选举产生并向人大负责的，有点类似于国外的议会制，人大在预算监督中的效力不可能达到美国总统制下国会的那种作用，如英国国会在预算监督中的作用就弱得多，但是即使与英国相比，目前人大在预算监督中的作用也相差甚远。也就是说，虽然我国目前已经有了预算笼子，但是这个笼子体积小、缝隙大、不透明且笼子门上锁的钥匙掌握在政府手中，政府的公共收支几乎没有受到人大实质性的约束，完善人大预算监督仍然任重道远。

四、提高人大预算监督效力的近期改革重点

中国预算改革政治学包含着一个"预算改革的政治困惑"（马骏，2009）：一方面，预算改革的确在改变着政治过程，人大和社会公众对政府的监督力度明显加大；另一方面，纯粹的预算改革似乎难以取得实质性的突破，需要对中国政治过程的某些部分进行改革。不积跬步无以至千里，近期预算改革还是可以继续沿着技术路线推进为主，落实已有的人大预算权力，经过若干年后，这些微小的变化也许可以改变预算政治的历史路径依赖，但是也需要适当赋予人大新的预算权力。近期改革主要包括以下十个方面的重点工作。

一是加快完成《预算法》的修订。在问卷第28题"你认为当前我国改善人大预算监督最需要解决的问题是哪些"的回答中，加快《预算法》修订以90%的比例高居首位，这再次说明了人们对预算法律法规的重视。联系前面关于人大预算监督效力的评价和存在的突出问题，人们对改革开放以来预算法律法规的完善既表示肯定，但是又认为其存

在很大的不足，迫切需要改革。目前的情况确实如此，如果不尽快完成《预算法》的修订，预算改革所遇到的困境将很难突破，甚至可能陷入停滞，因此应将《预算法》修订作为改进人大预算监督的当务之急。

二是完善基层人大代表选举制度，压缩党政官员代表比例。人大代表与社会公众之间的委托代理关系是目前人大预算监督最薄弱的环节。预算是一个政治过程，一些专家在建议中表示，要提高人大对预算的监督效力，"必须建立一个真正代表人民的人大"，而这也是我国《宪法》所规定的。我们目前在县乡一级已经实现了人大代表直接选举，充分发挥人民代表大会制度的优越性，应该把这一制度真正落到实处，实现自由公正的选举，同时减少各级人大中的党政官员比例，使人大能够独立科学决策。

三是落实人大已有的预算质询等权力，赋予新的预算修正权。目前《宪法》《预算法》等已经赋予人大的预算监督权力仍然没有得到很好落实，因此近期的改革重点一方面是继续将预算询问、预算质询以及预算重大问题调查权等落到实处，一方面是赋予人大新的权力——预算修正权。在问卷调查中，"赋予人大预算修正权"也被认为是当前改善人大预算监督最需要解决的问题之一，可以改变人大在预算审批中的被动状况。同时，在没有实现人大代表真正自由选举之前，在预算决议的表决上，继续完善匿名的电子表决方式，允许采取分项表决方式，从而提高预算决策质量。

四是增强预算的全面性和详细性。如我们前面的分析，虽然我国近年来在预算的广度和深度方面取得了很大的成绩，但是仍然存在很大的不足，这些技术性的问题相对比较容易解决，并且成效明显。应该将全部政府收支都纳入政府预算，编制债务预算和税式支出预算，不允许政府在预算外有任何收支。同时，应继续增强预算的详细性，向人大提交的预算应尽可能具体，使人大知道政府将钱花在了什么地方；为了合理安排预算资源，应编制中长期预算，防范中长期财政风险，实现人大预算监督全覆盖、无死角。

五是强化预算违法责任追究机制。再好的预算如果不能得到严格执行也是摆设，而这关键取决于对预算违法责任的追究机制，这也是我国目前预算监督中比较欠缺的问题。要强化预算具有法律效力这一意识，不管是个人还是单位，对于未经人大批准擅自调整预算、截留预算资金等行为，都应该算作违法行为，构建违宪责任、刑事责任、经济责任和行政责任在内的综合责任追究体系。

六是人大常委会的专职化和专业化。如我们前面的分析，根据问卷调查，人大代表的专职化和专业化水平低是目前人大预算监督中存在的一个突出问题，是制约人大审查预算时间、质量的重要因素。鉴于我国各级人大代表众多，一步到位全部实现专职化和专业化难度较大，应该首先在常委会一级实现全部常委会委员的专职化和专业化。

七是继续增强财经委力量，成立预算工作委员会。财经委在人大工作及预算审查监督中责任重大，应该继续加强财经委的力量，同时应将预算工作委员会升级为与财经委员会平级的人大专门委员会。财经委员会和预算委员会分别负责不同工作，预算相关工作主要由预算委员会负责，收入政策、经济形势评估等方面的工作由财经委负责。同时，在人大下设专门的预算研究机构，为人大预算监督提供决策咨询服务。

八是增加人大审议预算时间，将预算报告作为审议重点。根据前面的分析，在问卷调查中，预算审议时间不足是人大预算监督存在的一个突出问题，增加人大预算审查时间对于提高人大预算监督质量见效比较快，也是容易操作的一个改革，具有较高的共识性。在全体会议方面，适当增加会期，淡化对政府工作报告的审议，将预算报告作为人大审议的重点；在常委会会议方面，增加预算专题审议的次数和时间，从而提高人大预算审查监督的质量。在预算年度或者人大会期没有调整之前，为了增强预算的严肃性，在预算年度开始前应该由人大通过临时预算，以解决预算年度与人大会期不协调的问题（朱大旗、李蕊，2012）。

九是对审计机构实行双重领导模式。提高审计机构的独立性对于提高人大预算监督效力具有重要意义，在"大改"（一步到位实行立法型审计模式）难度较大的情况下，"中改"（实行人大与政府对审计机构的双重领导）可以作为过渡方案加以考虑（杨肃昌，2013），即将审计机构的行政级别提升半级，业务上仍由政府领导，但审计机构负责人由人大直接提名、任命和罢免，同时延长审计长任期，使其不受换届影响。

十是继续把提高预算透明度作为近期工作的一个主要抓手。不管是从何角度评价，我国预算公开透明仍存在很大的不足，在问卷调查中，提高预算公开透明也具有较高的共识性，可以做到一举多得，既有利于政府加强预算管理，也有利于加强人大预算监督，还可以提高社会公众的预算意识，是提高预算民主与法制的有效途径，要坚定不移地做好预算公开透明工作。

总体来看，这些近期改革重点主要是技术性改革为主，除了赋予人大预算修正权之外，并没有增加人大新的预算权力，如增加人大预算审议时间、增强预算的全面性和详细性、提高预算透明度等都是近年来在做的工作，基层人大代表直选、人大预算质询等都是已有制度的完善和落实。在问卷调查第28题"你认为当前我国改善人大预算监督最需要解决的问题是哪些"的回答中，(A)修订《预算法》、(D)加强人大财经委和预算工作委员会的力量、(G)提高政府预算详细性、(L)赋予人大预算修正权、(J)高预算公开透明度、(F)提高政府预算的全面性、(C)增加预算审查时间排在前几位，这些都说明上面所说的近期改革重点具有较强的共识性，专家学者和人大代表与预算工作者的差异并不是很大，只是在排序上有少许不同，如人大代表更注重加强人大财经委和预算工作委员会的力量、加强预算审查时间等自身建设，而专家学者更注重完善基层人大代表选举制度、赋予人大预算修正权、审计机构独立性等制度性建设。

五、提高人大预算监督效力的远期改革难点

从长期来看，切实提高人大预算监督效力单纯依靠技术性改革是不够的，必须赋予人大新的预算政治权力，改变人大实际权力配置的弱势格局，必须进行深层次的制度性改革。这些远期改革需要顶层设计，相

对于近期改革难度要大得多，包括以下七个方面。

一是修订《宪法》中预算相关条款。预算是一个宪政问题，人大预算监督单靠《预算法》保障是不够的，还必须有宪法保障。当前《宪法》中关于人大预算监督的表述过于简单，并且没有跟上预算发展变化的要求，应该适时修订宪法，为人大预算监督提供最高法律保障。

二是人大代表全部直选。仅仅完成基层人大代表自由公正直选是不够的，要加强人大代表与社会公众的委托代理关系，必须实现全部人大代表的直选，使各级人大代表都能够站在公众立场对政府预算进行监督。

三是全体人大代表的专职化和专业化。在实现人大常委会委员全部专职化和专业化后，应该逐渐增加常委会委员数量，减少人大代表人数量，最终实现人大常委会与人大全体会议的统一，实现全部人大代表的专职化和专业化。

四是成立公共收入委员会、公共审计委员会等新的专门委员会。目前的人大专业机构设置过于简单，随着人大常委会力量的加强，应该加强人大专业化分工和机构建设，设立公共收入委员会、公共审计委员会等更多的专门委员会，分别负责收入、预算审计等工作，原来的财经委改为经济委员会，主要负责宏观经济政策及经济形势预测，设立国防委员会、教育委员会等专门委员会，使每个政府部门都能够在人大中找到对应的专门委员会。

五是调整预算年度或人大会期。这一问题看似简单，实则牵一发动全身，涉及到深层次的体制机制问题。为了解决预算年度与人大会期不协调的问题，编制临时预算只能是权宜之计，根本解决办法是调整预算年度或者人大会期，二者各有利弊，调整预算年度可能更具有可操作性，应尽早设定改革方向。

六是审计机构向人大负责。纵观世界上立法机构预算监督效力比较强的国家，独立的审计机构是必不可少的，在对审计机构实行双重领导模式一段时间后，应该将审计机构改向人大负责，并且越快越好，这将是加强人大预算监督的一把利器。

七是公民深入参与预算过程。这是更高层次的预算透明，在预算决策过程中应该积极征求社会公众的意见，特别是基层政府应该积极推行参与式预算，通过预算听证等方式鼓励社会公众参与预算决策。在更高一级政府，重大预算政策应该提前咨询社会公众意见。

在问卷调查第29题"你认为改善人大预算监督最难解决的问题是哪些"的回答中，（B）修订《宪法》、（K）实现人大代表全部直选、（M）实现全部人大代表的专职化、（E）审计机构向人大负责四个选项是出现频率最高的，在专家学者和人大代表及预算工作者中有很强的共识，多数都主张"审计机构向人大负责"应该尽快实施。这些远期改革很多都涉及到要修改宪法中的相关规定，本人认为短期内难以实施，因此作为人大预算监督的远期改革任务，虽然这些远期改革难点问题可以在今后的政治经济体制改革中逐步加以解决，但是也不宜拖得太久。

六、结　语

我国目前人大预算监督正处在从形式向实质转变的关键时期，由于涉及权力的重新配置、部门利益等，实现这一目标必然是艰难的，实现这关键一跃（人大预算监督效力从40多分提高到60分以上）比前期改革（从0分到40多分）的难度可能更大。一些看似简单的问题实际上也涉及深层次的制度性问题，如为了增加预算审议时间，取消对计划报告的审议，将预算报告作为人大审议的重点，但是审议和批准计划报告是宪法规定的，不修改宪法这样做是不可能的，因此，把政府关进公共预算笼子里无疑需要我国预算制度改革的顶层设计。在问卷调查中，一位受访的人大代表这样写道："全国人大及常委会未做出榜样，地方人大便没有坐标。预算实质性监督必须从上至下进行，自下而上的轰轰烈烈都是形式主义，并贴了'创新'的标签。"一位专家学者也建议"把人大预算监督纳入政治过程"。王雍君[①]认为，预算改革应是政府改革

---

① 王雍君：《中国的预算改革：评述与展望》，载《经济社会体制比较》，2008年第1期。

的切入点，预算改革虽然不能取代最终的政治改革和政府改革，但可以作为跃进到更高层面政治改革和政府改革的桥梁和台阶。总体来看，人大预算监督改革可以作为我国行政管理体制以及政治体制改革的突破口和有效途径，把其当作推进我国深层次改革的"钥匙"。

【参考文献】

阿曼·卡恩、W.巴特利·希尔德雷思：《公共部门预算理论》，韦曙林译，格致出版社、上海人民出版社2010年版。

格尔哈斯·伦斯基：《权力与特权——社会分层理论》，浙江人民出版社1988年版。

肯尼思·F.沃伦：《政治体制中的行政法》（第三版），王丛虎译，中国人民大学出版社2005年版。

林慕华：《现代议会的预算权力：比较研究》，载《武汉大学学报》（哲学社会科学版），2010年第11期。

林慕华、马骏：《中国地方人民代表大会预算监督研究》，载《中国社会科学》，2012年第6期。

马骏：《中国预算改革的政治学：成绩与困惑》，载《中山大学学报》（社会科学版），2009年第7期。

仁喜荣：《地方人大预算监督权力成长的制度分析——中国宪政制度发展的一个实例》，载《吉林大学社会科学学报》，2010年第7期。

王淑杰：《议会监督预算能力研究——兼评我国人大预算监督》，载《财经论丛》，2009年第5期。

王雍君：《中国的预算改革：评述与展望》，载《经济社会体制比较》，2008年第1期。

威尔达夫斯基、凯顿：《预算过程中的新政治学》（第四版），邓淑莲、魏陆译，上海财经大学出版社2006年版。

魏陆：《人大预算监督：亟须加快从形式向实质的转变》，载《探索》，2011年第3期。

杨肃昌：《立法审计：一个新概念的理论诠释与时间思考——基于加强人大预算监督的视角》，载《审计与经济管理》，2013年第1期。

朱大旗、李蕊：《论人大预算监督权的有效行使——兼评我国〈预算法〉的修改》，载《社会科学》，2012年第2期。

D. Axelrod, *Budgeting for Modern Government*, New York: St. Martin's Press, 1988.

Ian Lienert, "Who Controls the Budget: The Legislature or the Executive?", IMF Working Paper, 2005.

Philip Norton, *Dose Parliament Matter*? London: Harvester Wheatsheaf, 1993.

IBP 官方网址: http://internationalbudget.org.

预算模式、预算机会主义和预算审计*

郑石桥**

内容摘要：预算模式不同，预算机会主义行为不同，而预算审计是抑制预算机会主义行为的机制之一，所以，不同的预算模式下，预算审计模式也会不同。预算模式区分为控制导向模式和绩效导向模式两种，预算审计模式区分为预算执行审计、决算报告审计和预算绩效审计三种模式。在控制导向预算模式下，预算审计会选择预算执行审计，而在绩效导向预算模式下，预算审计会选择预算绩效审计和决算报告审计，预算审计模式跟着预算模式走。

关键词：控制导向预算制度 绩效导向预算制度 预算执行审计 决算报告审计

一、引 言

中国政府预算审计是预算执行审计为主，而美国政府预算审计是预

---

* 本研究获江苏高校优势学科建设工程二期项目"现代审计科学"基金项目。本文将发表于《南京审计学院学报》2015 年第 1 期。

** 郑石桥（1964—　），男，汉族，湖南耒阳人，南京审计学院审计科学院教授、博士生导师，主要研究领域是审计理论与方法，Email：zhengshiqiao@163.com。

算绩效审计为主，兼有决算报告审计。为什么两国的预算审计会关注不同的内容？政府预算是一个历史现象，与特定的时间和地点相联系，而不是某种一成不变的制度，在不同的发展阶段，预算体制面临的最紧迫的问题是不同的（Caiden，1989）。也正是因为如此，形成了各具特征的预算制度。不同的预算制度是否会影响预算审计呢？一般来说，不同预算制度的重心不同，从而，预算机会主义的类型及严重程度不同，而预算审计是抑制预算机会主义的工具性制度，预算机会主义的类型及严重程度决定预算审计的业务类型及重点，所以，可能正是制度预算的特征决定了预算审计的类型及重点。

现有文献缺乏将预算制度特征和预算审计特征关联起来的研究，本文拟建立一个关于二者之关系的理论框架，并用这个框架来解释中美两国预算制度和预算审计的差异。随后的内容安排如下：首先是一个简要的文献综述；在此基础上，分析预算模式、预算机会主义和预算审计之间的关系，提出关于以预算制度和预算审计之关系的理论框架；然后，用这个理论框架来解释中美两国预算制度和预算审计的差异，以一定程度上验证本文的理论框架；最后是结论和启示。

二、文献综述

预算审计区分为预算执行审计、决算审计和预算绩效审计，各种类型的审计都有一定的研究。

关于预算执行审计，国外没有相关研究，国内预算执行审计的研究主要是结合实践中出现的急需解决的问题来展开，研究主题包括审计体制、审计重点、审计方式方法等，这些研究具有较强的针对性和实用性（虞伟萍，2001；董伯坤，2007；钱啸森、吴星，2008；曹山、代霞，2010；薛芬、郑垂勇，2011；吕永丽，2011；王本波，2011）。

关于决算审计，有一些文献从预算审签制度和预算执行真实性的角度论证决算审计的必要性（徐建龙，2005；李蓉，2010）。董大胜（2010）指出，审计工作应该强化整体的概念，要探索对财政决算（草案）真实性发表意见，要对财务会计报告的真实性、公允性发表审计意见，不能只抓案件和信息。

预算绩效审计有很多的研究，研究主题涉及：绩效审计比较，整体制度安排与政府绩效审计之间的相互作用关系，政府绩效审计角色和作用研究（Barzelay, 1997；Glynn, 1985；Hamburger, 1989；Hepworth, 1995；Johnsen et al. 2001；Pollitt, 2003；刘秋明, 2007）。

总体来说，现在对于预算执行审计、决算审计和预算绩效审计都有一定的研究，然而，缺乏的是将预算制度特征和各种预算审计关联起来的研究，而这种关联研究恰恰是具有重要意义的。因为，从根本上来说，如果没有预算机会主义，也就没有预算审计的必要性。本文拟沿着预算制度、预算机会主义、预算审计这个逻辑路径，建立一个关于预算制度特征和预算审计特征之关系的理论框架，并以美国和中国作为案例来验证这个理论框架。

三、预算模式和预算审计：理论框架

（一）预算模式

19 世纪之前的封建君主时期，没有严格意义上的预算，处于前预算期间。19 世纪以来，预算制度的建立主要着力于两个方面：一是议会对预算的外部控制，也称为预算的政治控制；二是在政府内部建立集中统一的预算控制，也称为预算的行政控制。以政治控制和行政控制为主要着力点的预算，是一种控制导向的预算制度，主要目的是控制支出机构及其他预算参与者的机会主义行为。20 世纪 70 年代以来，以新绩效预算为代表的结果导向的预算模式越来越成熟，这似乎标志着现代预算发展到一个新的阶段（Caiden, 1989）。但是，不少国家的预算制度，控制导向还是其基本特征。所以，总体来说，目前的预算制度大体上可以分为控制导向预算制度和绩效导向预算制度两种模式。当然，各种预算制度都存在外部控制和内部控制，都具有某种程度的控制导向，我们所说的控制导向与绩效导向，是从预算制度的重心这个角度出发，如果预算制度的重心是确保支出机构遵守既定的预算，则这种预算制度就是控制导向；如果预算制度的重心是绩效，这种预算制度就是绩效导向。

当然，控制导向和绩效导向有一定的相容性，没有一定的控制，预算的绩效也就难以取得。但是，控制导向和绩效导向还是存在显著的差异。控制导向的预算制度，主要是通过建立各种预算控制来约束预算参与者的活动，确保公共资金全部被用于公共目的，防止公共资金用于私人目的或被滥用。分项列支预算方式及年度性原则、全面性原则、一致性原则、严格性原则等经典预算原则都是控制导向预算制度的体现。以新绩效预算为代表的绩效导向预算模式，关注的重点是产出，而不是预算投入，其中心是完成了什么工作（马骏，2011）。

（二）预算模式与预算机会主义

从本质上来说，控制导向预算制度关注的是预算过程，通过严格的预算编制、预算执行及预算问责过程，确保公共资金用于公共目的，防止公共资金用于私人目的被滥用，也就是从过程的路径来防止有人机会主义地使用公共资金。绩效导向预算制度也关注过程，但是，相对来说，更加关注结果，通过其制度安排，确定公共资金的使用取得预期的效果，也就是从绩效的路径来防止有人机会主义地使用公共资金。

在控制导向预算制度下，具有理想色彩的假定是，过程是结果的保证，过程持续可靠了，结果也就有了保证。当然，事实证明，取得既定的结果可能有许多不同的过程，官方选定的预算过程，并不一定能确保取得预期的结果。但是，无论如何，控制过程是重点。为了实现过程控制，除了制定详细的程序，各个程序中还需制定详细的规则。严格执行这些程序和规则，是预算管理的重心。至于绩效，由于假定选定的过程能取得预期的绩效，对绩效本身并不作为重点关注内容。对于预算参与者来说，最重要的是遵守既定的程序和规则，执行既定的预算。同时，在控制导向预算制度下，由于有严格的程序和规则，并且，赋予支出机构在预算执行过程中的灵活性很少，这些都会给预算参与者特别是支出机构的行为带来较严格的控制，有时甚至妨碍其业务活动的运行。这种情形下，预算参与者有一定的激励突破这些控制，这就产生了机会主义行为。在控制导向预算制度下，预算参与者的机会主义，主要表现在两个方面：一是违反既定的程序和规则，不按程序和规则从事预算相关行为；二是不执行既定的预算。不按程序和规则从事预算相关行为，从预算编制直到决算的各个环节都可能发生，例如：预算编制时弄虚作假；预算执行时不遵守相关的支付标准、范围及商品劳务购买规定，甚至在支出时弄虚作假；决算时不真实完整地反映相关情形。不执行既定的预算，主要发生在预算执行环节，例如：预算超支、挪用等。

总体来说，在控制导向预算制度下，预算机会主义行为主要是过程机会主义。当然，并不排除控制导向预算制度下，绩效很差。但是，这种预算制度将绩效本身不作为重心，从委托代理理论来说，也就是委托人没有将代理人在绩效方面的机会主义行为作为关注重点。

在绩效导向预算制度下，绩效是重心。在预算编制阶段，强调将资源配置与绩效预期联系起来，预算编制的程序和规则也会围绕这个重点。在预算的执行阶段，一般来说，会赋予支出机构较多的自主权，以便于支出机构按他们认为有效的方式来取得预期的绩效。在决算阶段，关注究竟取得了什么样的绩效。所以，总体来说，在绩效预算制度下，支出机构相对具有较大的自主权，针对预算参与者特别是支出机构的各种既定性规定较少。支出机构并不一定有较强的激励来突破各种预算程序和规则，对预算执行的限定性规定也少些，支出机构不执行预算的激励相对较弱。然而，支出机构有另外一种激励，当预算执行的结果不能实现预期的绩效目标，则可能在绩效信息方面弄虚作假，从而产生结果机会主义行为。当然，并不排除绩效导向预算制度下，预算参与者特别是支出机构也会违反程序和规则，甚至不执行既定预算。但是，过程并不是这种预算制度关注的重心，从委托代理理论来说，也就是委托人并没有将代理人在过程方面的机会主义行为作为关注重点。从公共预算现实来看，实行绩效导向预算制度的国家，一般是经历过控制导向预算制度阶段的，其预算控制已经有相当的基础，过程控制已经不成问题，过程方面的机会主义行为已经难以发生。在这种情形下，当然的关注重心就是绩效。

(三) 预算机会主义与预算审计

预算审计是抑制预算机会主义的工具性制度，由于要保持政治中立性，所以，预算审计的主要对象是支出机构，并且很少审计预算编制。预算审计审计什么呢？一般来说，支出机构有什么样的预算机会主义，就会有什么样的预算审计，何种预算机会主义严重，针对这种机会主义的审计就是重点审计业务。

根据本文前面的分析，不同的预算制度下，支出机构有不同的机会主义，所以，预算审计也会不同。下面，我们来具体分析。

在控制导向预算制度下，支出机构的过程机会主义是主要问题。所以，这种预算制度下，预算审计会将过程机会主义作为审计重点。以过程作为审计重点时，审计主题是行为，支出机构在预算执行过程中的特定行为是预算审计关注的焦点。由于主要关注支出机构在预算执行阶段的行为，一般将这种审计称为预算执行审计。这种审计的既定标准是预算，关注的主要问题是支出机构是否按预算实施财政财务收支行为，发表的审计意见是财政财务收支的合规性（也就是与预算及相关财经法规的规定是否一致）。由于是对财政财务收支行为发表审计意见，而财政财务收支作为行为，包括的审计命题很广泛，并且，一些违规行为并不一定能发现，所以，无法从整体上对审计意见获得合理保证。由于这些因素的制约，从审计取证来说，预算执行审计未能形成成熟的取证模式，经验在审计中发挥的作用很大；从审计意见来说，只能以消极方式发表有限保证意见。

在绩效导向预算制度下，支出机构的结果机会主义是主要问题。所以，这种预算制度下，预算审计会将结果机会主义作为审计重点。以结果作为审计重点时，审计主题是信息，关注的中心问题是信息是否真实，反映支出机构预算执行结果的特定绩效信息是预算审计关注的焦点。支出机构的预算绩效信息分两类，一是财务绩效信息，二是非财务绩效信息。为了鉴证绩效信息的真实性，可以将决算报告和绩效报告作为审计对象，就决算报告和绩效报告的真实性发表审计意见。决算报告和绩效报告中的信息可以按一定的逻辑分解为具体的审计命题，围绕这个命题获得证据来鉴证这些命题的真伪，在此基础上，归纳各个命题的结果，对特定信息的真伪发表意见，由于信息主题可以有逻辑地分解为具体的命题，所以，可以从整体上对审计意见获得合理保证。由于这些因素的影响，从审计取证来说，预算信息审计已经形成成熟的取证模式，经验对审计仍然有作用但是相对减少；从审计意见来说，可以采用积极方式发表合理保证意见。

以上所述预算制度和预算审计的关系归纳起来，如表1所示。

表1 预算制度和预算审计

项目		适用的预算模式		审计主题	审计命题可分解性	审计取证模式成熟程度	审计意见发表方式
		控制导向	绩效导向				
预算审计模式	预算执行审计	★		预算执行行为	不能按一定的逻辑结构穷尽分解	不成熟	消极方式/有限保证
	决算报告审计		★	财务计量预算绩效信息	能按一定的逻辑结构穷尽分解	较成熟	积极方式/合理保证
	预算绩效审计		★	预算绩效信息	能按一定的逻辑结构穷尽分解	相对成熟	积极方式/合理保证
★表示可能出现的情形							

四、预算模式和预算审计：中美两国的比较分析

本文前面沿着预算模式、预算机会主义和预算审计这个逻辑路径，提出了一个关于预算制度和预算审计之关系的理论框架。然而，这个理论框架是否能解释现实呢？我们以美国和中国的预算制度及预算审计的差异来验证上述理论框架。

（一）美国联邦预算制度特征、预算机会主义和预算审计

从1921年《预算与会计法》开始，美国开始了现代预算制度和审计制度之构建。目前，美国联邦预算制度是以绩效为核心的预算制度，它有以下特征：第一，强调目标导向。绩效预算制度是一种从上自下的

预算制度，支出机构首先要有战略规划，根据战略规划确定年度绩效目标，根据年度绩效目标来编制预算。第二，强调执行过程中的适度灵活性。绩效预算支持支出机构发挥聪明才智实现预算目标，给予支出机构一定的自由，便于他们根据环境的变化而灵活应对。第三，强调对结果负责。绩效预算制度特别强调预算的执行结果。支出机构要按重要性列出部门的目标，然后把每个目标都细化到可以测量的各种指标，通过种种先进的绩效测评手段来确保目标的实现（王熙，2010）。在这种预算制度下，能否取得预期的结果是预算制度的重心所在，支出机构非常关注绩效，预算机构当然更关注支出机构是否取得预期的结果。支出机构当然会通过努力来实现绩效目标，但是，当努力还无法实现绩效目标时，在绩效信息方面弄虚作假就很有可能。所以，支出机构的绩效结果机会主义是主要问题。在这种情形下，预算审计的重点自然会转移到预算绩效审计。GAO 审计资源的 85% 以上用于绩效审计（Walker，2004）。

（二）中国预算制度特征、预算机会主义和预算审计

中国的预算制度发源于计划经济时代，经历多次改革，但是，我国的预算制度还不完善，基本公共服务均等化较差，行政成本较高，预算管理的法治化水平还较低，预算的完整性、公开性与透明度都仍须提高，预算支出效率也处于较低状态（陈光焱，2008；彭健，2008；王淑杰，2010）。也正是由于预算制度不完善，所以，建立完善的预算制度，是中国预算管理的任务，确保公共资金用于公共目的、防止公共资金用于私人目的或被滥用，这个目标并不是容易达到的。所以，如何控制公共资金用于公共目的、如何防止公共资金用于私人目的或被滥用，是预算制度构建的重要主题。总而言之，控制是预算制度构建和执行的主题。

在这种不完善的预算制度下，预算机会主义较为严重。我国预算编制中的机会主义行为主要表现为：预算编制高估、预算编制不实、预算编制不细化、预算编制方法不科学和预算资金配置不合理等。预算执行中的机会主义主要表现为：自行调整或改变项目内容；扩大项目范围；

项目支出不实；超预算购置和无预算安排支出；未经预算机构批准动用以前年度经费或专款结存；应上交款未按规定及时缴入财政专户或未纳入财政专户管理；违规收费、未执行"收支两条线"政策、小金库、私存私放或账外设账以及截留挤占挪用经费等（罗春梅，2010）。总体来说，我国预算收支真实性和合法性方面的问题较多。当然，这并不是说预算绩效就没有问题，而是相对而言，预算违规问题的解决更为迫切。

正是由于我国预算机会主义具有上述特征，我国预算审计的重点自然会转移到预算合规性审计，用于绩效审计的审计资源较少。

通过上述对美国和中国的预算制度和预算审计之关系的分析发现，正是由于中美两国有不同的预算制度，从而产生了不同的预算机会主义，也正是由于有不同的预算机会主义，才产生了不同的预算审计。这个结论印证了本文前面提出的理论逻辑。

五、结论和启示

中国政府预算审计是预算执行审计为主，而美国政府预算审计是预算绩效审计为主，兼有决算报告审计。为什么两国的预算审计会关注不同的内容？本文提出一个关于预算制度和预算审计之关系的理论框架，并用这个框架来解释中美两国预算制度和预算审计的差异。

目前的预算制度大体上可以分为控制导向预算制度和绩效导向预算制度两种模式。如果预算制度的重心是确保支出机构遵守既定的预算，则这种预算制度就是控制导向；如果预算制度的重心是绩效，这种预算制度就是绩效导向。在控制导向预算制度下，预算机会主义主要是过程机会主义。当然，并不排除控制导向预算制度下，绩效很差。但是，这种预算制度将绩效本身不作为重心。在绩效导向预算制度下，预算机会主义主要是结果机会主义。当然，并不排除预算参与者特别是支出机构也会违反程序和规则，甚至不执行既定预算。但是，过程并不是这种制度关注的重心。

预算审计是抑制预算机会主义的工具性制度，由于要保持政治中立性，所以，预算审计的主要对象是支出机构，并且不审计预算编制。一般来说，支出机构有什么样的预算机会主义，就会有什么样的预算审计，何种预算机会主义严重，针对这种机会主义的审计就是重点审计业务。在控制导向预算制度下，支出机构的过程机会主义是主要问题，预算审计将过程机会主义作为审计重点，预算执行审计是主要业务类型，关注的主要问题是支出机构是否按预算实施财政财务收支行为，发表的审计意见是针对财政财务收支的合规性，未能形成成熟的取证模式，只能以消极方式发表有限保证意见。在绩效导向预算制度下，支出机构的结果机会主义是主要问题。这种预算制度下，预算审计将结果机会主义作为审计重点，绩效审计和决算审计是主要业务类型，关注的主要问题是信息是否真实，就决算报告和绩效报告的真实性发表审计意见，已经形成成熟的取证模式，采用积极方式发表而采取合理保证意见。

通过分析美国和中国的预算管理及预算审计后发现，正是由于中美两国有不同的预算制度，从而产生了不同的预算机会主义，也正是由于有不同的预算机会主义，才产生了不同的预算审计。这个结论印证了本文提出的理论逻辑。

政府预算是一个历史现象，与特定的时间和地点相联系，在不同的时间和地点，预算体制面临的最紧迫的问题不同，所以，各个国家的预算制度都有自己的特征，预算审计是预算制度的一个构成要素，作为系统中的一个要素，当然要服从系统的整体要求，所以，不同的预算制度会要求不同的预算审计与之相匹配。只有与预算制度相匹配，这种预算审计才是合宜的。所以，优化我国的预算审计，不能盲目跟踪他人，要从我国的预算制度这个背景出发。当然，预算审计也可以通过审计来推进预算制度现代化，通过发现预算制度中的结构、程序、规则等方面的缺陷并推进整改，预算制度就能不断地得到优化，最终实现从控制导向预算制度过渡到绩效导向预算制度。此时，预算审计就从预算执行审计转型到决算审计和绩效审计。

【参考文献】

董伯坤：《预算执行的数据式审计模式探索》，载《审计研究》，2007年第6期。

董大胜：《财政审计大格局思考》，载《审计研究》，2010年第5期。

曹山、代霞：《深化中央部门预算执行审计若干问题探讨》，载《审计月刊》，2010年第6期。

陈光焱：《中国预算制度的历史变迁与现今改革》，载《地方财政研究》，2008年第5期。

李蓉：《深化预算执行审计的思路》，载《现代审计》，2010年第3期。

刘秋明：《国际政府绩效审计研究：一个文献综述》，载《审计研究》，2007年第1期。

罗春梅：《预算违规行为与预算权失衡——基于审计公告的分析》，载《南京审计学院学报》，2010年第7期。

吕永丽：《预算执行审计转型研究》，山东大学硕士学位论文，2011年。

马骏：《公共预算：比较研究》，中央编译出版社2011年版。

彭健：《中国政府预算制度的演进（1949—2006年）》，载《中国经济史研究》，2008年第3期。

钱啸森、吴星：《深化中央部门预算执行审计的若干思考》，载《审计与经济研究》，2008第7期。

王本波：《关于预算执行审计创新与发展的思考》，载《审计月刊》，2011年第1期。

王淑杰：《论我国政府预算制度的完善——兼论美国现代政府预算制度》，载《中央财经大学学报》，2010年第12期。

王熙：《美国预算制度变迁及其对中国的启示》，载《中央财经大学学报》，2010年第2期。

薛芬、郑垂勇：《部门预算执行绩效审计模式》，载《学海》，2011年第6期。

徐建龙：《县级审计机关加快实行预算审签制度的几点思考》，载《审计与经济研究》，2005年第5期。

虞伟萍：《关于深化部门预算执行审计的几点思考》，载《审计研究》，2001年第5期。

D. M. Walker, "GAO Answers in the Question: What Is in a Name?" Roll Call on July 19, 2004.

Glynn J. J. , "Value for Money Auditing—An International Review and Comparison", *Financial Accountability & Management*, No. 4, 1985, pp. 113 – 128.

Hamburger P. , "Efficiency Auditing in the Australian Audit Office: Reform and Reaction under three Auditors-General", *Accounting, Auditing and Accountability*, No. 3, 1989, pp. 3 – 21.

Hepworth N. P. , "The Role of Performance Audit", *Public Money & Management*, No. 10, 1995, pp. 39 – 42.

Johnsen A. , Meklin P. , Oulasvirta L. & Vakkuri J. , "Performance Auditing in Local Government: an Exploratory Study of Perceived Efficiency of Municipal Value for Money Auditing in Finland and Norway", *The European Accounting Review*, No. 3, 2001, pp. 583 – 199.

M. Barzelay, "Central Audit Institutions and Performance Auditing: A Comparative Analysis of Organizational Strategies in the OECD", *Governance: An International Journal of Policy and Administration*, No. 3, 1997, pp. 235 – 260.

Naomi Caiden, "A New Perspective on Budgetary Reform", *Australia Journal of Public Administration*, Vol. 48, No. 1, 1989, pp. 51 – 58.

Pollitt C. , "Performance Audit in Western Europe: Trends and Choices", *Critical Perspectives on Accounting*, No. 14, 2003, pp. 157 – 170.

加强黑龙江省地方人大全口径预决算审查监督工作研究

黑龙江省人大常委会预算工作委员会课题组[*]

内容摘要：为贯彻落实党的十八大提出的关于"加强对政府全口径预算决算的审查和监督"精神，黑龙江省人大常委会预算工委开展了专题调研，深入考察了省内外人大预算审查监督工作，在深刻把握中央要求和充分了解地方人大实际基础上，提出了推动黑龙江省地方人大加强对政府全口径预算决算审查监督的意见和建议。

关键词：地方人大　预算监督　全口径

为落实党的十八大关于"加强对政府全口径预算决算的审查和监督"的要求，按照黑龙江省人大常委会2013年监督工作计划，去年以来我们采取座谈讨论、论坛研讨、走访调查、省外考察和参加全国会议等方式开展了专题调研，并结合十八届三中全会关于全面深化改革的部署形成了本报告，为本届黑龙江省地方人大预算立法和监督、党委召开人大工作会议作出相关决定等提供参考。

---

[*] 课题组组长：李黎明，黑龙江省人大常委会委员、预算工作委员会主任，财政经济委员会副主任委员。

一、全口径预算决算审查监督的必要性

（一）全口径预算决算审查监督的含义

全口径预算决算是指政府凭借公权力、政府信誉、国家资源、国有资产或者提供特定公共服务形成的全部收入和支出。大体可以分为三个层次：一是一般政府收支，即政府及其所属行政部门的全部收支；二是广义政府收支，除一般政府收支外，还包括事业单位和公益性国有企业的全部收支；三是更大范围的公共收支，除广义政府收支外，还包括非公益性国有企业与其他公共收支如政府负有托管责任的社会保险基金等。全口径预算决算应该涵盖全部这三个层次的收支，相应建立健全预算体系。目前，全口径预算决算的表现形式为"四本预算"，即包括公共财政预算、政府性基金预算、国有资本经营预算和社会保障预算在内的复式预算体系。

全口径预算决算审查监督包括两个层面的含义，即政府在行政层面对所有预算收支的"全口径"监督管理、人大在立法层面对所有预算收支的"全口径"审查监督。加强对政府全口径预算决算审查监督，要求地方人大以"四本预算"为重点逐步对政府所有预算收支活动进行全面审查和监督，具体体现为全主体参与、全部门审查、全内容覆盖、全信息对称、全过程监督、全流程操作、全杠杆撬动、全方位督导等。全主体参与是指人大（包括人大代表、人大常委、专门委员会、人大工作机构及辅助机构）、政府等国家预算监管机构及社会各方参与预算管理和审查监督；全部门审查包括政府财政预算管理和审计监督部门、本级部门及所属单位以及其他政府性资金收支单位；全内容覆盖包括"四本预算"、资产负债预算和其他全部财政资金、资本在内的所有预算，即政府的资金流到哪个领域，审查监督的触角就延伸到哪个领域；全信息对称是指预算信息在政府与人大之间保持互通性、一致性和即时性；全过程监督是指贯穿预算编制、审查、批准、执行、调整、决算、审计、绩效考评等全部预算管理和审查监督活动；全流程操作是指从操作层面完善预算审查监督工作流程；全杠杆撬动即通过立法、智库、网络等杠杆撬动更多的资源推动预算审查监督；全方位督导即协同省市县三级人大整体推进，实现预算审查资源共享，在全省形成上下联动共同推动预算审查监督工作的态势。以上"八全"是全口径预算决算审查监督的基础条件。

（二）全口径预算决算审查监督提出的背景

关于"全口径"的表述，最早出现于2003年党的十六届三中全会《中共中央关于完善社会主义市场经济体制若干问题的决定》中。决定提出："实行全口径预算管理和对或有负债的有效监控，加强各级人民代表大会对本级政府预算的审查和监督。"国家"十二五"规划纲要提出，实行全口径预算管理，建立健全有机衔接的政府预算体系，强调不同预算间的统筹协调。党的十八大从推进政治体制改革、加强人大工作的视角，提出"加强对政府全口径预算决算的审查和监督"，对人大预算决算审查监督提出了新的要求和努力方向，这在党的报告中尚属首次。十八届三中全会把推进国家治理体系和治理能力现代化作为全面深化改革的总目标，对深化财税体制改革、建立现代财政制度和推动人民代表大会制度与时俱进等方面作出全面部署，提出"加强人大预算决算审查监督、国有资产监督职能"，"完善国有资本经营预算制度"，"完善社会保障预算制度"，为人大加强预算决算审查监督进一步明确了方向，是十八大"全口径"要求的深化和具体化。

（三）加强全口径预算决算审查监督的意义

第一，财政是国家治理的基础和重要支柱，预算是现代财政制度的重要组成部分，科学的财税体制是优化资源配置、维护市场统一、促进社会公平、实现国家长治久安的制度保障。加强全口径预算决算管理和监督，实现预算完整性、一体化、公开透明和提高效率，事关财税体制改革的根本方向。第二，立法机关对政府"钱袋子"监督是代议制民主的内在要求，也是世界各国通行做法。在我国，审查批准预算、监督预算执行是宪法和法律赋予各级人大及其常委会的重要职权。加强全口径预算决算审查监督，有利于人大发挥国家权力机关实质性监督作用，把财政资金关进制度"笼子",推动解决制约经济社会发展方面存在的问题,回应人民群众对政府预算日益加深的社会关切。由此可见,加强人大对政府全口径预算决算的审查监督,推进政府依法科学民主理财,尤为必要和迫切。

二、加强全口径预算决算审查监督的基础和经验

多年来,全国和地方人大围绕依法履行预算审查监督职权,进行了一系列探索和创新。一是初步建立预算法律法规体系。目前已经形成了以宪法为主导,以预算法、审计法、监督法和相关法律为框架,以地方性法规为补充的预算法律制度。二是不断完善预算决算审查监督内容。政府报送人大预算决算信息逐步丰富细化,提交审查的部门预算决算范围不断扩大,预算决算的公开不断推进。三是创新改进预算审查监督工作模式。人大预算监督工作贯穿于预算编制审查批准、预算执行和决算审查批准的全过程,人代会及常委会预算议题细分化、审议内容重心化、审查工作流程化、参与主体多元化、审查技术数字化并逐步呈现方向性特点,预算审查监督能力得到了提升。四是人大预算机构建设得到加强。自1998年全国人大常委会设立预算工委以来,各省(区、市)人大常委会陆续设立预算工作机构并配备专职人员,如山东省人大预算工委核定16个编制、下设3个工作处室,河南省人大预算工委的设立延伸到市县,深圳市、湖北黄冈市人大设立预算专委会。五是预算审查监督成效比较显著。近年来全国人大常委会突出常规审查与重点审查相结合,加强对全国人大批准的预算及预算决议执行情况、中央财政转移支付情况,重点支出资金到位和使用情况等方面的审查,同时加大对政府性基金预算、国有资本经营预算执行情况的监督力度,推动建立政府全口径预算决算制度;围绕财政科技专项资金管理等议题多次开展专题询问并跟踪督办,社会反响很好。积极推进预算绩效管理和监督,张德江委员长对人大预算绩效监督专门做出"积极探索、不断完善,形成制度"的批示。地方各级人大也加强了全口径预算决算审查监督工作

的探索，如河北省人大率先开展部门预算审查，四川省人大创新全过程预算审查监督模式，北京市人大积极探索预算绩效监督，湖南省、深圳市人大制定出台加强全口径预算决算审查监督的决定，温岭市人大开展民主恳谈参与式预算，广东省及市地人大推进与财政国库集中支付系统联网在线监督，去年张德江委员长莅临考察肯定了这个做法。

与全国及其他地方人大相适应，黑龙江省也进行了一系列创新推动性工作探索与改革。在省人大常委会党组和分管主任领导下，依法规范省人代会、常委会预算审查监督程序和内容，2011年实行决算议题与预算执行议题分开审议；2011年、2013年分别结合听取决算报告采取联组会议形式两次进行专题询问，为全国地方人大首个开展专题询问省份；2011年制定加强审计监督的决议，2013年在全国率先出台加强预算绩效监督的决定；省政府向2013年省人代会首次完整报送了"四本预算"，全口径预算决算体系框架初步建立。积极开展实践创新，自2008年开始开展部门预算审查并逐步扩大到部门决算和部门预算执行审查、并建立较为科学系统的审查指标体系；推动预算、审计结果公开；创新会议形式创办中国地方预算审查监督工作创新论坛并成功举办了五届；整合资源设立预算审查监督网络中心区，2009年建立预算审查监督网络智库，2011年实现与财政国库集中支付系统联网；与国内著名高校院所和专家学者合作开展相关课题研究。在省人大引导推动下，全省13个市（地）人大认真落实2010年省委人大工作会议精神，陆续设立了预算审查机构，其中绥化市设立了预算审查专门委员会；县（市、区）人大配备了预算专职人员，其中绥化市北林区设立了预算工作办公室。全省各地工作积极推进，共同推动预算审查监督由程序性向实质性迈进，合力打造全国地方人大预算系统工作创新样板。

全国及地方人大预算审查监督创新推动性工作的实践和探索，逐步深化黑龙江省对开展全口径预算决算审查监督的规律性认识，即人大履行好宪法和法律赋予的职责，把党的十八大和十八届三中全会顶层设计要求落到实处。一是必须提高对全口径预算决算审查监督重要意义的认识，把它作为人大依法履职、推动全面深化改革的一项最基本和最重要的内容；二是必须坚持党委和人大党组的领导，紧紧围绕党委和政府工作大局和人大工作重心开展工作，牢牢把握人大预算监督的正确方向；三是必须发挥人代会、常委会、专委会和工作机构在预算审查监督中的整体协同作用，充分借助审计和社会力量，强化人大预算审查监督的推动力；四是必须加强预算审查监督能力及专业化建设，建设数字化预算信息对称管道系统等，巩固人大预算审查监督的工作基础。

三、加强黑龙江省全口径预算决算审查监督的思路与路径

人大预算监督工作面临空前的机遇和挑战。黑龙江省地方人大要深入贯彻落实党的十八大和十八届三中全会精神，勇担使命与责任，努力夯实工作基础并取得新突破。

（一）基本思路和指导思想

加强全口径预算决算审查监督的长期目标，是促进政府预算改革，逐步建立现代财政制度，改进和推动人大预算监督体系和监督能力现代化。这是一项系统工程，需要加强整体谋划与协同创新、基层实践创新与中央顶层设计结合、全面推进与重点突破促进、中长期规划与阶段性目标任务配套，逐步形成全口径预算决算审查监督的大格局。

应立足本省预算管理和监督工作实际，以党的十八大和十八届三中全会精神为指导，围绕服务于省委工作中心和改革发展大局，在人大常委会党组领导下，以为人民看好"钱袋子"为出发点和落脚点，坚持现代财税制度改革方向，突出预算绩效监督导向，支持和推动政府科学民主依法理财。进一步深化人大预算决算审查监督实践创新，完善预算相关立法和执法检查，改进预算审查监督机制，加强人大预算工作基础建设，努力开创黑龙江省地方人大预算审查监督工作新局面。

（二）黑龙江省十二届人大预算审查监督创新推动性工作建议

本届人大预算审查监督工作要重点支持推进深化财税体制改革。一是改进预算管理制度。规范完善政府预算体系，进一步明确各类预算的

功能和定位，加强"四本预算"之间的有机衔接；完善国有资本经营预算制度，提高国有资本收益上缴公共财政比例，更多用于保障和改善民生；健全社会保障财政投入制度，完善社会保障预算制度。扩大政府在公务支出、转移支付等领域的公开内容，详细公布政府财政收支的原则、依据和方法，提高预算透明度；扩大审计结果公开程度和范围，实现预算执行和其他财政收支审计全覆盖；建立规范合理的地方政府债务管理及风险预警机制；按照国家要求清理规范重点支出同财政收支增幅或生产总值挂钩事项，建立跨年度预算平衡机制和权责发生制的政府综合财务报告制度，编制地方资产负债表。二是积极推进落实国家关于增值税、消费税、个人所得税、资源税和房地产税等各项税制改革政策。加强对税收优惠政策的规范管理，完善税收征管体制。三是规范省以下各级政府事权边界，以事权合理划分重新确定税收划分和转移支付等财力配置，建立事权和支出责任相适应的制度。完善一般性转移支付增长机制，清理、整合、规范专项转移支付项目。

围绕上述深化财税体制改革内容重点，本届人大应重点推进预算决算审查监督实践创新工作如下。

1. 完善地方预算领域立法。创新地方性预算法规建设，健全立法起草、论证、协调、审议机制和执行检查机制，提高立法质量和执法水平。

——推动政府非税收入条例、审计工作条例等立法工作；督促政府及时修改、废止不符合上位法和预算工作实际的法规、规章以及规范性文件。

——结合国家即将修订颁布《预算法》，重新起草制定《黑龙江省人大常委会预算监督条例》；加紧修订实施监督法办法和人大常委会议事规则有关预算条款；参照全国人大和其他地方人大经验，制定出台省人大加强对政府全口径预算决算审查监督的决定；本届省委人大工作会议决定应增加全口径预算决算审查监督的分量；人大常委会应适时组织实施相关执法检查工作。

2. 以预算绩效监督为导向，把握人大预算决算审查监督重点，推进程序性监督向实质性监督转变。

——强化人代会及常委会预算决算审查。围绕人代会及常委会预算、决算、预算执行、预算调整和审计工作、审计查出问题整改等法定议题，预算决算审查重点由平衡状态向支出预算和政策拓展；将社保基金预算、地方政府债务预算等纳入审查范围，从2015年开始政府应将完整的四本预算提交省人代会审查。探索建立常委会分类审查监督预算的常态化机制，常委会每年应围绕党委中心和大局选择与财源建设、经济发展和民生保障相关的农业、教育、科技、医疗卫生、社会保障、生态环境等分类预算支出安排和使用管理情况开展专题审议，并组织开展视察、检查或调研。

——继续开展部门预算决算审查。在规范部门预算决算编报基础上，深化部门预算和决算审查，继续探索预算执行审查，审查重点向规范支出政策执行延伸，并贯彻厉行节约精神侧重公务支出审查；逐步增加部门审查数量，每年列入审查的部门应至少在10个左右；将部门审查链条延伸到二级至基层预算单位，逐步实现全覆盖；整合审查力量，采取委托审计部门、聘请高校院所专家、购买社会中介机构服务，开展社会满意度调查等审查形式，扩大专家和公民等参与部门预算决算审查途径。

——加强预算绩效监督。人代会及常委会预算决算审查监督和部门预算决算审查应坚持绩效导向，以财政资金使用结果为出发点和落脚点，突出对事关经济民生热点项目和部门重点支出项目预算绩效管理、绩效审计的监督，逐步由合法性、真实性审查向绩效性审查拓展；人大常委会应推动关于加强预算绩效监督决定的落实，适时对政府预算绩效管理和审计监督情况进行视察、检查，听取政府关于预算绩效管理和绩效审计的报告，必要时可以开展专题询问。

3. 改进人大预算决算审查监督程序和工作机制。

——人代会及常委会应单独审议预算议题并增加审议时间，增加会议期间预算报告和草案修改反馈程序。为回应人大代表和社会各界的关切，人代会会议应恢复听取预算口头报告，并与时俱进在批准预算时使用电子表决器或者借鉴投票表决方式；探索实行常委会会议询问式审议形式，通过常态化询问促进人大和政府之间的互动，增进理解和支持。

——在依法执行政府财政、审计部门向人大报告预算决算和审计工作报告基础上，探索建立人民银行、税务、统计、国有资产管理、社会保障等部门向人大定期汇报制度和工作机制。

——总结和借鉴人大与政府预算联网经验，深化预算联网在线监督，支持、鼓励代表、常委充分利用网络平台在线审查监督预算决算；在预算网络中心、预算审查学会、创新论坛、预算审查中心等"四位一体"基础上，全面整合平台资源做大做强预算审查监督智库，为人代会及常委会审议预算决算提供智力支持。

4. 改善人大预算工作基础。

——加强人代会、常委会和专委会等议政层次建设。以2015年届中调整和2018年换届为契机，调整优化代表和常委人员知识和年龄结构，提高预算专职委员比例，增强依法履职能力；发挥专委会预算决算初审作用，增强各专委会预算审查的参与度；借鉴深圳市人大设立计划预算委员会以及湖北黄冈市、黑龙江省绥化市人大设立预算委员会的做法，省人大应增设预算委员会作为全口径预算决算的专门审查机构（按照《地方组织法》，人大可以根据实际决定设立若干专委会，为人大议政层次，无需额外增加机构和编制），并采取人大法制委、法工委的体制模式，与预算工委形成复式结构。

——加强人大预算工作机构和辅助机构建设。严格按照省委批复意见和省编委［2005］33号文件规定，尽快落实调剂补足省人大常委会预算工委15个编制人员，配强预算工委专业干部（如从财政审计部门调入），并通过改革形成新的工作机制；积极推进设立省人大常委会预算审查中心，形成专业化审查能力，确保省十一届人大常委会党组第34次会议决定事项落实到位。

——坚持"加强指导、协同创新、上下联动、整体推进"思路，加强省以下人大预算系统工作指导、交流和业务培训。市（地）级人大应在已建立预算机构基础上，强化全职化领导班子和专业化工作队伍建设，县级人大配齐配强预算专职人员。

  建议黑龙江省地方人大分别召开高规格会议，对本级人大全口径预算决算审查监督工作和新修订后的《预算法》贯彻落实，进行全面研究、部署和推进。

绩效视角下我国政府采购的改进[*]
——以 A 市为例的一个研究

袁星侯 宋雅琴[**]

内容摘要：政府采购作为公共财政支出管理的重要组成部分，其制度运行效果直接关系到公共财政资金的使用效益、政府职能的正常履行和公共采购市场的有序竞争。现实中，多是对政府采购某年度实施情况或采购的商品和服务是否合规的常规性检查。本文从绩效的角度，对政府采购资金、项目、流程、监管、制度等的真实性、合法性、效益性做一梳理和评判，从而测量政府采购目标是否有效达成，提示了"只买贵的，不买对的"这一政府采购现象背后深层次的原因，并从绩效视角提出改进我国政府采购的若干建议。

关键词：政府采购 绩效 改进

政府采购作为公共财政支出管理的重要组成部分，其制度运行效果

---

[*] 本文已公开发表：袁星侯、宋雅琴：《绩效视角下我国政府采购的改进：以 A 市为例的一个研究》，《中国政府采购》2014 年第 5 期。

[**] 袁星侯（1968— ），男，汉族，安徽蚌埠人，广州市审计局绩效审计处处长，财政部科研所博士后。宋雅琴（1981— ），女，汉族，山东烟台人，中国发展研究基金会项目官员，管理学博士。

直接关系到公共财政资金的使用效益、政府职能的正常履行和公共采购市场的有序竞争。随着政府采购改革的不断深入，其涵盖范围不断扩大，采购总量逐年增长，发生风险的可能性也随之加大。同时，政府采购也因政府信息公开力度的不断加大而日益成为公众评价政府廉洁、高效程度的一个重要依据，备受社会关注。

现实中，对政府采购某年度实施情况或采购的商品和服务是否合规的常规性检查，并不罕见。但从绩效的角度，对政府采购资金、项目、流程、监管、制度等的真实性、合法性、效益性做一梳理和评判，从而测量政府采购目标是否有效达成，却少有实践。本文以A市为例，针对政府采购为何"只买贵的，不买对的"现象，探讨背后深层次的原因，并从绩效视角提出改进我国政府采购的若干建议。

一、现行政府采购的初步评价

（一）政府采购基本流程

政府采购包括集中采购和分散采购，如无特别说明，本文中的政府采购均指政府集中采购。一般而言，采购纳入政府集中采购目录的项目，必须委托集中采购机构代理进行，其基本程序为：采购人按要求填写政府采购项目清单，完成相关审批手续后，选择采购代理机构。采购代理机构根据清单内容和采购金额确定采购方式，依据采购人填写的详细采购需求制作采购文件，开展政府采购活动。

（二）政府采购相关部门

除采购人和供应商外，政府采购涉及到的部门还有：

1. 市财政局

市财政局是政府采购监管机构，负责制定政府采购工作规范；审核、批复采购人编制的政府采购预算，核准政府采购实施计划；监督政府采购预算执行，审核支付政府采购资金；处理供应商投诉，查处政府采购违法行为；管理评审专家库；考核本级集中采购机构以及社会采购代理机构等。

2. 采购中心

采购中心是由市政府办公厅托管的参公管理事业单位，主要承担集中采购目录中通用类品目（信息类除外）的集中采购工作。在采购中心完成的通用类货物、服务的采购方式包括：公开招标（不含协议采购）、邀请招标、协议采购①、竞争性谈判、单一来源、询价等。

3. 信息招投标中心

信息招投标中心是市科技和信息化局直属事业单位，主要承担信息工程招投标工作。其中，电脑及相关配件的采购方式包括：协议采购（快速采购）、网上竞价等。

（三）政府采购初步评价

在查阅 A 市财政局政府采购监管处、采购中心、信息招投标中心的工作总结、内部管理制度、招标公告、采购合同、统计报表等资料的基础上，现场查看了采购中心开标管理情况，延伸调查了市交委、市工商局、市仲裁委等采购人以及部分采购供应商，分析了市财政局评审专家库、采购中心综合业务管理平台系统、信息招投标中心招投标管理系统等中的数据。初步评价如下：

1. 采购制度方面

A 市政府采购基本能够遵循政府采购有关规定，建立、健全了政府采购投诉处理、采购价格评审管理、采购咨询专家管理等各项制度。但仍存在评标方法单一、市场参考价设置不合理等问题。

2. 采购程序方面

A 市政府采购能按规定对公开招标数额标准以上的项目实行公开招标，情况特殊或公开招标数额标准以下的项目能按规定的其他方式安排采购，采购程序基本符合规定；基本能按要求将采购文件、中标公告、成交结果等信息在政府采购媒体上公告。但仍存在个别采购人未按规定程序采购进口产品等问题。

---

① 协议采购，是一种采用简易采购程序的公开招标方式。

3. 采购监管方面

A 市财政局基本能按规定对政府采购的执行情况、工作质量、采购效率、受理质疑等方面进行监督和考核，基本能对政府采购中的违法、违规行为依法、依规处理。但仍存在专家库的设置及管理不完善、考核内容不全面等问题。

二、政府采购中的主要问题

从绩效的角度看，现行的政府采购各项制度基本健全，采购活动基本能遵循有关规定，但在采购预算编审、制度设置、采购方式及采购监管等方面仍存在一些问题，导致政府采购未能实现质优价廉的目标，容易受到"只买贵的，不买对的"质疑。

（一）预算编审方面

采购需求管理是整个政府采购流程的首要环节，需求管理环节出现问题可能会使后续的采购流程规制全部落空。近年来，财政部门已将加强政府采购计划的资产配置标准审核作为工作重点。然而，调查发现，采购结果超出实际需要的现象仍然十分突出，究其根源，在于粗化的采购预算和资产配置标准。

2012 年以前，A 市规定，购置台式电脑、笔记本电脑的限额标准分别为 8000 元/台、10000 元/台；此后，购置台式电脑与笔记本电脑的限额标准均修改为 6000 元/台，但根据 IT 业界的"摩尔定律"①，功能、配置相当的电脑价格每隔一段时间都有不同程度的下降。

电脑及相关配件只有预算配置限额而无细化配置内容，只有采购预算总金额而无采购的具体用途、台数、规格型号或配置技术参数及单价，致使部分采购人未能根据自身职责及工作需要选择相应配置，而是为用足、用完预算采取了增加配件或提高相关配置性能的方法，造成电脑及相关配件预算编制与采购实施时间间隔虽多在半年以上，电脑价格

---

① 摩尔定律：每 1 美元所能买到的电脑性能，每隔 18 个月将翻两倍以上。

已经下降，部分实际采购成交金额却与预算金额高度一致。

调查还发现，个别采购项目采取打包的方式，将不同品目的货物组合成一个采购项目，仅以一个预算总额作为最高限价，而无各类货物的明细价格，不利于对各类货物的价格控制。

(二) 制度设置方面

1. 评标方法单一

《政府采购货物和服务招标管理办法》（财政部令第 18 号）规定，政府采购货物、服务的评标方法有 3 种可供选择：最低评标价法、综合评分法和性价比法，但 A 市采购中心除竞争性谈判、询价方式（两种采购方式的成交额占实际采购成交总额不足 1%）采用最低评标价法外，其余均采用综合评分法，没有区分不同类别的货物、服务应采用不同的评标方法，在评分权重设置上也没有突出低价优先、价廉物美的原则。

2. 部分商务评分设置差异大

综合评分法是按商务、技术和价格评分比重加权计算总分，分高者中标。但现行的相关规定没有对商务评分中的"投标人履约能力"和"财务状况"等设置统一标准和对应分值，采购代理机构在设置招标文件评分内容和分值时，随意性较大，容易为特定的投标人"量身定做"，使部分项目的招标带有倾向性。例如，对于同一类别的维修维护保养服务项目，采购代理机构有规定投标人的履约能力和财务状况分别以获得"一般纳税人证"和"会计师事务所审计报告"为准，如取得一般纳税人资格一年得 1 分，连续两年得 2 分，以此类推最高分值为 5 分，而获得会计师事务所审计报告的最高分值为 2 分；也有直接将"投标人履约能力"和"财务状况"合并评分，规定以获得经会计师事务所审计年度财务报表和审计报告为准，最高分值为 30 分。

3. 部分价格评分比重设置不符合规定

虽然 A 市财政部门对采用综合评分法评标做出了明确规定：电器设备、办公自动化设备、家具、办公消耗用品、网络设备、交通工具的价格权值不得低于40%，服务类项目的价格权值不得低于20%，其他货物类项目的价格权值不得低于35%，但在实际采购中，还是会出现价格评分权值低于规定的现象。笔者在对公开招标项目的中标价格与价格评分比重的分析中发现，价格评分权值越低，越易造成低价未中标、高价却中标的现象，也易造成对政府采购"只买贵的，不买对的"的质疑。

4. 市场参考价设置不合理

A市信息招投标中心的协议采购供应商资格项目询价文件规定，以任一政府采购网（中央、省政府采购网，正版软件采购网）和任一公共媒体网（IT168、中关村在线、太平洋电脑网）上参考价格的算术平均数作为市场参考价。但政府采购网上的价格是入围价或省直区域最低协议供货价，而公共媒体网上的价格则是由供应商自行上传的，并不是真正的市场成交价格。因此，据此算出的市场参考价，普遍高于市场成交价格，并不能对协议采购成交价真正起到控制和参考的作用。笔者调查，2013年6月21日，方正文祥E620电脑（CPU型号Intel酷睿i32120，内存容量2G，硬盘容量500G，显存容量512M）IT168网价为3650元，淘宝网上实际成交价为3250元，比公共媒体网低了10.96%。

5. 供应商竞争不充分

供应商之间充分的市场竞争是政府采购以招标为主要方式这一制度设计的基础。然而，调查发现，政府采购市场实际的竞争程度受到了人为限制。

一是放松单一来源采购方式的审批。单一来源采购是一种完全没有竞争的采购方式，供应商是唯一的，实际成交价往往受制于供应商，近似垄断。采用单一来源方式应符合"只能从唯一供应商处采购""发生了不可预见的紧急情况不能从其他供应商处采购"或"必须保证原有采购项目一致性或者服务配套的要求，需要继续从原供应商处添购"的情形，但在实践中，部分单一来源采购项目的审批依据并不完全符合《政府采购法》有关单一来源采购方式的适用情形，其中较为突出的问题是采购人以"更换服务会造成工作脱节""本地区内唯一具有资质"、上级部门指定等理由要求采用单一来源采购的方式将合同授予下属事业单位或国有企业，造成市场竞争受到压制甚至变相的地方保护。

二是协议采购投标竞价不充分。协议采购供应商资格项目询价文件要求的"供应商必须获得所报价产品生产厂商授权"，为采购货物的质量、送货效率、售后服务等提供保障的同时，也易使供应商形成"价格联盟"，无法形成充分竞争。调查发现，电脑及相关配件协议采购供应商同品牌和规格的产品报价中，绝大多数报价雷同。

（三）采购方式方面

建立以集中采购为主体的政府采购制度的初衷之一，就是要利用规模效应实现政府采购"物有所值"的目标。然而，调查发现，现行的协议采购这一主要的集中采购方式并没有实现规模效益。现行的协议采购采购次数多，每次金额不大，实际上是"集中（于某个平台上）的分散采购"，并不是"集中的集中采购"。这一采购方式下，采购人有较多的个性化需求，且对供货效率要求较高，供应商最终的出货量是不确定且零散的，因此并无很大动力在协议供货期间降低价格。再加上代理服务费、投标保证金及其利息积压成本（资金积压一般为半年）等费用，协议供货的实际成交价很难低于市场价。

（四）采购监管方面

调查发现，现有的政府采购监管在专家管理、供应商监管、信息公开及统计数据等方面存在漏洞。

1. 专家库的设置及管理不完善

评审专家机制，是保证政府采购公开、公平、公正的重要基石之一。评审专家机制出现偏差，可能会对评审结果的公平、公正性造成不利影响。A市在专家库设置及管理方面，一年参评项目数量超过10个的"职业专家"占专家总人数的一成以上，而从未参与任一项目评审的"僵尸专家"则占专家总人数的一半以上。同时还存在部分专家可参评品目偏多或过于笼统、部分专家参加培训的积极性不高、个别专家未严格按照评审标准进行评审等问题。

2. 对供应商及采购内容监管有漏洞

在供应商监管方面，存在被列入"黑名单"的供应商在禁止参加政府采购期间仍然参加政府采购且中标的现象，显示了 A 市财政部门和政府采购代理机构的信息未能有效对接，有疏漏。在采购内容监管方面，A 市电脑及相关配件协议采购供应商资格项目询价文件规定：采购人所选的升级配件金额不得高于产品标配单价的 10%，否则招投标中心有权视该相关项目采购失败，但实际上这一规定并未严格执行，这也是电脑及其配件升级后总价偏高的原因之一。

3. 信息公开和考核内容不全面

在信息公开和考核方面，政府采购相关信息的透明度有待提高。一是集中采购机构考核结果应当在财政部门指定的政府采购信息媒体上公布。但在实际中，相关考核结果并未在当地政府采购网上公布。二是财政部门考核内容不全面，未有反映招标公告和中标公告发布率，招标文件、招标结果和合同备案率，擅自改变采购方式率和质疑答复满意率等的内容，也未有反映实际采购价格是否低于采购预算和市场同期平均价格的内容。

4. 统计数据不够准确

主要是现行政府采购项目信息分别在政府采购中心综合业务管理平台、政府采购中心内部网站和协议采购网 3 个系统中管理，项目数据录入容易错漏；财政部门政府采购统计报表中的单一来源采购数据与各采购代理机构的数据之间也容易不符。

此外，在实际采购中，还存在打包采购中的部分货物系进口，且进口货物价值超过限额标准而未作单独说明和申报的情况。

三、相关问题的原因剖析

上述政府采购中的问题，除了执行和政策理解偏差的原因之外，主要还是根源于制度层面、机制层面。

（一）制度层面的原因

在现行制度下，采购人在预算限额内得到了最想要的物品或服务，招标代理机构获取了代理费用，供应商获得了不低于市场价的利润，财政部门实现了限额管理，且因采购人、供应商、招标代理机构等的行为均符合游戏规则而被认为实现了有效监管，但整个政府采购却并未实现质优价廉的目标，纳税人的利益受损。这说明了现行政府采购在制度设计上存在进一步改进的空间。

我国的《政府采购法》按照权力制衡的原则设置了采购人、采购代理机构和财政部门之间的权力和责任：为了抑制采购人的采购自主权，设置了集中采购代理制度，由集中采购机构集中执行政府采购；为了制约集中采购机构的权力，防止集中采购变成"集中腐败"，设置了专家评标制度，由专家评审小组确定中标供应商；为了促进财政部门更好的行使监督职能，设置了"管采分离"的体制，从组织层面切断财政部门与集中采购机构之间的纽带，提高财政部门监督的中立性和公平性。然而，这一制度设计在中国现实的行政体制和行政文化下却陷入了"程序空转、效率低下、无人负责"的尴尬境地。[1]

财政部门身兼管理和监督双重职责，但在实际中，财政部门的工作却偏重采购具体项目和具体流程的管理，这一方面耗费了财政部门大量的精力，造成"小马拉大车"的局面，另一方面大量事前审批职权的存在导致事后监管的失灵，单一来源采购方式的滥用就是突出的例子。

集中采购机构作为采购代理机构，依据采购人的委托办理采购事宜，而在实际中，集中采购机构主要扮演了采购过程的组织者和见证者的角色，自身缺乏核心能力[2]，仅有采购的执行权，没有管理权。一方面对于采购人不合理的采购需求没有法定的约束权，另一方面专家评审委员会制度又架空了集中采购机构的采购决策权。在无法有效约束采购

---

[1] 刘昆：《深化改革 创新制度 努力开创政府采购工作新局面》，北京：2013年全国政府采购工作网络视频会议上的讲话。

[2] 例如，集中采购机构在标准化、通用商品的采购上，无法与新兴的电子商务巨擘竞争；在技术含量高、复杂性强的专业采购上，又缺乏核心业务能力，依赖于外部专家。

人的不合理需求和专家评审机制出现偏差时，"只买贵的，不买对的"现象就在所难免了。

至于采购人，虽然法律剥离了采购人自行采购的权力，但是在集中采购机构虚化和财政部门监督缺位的现实情境中，采购人在采购需求制定、采购结果控制方面仍然发挥了重要的影响，但在法律上却没有相对应的责任。

上述问题，表明了现行政府采购的实际运行背离了制度设计的初衷，权力制衡演变为责任真空，财政部门、集中采购机构和采购人之间的权责分配显然没有实现激励相容的效果。

（二）机制层面的原因

政府采购规模效应不显著反映出政府采购在机制层面存在问题。政府采购在理论和实践上始终面临着规模效应与用户满意度之间的取舍和平衡。我国《政府采购法》确立的集中采购模式除了为抑制采购人分散采购的自由裁量权之外，另一主要目的就是为了实现采购的规模效应。然而，提高采购的规模效应需要人为地集合不同时期、不同采购人的采购需求，难免会损害采购供应的及时性和回应性。面对这一问题，我国政府采购从最初的集中采购调整为偏重采购个性化需求的协议供货，而随着协议供货规模效应的衰减，近年来又调整回批量集中采购。然而，这种采购机制层面上的调整类似于钟摆的来回摆动，很难达到规模效应和用户满意度之间理想的平衡状态。

四、改进政府采购的建议

党的十八届三中全会通过的《中共中央关于全面深化改革若干重大问题的决定》在政府改革层面上提出了推进国家治理体系和治理能力现代化的总目标，明确了加快转变政府职能、深化财税体制改革、强化权力运行制约和监督体系等改革部署。从绩效的视角看，改进我国政府采购的建议如下：

（一）强化财政部门的预算控制与监管职能

建议财政部门将目前偏重采购程序合规性的过程监管，转向预算控制、规则制定、结果评价、争议处理等方面，从而有利于实现质优价廉这一政府采购的绩效结果目标。

1. 细化采购预算编制

采购预算编制的精准、细化程度，直接决定着政府采购能否在保证效率的基础上节约成本，实现集中采购的规模效应。建议对通用类货物、服务按需分类，完善行政事业单位资产配置标准，进一步细化采购预算编制，弱化采购人的个性化需求。例如，电脑及相关配件可分为基本需求、一般需求、高端需求三种，对应不同价格梯次。同时，政府采购监管、国有资产监管等部门可参与到政府采购预算编审中，及时更新政府采购的限额和标准，加快建立政府采购支出绩效评价结果公开和问责机制，以促使采购人不仅关注预算完成率，更要关注采购货物、服务的性价比。

2. 确定科学合理的评标方法及标准

建议财政部门按采购方式和货物、服务类型，区分并选用科学、合理的评标方法。规范综合评分法的评分内容、标准，确定合理的价格权重，以体现低价优先的原则。建议参考基本建设工程按每季度发布的常用建筑材料综合价格结算的做法，对采购数量大、较常用的货物类品目，出台配置标准和指导价并定期更新，非经批准不得提高配置标准，从而降低采购价格，提高财政资金的使用效益。

3. 规范评审专家库管理

及时检查、规范专家的个人信息，改进专家库中的参评品目设置、抽取规则，审核、调整专家对应的可参评品目，控制各专家可参评的品目及项目数量，加强对专家的培训。

（二）明确集中采购机构的定位

集中采购机构定位模糊、能力不足是导致政府采购的价值导向无法跳出规模效应和用户满意度两个选择的原因之一。为此，建议：（1）

重新定位集中采购机构。集中采购机构应享有纠正采购人的超标需求、倾向性需求的权力，并承担起审查采购人所选择的采购方式是否合法、评价供应商诚信的责任。（2）推进公共资源交易体制改革，在标准化、通用商品的采购上，依靠、整合现有的主流电子商务平台，建立价格可比、责任可溯的采购体系。（3）强化集中采购机构专业能力建设，减少专家委员会在评标过程中的决策比重，将采购决策权力赋予集中采购机构的采购官员，从而明确采购的责任主体。（4）从管理制度上提升集中采购机构的资质水平和服务质量、招标代理从业人员的业务素质，建立健全招标代理制度、信用评价体系和责任追究制度，促进其向规范化、法治化方向发展。

（三）探索仓储式供货以形成规模效应

政府采购价低于市场价，是建立在政府采购存在规模效应的基础上，"价廉"也更多的是对通用性、商业性强的货物、服务提出的要求，"物有所值"才是政府采购的重要目标。建议加强政府采购需求论证和计划管理，同时参考京东商城等电商网上仓储式供应的模式，将协议采购"集中的分散采购"变成"集中的集中采购"，加大批量集中采购力度，扩大集中采购品目范围，以达到政府采购同类货物、服务量大、性价比高的目的。

同时，建议财政部门加强对政府采购方式变更的审批管理，慎用单一来源采购方式，鼓励市场竞争以获取质优、价廉的货物、服务。

（四）提高政府采购信息的透明度

建议在严格执行《政府采购法》现有制度的基础上，逐步扩大政府采购信息公开的范围，提高信息公开的准确性和透明度。加强财政部门与集中采购机构的信息沟通，整合采购信息管理系统；完善采购业务系统审核功能的设置，实现对采购价格的有效监控；规范采购数据统计系统，形成统一完整的采购统计数据；在指定网站及时更新政府采购信息，特别要增强采购方式变更、评标结果公告、投诉处理决定等信息的网络公开化和透明度，接受公众监督。在此基础上，逐步形成政府采购从预算到履约验收再到投诉处理完整的运作过程的信息公开链条。

中央政府预算执行审计与公共预算改革的关系研究
——基于 1996—2014 年全国人大常委会公报的内容分析[*]

赵早早[**]

内容摘要：国家审计与公共预算之间是共生共存、相辅相成的关系，国家审计的发展必然推动公共预算改革的进程，而公共预算改革也会带动国家审计理论与实务的发展。政府预算执行审计是国家审计的重要组成部分。在过去 20 年间，公共预算改革带动了中央政府预算执行审计从理论到实务的变革，与此同时，中央政府预算执行审计也对中央政府公共预算改革起到了积极的推动作用。中央政府预算执行审计的不断深化，既是公共预算改革的结果，也是推动改革深化的诱因。为构建现代财政管理制度和现代预算管理制度，下一步改革必须同时重视和加强国家审计尤其是中央政府预算执行审计制度的建设工作。

关键词：中央政府预算执行审计 公共预算改革 全国人大常委会公报 内容分析

国家审计作为一种监督问责行为，独立于公共预算，主要对公共预

---

[*] 本研究由"审计署共建财经院项目"资助，即将发表于《审计研究》。
[**] 赵早早，中国社会科学院财经战略研究院，副研究员，邮编：100836，电子邮箱：zhaozz@cass.org.cn。

算及其执行情况、公共资金使用的经济、效率、效果等财务状况和绩效结果展开审计。中央政府预算执行审计是国家审计的一个重要形式。国家审计与公共预算之间是共生共存、相辅相成的关系，国家审计实务的发展必然推动公共预算改革的进程，而公共预算改革也会带动国家审计理论与实务的发展。在过去的20年里，我国公共预算改革与中央政府预算执行审计之间的关系究竟如何，这既是一个重大的理论问题，也是一个具有实践指导意义的现实问题。

一、文献综述与研究问题

国外文献中鲜有关于中国中央政府预算执行审计与公共预算改革问题的专题研究。国内相关文献散落在对政府预算执行审计、政府决算审计、财政问责、国家审计与国家治理、公共预算改革等领域的研究中。具体来看，第一类文献以某一年度或多年度的中央预算执行审计工作报告为对象，指出审计工作报告的主线始终围绕中央预算执行展开，剖析了审计工作对加强财政管理工作、规范公共预算体系改革总体布局和制度架构的影响，肯定了预算执行审计工作在推动财政管理制度和预算改革不断深化方面的积极作用（马蔡琛，2009；肖振东、吕博，2013）。第二类文献以地方政府预算改革为背景，比如上海市，较为深入地研究了地方政府预算制度与预算执行审计之间的互动变革关系（洪涛等，2008）。第三类文献从国家治理视角阐述了政府预算变革与政府预算执行审计的战略转型问题（薛芬b，2012），研究重点集中在预算执行审计应如何更好地适应政府预算变革需要，对于审计如何影响政府预算改革方向以及两者互动关系问题涉及不多。第四类文献利用实证研究方法，通过构建理论模型，分析了2004—2012年中央部门预算执行审计的结果，研究发现审计发现率、审计处理率和审计处罚率会对中央部门的预算违规行为产生影响，由于审计处罚没有力度，所以目前的预算执行审计不是抑制了预算违规，而是诱导了预算违规（宋达等，2014）。此类文献拓展了有关预算违规问题"屡查屡犯"的相关研究（欧阳华生，2009；薛芬a，2012），重点加强处罚力度的研究结论对于完善审计制度、规范复杂的公共预算行为与过程提供了一定的理论支持。

以上研究为开展预算执行审计与公共预算的关系研究提供了多个视角。本研究主要使用内容分析方法，借助历史研究视角，认真分析和比较研究1996—2014年的中央政府预算执行报告、决算报告和审计报告三类官方文献，重点回答：中央政府预算执行审计如何与公共预算改革互动，包括如何影响中央政府公共预算过程和结果以及政府预算行为？

二、研究方法：内容分析法

内容分析法是把一些非结构化的、无序的文本转化为可以用来分析的格式化文本的一系列方法，基本包括如下步骤：第一，基于分析项目文本的客观目标决定使用文本内容分析，这些被用来分析的文本是可得到的、可获取的材料，并且能够用来进行所需要的分类比较；第二，通过认真筛选以决定包含在内容分析中的材料及涉及样本抽样的材料；第三，选择待分析材料的分析单元和编码记录单元；第四，开发编码目录内容，量化分析水平和编码原则；第五，预测编码目录内容，然后通过手工或计算机进行文本编码；第六，在测试和完成编码的过程中，随时检验其可靠性（李钢、蓝石，2007）。

本研究主要运用内容分析法，从1996—2014年这19年间的全国人大常委会公报中，选择三类正式公布的官方文件进行整理分析。第一类文件，"关于上年中央和地方预算执行情况及当年中央和地方预算草案的报告"，每年3—4月份，该报告被提交给全国人民代表大会，并接受全国人民代表大会全体会议审议，通过后形成当年政府预算文件，各级政府、中央政府各部门必须遵照执行。第二类文件，"关于上年中央决算的报告"，该文件主要报告上年预算执行的实际发生数。每年6—7月份，该报告须提交全国人大常委会审议并通过。

第一类和第二类文件都是审计署实施决算审计的审计对象和重要依据。第三类文件,"关于上年度中央预算执行和其他财政收支的审计报告",每年6—7月份,该报告与第二类文件被同时提交全国人大常委会审议。以上三类文件分别记录了19年间中央政府预算执行与预算执行审计的基本情况,反映出公共预算和国家审计的变化历程。这些文件既符合内容分析方法所要求的待分析文本性质,又可以帮助回答本研究的核心问题。

本研究选择1996—2014年间的文本展开研究,因为这19年间既是国家审计制度建设和预算执行审计工作逐渐完善的时期,又是公共预算改革取得实质性进展的关键时期。本研究以19年间公开发布的三类文本为分析对象,按照审计报告的撰写结构为主要分析单元,并在每一个分析单元内提取多个编码记录单元,在量化记录的同时不断检验其有效性和可靠性。

三、预算执行审计与公共预算:1996—2014 年

1994年分税制财税体制改革以及《预算法》《审计法》等法律法规的颁布实施,不仅给中央政府预算执行审计提供了法律依据,而且也给审计实务工作提供了更广阔的空间。更值得注意的是,随着公共预算改革的不断深化,中央政府预算执行审计的重点、内容和方法也在发生着变化。

(一) 结构与重点变化

1995年是《中华人民共和国预算法(1994)》(以下简称为1994预算法)实施第一年,"1994预算法"明确规定"一级政府一级预算","各级政府审计部门对本级各部门、各单位和下级政府的预算执行、决算实行审计监督"。这为国家审计署加强中央政府预算执行审计提供了明确的法律依据。受预算改革的影响,同时也是为了适应预算改革的要求,从1995年之后,预算执行审计的范围扩大了。从预算收入结构来看,所有公共财政预算收入都被要求纳入审计范围,包括税收收入、非

税收入、预算外收入等。从预算支出结构来看，所有使用公共财政预算资金所形成的支出都被纳入审计范围，不仅包括中央政府及其各部门支出，而且还包括中央政府向地方政府的转移支付支出。从被审计机构来看，所有使用公共预算资金的单位或组织，均被纳入中央政府预算执行审计的范围。在1995年之前，只有财税部门才接受审计署的审计，而改革之后，其他中央政府预算执行部门和机构也被要求纳入预算执行审计范围。这些部门或机构包括国家金库、金融机构（如建设银行、开发银行、投资银行、农业银行）、国有企业、使用公共预算资金的企事业单位等。

20世纪末，我国率先在中央政府层面推行以部门预算改革、国库集中支付改革、收支两条线改革、政府采购制度改革为主的公共预算制度改革。与此同时，中央政府预算执行审计也悄然发生变化。2003年，时任审计长李金华在《关于2002年度中央预算执行和其他财政收支的审计报告》中总结说："五年来（1998—2002），审计署先后提出了细化预算、推行部门预算、改革专项转移支付制度、严格实行'收支两条线'、规范政府外债收支管理、规范银行开户等审计建议。这些建议大都已被采纳，正在推行和不断深化，对推动财政体制改革，加强预算管理发挥了积极作用。"（李金华，2003）

2003年党的十六届三中全会提出"实行全口径预算管理"的政策目标，中央政府在前期预算改革的基础上，开始推动全口径预算管理改革，包括将一般公共预算、政府性基金预算、国有资本经营预算、社会保险基金预算纳入中央政府年度预算。2011年，财政部门提交全国人大审查监督的预算草案中，第一次将上年的一般公共（财政）预算、政府性基金预算、国有资本经营预算的执行情况纳入草案范围。这是全口径预算管理改革的重要突破，并且为审计署开展更全面的中央政府预算执行审计提供重要依据。同年，审计署提交的审计草案中，包含了以上三本预算。19年来，中央政府预算执行审计结构与重点变化的基本情况见下表1。

表1 1996—2014年审计报告结构与重点变化表

被审计年份	报告年份	审计对象与主要内容	特点	最新变化
1995	1996	财政部门、国家税务局系统、海关系统、中央国库、中央其他部门。	以部门为审计单位。	增加对海关征税工作和中央其他部门预算执行与结果审计。
1996—2000	1997—2001	财政部门、国家税务局系统、海关系统和中央国库、国家计委和其他部委、其他财政收支、金融机构资产负债损益、国有企业资产负债损益。	以部门和特殊资金（预算外资金、基金、专项资金、土地出让金、国债专项资金）为审计单位。	1997年增加两项：1. 单列针对原国家计委的审计报告；2. 增加其他财政收支的审计。1999年增加两项：1. 金融机构资产负债损益表；2. 国有企业资产负债损益。
2001—2009	2002—2010	中央预算管理、中央专项转移支付管理、中央税收征管、国务院各部门预算执行管理（金融系统）、长期建设国债管理、专项资金管理、党政领导干部和国有企业领导人员任期经济责任审计、地方政府性债务管理审计、环保专项审计。	以预算管理、资金管理为审计单位。	2001年增加两项：1. 中央专项转移支付管理审计；2. 党政领导和国企领导经济责任审计。2002年增加县乡财政管理审计。2003年增加中央基本建设预算管理审计，开始针对原国家计委的预算管理问题展开审核。2005年增加开发区财政税收政策审计，针对税收优惠问题。2008年增加两个：1. 财政体制审计；2. 环保专项审计。2009年增加地方政府性债务管理审计。
2010—2013	2011—2014	中央财政管理审计（公共财政预算审计、国有资本经营预算审计、政府性基金预算审计、国库管理审计、财政管理绩效审计等）、中央政府决算草案审计、中央部门预算审计、中央财政转移支付审计、地方财政管理审计、地方政府性债务审计、重大投资项目审计。	按照全口径预算管理要求审计。	2010年增加三本预算审计和中央政府决算草案审计。2012年增加财政管理绩效审计。

资料来源：作者根据审计署1996年—2014年发布的《关于1995年度—2013年度中央预算执行和其他财政收支的审计工作报告》、财政部1996—2014年发布的《国务院关于1995年—2013年中央决算的报告》整理所得。

从历史发展角度来看,"1994预算法"只明确规定国家审计对中央政府预算执行情况审计的条款,实际上禁锢了国家审计署预算监督范围,不利于其开展中央政府预算执行结果及其决算的审计工作。2014年十二届全国人大常委会第十次会议通过的《中华人民共和国预算法(2014年修订)》(以下简称为新预算法)明确规定,"国务院财政部门编制中央决算草案,经国务院审计部门审计后,报国务院审定,由国务院提请全国人民代表大会常务委员会审查和批准"。这是对"1994预算法"的重大改进与补充。根据新预算法规定,"决算草案应当与预算相对应",而"预算包括一般公共预算、政府性基金预算、国有资本经营预算、社会保险基金预算",所以审计署针对中央政府决算草案的审计也应该包含四本预算。2014年国家审计署提交的审计报告中,首次将"中央财政决算草案审计情况"明确列入第一部分,明确了对中央政府决算草案的审计范围,这也为中央政府完善预决算制度起到积极推动作用。

随着公共预算改革的不断推进与深化,国家审计署针对中央政府预算执行情况、决算草案的审计重点和结构不断发生着变化,这些变化也同样推动公共预算改革的不断深化。总体来看,审计署的审计范围越来越广,审计信息量越来越大。正如刘家义审计长所指出的那样,"国家审计是国家政治制度的重要组成部分……国家审计的本质是国家治理这个大系统中内生的具有预防、揭示和抵御功能的'免疫系统',核心是推动民主法治,实现国家良好治理"(刘家义,2012)。这些变化也向审计工作提出更新的挑战,即如何加强自身改革以适应国家治理与现代公共预算管理制度建设需要。这已经成为新时期审计工作必须面对且需尽快解决的重要问题。

(二)审计与全口径预算改革

20世纪末21世纪初开始,我国正式启动以部门预算、国库集中支付、收支两条线、政府采购四大改革为重点的公共预算改革。此次改革率先从中央政府及其职能部门开始,并且在关注财政预算收入的同时,也开始关注支出的规模、合理、合法、合规性等问题。从此以后,政府预算管理的重点和改革的重心,开始发生明显的转向,从单方面重视收入问题转向同时重视收支两条线,并且逐步向支出管理侧重①。2003 年党的十六届三中全会提出"实行全口径预算管理"的政策目标,当时的主要作用是为了将 1999 年以来推行的一系列强化政府收支统一管理的改革实践进行归纳与综合,以便提出更加清晰的改革方向与目标(高培勇,2012)。尽管,从理论层面来看,全口径预算管理概念具有一定的局限性,有点像一个预算改革经验的"收纳筐"(赵早早,2014)。但是,从公共预算改革的发展历史来看,它在推动公共预算实现"全面规范、公开透明"方面,起到了积极的作用(高培勇,2009;王雍君,2013;赵早早,2014)。

事实上,在提出全口径预算管理改革之前,审计署就以促进公共预算的"全面规范、公开透明"为目标开展审计工作;全口径预算管理改革目标确定后,审计署的工作更具有针对性。中央政府预算执行审计有助于落实公共预算的三个最基本原则:一是全面性(Comprehensiveness)原则,这是全口径预算管理的核心与基础,即所有关于公共资源的收支情况必须纳入预算、进入预算程序、受到预算机制的约束(Sundelson,1935)。二是公开透明(Open and Transparence)原则,即政府预算的制定过程是透明的、受公众监督的。政府预算作为公开性的法律文件,其内容必须真实、详细和准确,以便于公民及其代表能理解和审查。同时,政府预算的执行、审计以及决算也须向公众全面公开。三是审计(Audit)原则,即使用公共财政资源的组织,包括政府在内,每年都必须接受独立审计机构的审计监督,该原则同时也要求预算必须尽可能地公开与透明。

根据表 1 对 1996 年至 2014 年审计报告的分析可以看出,19 年间纳入中央预算执行审计视野的公共财政资金范围在扩大,被审计机构的规模在增加;审计的切入点从相互割裂的、互相独立的、单个的部门或机构,逐渐转向整个预算管理制度,包括预算决策权、分配权、使用权等

---

① 党的十五大报告指出"集中财力,振兴国家财政,……,逐步提高财政收入占国民生产总值的比重和中央财政收入占全国财政收入的比重";十六届三中全会指出"健全公共财政体制,明确各级政府的财政支出责任,……,深化部门预算、国库集中收付、政府采购和收支两条线管理改革";十八大指出"加强对政府全口径预算决算的审查和监督";十八届三中全会指出"审核预算的重点由平衡状态、赤字规模向支出预算和政策拓展"。

核心领域。1994年分税制财政体制刚刚确立，在关注中央政府及其部门预算执行的同时，更关注规范中央与地方财税关系建设以及税收征管、税收返还与补贴等机制建设等问题。1996年至2001年，审计署从两个方面关注财政收入问题：一是"税收征管系统（国税、海关系统）"的管理与征税工作实效，对该系统的审计结果作为年度审计报告的重要组成部分加以重点分析，并在1996年和1997年多次提出具有针对性的财政体制改革政策建议；二是部门"小金库"问题，审计署每年都将该问题进行重点阐述，强调中央政府应加大对"小金库"的治理，确保应收尽收，减少"预算外收入"。从1998年开始，随着税收征管系统工作的不断完善与加强，国家审计署的审计重点与报告重点开始转向预算编制与支出管理领域。1999年是审计署首次向全国人大常委会提交完整、全面的《关于1998年中央预算执行和其他财政审计情况》报告。该报告不仅被当年部分委员评为"多年来最好的一个审计报告"，时任审计长李金华在汇报当天被掌声数次打断（刘世昕，2004），而且也基本奠定了中央政府预算执行审计报告的框架、内容与风格。与此同时，在该报告中，国家审计署明确提出中央财政部门应该加大预算编制的规范性，"使上报人大审批的预算尽可能落实到具体的部门和项目"，较早地提出了实施"部门预算"改革的思路。

1994年分税制改革之后，在国民经济整体稳定发展的前提下，全国财政预算收支规模都有了较大幅度的增长①。伴随中央预算收支情况的变化，中央政府预算执行审计在重点关注支出领域的同时，开始将视角转向预算制度建设方面。从2002年开始，审计署重点关注到以下四个问题：一是中央政府专项转移支付制度及其问题，该问题背后揭示了中央与地方财政关系；二是中央政府预算分配权"碎片化"的问题，该问题涉及到财政部门、国家发展与改革委员会（原国家计委）等拥

---

① 根据19年间的财政统计数据可知，中央政府决算收入的增长规模，1995年至1998年，年均增长1000亿元；2000年至2003年，年均增长2000亿元；2004年至2009年，年均增长4000亿元；2010年至2013年，年均增长8000亿元。本文作者根据1996年至2014年国务院公布的"1995年至2013年中央决算报告"中相关数据计算所得。

有预算初次分配权的部门,以及众多拥有"二次预算分配权"的中央各部门;三是中央政府重大投资项目预算决策与管理制度不够完善的问题;四是部门预算中虚报冒领、挤占挪用、"三公"经费过多过滥等情况,背后反映出中央政府预算编制中基本支出与项目支出界限模糊等预算制度问题,以及中央各部门财务管理和内控制度不健全等管理问题。从 2002 年至 2010 年,审计报告一直积极配合公共预算改革,并通过揭示预算执行中的财务问题、管理问题,来倒逼中央政府及其各部门不断完善制度建设。2011 年,审计署开始尝试发布针对中央决算编制情况的审计结果(见表 2),重点集中在账务处理的合理、合法、合规性方面。

表 2　2011 年—2014 年中央政府决算草案审计情况统计表

被审计年份	报告年份	决算草案编制中存在的主要问题
2010	2011	1. 未及时清理以前年度已取消的烟草专营利润、国有土地有偿使用基金、政府住房基金、水运客货附加费等; 2. 在公共财政预算、社保基金预算、国有资本经营预算之间,存在错报、错列的情况。
2011	2012	1. 截至 2011 年底,有 137.85 亿元财政借款未及时清理,也未在决算草案中编报; 2. 编报程序和科目不完全符合制度要求。从程序看,财政部先编制中央决算草案,经全国人大常委会批准后,再调整实际发生的会计账目,不符合规定的决算编制程序。从科目看,在一般性转移支付中列报的"基层公检法司转移支付"等 5 个科目,不属于规定的政府支出科目。
2012	2013	1. 编制的程序、时限、方法以及调整事项等不够完善; 2. 未分科目、分级次列报预算变更情况; 3. 未上报决算资产负债表,未反映国有股权、固定资产等资产及负债情况。
2013	2014	1. 编报内容不够清晰。决算草案反映的支出功能分类科目中,有些科目又是按资金来源或分配使用单位设置的,导致同类工作或支出事项分散在不同科目列报,同一科目又列报了不同类工作或支出事项; 2. 编报方式需调整,没有同时兼顾科目的功能分类和经济性质分类。

*说明:此表中涉及到的"中央决算"概念是指预算执行情况的最终结果,是对"年度中央预算执行情况报告"中所汇报数据的再调整,相关数据主要列示于"国务院关于某年度中央决算的报告"。

资料来源:本作者根据《2011 年度—2014 年度中央预算执行和其他财政支出的审计工作报告》整理所得。

(三) 审计与专项转移支付改革

分税制改革以来，如何构建科学、合理的中央政府转移支付制度一直是一个棘手的问题。总体来看，中央专项转移支付的总规模在不断增长，从 1994 年的 361 亿元增长至 2013 年的 18610 亿元。除了规模的增长，中央专项转移支付在推动中央宏观政策的落实与实施方面，也的确起到了一定的积极作用，尤其在推动民生改善、教育水平提升、"三农"发展等领域的贡献显著（孙开，2010；李丽琴，2012；赵海利，彭军，2014；周美多，颜学勇，2008）。与此同时，中央专项转移支付制度所存在的问题从未真正解决过。审计署从 2002 年开始将"中央专项转移支付管理"作为一个专题，每年都给予重点审查。

分析 2002 年—2014 年审计署发布的 13 个"审计报告"可知，"分配权力过于分散""资金投入过于分散""项目设置重复交叉"出现的频次是 13 次，即中央专项转移支付在这三方面的问题是屡查屡犯，一直没有实质性的改进。出现频次位列第二序列的是"专项转移支付规模过大，比重过高"，从 2007 年至 2013 年的审计报告中均有显示。另外，值得注意的是，审计报告所指出的有关中央专项转移支付的 9 大核心问题中，有 7 个问题的责任主体是中央政府，其中每年都出现的 3 个问题均集中在专项转移支付的预算编制环节，即"分配权力过于分散""资金投入过于分散""项目设置重复交叉"。另外 2 个问题的责任主体是地方政府及其资金使用方，但是审计报告中明确指出，出现"多头申报，套用资金"现象的主要原因，还在于专项转移支付资金分配权力分散，管理分散，给地方政府及其资金使用方制造了投机机会。

审计署每年都根据专项转移支付的问题，在审计报告中提出推动改革的政策建议，共有以下九类主要建议。按照占比降序排列如下：一是已形成地方固定财力补助的要统一纳入体制补助或一般性转移支付；二是改进预算（决策、分配、管理）制度；三是清理、整合、取消、归并专项转移支付项目；四是健全规范、透明的管理制度；五是建议专项转移支付按照资金用途和部门职能进行归口管理；六是专项预算应与地方政府预算相衔接；七是建立财权与事权相匹配的财政体制；八是国务

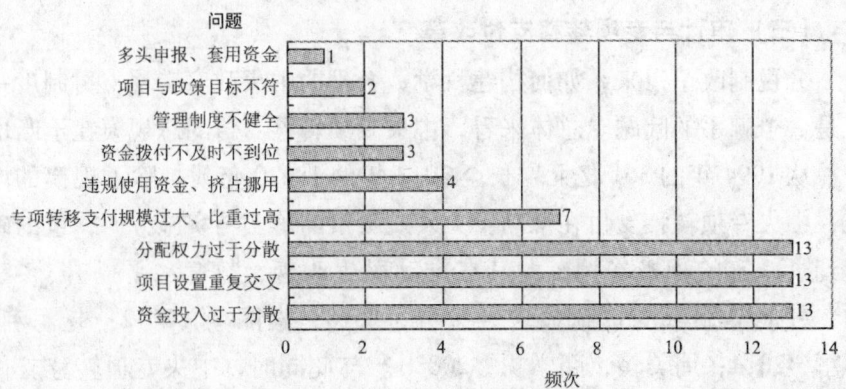

图 2 2002—2014 年审计署年度审计报告列举中央专项转移支付主要问题及其频次

资料来源：审计署 2002—2014 年发布的《关于 2001—2013 年度中央预算执行和其他财政收支的审计工作报告》。

院应重视专项转移支付改革并且责成主要部门负责推动；九是关于专项转移支付地方配套比例问题，应该尽快出台明确科学合理的配套制度。各种政策建议的频次参见图 3。

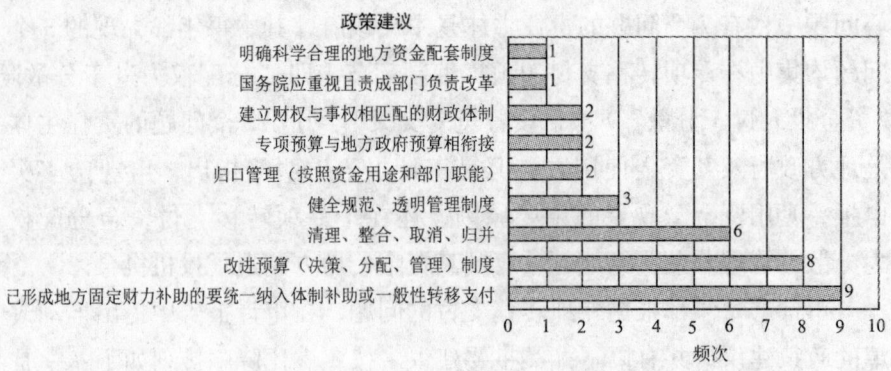

图 3 审计署关于专项转移支付制度改革的政策建议频次

从这 13 年间的审计报告所反映出来的专项转移支付问题来看，专项转移支付制度改革已经进入攻坚阶段。2014 年党的十八届三中全会提出了一系列推动专项转移支付制度改革的实质性部署，明确指出

"在清理、整合、规范专项转移支付项目过程中，逐步取消竞争性领域专项和地方资金配套"，"严格控制引导类、救济类、应急类专项"，"已经形成地方固定财力的专项转移支付原则上转为一般性转移支付"等等。审计署在过去13年所提的主要政策建议，基本都纳入三中全会的决议中，这从一个侧面反映出中央政府预算执行审计工作对于推动财政预算体制改革的重要性。

与此同时，在现代财政管理制度框架下，规范专项转移支付预算过程已经成为推动改革的关键。2002—2014年间，有8个年份的审计报告提出相同的政策建议，即要求中央政府改进专项转移支付预算制度，包括决策、资金分配与管理环节（见图3）。若要构建与现代财政制度相适应的专项转移支付预算制度，必须解决一个核心问题，即"中央专项转移支付资金是以什么样的标准确定将资金拨付给项目A而不是项目B?"解决专项转移支付的问题，必须首先规范预算过程，建立完善的专项转移支付预算制度。

四、总结与讨论

在过去20年间，公共预算改革带动了政府预算执行审计从理论到实务的变革，与此同时，中央政府预算执行审计也对公共预算改革起到了积极的推动作用。具体来看，一方面，中央政府预算执行审计制度的确推动了公共预算改革进程，并且在一定程度上影响了中央政府的预算过程及其结果，甚至对中央政府及其各部门的预算行为都产生了一定的影响；另一方面，中央政府预算执行审计的实际效果，更直接地受制于公共预算制度的完善程度。自1994年分税制体制确立以来，随着经济体制改革的不断深化，公共预算的概念、内涵、管理体制等都随之变化，与公共预算共生共存的国家审计也在悄然变化。根据十八届三中全会构建现代财政预算制度的要求和2014年8月31日人大常委会刚刚通过的《预算法》（2014年修正）规定，中央政府审计改革方向包括扩大并延伸预算执行审计制度对现代财政预算制度建设的正面影响，不断完善决算审计制度。换句话说，今后国家审计工作的重点包括在目前较成熟体系的预算执行情况审计基础上，通过推动预算执行绩效审计和财务报告制度审计来完善决算审计制度。这不仅是国家审计工作的发展趋势，更是下一步推动现代预算管理制度建设的内在要求。

十八届三中全会提出建立现代财政制度与改进预算管理制度的总体思路，四中全会紧跟着提出加强审计监督制度建设。可见，无论是已有的预算执行审计，还是基于此而发展完善的决算审计，最终目标都是推动现代财政预算制度的建设，实现国家治理现代化。为此，国家审计作为公共预算监督的重要制度设计之一，有必要做好以下工作。首先，做好中央政府决算审计概念的理论探讨，本研究提出中央政府决算审计应该采用广义概念，即以政府预算执行结果及其报告为审计对象的审计，无论该报告是否符合完整的政府财务报告要求。第二，通过法律程序进一步明确决算审计的组织形式，尤其是对审计对象和结果的使用要求。第三，从审计角度推动建立政府会计准则体系，为决算审计提供判断依据。第四，在现有决算报告的基础上，逐步建立中央政府财务报告体系，为此可以率先推动建立政府预算会计报告体系，倒逼政府提高预算执行情况及结果报告的透明度、完整性、真实性，进而推动责任政府的建立。第五，更强调决算审计是对预算执行结果尤其是绩效结果的审计，通过对决算结果的审计，反过来揭露并追查预算执行过程、管理过程中存在的问题，进而推动公共预算制度的不断完善。最后一条，也是非常重要的一条，即必须重视审计人员能力与素质建设，这是提高预算审计监督效果的基本保障。

【参考文献】

《政府预算改革下的预算执行审计研究》课题组：《政府预算制度与预算执行审计的互动变革探讨》，载《财会通讯》（学术），2008年第12期。

高培勇等：《中国公共财政建设指标体系研究》，社会科学文献出版社2012年版。

高培勇：《建立全口径政府收支预算管理制度——中国财政政策报告2008/2009》，中国财政经济出版社2009年版。

李钢、蓝石等：《公共政策内容分析方法：理论与应用》，重庆大学出版社2007

年版。

李金华：《关于 2002 年度中央预算执行和其他财政收支的审计报告》，人大常委会公报 2003 年第 4 期，参见 http://www.npc.gov.cn/wxzl/gongbao/2003-08/12/content_5318891.htm。

李丽琴：《专项转移支付效应的再审视——基于城市最低生活保障的实证分析》，载《首都经贸大学学报》，2012 年第 5 期。

刘家义：《论国家治理与国家审计》，载《中国社会科学》，2012 年第 6 期。

刘世昕：《审计在中国：属总理领导，独立行使监督权》，载《新华社半月谈》，2004 年 6 月 29 日，http://www.people.com.cn/GB/jingji/1037/2606906.html。

马蔡琛：《国家审计视野中的中国公共预算改革——解读 2009 年度中央预算执行审计工作报告》，载《中国审计》，2010 年第 14 期。

欧阳华生、刘雨、肖霞：《我国中央部门预算执行审计分析：特征与启示》，载《审计与经济研究》，2009 年第 3 期。

孙开：《专项转移支付现状考察与管理方式优化》，载《财政研究》，2010 年第 8 期。

王雍君：《"全口径预算"改革探讨》，载《中国财政》，2013 年第 6 期。

肖振东、吕博：《从审计工作报告看国家审计发展》，载《审计研究》，2013 年第 5 期。

薛芬：《预算执行审计"屡审屡犯"问题探析——以国家治理视角的考量》，载《江苏行政学院学报》，2012 年第 4 期。

薛芬：《政府预算变革与政府预算执行审计战略转型——基于国家治理的视角》，载《审计与经济研究》，2012 年第 6 期。

赵海利、彭军：《学前教育专项转移支付公平性分析——基于受益归宿的实证研究》，载《教育发展研究》，2014 年第 4 期。

赵早早：《全口径预算管理的理论探讨与实践评估》，载《地方财政研究》，2014 年第 8 期。

周美多、颜学勇：《中国专项转移支付的政治逻辑：问题、原因与出路》，载《当代财经》，2008 年第 9 期。

Sundelson, Wilner. "Budgetary principles", *Political Science Quarterly*, 1935. Vol. 1, No. 2, pp. 236-263.

公共预算研究系列
Public Budgeting Research Series

公共收入、支出与政府财政风险

地方政府债务偿还机制研究*

苗庆红**

内容摘要：债务关系从形成到终止包含"借、用、还"三个阶段，偿还性是债务的基本特征。因此，地方政府融资模式成功与否，关键在于地方政府是否具有偿债责任明确、偿债资金来源确定、偿还方式可行的债务偿还机制，而不是地方政府融资方式的选择。为此，本文通过对地方政府债务相关制度和管理办法的文本研究，分析不同举债融资模式下地方政府债务的偿还机制及其存在的问题，并提出相关改进建议。

关键词：地方政府　债务　偿还机制

一、问题的提出

地方政府债务，是指地方各级政府（从目前来看，我国地方政府是指省、市、县、乡）作为债务人须按法定条件和协议约定，向债权人承担的资金偿付义务。债务关系从形成到终止包含"借、用、还"三个阶段，偿还性是债务的基本特征。因此，地方政府融资模式成功与

---

* 该文已经发表于《经济体制改革》（双月刊）2015年第4期。
** 苗庆红，北京大学政府管理学院副教授。

否,关键在于地方政府是否具有偿债责任明确、偿债资金来源确定、偿还方式可行的债务偿还机制,而不在于地方政府融资方式的选择。

目前针对地方政府债务问题的研究非常多,各种研究成果可谓汗牛充栋。其中主要围绕地方政府为什么举债,如何借债以及对债务如何进行管理等问题的研究,但涉及到如何偿还债务的系统研究却很少。关于这个问题的研究一般是在地方政府债务管理问题或是在财政风险问题研究时涉及到,但缺乏从债务偿还机制视角进行系统的研究。笔者通过对相关学术论文的检索,发现目前仅有两篇是专门针对地方政府债务偿还机制的学术文章。其中,饶云清从地方政府资产负债表的分析入手,对我国地方政府债券清偿的资金来源及偿还机制设计方面进行研究,郭玉清则通过对地方债务问题的分析,提出必须根据地方财政债务的形势和特点,科学测定债务总额和支付需求,使债务的偿还与操作运行于健康、平稳的轨道上,以防范和降低地方财政债务风险。

本文将运用文本研究方法,通过对地方政府债务相关制度和管理办法的文本研究,分析在不同举债方式下地方政府债务的偿还机制及其存在的问题,并提出构建地方政府债务偿还机制的相关建议。

二、地方政府债务偿还机制——一般性的逻辑分析框架

地方政府债务偿还机制是关于如何保证地方政府按约定偿还债务的具体路径和约束机制。主要解决以下问题:谁来还款?即债务偿还的责任主体;用什么偿还?即偿债资金来源;怎样偿还?即偿债方式,主要指偿还期限。

一般而言,地方政府都是为了某种用途而进行举债,而债务使用的绩效体现着未来的整体偿债能力,反映未来偿债的确定性程度,从而表明地方政府性债务风险的状况。因此,本研究将通过对地方政府不同举债融资方式下所融资金的使用及收益分析,研究债务偿还的具体路径及保证债务偿还的约束机制,即债务偿还机制。基于以上思路,本文建立如图 1 所示的一个地方政府债务偿还机制的一般性分析框架。

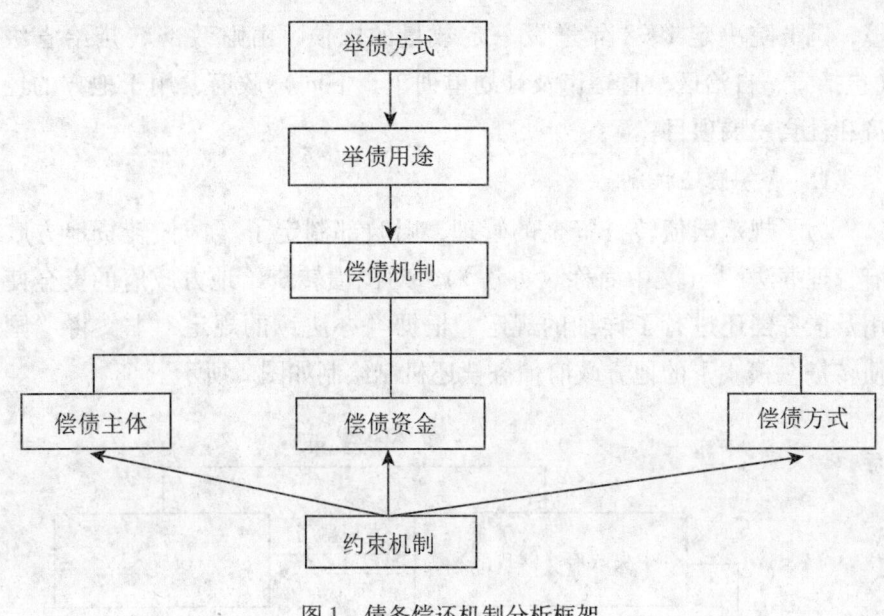

图 1　债务偿还机制分析框架

三、不同举债融资模式下的地方政府债务偿还机制

在传统的计划经济体制下,地方政府并不具有独立的利益主体地位,其政绩主要体现在中央计划的执行完成程度上。即使偶尔有举债行为,由于银行依附于财政,所以也不存在无力偿还而产生财政风险问题。实行分税制以后,出现了财权上移、事权下移现象,加之转移支付制度的不规范,导致地方政府财力与事权事责的严重不匹配。地方政府出于追求经济增长目标和政绩需要等原因,往往造成财政支出远超出其自身财政能力,致使地方财政陷入困境,使地方政府从原来偶尔的被动举债发展到经常性的主动举债,并开始尝试不同的举债方式。代表性的举债方式主要有国债转贷、通过地方融资平台举债和地方政府发行债券等三种方式。

(一)"国债转贷"债务偿还机制及存在的问题

为应对亚洲金融危机影响和国内市场有效需求不足等复杂的经济环

境，国务院决定1998年增发一定数量的国债，由财政部转贷给省级（包括省、自治区、直辖市及计划单列市，下同）政府，用于地方的经济和社会发展项目。

1. 债务偿还机制

为了规范国债转贷资金的管理，财政部制定了《国债转贷地方政府管理办法》①（文中简称《办法》），对国债转贷给地方政府的资金使用及债务偿还进行了详细的规定。根据《办法》的规定，本文将"国债转贷"模式下的地方政府债务偿还机制绘制如图2所示。

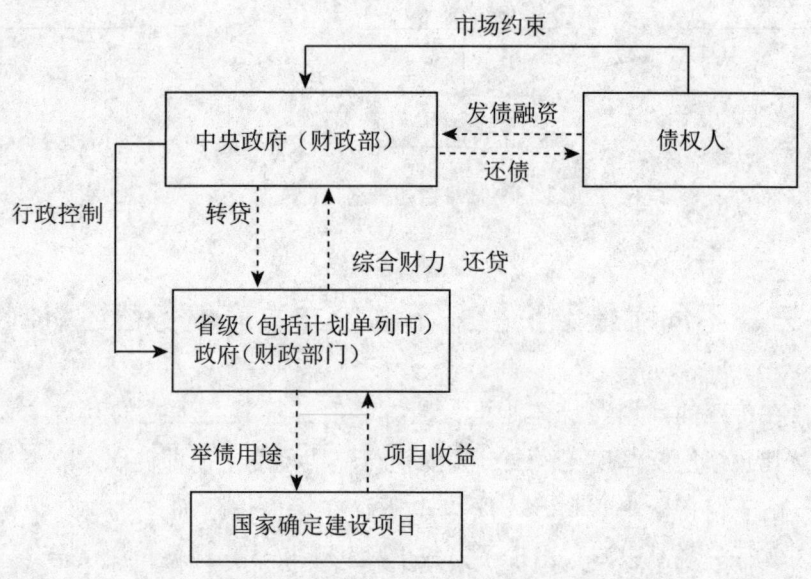

图2 "国债转贷"地方政府债务偿还机制

这种举债融资方式下的偿债主体，虽然在《办法》中已明确规定由省级财政部门作为省级政府的债务人代表，负责承担对财政部的还本付息工作。但从图2可以看出，该种举债融资方式是中央政府以国家信用作为担保向债权人发行国债，并将筹集到的资金由财政部转贷给省级

---

① 财政部《国债转贷地方政府管理办法》（财预[1998]267号）。

（包括省、自治区、直辖市及计划单列市，下同）政府，用于地方的经济和社会发展建设项目。中央政府分别与债权人和省级政府形成债务关系和借贷关系。最后再经由中央政府将偿债资金还给债权人。因此，法律意义上的偿债主体是中央政府而不是地方政府。

关于偿债资金来源，在《办法》中规定要统筹全省综合财力，如图2所示。《办法》不仅明确了全省综合财力包括：（一）项目实施单位用收益归还的转贷资金本金和利息；（二）预算内安排的基本建设等资金；（三）纳入预算管理的政府性基金；（四）预算外资金用于建设的部分；（五）其他资金。而且《办法》还根据转贷资金的投向区域和投资项目类型分别做出了还款期限和还款利率的详细规定。如投向中西部地区还贷期限为10年，而投向沿海发达地区的还贷期限则为6年；投向中西部的贷款利率为年息率5%，要低于东部地区的5.5%的贷款年息率等等。鉴于《办法》规定的有关项目还本付息的时间有可能短于项目回报期，为此财政部在修订《国债转贷协议》①部分条款的通知中将转贷资金的还本付息期限定为15年。

那么，如何约束地方政府按《办法》的具体要求偿还债务呢？图2显示，保证债务偿还的约束机制主要来自于中央政府的行政控制。对于到期不能归还转贷资金本金和利息的，《办法》第十八条规定财政部将如数扣减对地方税收返还。

2. 存在问题

地方政府这种举债融资方式的债务偿还存在着债务的"借、用、还"主体相分离问题。中央政府是举债主体，地方政府是资金的使用主体，虽然《办法》规定地方政府是债务人，但是偿还资金最终是由财政部统一偿还给债权人。市场只对中央政府形成约束，中央政府不仅是法律意义上的债务人而且也有成为实际意义上债务人的可能。这种制度设计容易诱发地方政府不主动履约偿还债务责任的道德风险。在这种举债方式下，需要设计一个有效的约束机制来保证地方政府债务的偿

---

① 财政部关于修改《国债转贷协议》部分条款的通知（财预[2001]270号）。

还。但如上面所分析,地方政府所受的约束只是来自中央政府的行政控制。由于中央转贷给地方使用的资金既没有纳入到中央预算也没有纳入到地方预算,考虑到地方政府不可能破产,因此地方政府一旦无力偿还,最终的结果还是会由中央政府买单。由此看来,这种行政控制实际上只是一种软约束。在这种模式下,转贷资金有可能变成中央政府财政拨款,会增加中央财政负担和财政风险。

(二)地方政府融资平台的债务偿还机制及存在的问题

在《国务院关于加强地方政府融资平台公司管理有关问题的通知》①中(以下简称《通知》)定义地方政府融资平台是指由地方政府及其部门和机构、所属事业单位等通过财政拨款或注入土地、股权等资产设立,具有政府公益性项目投融资功能,并拥有独立企业法人资格的经济实体和行业性投资公司。由于融资平台的设立,地方政府与其债权人的双边关系变为"地方政府—政府融资平台—银行和资本市场"的间接融资关系。2008年经济危机以后,地方融资平台因其通过信贷系统和资本市场能够迅速地融到大量资金,很快就发展成为地方政府的第二财源。

根据《通知》对融资平台的界定以及相应的管理办法,本文将通过融资平台举债的地方政府债务偿还机制绘制成图3。

1. 债务偿还机制

融资平台的主要功能在于融资。如图3所示,地方政府借助平台公司的融资主要有三种形式:一是银行项目贷款;二是发行"城投债";三是融资租赁、项目融资、信托私募等资本市场融资。在这三种融资方式中,银行贷款所占的比重最高,土地抵押是获得银行贷款的常用方式。

地方政府通过融资平台而形成的债务,主要依据债务类型来确定债务偿还方式。根据《通知》清理后融资平台的债务类型有以下三类:

---

① 国务院《国务院关于加强地方政府融资平台公司管理有关问题的通知》(国发 [2010] 19号)。

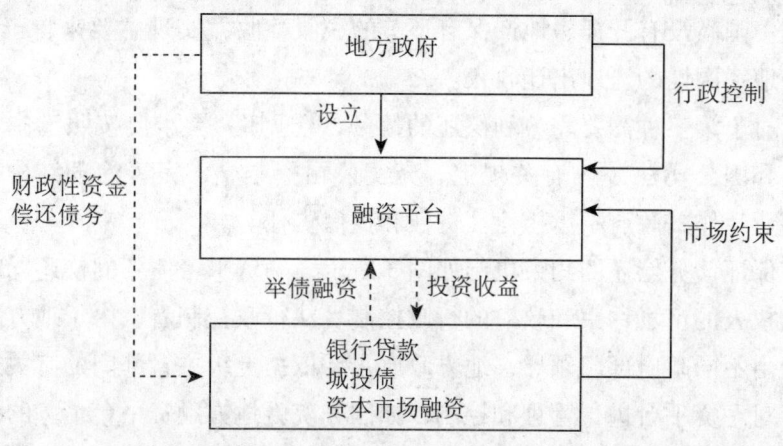

图 3　地方政府融资平台债务偿还机制

（1）融资平台公司因承担公益性项目建设举借、主要依靠财政性资金偿还的债务；（2）融资平台公司因承担公益性项目建设举借、项目本身有稳定经营性收入并主要依靠自身收益偿还的债务；（3）融资平台公司因承担非公益性项目建设举借的债务。

对于第一类债务的财政性偿还资金，国务院在《关于贯彻国务院关于加强地方政府融资平台公司管理有关问题的通知相关事项的通知》[①]中规定：财政性的偿债资金包括一般预算资金、政府性基金预算收入、国有资本经营预算收入、预算外收入等，上述财政性资金暂不包括已注入融资平台公司的土地使用权出让收入、因承担政府公益性项目建设获得的土地使用权出让收入返还、车辆通行费等专项收费收入。

对于第二种靠自身收益偿还的债务，在实践中，债务的偿还除了依靠项目本身产生的收益以外，更主要是希望通过开发区招商引资，带动当地工业、商业的发展，由未来土地相关税收增加和土地增值来买单。土地抵押贷款所依赖的还款主要来源于未来土地增值收益的实现，并且

---

① 财政部、发展改革委、人民银行、银监会：《关于贯彻国务院关于加强地方政府融资平台公司管理有关问题的通知相关事项的通知》（财预〔2010〕412号）。

由于中国尚没有开征房地产保有环节的税收,收益实现主要来自于商、住用地一次性的土地出让收入。

对于第三种需要靠盈利偿还的债务,《通知》要求要按照《中华人民共和国公司法》等有关规定,充实公司资本金,完善治理结构,实现商业运作,政府不承担偿债责任和担保责任。

保证债务偿还的约束机制如图3所示,融资平台债务的偿还同时受到债权人的市场约束和政府的行政控制。从行政控制看,由于地方融资平台由不同政府部门领导,地方政府主要依据上级主管部门的有关规章制度对融资平台进行管理和控制,如国务院就地方融资平台债务的清理和偿还、国家发展改革委员会针对城投债的发行和偿还,还有中国银监会针对债务形成链条的供给方——银行金融机构的监管等分别出台了相应的管理办法和制度规定[①]。

2. 存在问题

上述偿债机制在实践中会产生许多问题,主要表现在以下几个方面:

(1) 因偿债责任主体不清,导致地方融资平台过度融资

虽然《通知》中将偿债责任主体和偿债资金来源已经规定清楚,但是在具体实践中,虽然融资平台注册的是企业法人,但实际上融资平台的产权所有者是地方政府,其控制权和收益权都掌握在地方政府的不同职能部门手中,因此地方政府是融资行为的真正决策主体同时也事实上承担着债务的兜底责任。这样就会导致地方融资平台只负责融资不负责偿还的现象发生,从而导致融资平台不顾其自身偿还能力的过度融资。

---

① 主要有:《国务院关于加强地方政府融资平台公司管理有关问题的通知》(国发〔2010〕19号);《国家发展改革委员会办公厅关于进一步规范地方政府投融资平台公司发行债券行为的有关通知》(发改办〔财金〔2010〕2881号〕);《关于地方政府融资平台贷款监管有关问题的说明》(银监办发〔2011〕91号);《中国银监会关于加强2012年地方政府融资平台贷款风险监管的指导意见》(银监发〔2012〕12号)。

(2) 偿债资金难以保证

除了《通知》中明确规定了第一种类型的债务依靠财政资金偿还以外，其余两种债务都是要靠自身产生的收益进行偿还的。而对于第二类靠自身收益偿还的债务，由于中国地方政府的融资平台80%以上的资金源于以地方财政收入为担保的银行贷款，其期限一般相对较短，而地方政府目前从事的融资项目多为基础设施等，这些项目大都具有投资大、回收期长的特点，短期内的项目收益不足以向银行还债。并且这些项目盈利也往往取决于未来地价的增值情况。因此，这种主要依靠未来土地增值收益的举债融资方式，不仅蕴含着巨大的市场风险和财政风险，而且难以持续。

据国家审计署对36个地方政府本级政府性债务审计结果统计显示，至2012年底，36个地方政府本级的223家融资平台公司中，从偿债能力看，有68家资产负债率超过70%；有151家当年收入不足以偿还当年到期债务本息；有37家2012年度出现亏损。在2012年融资平台公司偿还的债务本息3618.85亿元中，以财政资金偿还1205.75亿元、占33.32%，举借新债偿还738.93亿元、占20.42%，两项共占53.74%，虽然比2010年下降15.81个百分点，但融资平台公司自身偿债能力仍显不足。[①]

(3) 约束机制软化

从偿债的约束机制来看，地方政府融资平台应该同时受到来自地方政府和市场的双重约束，如图3所示。但在实践中，这两种约束机制都难以有效发挥作用。首先从市场约束机制来看，其是否能有效发挥取决于以下几个先决条件：自由和公开的金融市场、有很畅通的渠道获得有关地方债务及其偿还能力的信息、没有上级政府对陷入债务危机的地方进行援助的预期。事实上，以上几个条件目前几乎都不具备。因此市场对融资平台所起的实际作用是很小的，即使有约束作用，融资平台也能规避并转嫁给地方政府。

---

① 数据来自审计署2013年第24号公告：《36个地方政府本级政府性债务审计结果》。

其次从地方政府对融资平台的行政控制来看，由于对融资平台的管理职能被分解到不同的行政部门，例如：通常发改委负责规划需要举债的项目；财政部（局）、人民银行负责贷款项目的审核；发改委和国资委负责监督、管理资金的使用情况；而举债资金几乎都由财政部门偿还，各融资平台又不承担向财政部门报送财务报表的责任，最终导致财政部门不了解各融资平台的负债情况。由此可见，融资平台对项目建设和资金使用没有管理权，项目最终收益也不属于平台公司，资金偿还最终还落在地方政府头上。

通过以上分析可以看出，由于无论市场约束还是行政控制，对融资平台都不能形成硬约束，导致融资平台既没有有效的外部约束机制，也缺乏按期偿债的内在激励。因此，在融资平台运行过程中一些地方政府出于各种目的，极力扩大融资量，导致平台融资金额巨大，甚至超过政府自身的还款能力。即使目前融资平台可以通过发行"城投债"等新的资本融资方式来缓解还债压力，但仍在透支当地政府未来的财力，造成财政预算的隐性赤字。

（三）地方政府债券的债务偿还机制及存在的问题

为实施积极的财政政策，2009年起国务院同意地方政府在国务院批准额度内发行债券。自2009年中央政府代发代还地方政府债券以来，地方政府债券的发行共经历了三个阶段，分别采用了"代发代还""代发自还"以及"自发自还"三种债券发行形式。

1. "代发代还"形式的债务偿还机制及存在的问题

"代发代还"是指以省、自治区、直辖市和计划单列市政府为发行和偿还主体，由财政部代理发行并代办还本付息和支付发行费的地方政府债券发行形式。根据财政部印发的《2009年地方政府债券预算管理办法》[①]（以下简称《管理办法》），"代发代还"形式的债务偿还机制如图4所示：

---

① 财政部关于印发《2009年地方政府债券预算管理办法》的通知，2009年2月18日。

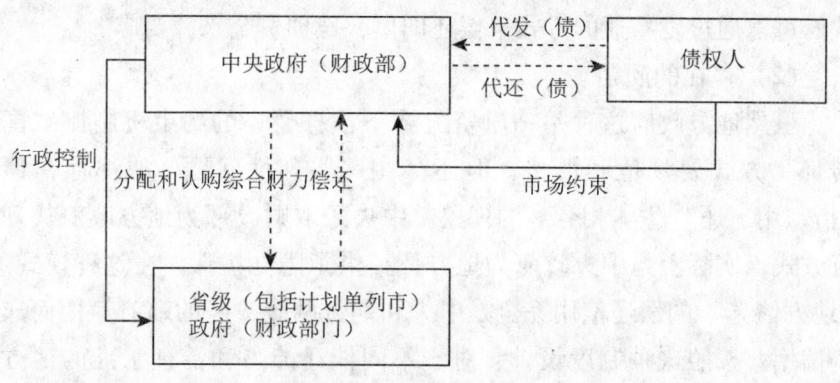

图4 "代发代还"地方政府债务偿还机制

(1) 债务偿还机制

"代发代还"形式下的偿债主体，在《管理办法》中予以明确规定。以这种形式发行的地方政府债券的发行和偿还主体是经国务院批准同意，以省、自治区、直辖市和计划单列市政府为主，而代表中央政府具体实施的财政部只是代理发行并代办还本付息和支付发行费，如图4所示。《管理办法》对举债资金用途也作了规定，举债资金主要用于中央投资地方配套的公益性建设项目及其它难以吸引社会投资的公益性建设项目支出，如保障性安居工程、农村民生工程和农村基础设施以及医疗卫生、教育文化等社会事业基础设施等涉及民生的项目建设与配套设施，主要通过综合财力来偿还债务。《管理办法》还规定这次发行的债券偿还期限为3年，地方政府债券到期后，由中央财政统一代办偿还。地方财政要足额安排地方政府债券还本付息所需资金，及时向中央财政上缴地方政府债券本息、发行费等资金。

这种发债形式下债务偿还的约束机制如图4所示，与"国债转贷"模式一样，地方政府不直接接受来自市场机制的约束，只受到中央政府的行政控制。与国债转贷不同之处在于在"代发代还"形式中，地方政府所受到的来自中央政府的控制和管理要比国债转贷模式相对规范和严格，主要体现在以下两个方面：一是按《管理办法》要求通过债券融来的资金要纳入地方政府预算，因此控制比较严格和规范；二是地方政府可以通过发新债的方式来偿还旧债,偿债资金来源要广。

(2) 存在的问题

虽然地方政府这种举债融资方式下债务偿还的约束机制比"国债转贷"方式要规范和严格,但还存在一些共性问题,如都存在债务"借、用、还"主体相分离的现象。中央采取财政部为地方政府代理发行方式,实际上是中央政府为地方债提供了隐性担保。在这种模式下,"地方债券"的偿还信用完全是中央和地方两级政府的政府信用而非市场信用。按照这种制度设计,对于不同偿还能力和治理水准的地方政府,除了额度的不同,地方债在利率水平、市场评级等方面根本没有任何区别,而这对地方政府显然没有任何约束,在它们无力偿还的情况下,地方债务只能由中央买单。很显然,这是一种风险最大的制度设计。有的学者认为,2009 年由中央政府"代发代还"的地方债券,相当于中央政府通过社会集资,提前向地方政府发放的一种应急性转移支付。

2. "自发代还"形式的债务偿还机制及存在的问题

2011 年和 2012 年,经国务院批准,上海、浙江、广东、深圳试点在国务院批准的额度内自行发行债券,但仍由财政部代办还本付息,按照《管理办法》对债券进行管理。其偿债机制如图 5 所示。

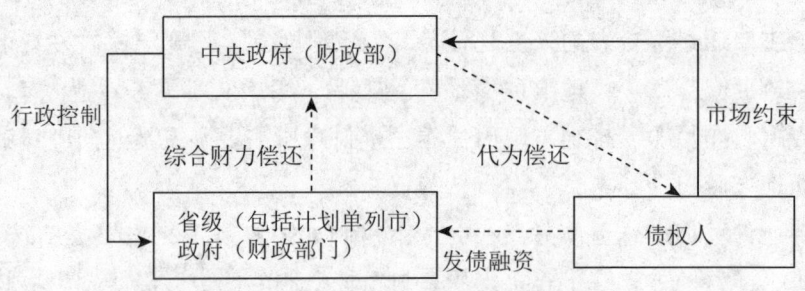

图 5 "自发代还"地方政府债务偿还机制

在"自发代还"模式中,虽然《管理办法》中明确规定由地方政府承担还本付息的责任。但是为确保债券到期按时偿还,2011 年试点省（市）政府债券还是由财政部代办还本付息，如图5所示。无论是采取中央代发还是由地方政府自发哪种发债形式，其偿债机制没有任何实质的区别，都是由中央财政部代办还本付息，都存在着发债主体和偿债主体不一致的问题，市场直接约束的是中央政府，这就意味着当地方政府无力负担债务时，中央政府不得不动用自有资金帮助偿还。

3. "自发自还"形式的债务偿还机制及存在的问题

根据财政部《2014年地方政府债券自发自还试点办法》①（以下简称《试点办法》）要求，试点地区承担债券还本付息责任。试点地区应当建立偿债保障机制，统筹安排综合财力，及时支付债券本息、发行费等资金，切实履行偿债责任，维护政府信誉。根据《试点办法》要求将偿债机制绘制如图6所示。

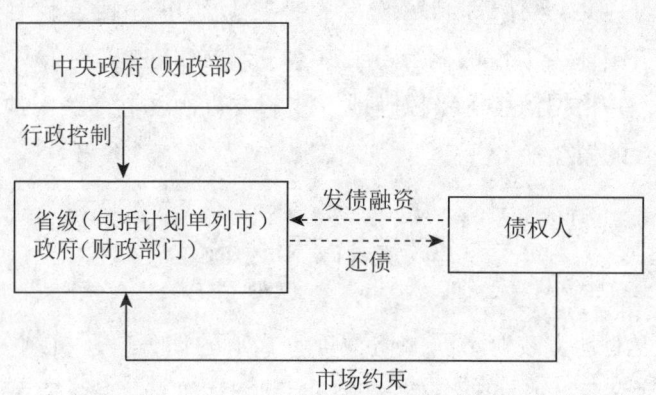

图6 "自发自还"地方政府债务偿还机制

从图6可以看出，在"自主发行"模式下，发债主体和偿债主体都是地方政府，中央政府不再对地方政府进行代发和代还。这次试点地区对发行的政府债券期限分别为5年、7年和10年，结构比例为4∶3∶3。②

在这种发债形式下，债务的"借、用、还"主体实现了一致。从

---

① 财政部关于印发《2014年地方政府债券自发自还试点办法》的通知（财库〔2014〕57号）。

② 数据来自财政部《2014年地方政府债券自发自还试点办法》（财库〔2014〕57号）。

逻辑上来看，由于地方自主发债模式的发债主体是地方政府，债券信用不再享有中央政府的担保，债券是否能按期还本付息完全依靠的是地方政府的偿债能力，其面临的信用风险要加大，所以地方政府债券的利率一般要高于国债利率，这也是国债被誉为金边债券而地方债则被称为银边债券的主要原因之一。但由于我国地方政府不存在破产清算之先例，债券投资者存在着一旦地方政府面临资不抵债的财政危机，中央政府一定会出手相救的市场预期。因此，尽管如图6中所示地方政府理应受到来自市场的约束，实际上市场对地方政府仍然起不到应有的约束作用。所以出现了2014年首单自发自还地方债的利率低于市场预期的现象。

在缺乏市场硬约束的情况下，如何评价地方政府债务信用、保证地方政府履行偿债义务、控制地方政府债券的违约风险是这种模式面临的最大问题。为此，财政部制定颁发了《关于2014年地方政府债券自发自还试点信用评级工作的指导意见》[①]，根据偿债能力对发行地区进行信用评级，并根据信用等级控制地方政府发行额度等办法来预防地方政府违约风险的发生。

四、结论和建议

从以上对地方政府不同举债融资方式下的债务偿还机制分析来看，尽管每一种举债方式下债务偿还的相关规定或管理办法在形式上存在一定区别，但是其偿债机制却没有质的不同，基本上都遵循相似的偿债逻辑。

首先从偿债主体来看，研究发现无论地方政府采取哪种举债方式，相关制度和管理办法名义上都是规定地方政府作为偿债主体。但除了"自发自还"地方政府债券这种举债模式外，其他举债模式在实践中都存在着债务的"借、用、还"主体相分离的现象，因此导致偿债主体

---

① 财政部《关于2014年地方政府债券自发自还试点信用评级工作的指导意见》（财库[2014] 70号）。

责任的"责、权、利"不统一问题的产生。由于存在不同程度的约束机制软化等现象,加之地方政府不能破产的政治体制,容易诱发地方政府过度举债的道德风险,致使中央政府事实上承担债务偿还的兜底责任。即使"自发自还"从形式上实现了债务"借、用、还"主体一致,如上面所分析的那样,同样也存在着中央政府承担事实上兜底责任的可能。

其次从偿债资金来源和偿还方式来看,无论哪种举债方式基本上都是资金用途决定偿债资金来源的。资金来源基本分为两类,一是用于公益性项目但不产生收益的,由财政资金偿还;二是虽然也是用于公益性项目但有收益的,用其项目收益偿还。实践中,即使按相关规定偿债资金应由项目收益偿还的,但由于存在项目收益与偿还年限等存在错配现象,也会导致本应由项目收益来偿还的债务不能按时偿还,不得不依靠财政资金来偿还的可能。"分税制"改革以来,形成地方政府事权和"财力"严重不匹配的客观现实,致使多数地方政府财政收入常常处于"吃饭财政"的水平,没有多余的财政资金可供还债,不得不过度依靠土地收益这个局面,即所谓的"土地财政"现象。据 2013 年审计署对全国政府性债务审计的结果表明,地方政府性债务对土地出让收入的依赖程度较高,截至 2012 年底,11 个省级、316 个市级、1396 个县级政府承诺以土地收入的债务偿还余额为 34865.24 亿元,占省市县三级政府负有偿还责任余额的 93642.66 亿元的 37.23 %。① 一旦土地出让收入增幅下降,偿债压力就会加大。

再次从约束机制来看,目前市场约束条件不具备,行政约束出现"逆向软预算约束"现象,因此地方政府不同举债融资方式下的债务偿还都存在着不同程度的约束软化现象。如果地方政府面临着预算软约束,就会激励进行过度借款和财政支出,对投资项目质量的关注则较少。

针对地方政府债务管理存在的问题,2014 年 9 月 24 日国务院制定

---

① 数据来自审计署 2013 年 12 月 30 日公告:《全国政府性债务审计结果》。

颁发了《关于加强地方政府性债务管理的意见》①（简称《意见》），对地方政府债务举债、用债、偿债制定了详细的管理规定。根据以上分析，本文在《意见》的基础上补充以下建议：

第一，明确偿债主体和责任，要遵循"谁借款、谁使用、谁偿还"相统一和债务主体的"责、权、利"要一致的原则，从制度设计上尽量规避地方政府债务出现"借、用、还"主体相分离的现象，避免中央政府承担兜底责任，成为最后还款人的可能。

第二，落实偿债资金来源和制定合理的债务偿还期限。为减少财政风险，建议建立偿债基金制度，根据债务余额按一定的比例提取偿债准备金。如日本地方政府每年按照债务余额1/3提取偿债准备金，这一规定为按时偿还债务提供有力保障。另外，很重要的一点就是控制债务的偿还期限，尤其是对于依靠项目收益偿还的债务，由于代际公平原则，偿还期限可以超过项目建设所需时间。日本的国债期限最长60年，与国债相比，地方政府债务规模小，而风险较大，因此规模控制也更为严格，偿债期限最长为30年。因此，在确定偿还期限时，根据项目投入回报期来确定债务偿还期限，改变现在偿还期限过短的现象。

第三，硬化约束机制，保障债务按合约偿还。

纵观世界各国地方债务管理实践，地方债务管理模式可以归为四种类型：市场约束、合作安排、法规控制、行政管理。无论哪种管理模式，要发挥其对地方政府债务偿还的约束作用，关键是要消除中央政府的隐性担保和兜底作用，只有彻底打消债权人所形成的上级政府对陷入债务危机的地方政府会予以援助的预期，才能充分发挥上级政府和市场对地方政府债务偿还的控制和约束作用。

【参考文献】

饶云清：《关于我国地方政府债务偿还机制的研究》，载《武汉金融》，2014年第1期，第18—21页。

---

① 国务院《关于加强地方政府性债务管理的意见》（国发［2014］43号）。

郭玉清：《地方财政偿债机制构建初探》，载《西部财会》，2004 年第 2 期，第 11—13 页。

刘尚希：《地方政府性债务风险不是来自债务本身》，载《中国党政干部论坛》，2014 年第 2 期，第 13 页。

龚强、王俊、贾珅：《财政分权视角下的地方政府债务研究：一个综述》，载《经济研究》，2011 年第 7 期，第 144—156 页。

何杨、满燕云：《地方融资平台：规模、风险与治理》，载《财政研究》，2012 年第 2 期，第 35—37 页。

何杨、满燕云：《地方政府债务融资的风险控制——基于土地财政视角的分析》，载《财贸经济》，2012 年第 5 期，第 45—50 页。

肖耿、李金迎、王洋：《采用组合措施化解地方政府融资平台贷款风险》，载《中国金融》，2009 年第 20 期，第 40—41 页。

中国地方政府融资平台研究课题组：《国财税发展研究报告——中国地方政府融资平台研究》，中国财政经济出版社 2011 年版。

马光远：《控制"地方债"风险关键在市场而非政府》，载《东方早报》，2009 年 1 月 4 日第 010 版。

中国地方债务管理研究课题组：《公共财政研究报告——中国地方债务管理研究》，中国财政经济出版社 2011 年版。

马骏、刘亚平：《中国地方政府财政风险研究："逆向软预算约束"理论的视角》，载《学术研究》，2005 年第 11 期，第 77—84 页。

李萍：《地方政府债务管理：比较与借鉴》，中国财政经济出版社 2009 年版。

Lane, T. D. , 1993, "Market Discipline", International Monetary Fund Staff Papers, Vol. 40, pp. 53 – 88.

Terseater-Minassian, Joncraig. 1997: Control of Subnational Government Borrowing. *Fiscal Federalism in Theory and Practice*, International Monetary Fund , pp. 156 – 169.

Wildasin, D. , 2004, "The Institutions of Federalism: Toward an Analytical Framework", *National Tax Journal*, Vol. 57 , pp. 247 – 272.

政策与支出:中国社会福利的转型和忧思

石慧 马骏[*]

内容摘要:经济发展与福利保障是现代国家的两项基本职能,在财政资源与政治注意力皆稀缺的情况下,这两项职能之间往往充满了竞争。自改革开放后,中国经历了长期的"经济建设"倚重阶段,此间,经济飞速发展,但一系列的社会问题也逐渐浮出水面。人们普遍认为,中国政府在2000年前后开启了新一轮的政策转型,着力构建更完备的社会福利体系。基于此,本文从历史的角度出发,以"经济建设"为参照物,梳理、描绘了我国中央政府1954—2013年间的社会福利政策的基本特征,并借鉴国外"预算竞争"与"支出竞争"研究领域的"DIFF(A:B)"指标测量了中国社会福利支出的相对优先性。虽然具体研究方法还有待继续完善,但从本文的研究来看,中国的公共政策转型确已落到实处,不仅社会福利政策本身迎来了新高峰,它也推动社会福利支出的预算地位与支出优先权得到了大幅提升。然而,如何协调人民福利需求与政府财政可持续性、如何统筹经济建设与福利建设步伐?这些都给中国政府的治理能力带来了新的挑战。

---

[*] 石慧,女,复旦大学公共管理流动站博士后;马骏,男,教授,中山大学中国公共管理研究中心主任,研究方向为国家建设、公共管理、公共预算、财政史、行政史。

关键词： 社会福利　政策转型　支出优先权　财政可持续性　治理能力

在改革开放的前20年，人们最关心的是什么？是如何让经济持续快速地增长。2000年之后的另一个热门话题是什么？是国民福利的缺失与重建。

这样的转变，既是历史发展规律使然，也是实际国情所促成。首先，从其他国家的发展经验来看，经济成长的不同时期有着不同的公共支出重点（马斯格雷夫等，2003），经济发展进入成熟阶段后，政府支出的重点也会从基建投资、市场干预等领域转向收入再分配与社会福利问题。然而，更重要的原因在于我国社会福利建设的"中期塌陷"。经历了计划经济时代的"全民福利"后，中国的福利建设和福利投入就进入了长久的静默期，"1978年开始到90年代中期，中国只有经济政策，没有社会政策"（王绍光，2004：51）。

国民经济的快速发展带来了物质财富的极大丰富，但也带来了收入差距的日益拉大。"1978至1999年21年里，城镇居民基尼系数增长了84%，农村居民基尼系数增长了58%……如果这种势头不适当加以遏制，那么，就可能快速地达到甚至超越警戒线，从而造成严重的两极分化和剧烈的社会动荡，对保持安定团结的政治局面产生不利的影响"（国家统计局，2001）。社会贫富差距问题不仅引发了普通民众对于与之息息相关的医疗、教育、养老、失业等福利问题的关注，也激起了热切的学术讨论。一时之间，重建社会福利体系成为了攸关经济可持续发展和国家长治久安的大事件。

公共政策是对已感知的国家需求的满足（罗斯金等，2011：59），是国家政治权威的表达，也是政府治理的重要手段。沉疴痼疾，取之以时。当社会福利建设应大势所趋成为国家治理的重要议题，公共政策转型也成为了中央政府的必然之选。2000年之后，中央多次强调完善社会福利体系尤其社保体系的重要性与紧迫性，"建立健全社会保障体系，关系改革、发展、稳定的全局，意义重大，刻不容缓""加快完善社会保障制度，这是关系改革、发展、稳定全局的大事""建立与我国国情相适应、与经济发展水平相适应的社会保障体系，是一项重要而艰巨的任务"之类词句屡见于政府工作报告之中。与此同时，一系列重要政策也陆续出台，如《关于基础教育改革与发展的决定》《关于进一步加强农村卫生工作的决定》《关于城镇医药卫生体制改革的指导意见》《关于印发完善城镇社会保障体系试点方案的通知》等等。

十余年过去，回望改革历程，一个疑惑随之而来：中央的政策转型提升了中国社会福利的支出优先权吗？从逻辑上来讲，该问题又可分为以下几个层面：

首先，公共政策转型到底转了没有？即，中央政府的社会福利政策的数量和结构特征是否体现了治国思路的这一转变？

其次，社会福利职能的支出地位改善了没有？即，如果说财政是政府职能行使的资金表现，是国家治理的基础和重要支柱，那么，由中央政府所发起的公共政策转型是否提升了社会福利的支出地位？

最后，若公共政策转型确已改善了社会福利的支出地位，这又会给我国的政府行为逻辑和财政可持续性带来何种影响？

一、研究思路与方法创新

从八九十年代的福利"缺失"到新千年后的福利"重建"，再到近期的"中国仍然是低福利国家吗"（王绍光，2011）和"中国的财政预算可持续吗"（马骏，2013）等讨论，社会福利问题总能以不同的形式重返舆论焦点。在论证各自观点时，学者们采用的研究方法迥异多样，研究结论也各有千秋。这些研究丰富了人们对于社会福利问题的认识，也推动了政府公共政策重点的转移。

在已有研究的基础上，本文将沿两条路径继续分析并回应上文所提出的研究问题：

一是，对数年来的社会福利相关政策进行全面梳理和量化概述，以察其转型状态；

二是，将社会福利支出置于一个纵向、横向相结合的比较框架中，以权衡其财政预算地位变迁。所谓纵向，是指从历史视角来观察中国社会福利政策及其财政支出地位的变迁；横向是指，为社会福利寻找一个足够醒目的"参照物"或"竞争者"，而非脱离其他预算参与者或政策对象，孤立地谈社会福利。

对社会福利支出相对（经济建设）地位的指标化测量是本研究的创新之处。在涉及社会福利或其他财政支出的已有文献中，学者们大多采用只针对单项支出的测量指标（如支出总量、增长率或比重等）来描述或建模。这些指标应用广泛而且经济含义显著，但它们也有明显不足，那就是在经济持续增长的整体背景之下，各项支出的变化方向会趋同，而且难以有效地反映两项或多项支出之间的相对关系。[①] 例如，改革开放后，我国各类政府支出的增长率多数为正，支出总量（即便是去通胀和对数化后）和支出比重也常呈单向递增或递减趋势。因此，如果想要从相对关系的角度来分析社会福利支出，即，分析对象从个体支出变为支出间关系，不是只用社会福利支出的个体情况来衡量社会福利，而是引入参照物，用社会福利相对于经济建设的支出情况来测量社会福利，这时，就有必要寻找一个比支出增长率或支出比重之类更有效的测量指标。

经多番比较，本文最终借鉴了公共预算和政治经济学共同关注的"预算竞争"或"支出竞争"领域[②]中的一个指标：DIFF（A：B）。其中，公共预算学者们对"预算竞争"的关注源于对主流的渐进预算模式的质疑和挑战，"如果大家都是在按照渐进的预算规则编制预算的话，政府预算何以能反映公共政策选择、政府职能和支出优先权的变化？"（Natchez & Bupp，1973；Gist，1982）政治经济学领域则更加强调从资源稀缺性和需求无穷性矛盾出发的"支出竞争"，尤其是"二战"后的"黄油大炮"即国防与社会福利支出竞争，以及 21 世纪后庞然的社会福

[①] 假设支出总量为 T，那么，国内已有研究的思路主要是单独地计算支出总量 A 或 B、支出比重 A/T 或 B/T、以及支出增长率 $(A_t - A_{t-1})/A_{t-1}$，然后再根据研究需求对这些指标进行比较或分析。

[②] 更多研究评述参见石慧，2013。

利支出所带来的预算冲突。基于对拉西特（Russett，1969，1970，1982）所创立的经典支出竞争范式的反思，美国学者洛维利和贝利（Berry & Lowery，1990）协力开发了 DIFF（A∶B）指标。虽然洛维利和贝利的初衷是借此来描述并解释美国政府支出尤其是国防与社会福利之间（Guns vs. Butter）的竞争关系（tradeoff），但它的构建过程其实也很好地融合了基于增量的渐进预算与强调冲突的预算竞争理论。欧美其他学者的后续研究也证实了该指标在分析预算政治或支出竞争时的合理性和适用性。

DIFF（A∶B）的指标构建过程不再赘述[①]，这里只简单介绍其指标值的涵义：

（1）如果 DIFF（A∶B）=0，说明支出 A 相对于支出 B 而言获得了同样多的预算资增长或预算削减，预算决策者在进行预算分配时没有特别的支出偏好，二者的预算优先权相当；

（2）如果 DIFF（A∶B）>0，说明支出 A 相对于支出 B 而言从预算盈余中获得了更多预算增加或者在预算缩减时经受了更少的削减，是预算决策者的"偏好"支出，也说明它的支出优先性比支出 B 更高，在与 B 的预算资金竞争中略胜一筹；

（3）如果 DIFF（A∶B）<0，说明 A 的优先权低于 B，B 赢得了与 A 的预算资源竞争，在预算盈余时获得了更多预算资金或者在预算缩减时被削减得更少。

较之增长率或比重等指标，DIFF（A∶B）虽然计算稍复杂，但指标内涵显然更丰富，能更直观、生动、细致地传达支出相对关系的复杂或支出间博弈的历史曲折。而且，它的指标值围绕 0 上下波动，平滑收敛且易于识别解释。更重要的是，"DIFF（A∶B）"指标的适用性很强，不仅可用于分析美国的支出竞争，也可测量中国的社会福利支出与其他支出（主要是经济建设支出）之间的相对关系，进而反映各项支出及其背后的政府职能在我国财政预算分配过程中的优先性地位。由于本文所研究主要是中国社会福利支出，而参照对象为经济建设支出，所以

[①] 详细的指标构建过程参见 Berry and Lowery，1990：683-687。

DIFF（A：B）可表达为 DIFF（社会福利支出：经济建设支出）（下文简称 diff（w：e）或 diff，e 为经济建设支出，w 为社会福利支出，是教育、卫生、社保支出的加总）。

二、中央公共政策转型了吗？

为回答这个问题，本文将以中央发文为切入点，对我国 1954 年至今的社会福利类公共政策进行分类梳理，并简要描述其数量结构特征的历史变化。

（一）福利政策文件来源

政府事务千头万绪，政策文件纷繁复杂。在中国政治语境中，"政策"一词的涵义十分广泛，既包括党的路线、方针、政策、决定，也包括立法机关制定法律法规及规章制度，还有政府制定的各类发展战略规划、公共政策以及指导意见等。要判断我国的公共政策导向是否已经往社会福利倾斜，第一步必须对公共政策数量特征和分布结构形成一个大致的了解。

"中国政治文件很重要，很多关键决策的制定与贯彻落实都由文件推动，尤其红头文件，是观察和理解中国政治的绝好切口"（毛予菲，2014）。在无损研究效度的情况下，本文对纳入分析的福利政策范围进行了限制，只分析历年《国务院公报》（以下简称《公报》）中由中央层次的党政部门所发布的社会福利类公文（含教育、卫生、社保）。

表1　社会福利政策分析范围

分析对象	社会福利政策，含教育、卫生、社保3类主题。
发文单位	中央政府，含中共中央、中共中央办公厅、全国人大、国务院、国务院办公厅、中央军委等6个核心机构，以及教育部、卫计委、人社部等81个部办委局。

资料来源：1954—1966 年、1980—2014 年累积刊行的 1488 号《公报》。

分析对象方面：主要分析社会福利政策文件，尤其是其数量特征

（而非政策内容）。此处的"社会福利"是粗放意义上的社会福利概念，也可称之为"社会性政策"，主要包括教育、卫生、社会保障3大块。

发文单位方面：主要分析由2类中央政府机构所发布的教育、卫生和社保相关文件。一类是中共中央、中共中央办公厅、全国人大、国务院、国务院办公厅、中央军委这6个核心机构所发布的文。比如，《国务院关于基础教育改革与发展的决定》《国务院关于在全国建立农村最低生活保障制度的通知》《中共中央国务院关于深化医药卫生体制改革的意见》等。这类文件往往具有强烈的标志性和导向性，在引导公共政策转型、增强政府的社会福利建设职能等方面有着显著影响。另一类则是由国务院各部委局办等所发布的文，它们不仅发挥着宏观规划指导的作用，而且也具有较强的可操作性。比如，《人力资源社会保障部关于印发人力资源和社会保障事业发展"十二五"规划纲要的通知》《教育部关于贯彻落实科学发展观进一步推进义务教育均衡发展的意见》等。

未将地方政府的社会福利政策纳入分析范围不仅是因为相关文件搜集量太大，同时也考虑了我国"由上而下"的政策特征。"以省委省政府名义或者其两办名义下发的政策，一般都是贯彻中共中央、国务院及其两办的政策规定，或者是贯彻落实省委省政府重大战略与部门重要部署"。至少在政策制定上，地方政府对于中央有着较好的"遵从度"，能及时追随中央政府的政策动态。

资料来源方面：以《国务院公报》①为主要资料来源。《国务院公报》由国务院办公厅编辑出版，是刊载国家法律、法规和方针政策性文件的重要载体。它创办于1955年②，"文化大革命"期间暂停发行

---

① 《中华人民共和国国务院公报》（简称《国务院公报》）是1955年经国务院常务会议决定创办，由国务院办公厅编辑出版的面向国内外公开发行的政府出版物，是刊载国家法律、法规和方针政策性文件的重要载体。它集中、准确地刊载：国务院公布的行政法规和决定、命令等文件；国务院批准的有关机构调整、行政区划变动和人事任免的决定；国务院各部门公布的重要规章和文件；国务院领导同志批准登载的其他重要文件。《中华人民共和国立法法》规定，在《公报》上刊登的行政法规文本为标准文本。在《国务院公报》上刊登的各类公文与正式文件具有同等效力。

② 《国务院公报》的发文单位涵盖了中共中央、中共中央办公厅、全国人大、国务院、国务院办公厅、中央军委以及其他中央部委局办。

(共 13 年未发行),1980 年复刊,2000 年后改为全年 36 期(35 期加 1 期增刊)的定期旬刊,现已累计发行 1488 号。由于《公报》此前长期为不定期发行刊物,发刊年份与发文年份虽大体一致,但仍有出入。①为保持统计口径一致②,社会福利文件数的统计全部按《国务院公报》的发刊年份进行。

表 2 社会福利政策文件来源

年份	来源	文件统计方法
1954—1990	《公报:1954—1990 总目》③	按主题分年度统计教育、医药卫生、社保等类目下的文件总数
1991—1999	《公报》(合订本)	按主题索引分类统计教育、卫生、社保等文件数量
1992、1993、1995	CNKI《公报》(1954—2012)④	按年度分主题筛选后再汇总
2000—2014	政府网《公报》库⑤(2000—2014)	按年度分主题筛选后再汇总

(二) 对中央社会福利政策的数量描述

在展开分析之前,先对所统计的社会福利文件数量进行了信度检验。其中,"wel"是按表 2 中的资料来源整理而成的社会福利政策数量,"heaedu"是在 CNKI 政报公报数据库中按刊名"中华人民共和国国务院公报"分主题、分年度搜索而来的教育和医疗卫生政策之和⑥。

---

① 多数情况是《公报》稍有滞后,下半年出台的一些政策文件有可能在次年的《公报》中才刊载。如,按《公报》发刊年份统计的 2000 年教育卫生类文件数量为 31 条,而按实际发文时间统计的 2000 年的教育卫生类文件为 41 条。
② 同时也是出于数据可获得性的考虑,分年份统计的难度更大,许多数据难以获得。
③ 《中华人民共和国国务院公报 1954—1990 总目》,档案出版社 2001 版。
④ 经查,CNKI 的《国务院公报》(1954—2012)库缺少 2010 年和 2011 年的资料。
⑤ 政府网,http://www.gov.cn/ziliao/gbgg/jingtai/gbgg_gwygb_zhjs.htm。
⑥ 该数据库只有 1954—2012 年的《公报》,且除了缺少未发行的 1967—1979 年的《公报》外,还缺少 2010 年和 2011 年的《公报》;其次,它的搜索结果中还缺少 1961 年、1962 年、1963 年、1965 年、1989 年和 1992 年的医疗卫生文件数,以及 1962 年、1965 年和 1989 年的教育文件数(这些年份标为 0);再次,它的搜索主题中无"劳动和社会保障",因此只能得到"教育"和"医疗卫生"主题下的文件搜索结果。

前者是多种文件来源的混合，后者是单一的文件来源。从两类数据的变化趋势来看，在缺少"社保"政策的情况下，"heaedu"的文件数量整体上少于社会福利政策数"wel"，而且高峰低峰的分布也大致趋同（见图1）。此外，不同来源的《公报》"文件总数"与"教育卫生"文件数也相差无几（图略）。因此，本文统计社会福利政策数量的方法虽有不足，却也全然可用。

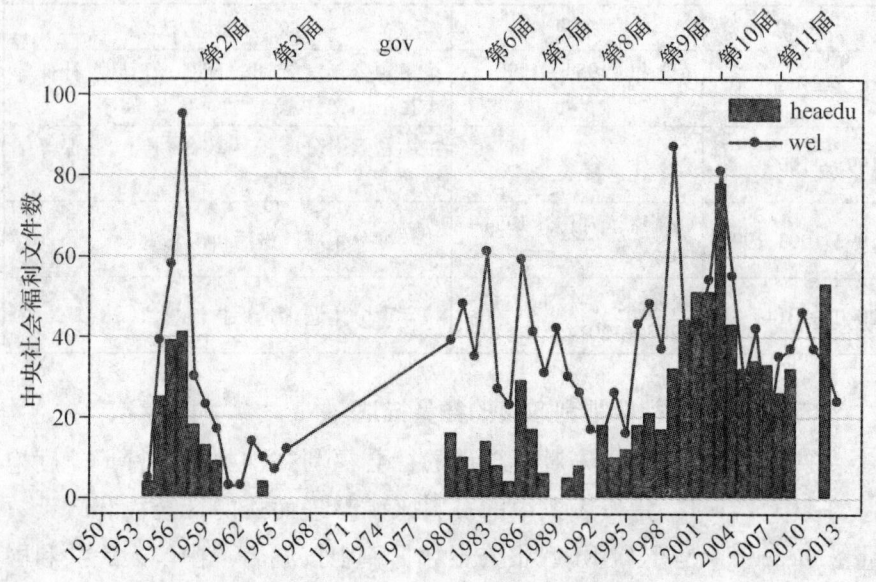

图1 1954—2013年，中央政府社会福利类文件总数

具体来看，按混合来源整理的中央社会福利政策（wel）呈现出以下数量特征：

（1）1954—2013年60年间，除未发行《公报》的13年外，中央所发布的社会福利政策数量总共有1638份。其中，1966年以前的中央福利政策发布数量并不稳定，最高时达到95份/年，少时仅3份/年；而2000—2013年的社会福利政策数量明显增加，年均40余份，14年间累计发布570份，占到已统计的福利政策总数的35%（见表3）。

表3　1954—2013年，中央社会福利政策数量

时期	年数	份数	年均值	占比	标准差	最小值	最大值
1954—1966	13	316	24.3	19.3	26.58	3	95
1980—1999	20	752	37.6	45.9	17.45	16	87
2000—2013	14	570	40.7	34.8	15.67	16	81

（2）从历史变化来看，中央所发布的教育、卫生和社保类政策数量并不稳定，并且呈现出较为明显的波动周期：20世纪50年代、80年代和21世纪初为社会福利政策发布的3波高峰期（见图1的wel曲线）。相应地，1994年分税制前后以及2007年金融危机前后是中央福利政策的低谷期。

尽管建国初期的社会福利政策发布量并不稳定，却也有起有落。可是，在改革开放以后，尤其是邓小平"南方谈话"后的1985—1995年10年间，中央政府的社会福利政策类数量却一路直下，到2003年前后才迎来新的政策高峰期。而且，迎来2003年新一波福利政策高峰后不久，经济危机爆发，我国的中央福利政策数量再次降到了谷底（2007年）。

（3）从发文主体来看，在中央福利政策的发文单位中，中共中央、中共中央办公厅、全国人大、国务院、国务院办公厅、中央军委核心机构在引导国家大政方针的转型方面具有举足轻重的作用。1954—2013年的60年间，由这些核心机构所发布的社会福利类文件（core）共566份，占已统计社会福利政策量的三分之一多（34.56%）。

虽然中央核心机构的社会福利政策数与整个中央政府发布的社会福利政策数的变化趋势相近，但是二者不仅在政策数量水平上存在差距，在标准差等其他数量特征上也有所不同。比如，核心机构的福利政策分布相对平稳，1980年以后的标准差明显降低（从13.12到3.83和5.15）；而且，其政策数量在2004年（而非2003年）前后发生了一次很大的变动，从2002年的"6"持续攀升到2004年的最大值"23"，然后又在2008年落回了最小值"6"。

表4 中央核心机构所发布的福利政策

时期	年数	份数	年均值	占比	标准差	最小值	最大值
1954—1966	13	126	9.69	22.26	13.12	1	49
1980—1999	20	277	13.85	48.94	3.83	8	23
2000—2013	14	163	11.64	28.8	5.15	6	23

有趣的是，如果从核心机构福利政策数量占总福利政策比重（procore）来看，占比最高的分别是1958年（66.67%）、1993年（93.75%）和2007年（62.5%），而1993年和2007年却正是1980年以后福利政策总数最低的两年。这也就是说，中央社会福利政策数量在1993年和2007年降到最低的主要原因不在于这几个核心机构而在于其他部委局办。

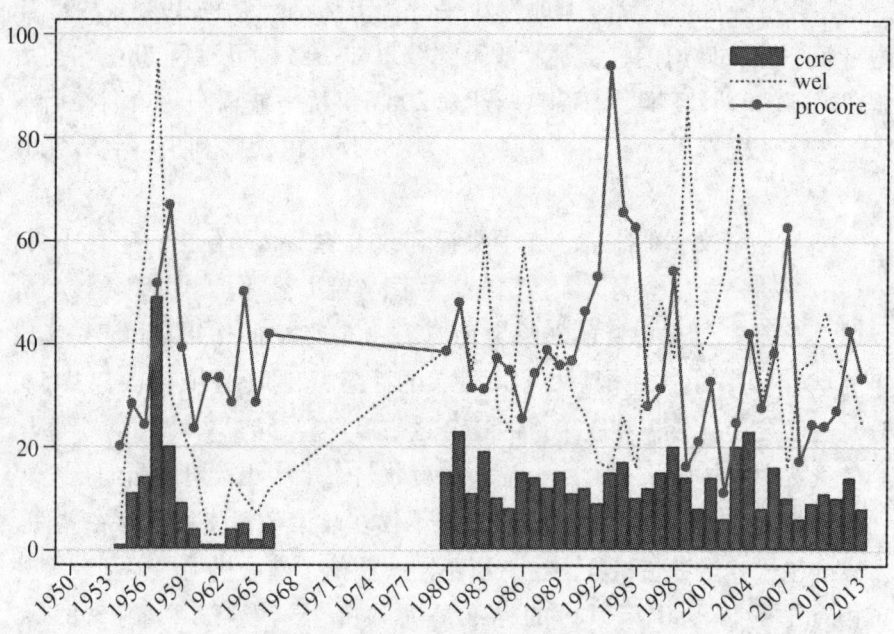

图2 1954—2013年，核心机构福利文件数及其比重

（4）对"社会福利"的政策数量变化分析离不开与"经济建设"等其他参照支出的对比，因此，在前文政策数量绝对值的分析基础上，

此处继续引入社会福利政策的比重分析。其中，经济（economic）、卫生（health）和教育（education）政策来自于 CNKI《公报》数据库，而社保（social）政策数量来自于政府网的《公报》数据库①。

表5　中央经济、教育、卫生和社保政策数

变量	观察值	平均值	标准差	最小值	最大值
经济综合类	41	44.76	36.04	2	124
卫生类	38	11.58	11.1	1	47
教育类	41	10.93	8.75	1	31
社保类	15	10.53	6.27	0	23

在不同的政策主题中，（1）"经济综合"类的政策显然最多，年均约45份，而且政策数量在1985—2001年间几乎一直呈快速增加趋势，2001年达到114份后才开始迅速下降；（2）教育政策小高峰频繁，1983年、1986年、1993年、2000年、2003等年份都是小高峰时点；（3）卫生政策的数量水平虽然整体高于社会保障政策，但是它们二者共享着类似的变化特征，而且政策数量都在2003年有了爆发性的增加。

再从支出比重来看，分别以CNKI《公报》库中的历年各类文件总数（1954—2012）和政府网《公报》数据库中的文件总数（2000—2014）为基数计算而来的社会福利政策比重极为接近（见图4的"prowelcnki"和"prowel"重叠部分）。

出乎意外的是，若只从比重来看，1991年以前的社会福利政策比重并不比"经济综合"类的政策比重要小。真正的逆转发生在1991年。1991年之后，中央的经济综合政策比重开始稳步扩大，而社会福利政策比重则不断缩小，至1994年前后才触底反弹。尽管福利政策比重触底之后又于1999、2003和2010年时出现了几波小高峰，但它与经济政策比重之间的"剪刀差"仍然不断拉大。

---

① 前文已经证实，2个数据库的文件搜索结果虽然有所区别但发展趋势大致相同，因此，用来进行历史比较也未尝不可。

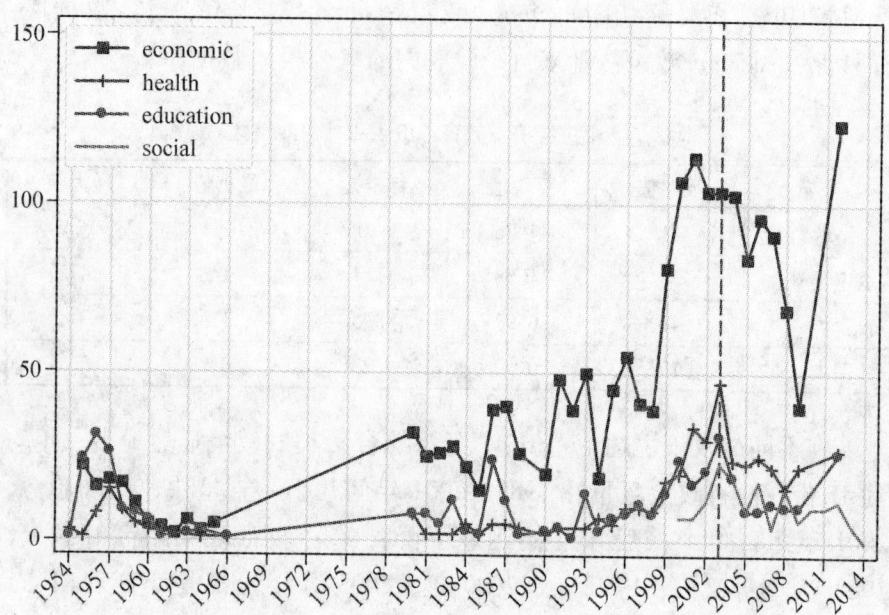

图3 1954—2013年，中央政府经济、教育、卫生和社保政策数量

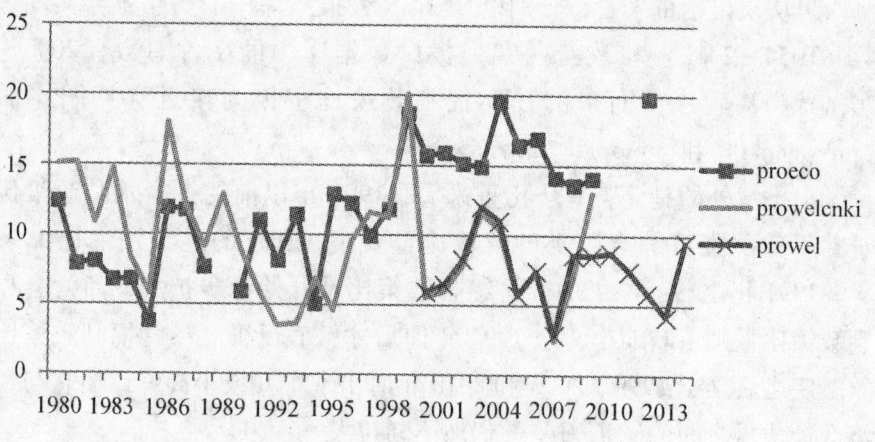

图4 中央政府的经济、社会福利政策比重

由此可见，至少在政策制定领域，社会福利和经济建设之间不必然是此消彼长的关系。我国中央政府对社会福利职能的重视也并不意味着他们就此忽视了经济建设，经济建设和福利建设可以同为政府工作的重点。

（三）中央社会福利政策数量分析小结

以上分析结果表明：

（1）不同于经济建设等其他政策，中国社会福利政策的增长态势并不稳定，很容易被其他事件（如经济危机）所打破。从历史轨迹来看，中央层面的社会福利政策有着明显的波动周期，常以10年或更长时间为一个循环。

（2）1985—1995年间的10年是我国中央政府的社会福利政策数量急速下降的10年，所幸，其政策量在随后的年份中逐渐回升。而且，为了响应"公共政策转型"和"重建国家福利"的政治要求与群众呼声，中央政府于2003年前后陆续发布了一系列与社会福利相关的政策，直接促成了福利政策数量的新高峰。

（3）经济政策与社会福利政策制定之间并非零和博弈的关系，我国中央社会福利政策的数量增长或结构调整是在经济政策稳步、持续增加的背景之下进行的。对于中央政府而言，构建社会福利体系的社会需求和政策要求越迫切，培育一个稳定有序且健康可持续发展的经济大环境的任务也就越重。

（4）实际上，自中央提出公共政策转型以来，不仅政策文件的数量特征发生了变化，其内容也有明显转变。清华大学"政治文件与文件政治"课题组[①]发现，从中央文件关键词的变化也可以看出中国社会的发展方向。比如，在1978年十一届三中全会的相关文件中，"发展""改革""经济"是关键词；1993年十四届三中全会、2003年十六届三中全会相关文件中，"市场"是高频词。"这种变化和党的政策制定、和我们的生活息息相关。改革开放初期，我们更注重市场体制的建立，一味追求经济发展，随之出现了各种社会问题。十八届三中全会强调国

---

① 该课题组由清华大学政治学张小劲教授和景跃进教授牵头，于2014年上半年成立。

家的'治理',将社会、经济统筹起来发展。我想,在将来,'国家—社会''政府—市场'的关系肯定会发生变化,国家'治理'将成为新的发展方向"(张小劲,2014)。

至此,回到文章开头的第一个问题,我国公共政策到底转型了吗?答案应该是肯定的。2003年的教育、卫生、社保等福利政策高峰便是最佳例证。至少在中央政府层面,无论是中办、国办等核心机构还是其他部委局办,在保证经济政策良好运行的前提下,它们都回应"公共政策转型"的历史要求而适时调整了政策布局,将更多的政治注意力转移到社会福利体系的构建和完善之上来了。

三、社会福利职能的支出优先性提升了吗?

"实质性的公共政策需要公共资金(而资金总是稀缺的)。大多数国会法案都附有美元记号,除非它是国庆节之类的象征性政策"(罗斯金等,2011)。政策在政府预算资金分配上的指导作用表现为,中央政府的重要政策不仅是次级政府进行战略规划和决策部署的依据,也是它们编制预算的指针。不论是支出部门在编制部门预算时,还是财政部门在分配资金时,他们都必须依据政府的政策意图来进行预算编制。政府支出反映了政府的政策优先秩序,政府预算则是促进公共政策和支持政府施政的利器。对于社会福利政策转型而言也是如此,判断政策取向不能只看政策宣言,还要看财政资金的流向。如果只有福利政策出台而没有财政资金的保证,那么"公共政策转型"将陷入"口惠而实不至"的尴尬境地。

然而,不管是预算优先权还是支出优先权[①],它们都是一种相对的概念,所以本文的社会福利支出的优先权也是相对于传统强势的经济建设支出而言的。

---

① 从广义的预算概念来看,支出也是预算过程中的一个环节,是综合了各种讨价还价和预算调整后的最终表现形式。因此,若无特别说明,文中论及预算优先权与支出优先权为同义。

选择经济建设支出作为参照对象主要是基于"中国财政支出优先权长期失衡"的历史事实。从中央到地方,"重建设轻民生"的支出偏好(即政府对经济建设支出的偏好以及由此导致的对社会福利支出的遏制和挤占)(龚锋、卢洪友,2009)使得经济建设支出长期以来都享有远高于社会福利支出的预算优先权(如1953—2006年间,我国经济建设支出平均占比达到40%,而其他支出最高都未超过15%)。但是,社会经济改革以及政府的公共政策转型都会催化财政支出结构动态变化,中国的财政支出格局在2000年以后也有了重大调整。

因此,下文将通过DIFF(社会福利支出:经济建设支出)来测量、描绘中国的社会福利相对于经济建设而言的支出(竞争)结果与优先性状态,并以此为基础,进一步探讨社会福利支出与经济建设支出的竞争态[diff(w:e)]与中央政策乃至经济发展水平等宏观变量之间的关系。数据虽不能言语,但在看似枯燥的财政数据背后却蕴含着丰富的政治涵义,也许diff(w:e)便是对前文论及的"公共政策转型"的政治涵义的一种资金反映。

1. 总社会福利支出的优先权变化

政策或许可以兼有不同重点,但政府的财政资金却是有限的,各项支出因此有了优先性的区分。所谓支出优先权其实就是不同政府职能就有限资源所展开的资金竞争,赢得更多的预算增长或更少的预算削减都可视为获得了比其他支出更高的优先权,而diff(w:e)即社会福利支出相对于经济建设支出而言的财政资金竞争结果或预算优先态势。

由于我国经济建设支出科目2007年后不复存在,所以diff(w:e)的时间范围是1953—2006年。[①] 为加强对比,本文还计算了从资金流量表(实物交易)中统计而来的1992—2009年的diff(社会福利支出:经济建设支出)[简称diff(wel:eco)]。计算diff(w:e)和diff(wel:eco)的数据主要来源于历年《中国财政年鉴》和《中国统计年鉴》,所有以

---

① 本文还计算了从资金流量表(实物交易)中统计而来的1992—2009年的diff(社会福利支出:经济建设支出)[简称diff(wel:eco)]进行辅助参考。

货币记值的数据若无特别说明均采用了 CPI（1950 = 100）来消除通货膨胀影响。

根据表 6，1953—2006 年间的社会福利支出优先权指标 diff（w: e）均值为 -0.32。在 1953 年以来的很长一段时期内，我国的社会福利支出整体上不敌经济建设支出，在与经济建设支出的预算资源竞争中败北。1986—1999 年的竞争形势尤其如此（见图 5）。社会福利支出的竞争优势从 1986 年（9.16）开始一路降低，1994 年（-0.64）之后优势转劣势，diff 值持续为负，直到 1999 年走入谷底（-5.39）。

表 6　社保、教育、卫生支出与经建支出的 diff 值

时期	社会性支出（社保 + 教育 + 卫生支出总和）：经济建设支出	社保支出：经济建设支出	教育支出：经济建设支出	卫生支出：经济建设支出
1953—1977	-1.73	-2.16	-1.7	
1978—1993	2.37	-0.49	1.93	1.38
1994—2002	-1.55	-5.81	-2.28	-5.12
2003—2006	0.16	-6.55	-2.32	-5.37
总计	-0.32	-2.61	-0.75	-1.67

支出的背后即政府职能与政策，这样的支出竞争格局其实也是对我国政府职能和政策格局的真实写照。在我国的各项政府职能当中，经济职能长期占据主导地位，经济建设政策数量也持续攀升。因此，相对于社会福利支出而言，又有更高预算优先权的经济建设支出更容易获得更多的预算增长也不足为奇。

但是，2000 年之后的情况发生了变化，社会福利支出优先权开始迅速回升。不仅 2002 年和 2003 年的 diff 指标值达到了新的小高峰（见图 5），这期间的 diff（w: e）和 diff（wel: eco）均值也都由负转为了正。diff 值的逆转意味着社会福利支出的优先权和预算竞争能力后来者居上，它在 2003 年之后开始享有相对于经济建设支出而言更高的预算优先权，能在总预算盈余时获得更多预算增长或在总预算紧缩时承接更少的预算削减。

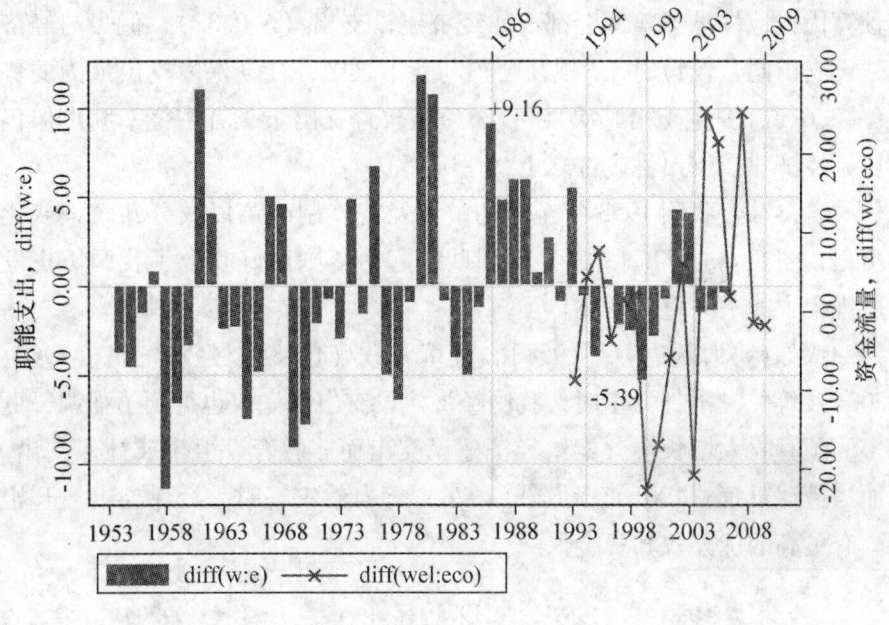

图5 1953—2006，diff（w:e）和 diff（wel:eco）

2. 教育、卫生、社保等分项社会福利支出的优先权变化

将总社会福利支出拆解为社保（soc）、卫生（hea）、教育（edu）后再计算以经济建设支出为参照体的 diff 指标有助于挖掘更多的信息（详见图6）。比如，图6中的4条支出 diff 值曲线交织，这就意味着我国教育、卫生和社保3项支出的预算优先态势相似且整体趋近于总社会福利支出。

从整个时期来看（1953—2006），经济建设支出不仅对于总的社会福利支出而言享有更高的支出优先权（-0.32），而且与单项的社保、卫生和教育相比较（-2.61，-1.67，-0.75），它同样拥有优势，并且优势更明显；其次，教育、卫生、社保支出和总福利支出一样，优先权指标值都在1961、1980、1993、2003等年份呈现出短暂的高峰，而频频在1958、1978、1984、1994、1999等年份落入低谷。

"趋同"而存异，教育、卫生和社保3项福利性支出的优先态势虽然趋同，但彼此之间仍然存在不少细部差异。最明显的是，3项支出的预算优先地位虽然整体上都不如经济建设支出（-0.32），但当与经济建设支出同台较量时，3项社会福利支出之中，社会保障支出最为弱势（-2.61），卫生支出其次（-1.67），教育支出于三者中侥幸胜出但仍居于经济建设支出优先性之下（-0.75）。

若再结合我国1953年至今的政治经济体制改革以及公共政策变化历程，图6中的diff（w:e）的那些起起落落则正好吻合了我国历史发展进程中的一些重大变化。

比如，"大跃进"（1958）、改革开放（1978）、经济危机（1997、2007）等关键事件发生时，我国经济建设支出优先权也得到了强调，更多的预算收入增长会分配给经济建设支出而非教育、卫生或社保支出。而当遭遇饥荒（1961）、地震（1976）等自然灾害时，社保支出便开始享有更高的优先权和资金保障。

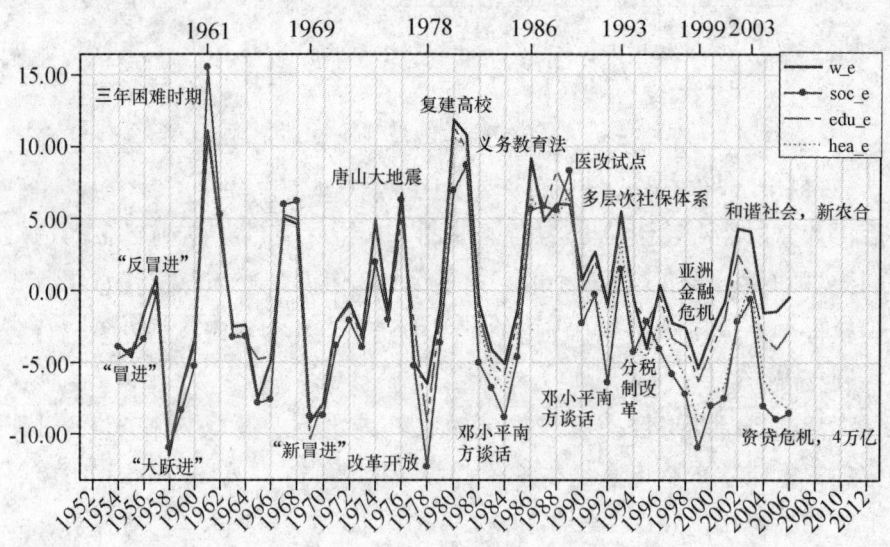

图6　各项社会福利支出与经济建设支出的diff值

图6中，diff（w:e）在2000年前后出现了2个突出的时点：1999年（低谷）和2003年（高峰）。一方面，经历了1985年以后长达十余

年的社会福利政策"静默期",以及1997年、1998年的亚洲金融危机之后,中国社会福利支出(尤其是社会保障支出)相对于经济建设支出而言的支出竞争指标或曰预算优先性终于在1999年降到了谷底①。另一方面,在2000年之后,中央的政策取向逐渐转变,及至2003年,新一届政府上台后明确提出了和谐社会建设,并且要求将各级政府的财政支出向教育、医疗、卫生等民生方面倾斜。与中央政策格局的这一重大转变相对应,社会福利支出优先权也在2003年获得了大提升。

总的来说,图6不仅直观描述了我国社会福利建设和经济建设的长期博弈与历史纠葛,反映了我国政府职能的转变历程与两项支出的竞争轨迹,也证实了从西方实证研究中引进而来的支出相对关系测量指标DIFF（A: B）的科学性以及它在中国情境下的良好适用性。

3. 社会福利支出优先权分析小结

从整体社会福利支出以及教育、卫生、社保3项单独福利支出相对于长期占主导地位的经济建设支出而言的优先权变化特征可知:

(1) 政策制定可以兼顾不同重点,但在预算总额既定的情况下,不同政府职能或政府支出之间的资金分配却无法一视同仁。经济建设支出长久以来的高速度、高比重增长无疑导致了部分本应获得预算资金分配的福利支出需求被忽视或遏制,而福利支出想要寻求突破性增长,也必然会寻求从预算基数庞然的经济建设支出中分一杯羹。因此,我国的经济建设支出和社会福利支出在资金分配方面存在着不同程度的此消彼长关系。

(2) 我国的经济建设支出长期享有高于包括社会福利支出在内的几乎所有政府支出的预算优先权。但是,社保、教育、卫生这3项支出本身的预算优先地位就不一,教育支出是3项支出中相对强势的,卫生其次,社保支出不容乐观。但是,2003年之后,即便是面对经济建设之类的强大对手,社会福利支出的diff指标也开始由负转正,它与经济

---

① 也是社保方面公共支出占GDP比重跌入谷底的时期,王绍光认为,因为20世纪90年代中后期,无数国有企业转制,几千万国有企业与集体企业的职工下岗,导致他们中的许多人及其家属被抛出社会保护网。

建设支出的支出竞争关系发生了显著逆转：教育、卫生与社保等各项社会福利支出（尤其社会保障支出）的预算优先权得到了大幅提升，经济建设支出的压倒性竞争优势明显减弱。

（3）结合我国的社会福利政策变化特征来看，2003年的公共政策转型不仅促使中央政府出台了大量社会福利类政策、形成了福利政策发布的高峰期。而且，在中央福利政策的支持与引导下，我国的社会福利支出尤其是社保支出作为长期积弱的支出项目，其支出优先权也得到了显著提高。从经济建设和国防建设等其他职能领域释放出来的财政资源此前主要流向了行管支出和教育支出等优先级更高的支出，但近期已经有了流向社保支出的趋势。

四、一些未完的探讨

1. 中央政策对社会福利支出的相对竞争性的影响

上文已经用数据分别回答了"公共政策转型到底转了没有"和"社会福利职能的支出地位改善了没有"这两个问题。尽管政府政策和政府支出之间的因果关系已经有了大量的理论讨论，然而，除了理论上的说明外，我国社会福利政策转型与福利支出地位改善之间的因果联系也许还能从实证中找到一些证据。因此，在下一步的研究中，可以尝试构建以政策（policy）和福利支出竞争（diff）为核心变量的模型，以此验证，对于在我国政府预算分配格局中一向弱势的社会福利支出来说，转型后的中央社会福利政策增长是否帮助它获得了比其他支出（如经济建设支出）更多的财政资金支持。

简单的二元回归[①]结果显示（图7），中央的福利政策强度变量（政策总数）和社会福利支出的优先权指标 diff（wel：eco）之间呈现出较强的正向相关关系，也即（在不考虑其他影响因素的情况下），中央

---

① 作者也曾纳入其他变量建立更完整的模型来分析政策（policy）对福利支出优先权 diff（w：e）的影响，经检验，其结果依然是显著为正的。篇幅所限，此处未展示。

的社会福利政策数量越多，社会福利支出相对于经济建设支出而言的预算优先性就更高，能从有限的预算资金中获得更多的预算增加或更少的预算削减。

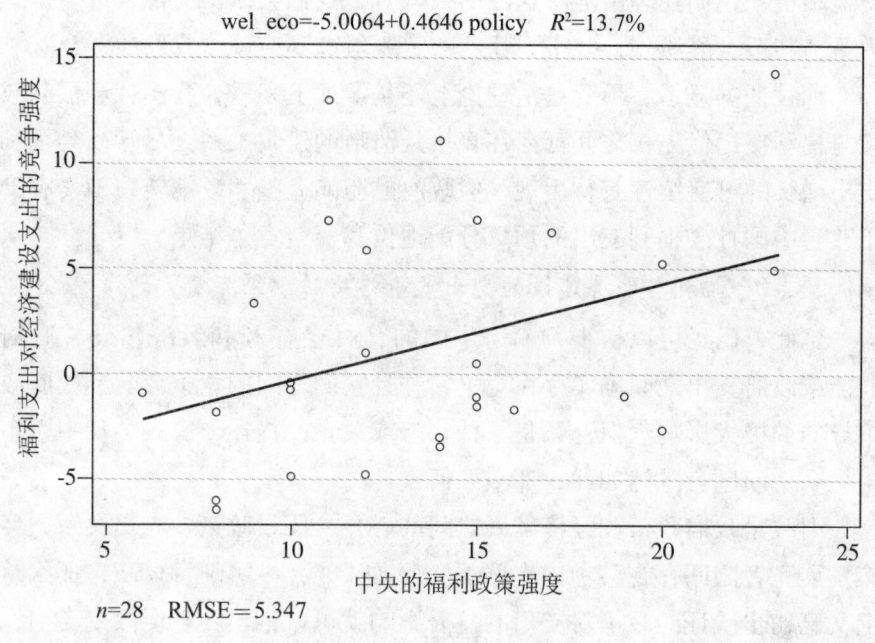

图7 中央福利政策与 diff（w: e）

虽然这一结果是从全国数据而来，但它实际上也能在省级政府层面获得经验支持。根据有关实证研究，在省级政府预算过程中，"部门拥有的政策的支持对部门获取财政资源优先权具有正向影响，政策支持力度越强，部门越易于获得财政资源的优先权"。政策支持对资金安排的影响其实从政策制定时就已经开始产生了，因为每次政策在起草过程中都要反复召开各个相关部门的座谈会，"在政策内容的讨价还价过程中，争论最为激烈的也是关于支出的数量，政策起草部门开出价，财政部门进行打折，最后取得共识"。一旦政策出台之后，支出部门就可以更加理直气壮地申请资金支持了。尤其是社会保障这类既非政府核心权力部门、"自有财力"不够充裕、服务对象又是缺少政治话语权和政策影响力的弱势群体的支出部门而言，中央以及其他政府部门所制定的专门的福利政策文件无疑是争取预算分配的"尚方宝剑"，"自从国务院出台政策推动这项工作以来，省里也抓紧贯彻执行，我们和财政也好打交道多了，他们找理由消减这方面投入时，我们会拿出文件来进行据理力争，甚至言辞激烈，寸土不让，一定要争取到应该给我们的资金"。

种种证据显示，不管是从理论上还是实证上来看，我国社会福利政策与福利支出优先权之间都存在直接且清晰的逻辑关系。尽管社会福利支出增长的可持续性有待后观，但政府的职能调整和政策转型确实有助于改善中国社会福利支出的预算分配地位和资金竞争结果。

2. 社会福利与经济建设的支出竞争格局对于经济发展的影响

到此，已经可以初步判断，中国的（社会福利和经济建设）政府职能或政府支出之间确实存在竞争，并且它们之间的竞争会受到政府政策导向的极大影响。但这只是一种状态或关系的描述，有人会从中引申出另一个问题：既然如此，那么如何？

财政是政府政策和经济发展之间的媒介，假设政策、支出关系、经济发展三者之间存在某种内在联系，譬如Policy→DIFF→GDP，那么从上文已初步验证的政策对支出的显著影响就可以推出：若要改变支出竞争格局或支出结构，可以从由上而下的政策调整着手。进一步地，支出竞争关系的调整也有可能影响经济或社会发展。

作为一种公认的生产性支出，经济建设投入对经济发展的影响无需多言，而认为社会福利支出可以刺激公民的消费需求从而促进经济发展的研究也不在少数。虽然二者不可或缺，但显然也都不可能无限扩大。于是，它们之间就可能会存在一个所谓的均衡态，即处于某个值或值域内的社会福利——经济建设支出关系最有利于经济发展。类似的讨论总会带来许多争议①，因为现实中的政治决策从来都不是一个"最优"的问题，它包涵了太多的变数和道德考量，但这些都无碍于我们大胆地做一些学术性探索。图8就是此思路下的一次简单探讨。

---

① 比如是否存在最优的财政分权度的研究就曾引致大量争议。

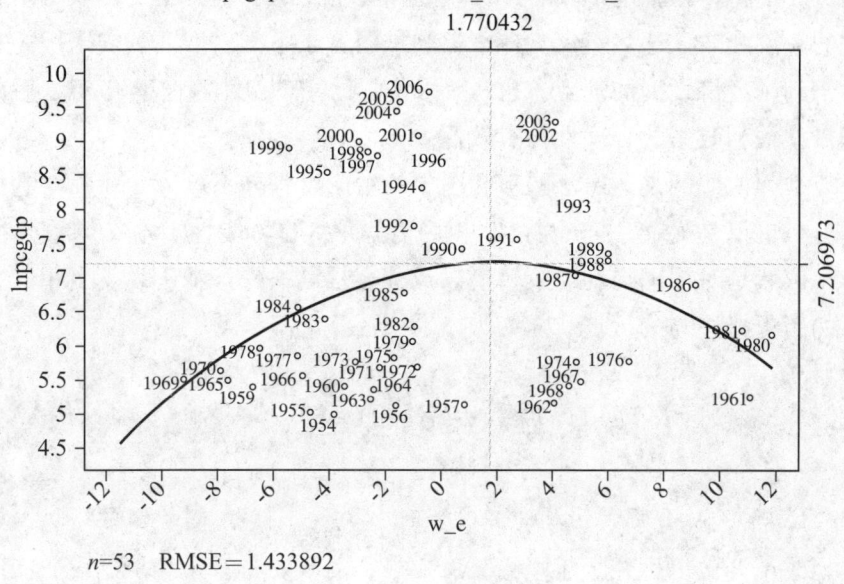

图 8 diff（w：e）与人均 GDP 之间的关系

当以 diff（w：e）为自变量，以人均 GDP（lnpcgdp 是对数化后的人均 GDP）为因变量构建二元二次回归模型并作图时，它们的关系表现为一条向下开口的倒 U 型曲线。也就是说，在预算分配过程中，社会福利支出和经济建设支出之间的竞争关系存在一个拐点。在拐点的左边，福利支出竞争指标 diff（w：e）所带来的边际经济效应递增，而拐点右边是递减。当样本范围是 1954—2007 年时①，拐点坐标为（1.77，7.20）。x 坐标为正，这就说明（不考虑其他因素的情况下），在中国的现实背景下，社会福利支出在财政资金分配中相对于经济建设支出的适度优先性从经济效率上来看是可取的。

同时，从样本分布来看，中央福利政策相对积极的 2000 年及后续年份都围绕在拐点附近，其中，2002 年、2003 年在拐点右侧，福利安排略为激进；2004 年、2005 年虽在拐点左侧，但对应的 y 值（人均

---

① 图 8 的时间范围是 1954—2007，用 1978—2007 年的数据作图时同样是倒 U 型曲线，但顶点坐标略左移。

GDP）很高，也就是说政府这几年以相对平稳的福利支出安排取得了更好的经济绩效。这些不仅支持了福利积弱背景下的适度福利支出优先有助于刺激经济发展的观点，也进一步肯定了中央政府在 2000 年之后的积极型福利政策的合理性与有效性。

必须说明的是，由于图 7 和图 8 的生成过程并不严谨，所以对它们的分析也仅是抛砖引玉，提出一些后续研究的可能性。本文的重点内容，依然是对中国福利政策转型以及社会福利——经济建设支出相对关系的历史描述与分析。

五、结论与展望

1. 中国社会福利困局的突破

改革开放以后几十年间的政府政策和财政安排对于经济建设职能的倚重不仅带来了我国经济水平与国家能力的快速提高，也间接引发了民众对于政府社会福利建设职能淡化的不满。新千年，政府职能改革和公共政策调整迫在眉睫。

2003 年前后，中国进入公共政策转型时期。中共中央和国务院各部局委办出台了一系列文件，以引导、规划我国的公共政策转型和福利体系建设，促成了 1954 年以来的第三波福利政策新高峰，并进而催生了社会福利支出财政竞争能力的高峰。大量福利政策的出台从整体上提升了社会福利支出的预算优先权、为福利建设营造了一个宽松的政策环境，也为各地区、各福利支出部门争取财政资金提供了最佳砝码。福利政策的增加以及福利支出优先权的提高反映了中国政府对于所处历史发展阶段的核心任务的敏锐性以及对于民众迫切需求的回应性。新农合等福利新举措的推出也明显弱化了潜伏在社会结构中的不安定因素，强化了弱势群体的社会认同与政府信任。因此，"如果今天仍有人一口咬定中国是'低福利'、'零福利'、甚至'负福利'国家，那就是无的放矢了"。

在 21 世纪的前十年，中央政府通过政策转型和支出结构调整等一系列举措，逐步突破了社会福利体系重建的困局。这是中国政府执政能力的体现。新十年，在经济转型和体制内优化等重任之下，政府的执政能力和治理能力面临新的考验。也许，政策工具和财政工具将在这一过程中发挥更大的作用。

2. 中国社会福利转型中的忧思

中国"福利国家"建设步伐的加快不仅给人民带来了普遍福祉，在全球经济下行、国家财政收入增速放缓、政府预算竞争加剧的现实背景下，它也给我国的政府行为逻辑和财政可持续性带来了挑战和威胁。

第一个挑战来自于经济建设和社会福利支出优先权之间的直接竞争。拥有强劲政策后盾的福利建设——经济建设支出竞争不仅改变了预算分配格局，也预示了一种更艰难的政府抉择的到来。当社会福利支出数量于2003年前后出现一波显著的高峰期时，我国的经济建设政策比重仍然维持在一个较高的水平，并未由于公共政策转型而明显下降，经济发展仍然是我国中央政府以及各地方政府的首要职能。在资金安排上，虽然经济建设支出的预算优先权目前仍可维持，但社会福利建设方兴未艾、刚性的社会福利支出增长来势汹汹，政府经济建设与福利建设之间的竞争势必会进一步加剧。

财政资金是有限的，面对层层下达的政策要求和严峻的预算竞争压力，政府该如何应对？是通过发起各种非正式手段来争取更多的"灰色收入"以维持经济建设支出偏好、以牺牲其他政府职能如农业发展和环境保护来填补经济建设和福利建设的资金需求、以增加公民税负或盲目扩大预算赤字和政府债务来转移资金缺口呢？还是从自身出发，通过降低行政运行成本、优化预算分配格局、提高已有财政支出的效率、提升其福利生产效能来缓解紧张的预算竞争局面呢？这些并不是虚构的问题，而是已经在世界上的其他国家发生了。比如希腊的政府破产危机，奥巴马政府医改方案的难产，日本政府与结构性超支的持久战等等。不同的政策选择会带来不同的政策后果，中国的各级政府在进行选择时不得不仔细加以权衡。

另一项更现实的威胁则来自于我国的财政收入增速放缓与社会福利

支出刚性增长之间的矛盾。随着政府改革进入攻坚期，中国经济也挥别了高速发展的黄金期，中国财政的拐点即将到来。"在未来，财政收入最多只能以一个比较低的速度增长，甚至有可能零增长，乃至负增长"。财政收入增速放缓的同时却是政府支出尤其是社会福利支出的刚性增长。尽管中国目前的整体社会福利水平仍然不高，但福利支出在公共支出中的比重已经不低［1978年以后的社会福利支出年均增长速度是同期经济建设支出的2倍多，支出比重的年均增长率（3.97%）也远高于经济建设支出（-2.59%）］。支出水平或比重的增长本身并不是问题，关键还是在于社会福利支出自身的特殊性。社会支出是一种赋权型支出，它具有不可预测性、刚性、难以进行预算控制等内在特点。"发达国家自20世纪50年代启动福利国家建设，到80年代社会福利支出在公共支出中的比重上升到一个历史高位……这部分刚性支出比重的上升不仅加剧了支出压力，而且对预算构成了巨大的挑战"（马骏，2013）。因此，如何布局社会福利体系建设、如何协调人民的福利需求和财政可持续性，都将成为难以回避的治理难题。

最后，回应一下前文的研究方法创新与后续研究探索。在国内的已有研究中，政府职能或政府支出之间的竞合关系（而非地方政府之间的竞争）是一个未被充分开发的领域。原因之一也许是研究方法上的瓶颈。本文所用的 DIFF（A: B）指标源自于国外的"Guns vs. Butter"问题分析，学者们对此问题已经有着多年的研究传承与争鸣，相关研究成果屡见于政治学与经济学的学术期刊重地，无论是理论上还是方法上都有许多可取之处。尤其该指标，它在国外公共预算领域和政治经济学领域所关注的"预算竞争"与"支出竞争"研究中起着承前启后的作用。尽管还有许多待完善之处，但它确是一个很有用的研究工具，可以敲开一座阿里巴巴宝库，里面充满了各式各样新鲜有趣的研究问题。比如，可以用它来识别政府职能间、支出间、甚至部门间的竞争关系模式；除政策外，也可以纳入公民需求、决策者特征等其他解释变量；或检验希克（2000）关于支出竞争的现实观察与理论推演：在不够全面、公平和权威的支出竞争情况下，总额控制下的预算分配会导致分配低效、支出结构僵化或公共支出规模膨胀、赤字、债务、税负增长。我们甚至可以进一步反思这些变量之间的因果关系，如：到底是支出竞争导致债务持续增加，还是政府债务压力迫使预算竞争激化了？中国或其他国家的社会福利与经济建设预算竞争到底有无普遍规律，拐点真实存在吗？

【参考文献】

［美］理查德·A.马斯格雷夫等：《财政理论与实践》，邓子基、邓力平译，中国财经出版社2003年版。

《中华人民共和国国务院公报》编辑室：《中华人民共和国国务院公报1954—1990总目》，档案出版社2001年版。

［美］艾伦·鲁宾：《公共预算中的政治：收入与支出，借贷与平衡》，中国人民大学出版社2001年版。

［美］艾伦·希克：《当代公共支出管理方法》，经济管理出版社2000年版。

［美］罗伯特·海尔布朗纳等：《国债和赤字：无根据的惊恐\现实的可能性》，中国经济出版社2003年版。

［美］迈克尔·罗斯金等：《政治科学》，中国人民大学出版社2011年版。

龚锋、卢洪友：《公共支出结构：偏好匹配与财政分权》，载《管理世界》，2009年第1期。

刘亚亮、林慕华：《预算过程中的正式政治与非正式政治：A省一个专项资金的案例分析》，载《公共行政评论》，2014年第1期。

马骏：《中国公共预算面临的最大挑战：财政可持续性》，载《国家行政管理学院学报》，2013年第5期。

石慧：《支出竞争理论：来自公共预算和政治经济学的共同关注》，载《公共行政评论》，2013年第2期。

王绍光：《从财政资金流向看中国政府政策调整》，载《战略与管理》，2004年第2期。

王绍光：《中国仍然是低福利国家吗？——比较视角下的中国社会保护"新跃进"》，载《人民论坛（学术前沿）》，2013年第22期。

王绍光：《国家治理与国家能力：中国的治国理念与制度选择》，载《经济导刊》，2014年第6期。

毛予菲：《红头文件里的治国密码》，载《环球人物》，2014年第22期。

中共中央党史研究室：《中华人民共和国大事记（1949—2009）》，人民出版社 2009 年版。

中国社会保障杂志社：《社会保障制度改革大事简记：1978—2008》，载《中国社会保障》，2008 年第 12 期。

中国统计局：《从基尼系数看贫富差距》，载《中国国情国力》，2001 年第 1 期。

中国政府网，http：//www.gov.cn/ziliao/gbgg/jingtai/gbgg_gwygb_zhjs.htm。

Aaron Wildavsky and Naomi Caiden, *The New Politics of Budgetary Process*, New York: Addison Wesley Longman (3rd), 1997.

Alex Mintz, "Guns versus Butter: A Disaggregated Analysis", *American Political Science Review*, Vol. 83, No. 4, 1989, pp. 1285 – 1293.

Bruce M. Russett, "Defense Expenditures and National Well-being", *American Political Science Review*, 1982, Vol. 76, No. 4, pp. 767 – 777.

Bruce M. Russett, "Who Pays for Defense?" *American Political Science Review*, 1969, Vol. 63, No. 2, pp. 412 – 426.

James C. Garand and Rebecca M. Expenditure, "Tradeoffs in the American States: A Longitudinal Test, 1948 – 1984", *Western Political Quarterly*, 1991, Vol. 44, No. 4, pp. 915 – 940.

John R. Gist, "'Stability' and 'Competition' in Budgetary Theory", *American Political Science Review*, 1982, Vol. 76, No. 4, pp. 859 – 872.

Kamlet M. S. and Mowery D. C., "Influences on Executive and Congressional Budgetary Priorities, 1955 – 1981", *American Political Science Review*, 1987, Vol. 81, No. 1, pp. 155 – 178.

Key V. O., "The Lack of a Budgetary Theory", *American Political Science Review*, 1940, Vol. 34, No. 6, pp. 1137 – 1144.

Peter B. Natchez and Irvin C. Bupp, "Policy and Priority in the Budgetary Process", *American Political Science Review*, 1973, Vol. 67, No. 3, pp. 951 – 963.

Sean Nicholson-Crotty, Nick A. Theobald & B. Dan Wood, "Fiscal Federalism and Budgetary Tradeoffs in the American States", *Political Research Quarterly*, 2006, Vol. 59, No. 2, pp. 313 – 321.

William D. Berry and David Lowery, "An Alternative Approach to Understanding Budgetary Trade-offs", *American Journal of Political Science*, 1990, Vol. 34, No. 3, pp. 671 – 705.

均等与增长：转移支付对县级公共服务财政投入的影响

——以2007年四川省数据为例*

周美多**

内容摘要：分税制以后，中国基层政府的财政支出越来越依赖于上级政府的转移支付。通过构建一个综合的分析框架，可以同时测量上级转移支付对县级政府财政支出的"增长效应"和"均等效应"。运用该框架分析2007年四川省的县级数据，可以得出结论：该省转移支付的县级分配在农林水事务、医疗卫生、教育、公共安全支出上表现出"均等—引致"效应；在一般公共服务、社会保障和就业以及交通运输支出上则表现出"均等—挤出"效应。数据分析结果显示，转移支付在该省进一步改善的一个重点方向应当是提高社会保障和就业以及交通运输上的地方支出积极性。

关键词：转移支付　增长效应　均等效应

---

* 基金项目：教育部人文社会科学研究青年基金项目"我国省内县际间财政均衡研究：经济、政治、法律的视角"（10YJC810063，主持人：周美多），国家自然科学基金资助项目"均等与增长：转移支付对县级公共服务财政投入的影响——基于2003年至今中国县级数据的实证研究"（71103026，主持人：周美多）。该文已发表于《西南民族大学学报》（人文社会科学版）2014年第12期。

** 周美多，女，重庆江津人，副教授，电子科技大学政治与公共管理学院，研究方向为政府间财政关系与国家治理。

一、研究背景与研究问题

政府间转移支付作为次国家级政府（sub-national government，简称SNG）的一种主要收入来源，在发展中国家占到其SNG总收入的60%，在OECD国家也占到其SNG总收入的33%（Shah，2004）。在中国，1994—2008年，中央对地方的转移支付平均占到地方财政支出的47%，而在一些西部地区，地方财政支出对转移支付的依存度超过了70%（李永友、沈玉平，2009）。在政府间财政转移支付被普遍赋予的目标之中，最显著的是"均等化"。然而，转移支付作为调节政府间关系的重要财政手段，不仅影响地方政府间的收支格局，同时影响单个地方政府收支水平的绝对值。转移支付是否促进了地区间财政均衡与是否提高了地方政府收支水平，作为转移支付研究的两个重要方面，却常常是独立展开，很少有交织。即便有交织，也主要是研究如何在既努力保证地方税收的同时又促进政府间的财政均衡。然而，由于下级政府的财政支出受偏好、公共品价格和地方财政收入三个因素的制约（曾明、李武龙，2010），税收水平的提高并不等同于具体公共服务财政投入的提高。因此，本文的研究问题是如何构建一个分析框架来综合评估转移支付对下级政府公共服务财政投入的"均等效应"和"增长效应"？并应用该分析框架，以四川省2007年的财政数据为例，进行实证检验。

二、文献综述

财政均等的理想目标是要使各地居民在可比的税率下得到基本相同的公共服务（Boadway，2004）。同时，公共服务均等也已经成为中国建立公共财政体制的基本目标之一，中国共产党十六届六中全会明确提出了"完善公共财政制度，逐步实现基本公共服务均等化"的政策目标。目前学界常用具体的公共支出，即地方政府对某类公共服务的财政投入来近似地衡量公共服务的供给量，从而评估转移支付在促进地区间公共服务均等化上的作用。比如，王蓉（2001），张光（2006），Lin（2009），曾明、李武龙（2010）测算了我国不同年份的县（市）级政府间义务教育投入的差异程度并从不同的角度寻求造成教育支出差异的理论解释。因此，根据实证研究中的这一转向，本文也将从公共服务财政投入的角度来研究转移支付对具体公共支出的辖区间均等化效应，简称转移支付的"均等效应"。

在绝对水平层面，Brandford & Oates（1971：416–439）最早指出，中央政府的转移支付对地方政府支出存在挤出效应，致使地方公共物品总投入没有增加或增加很少。而在我国，李永友、沈玉平（2009）的研究表明，地方财政收支决策对大规模转移支付的反应存在明显差异，支出决策反应显著性要高于收入决策。理论上，转移支付对下级政府公共服务的财政投入存在三种情况："引致效应""替代效应"和"挤出效应"。例如在教育投入方面，张欢等（2004）、张光（2006）、刘亮和胡德仁（2009）、曾明和李武龙（2010）的研究表明在他们各自的观察期和研究范围内转移支付均表现出对下级政府教育投入不同程度的"挤出效应"。所以，在研究转移支付对县际间公共服务财政投入的"均等效应"的同时，也需要同时评估转移支付对县级公共服务支出水平的绝对影响——本文称之为转移支付的"增长效应"——因为我们需要建立的是一种高水平的公共服务均等化，而非大锅饭似的平均主义。鉴于此，本文将在第三部分构建一套分析框架，从"均等"和"增长"两个维度综合评价转移支付对省内县级公共服务财政投入的影响。

之所以选择省内县级政府这个评估范围和分析层次，是因为在中国，主要由县（市、区）政府向广大民众提供基础教育、卫生和社会保障等基本公共物品，其财政状况直接影响民众享受公共服务水平和经济福利（尹恒、康琳琳、王丽娟，2007）。其次，对构成县级政府财力差异的指数进行分解，中国县级政府（1994—2000年）自有收入的差异有41%源于省内差异（Tsui，2005）。在多层级的国家中，全国范围内的均等化政策和增支政策都依赖于地区级或省级政府的执行力度。然而，由于县级数据的收集难度很大，无论是研究转移支付对省内县级公共服务财政投入的"均等效应"还是"增长效应"的文献都屈指可数，且没有同时研究两种效应的文献，因此本文提出的分析框架和实证检验希望在此方面能有所推进。

三、分析框架与模型

从理论上来说，上级政府给予下级政府财政支持的主要目的首先是为了支持各地区维持均等化的公共服务，其次是为了改变后者的行为和偏好（曾明、李武龙，2010）。而改变某项公共服务支出占整个财政支出的比重，就是典型的改变政府支出行为或支出偏好的表现，即改变政府支出的优先排序。由于转移支付对下级政府公共服务支出的均等化影响，既要通过均等化下级政府的财政收入能力来实现，也要辅之以通过改变下级政府的支出偏好来实现，因此在测量省内转移支付对县级各项公共服务财政投入的"均等化效应"之前，需要首先测量转移支付对县级各项公共服务支出占比的影响，本文将把这一测量纳入转移支付对县级各项公共服务财政投入的"增长效应"的测量体系中。

（一）"增长效应"的判定规则及相关模型

转移支付对下级政府公共服务财政投入的影响主要有三种情况：一是"引致效应"，即转移支付的增加使得下级政府加大（或减少）对某项公共服务支出的财政投入，且这种促进（或削减）作用大于（或小于）下级政府自有财力增加引起的该项公共服务支出的增加（或减少）幅度；二是"替代效应"，即转移支付的增加对下级政府某项公共服务支出的财政投入的影响同其自有财力增加的影响一样大，则可视转移支付同该政府的自有财力无异，并不影响它的支出行为；三是"挤出效应"，即转移支付的增加对下级政府某项公共服务支出的财政投入的增加（或减少）幅度小于（或大于）下级政府自有财力增加（或减少）所带来的该项支出的增加（或削减）幅度。本文把"引致效应""替代效应"和"挤出效应"作为"增长效应"的三种取值，通过建立模型测量转移支付与自有财力各自对某项公共支出的影响系数，并比较二者的系数，从而得出转移支付"增长效应"的取值。由公共支出的计算公式，即公式1，我们很容易得到影响县级某项公共服务支出水平 S 的三个决定因素分别是该县政府的自有财力 R，其获得的上级转移支付 TP 以及该项支出在县总支出中所占的比重 r。

$$S = (R + TP) * r \quad (公式1)$$

根据公式1，我们进一步建立了如下的计量模型：

$$S_i = \alpha_1 + \beta_1 perrev_i + \beta_2 pertp_i + \beta_3 ratio + \varepsilon_i \quad (\text{model1})$$

其中 S 表示某县的某项公共支出的人均值，本文将对一般公共服务支出、公共安全支出、教育支出、社会保障和就业支出、医疗卫生支出、农林水事务支出和交通运输支出分别进行测量。perrev 和 pertp 分别代表本年政府的人均一般预算收入和人均获得的转移支付净值，ratio 代表该项支出在总支出中所占的比重，简称该项支出的占比。本文假设不管是自有财力还是上级的转移支付，县级政府财力的增加都意味着更有能力对某项公共服务进行财政投入，因此 perrev、pertp 和 S 具有正相关关系；同样，支出比重的增加意味着支出偏好向该项公共服务倾斜，从而会引起该项支出绝对水平的提高，因此 ratio 和 S 也具有正相关关系。以某个省中所有县为全样本，根据 model1，可以测算出 perrev、pertp 和 ratio 对 S 的边际效应 β_1、β_2 和 β_3。

然而，一般预算收入和转移支付除了对某项公共支出的水平有直接影响之外，还可能通过影响支出比重而对支出水平产生间接的影响，即我们还必须测量 perrev 和 pertp 对 ratio 的影响。在建立计量模型之前，本文先构建解释影响公共服务支出占比的理论模型。我们认为影响某项公共服务支出占比的因素主要来自于四个方面：财政收入能力、公共服务支出需求、支出成本、上年支出基数。具体地，财政收入能力由两部分直接组成，即我们关心的政府自有财力和获得的上级转移支付净值。同时，财政收入能力也潜在地受到当地经济发展水平的影响，如人均 GDP。理论上认为，收入能力越强，增加公共支出占比的可能性越大。支出需求则反映了当地社会经济发展对某项公共服务支出的需求程度，比如教育支出就受当地中小学生人数等的影响。理论上认为，公共预算程序应当反映社会的公共需求，因此支出需求越大，相应的公共服务支出占比也应当更高。再次，公共服务支出占比还受服务供给成本的影响，例如地广人稀的辖区要提供相同量的公共服务，可能就需要支付更高的支出成本。当然，要具体衡量每项公共支出的成本存在着数据搜集上的困难，因此我们近似地用人口密度、政府规模等变量加以控制。最后，从渐进预算理论的角度看，很多政府的预算过程都是一个"基数加增长"的过程，因此上一年的支出基数越高，也可能意味着当年该项支出的比重越大。

根据上述理论模型，可以构建如下计量模型：

$$ratio_i = \alpha_2 + \beta_4 base_i + \beta_5 perrev_i + \beta_6 pertp_i + \beta_7 GDP_i + \beta_8 C_i + \beta_9 D_i + \varepsilon_i$$

（model2）

其中 ratio 是某县某项公共支出当年的支出占比，base 表示该公共支出上年的支出占比，即支出基数。perrev 和 pertp 同 model1 中一样，分别是该县的一般预算收入和获得的转移支付净值，这两项代表了政府的收入能力。GDP 变量表示该县的人均地区生产总值，是代表辖区经济水平的变量，也作为衡量政府收入能力的控制变量。C 代表支出成本变量，主要用辖区人口密度加以控制。D 代表支出需求变量，根据不同的支出项目选择相应的支出需求变量。比如测量教育支出时，引入中、小学的在校生人数占总人口的比重，作为测量支出需求的变量。同样以某个省中所有县为全样本，根据上述计量模型，分别测算出 β_5、β_6，即一般预算收入和转移支付对支出占比的边际影响。然后根据公式2和公式3可以得到一般预算收入和转移支付对某项支出水平的最终影响 G_{rev} 和 G_{tp}。最后，根据前文"增长效应"的判定规则，即可确定"增长效应"的取值。①

$$G_{rev} = \beta_1 + \beta_5 * \beta_3 \qquad \text{（公式2）}$$
$$G_{tp} = \beta_2 + \beta_6 * \beta_3 \qquad \text{（公式3）}$$

---

① 即当 $G_{tp} > G_{rev}$，该省的转移支付对县级的该项支出具有"引致效应"；当 $G_{tp} = G_{rev}$ 时，为"替代效应"；当 $G_{tp} < G_{rev}$ 时，为"挤出效应"。

(二)"均等效应"模型

对于转移支付的财力均等化效应的测量,一般采用转移支付前后财力的离散指标的变化率表示。然而,对于某项具体的公共服务支出,无法从统计资料上区分转移支付前的预算分配金额和转移支付后的实际分配金额,因此不可能采用某项支出的离散指标变化率的测算方法。在此,我们替代性地用自有财力的离散指标来统一代表初始离散程度。具体地,用 d_0 表示以自有财力的偏离度代表的初始离散程度,用 d 表示某项支出的偏离度,则 $d - d_0$ 可展开成如下表达式:

$$d - d_0 = \frac{S - \bar{S}}{\bar{S}} - \frac{R - \bar{R}}{\bar{R}} = \frac{S}{\bar{S}} - \frac{R}{\bar{R}}$$

$$= \frac{(TP + R) * r}{\bar{S}} - \frac{R}{\bar{R}} \quad (公式4)$$

$$= \frac{TP * r}{\bar{S}} + \frac{R * r}{\bar{S}} - \frac{R}{\bar{R}} \quad (公式5)$$

其中,S 表示某项支出的人均值,$\bar{S}$ 表示该省各县该项支出人均值的平均水平,R 表示自有财力的人均值,$\bar{R}$ 表示该省各县自有财力人均值的平均水平,TP 表示各县获得的人均转移支付净值,r 表示各县该项支出占总支出的比重。由于 $\bar{S}$ 和 $\bar{R}$ 为常量,故 $d - d_0$ 的变化仅由 TP、R 和 r 三个变量决定。从公式4和公式5易看出,当其他变量一定的时候 TP 和 r 与 $d - d_0$ 之间均存在着正相关关系;反之,TP 和 r 与 $d_0 - d$ 之间均存在着负相关关系。

表1 县际间某项支出均等化的判断表

类型	d_0	$d - d_0$	均等效应判定	D 函数	D 与 TP、r 的相关关系
1	<0	≥0	均等效应	$d - d_0$	正相关
2	≤0	<0	非均等效应	$d_0 - d$	负相关
3	>0	≤0	均等效应	$d - d_0$	正相关
4	≥0	>0	非均等效应	$d_0 - d$	负相关
5	=0	=0	均等效应	$d - d_0$	正相关

然而，$d-d_0$ 以及 TP 与之的相关关系本身并不足以衡量转移支付后的支出离散程度是扩大还是缩小了，因此本文构造了一个变量 D，表 1 给出了 d_0 和 d 在不同取值范围时，D 的函数，即 D 实际上是一个分段函数。同时也给出了相对应的 TP、r 与 D 之间的相关关系。当二者为正相关关系时，我们可以反过来推断 d_0 和 d 的相对位置属于类型 1、3、5，这三种情形被定义为转移支付后该项支出的县际间分布被均等化了；反之，当二者为负相关关系时，我们可以推断 d_0 和 d 的相对位置属于类型 2、4，这两种情形被定义为转移支付后该项支出的县际间分布差异被扩大了，即具有非均等化的趋势。据此，我们建立以下计量模型来测量转移支付对省内县际间某项支出的"均等效应"：

$$Di = \alpha_3 + \beta_{10}perrev_i + \beta_{11}pertp_i + \beta_{12}ratio_i + \varepsilon_i \quad （model3）$$

其中，perrev、pertp 和 ratio 三个变量的定义和前面一致。转移支付还可以通过影响支出比重进而影响各县的公共服务支出水平，进而间接影响该项支出的县际间分布状态，因此我们用公式 6 来计算最终的转移支付"均等效应"的修正值。其中 E 是最终的转移支付的"均等效应"，根据前面的定义，当 $E>0$ 时，转移支付在该省县际间的该项支出上具有"均等效应"；当 $E=0$ 时，转移支付在缩小该项支出差距上表现为"无效应"；当 $E<0$ 时，转移支付在该项支出上具有"非均等效应"。

$$E = \beta_{11} + \beta_6 * \beta_{12} \quad （公式 6）$$

（三）增长与均等的协同关系

表 2 "增长"和"均等"关系

Xgrowth \ Xequity	均等	无效应	非均等
引致效应	1-1	2-1	3-1
替代效应	1-2	2-2	3-2
挤出效应	1-3	2-3	3-3

用前面测得的"增长效应"取值并命名为 Xgrowth 和 E 代表的"均等效应"取值并命名为 Xequity，判断各省/年的转移支付对省内县级公共服务财政投入的综合影响。表2中1－1类型的省/年，其转移支付实现的是一种高投入水平的县际间公共支出均等化；3－3类型的省/年，其转移支付既降低了县级政府对某项公共服务的财政投入度，又拉大了省内县际间该项公共支出的差距；而3－1和1－3类型的省/年，其转移支付的"均等效应"和"增长效应"之间存在着此消彼长的关系。

四、"增长与均等"：2007年四川省的实证分析

本部分，我们将应用第三部分构建的转移支付"增长效应"和"均等效应"的分析框架与相关模型对2007年四川省的县级财政数据进行实证分析。所使用的数据来自于2007年《全国地市县财政统计资料》《中国区域经济统计年鉴》《中国县（市）社会经济统计年鉴》。

（一）描述统计

本文主要关注七项和基本公共服务密切相关的财政支出，包括：一般公共服务支出、公共安全支出、教育支出、社会保障和就业支出、医疗卫生支出、农林水事务支出、交通运输支出。2007年，四川省共有区县184个，其中县138个。由于在我国，区一般是经济发达的城市中心和近郊区，相对于县，其人口密度高，城市人口比例大，公共服务提供相对更为完善，因此本文主要关注的是以农业经济为主、农村人口比重更大、基本公共服务相对落后的县。描述统计发现，无论以支出数量还是以支出比重衡量，对2007年四川省县级各项人均支出的平均值进行比较，居于前两位的都是教育支出和一般公共服务支出，其次是社会保障和就业支出、农林水事务支出、医疗卫生支出、公共安全支出和交通运输支出。从标准差系数、基尼系数和泰尔指数考察，省内县级政府之间在各项支出上都存在着不同程度的差异，因而需要在后面进一步分析转移支付的省内分配是否有助于缩小县际间的各项支出差异。

(二) 增长效应的测量

根据四川省 2007 年数据，全省 138 个县政府的人均一般预算收入的平均值为 384.58 元，而各县获得人均转移支付的平均值则为 1757.33 元，平均财政自给率仅为 20.55%，说明该省的县政府支出高度依赖于上级政府的转移支付。对于这些数额巨大的转移支付，我们必须了解它们的使用效果，因此下面将采用第三部分的相关分析框架和计量模型进行分析。首先分析转移支付的"增长效应"，得到的实证分析结果见表 3 和表 4。从表 3 可以看出，一般预算收入、转移支付以及支出占比对四川省内县级政府的各项支出水平均有正向的边际效应，且均在 $p < 0.01$ 的水平上显著。然而，由于一般预算收入和转移支付还可能通过影响支出占比进而对各项支出水平产生间接影响，因此还需测量它们对支出占比的边际影响。

从表 4 可以看出，各项支出占比的模型拟合度在 0.3 – 0.7 之间，交通运输支出占比的模型拟合度甚至只有 0.04，说明现有变量对支出占比的解释力度还相对有限，这可能是由于能搜集到的支出成本和支出需求数据非常有限的原因。我们重点关注的是一般预算收入与转移支付对各项支出占比的影响，二者的影响有正有负，但大多数在统计上不显著。一般预算收入仅对教育支出占比和医疗卫生支出占比有显著的负相关关系，说明随着自有财力的增加，反而会削弱在教育和医疗卫生方面的支出偏好；而转移支付则仅在社保和就业支出占比上有显著的负相关关系，说明获得转移支付资金的增加不但没有提高县级政府在社保和就业上的财政投入比重，反而会在一定程度上削弱对它的资金投入，这也许和转移支付分配者的初衷相去甚远。

最后，综合表 3 和表 4 的结果，根据公式 2 和公式 3 我们计算出一般预算收入和转移支付对各项支出的边际效应，见表 5。从该表可以发现，一般预算收入和转移支付的增加都会引起各项支出在绝对水平上的增长，但增长幅度和支出偏好各有所不同。一般预算收入增长所引起的支出增长幅度由高到低依次是：一般公共服务支出、社保和就业支出、农林水事务支出、教育支出、公共安全支出、交通运输支出和医疗卫生支出；

而转移支付增加引起的支出增长幅度由高到低则依次是一般公共服务支出、教育支出、农林水事务支出、社保和就业支出、医疗卫生支出、公共安全支出和交通运输支出。很显然，相较于一般预算收入，转移支付更倾向于促进四川省县级政府教育和医疗卫生支出的增长。进一步，根据前述"增长效应"的判定规则我们可以得出结论：转移支付对公共安全支出、教育支出、医疗卫生支出和农林水支出具有"引致效应"，而对一般公共服务支出、社保和就业支出以及交通运输支出则具有"挤出效应"。

表3 2007年四川省县级人均支出绝对值的影响因素及效应

自变量\人均支出	一般公共服务	公共安全	教育	社保和就业	医疗卫生	农林水事务	交通运输
perrev (β_1)	.2110814*** (6.79)	.0568204*** (16.42)	.1992606*** (13.91)	.1350089*** (4.77)	.0625948*** (17.25)	.1305549*** (8.22)	.0416377*** (4.22)
pertp (β_2)	.1996865*** (54.88)	.0629484*** (26.51)	.1756844*** (17.43)	.1330841*** (15.05)	.0701543*** (28.22)	.1343085*** (10.81)	.0230899*** (7.18)
ratio (β_3)	2102.022*** (7.58)	1832.795*** (10.00)	2219.032*** (8.35)	2232.264*** (9.68)	2013.118*** (11.52)	3379.601*** (4.15)	2173.873*** (7.84)
Obs	138	138	138	138	138	138	138
R^2	0.9774	0.9769	0.9185	0.8639	0.9707	0.9042	0.7841

表4 2007年四川省县级各项支出占比的影响因素及效应①

自变量\支出占比		一般公共服务	公共安全	教育	社保和就业	医疗卫生	农林水事务		交通运输
base	上年基数	.4270348*** (5.71)	.7543353*** (8.40)	.5926722*** (6.46)	.9735096*** (5.36)	.4868514*** (6.70)	农	.7640106*** (4.57)	.0008926 (0.02)
							林	-.0624368 (-0.65)	
							水	.8799605** (2.17)	

---

① density表示每平方公里人口数，midschool表示普通中学在校生占总人口比重，prischool表示小学在校生占总人口比重，danweijob表示年末单位从业人员占总人口比重，countryjob表示乡村从业人员占总人口比重，salrary表示城镇单位在岗职工平均工资，whouse表示每平方公里福利院数，wbed表示每平方公里福利院床位数，hbed表示每平方公里医院卫生院床位数，Rpop表示农村人口比重，Rjob表示农林牧渔从业人口总人口比重，primary表示人均第一产业增加值，secondary表示人均第二产业增加值，tertiary表示人均第三产业增加值。

(续表)

支出占比 自变量	一般公共服务	公共安全	教育	社保和就业	医疗卫生	农林水事务	交通运输
perrev (β_5)	3.46e−06 (0.21)	1.80e−06 (0.49)	−.0000411*** (−4.84)	−.0000261 (−1.57)	−.0000131*** (−2.91)	−4.87e−06 (−0.44)	.0000132 (1.65)
Pertp (β_6)	1.25e−06 (0.56)	1.55e−06 (1.50)	−3.41e−06 (−1.63)	−7.56e−06* (−1.97)	−5.45e−08 (−0.06)	−2.84e−06 (−1.22)	−2.13e−06 (−1.34)
GDP	1.32e−06 (1.40)	2.50e−07 (0.89)	1.92e−06** (2.05)	8.33e−07 (0.51)	8.20e−07** (2.10)	−1.76e−06* (−1.82)	
density	−.000026** (−2.26)	−.0000144*** (−4.64)	3.62e−06 (0.28)	.0000518 (1.42)	8.46e−06 (0.99)	−4.55e−06 (−0.31)	−7.59e−06 (−0.97)
midschool			.8088523*** (4.03)				
prischool			.2878383** (2.38)				
danweijob				−.0794916 (−0.42)			
countryjob				.0139876 (0.20)			
salary				−.0000213*** (−2.76)			
whouse				−.4131525 (−0.59)			
wbed				−.0047066 (−0.38)			
hbed					−.0100431*** (−2.67)		
primary						9.30e−06** (2.23)	
Rpop						−.0874606** (−2.34)	
Rjob						.0291161 (0.73)	
secondary							−6.23e−07 (−0.90)
tertiary							−1.84e−06 (−1.45)
obs	138	138	138	138	138	138	138
R^2	0.4260	0.5619	0.6820	0.4038	0.3325	0.3214	0.0427

表5 转移支付对四川省内县级各项支出的"增长效应"

自变量 \ 人均支出	一般公共服务	公共安全	教育	社保和就业	医疗卫生	农林水事务	交通运输
$G_{rev}=\beta_1+\beta_3*\beta_5$	0.2110814	0.0568204	0.108058385	0.1350089	0.036222954	0.130555	0.041638
$G_{tp}=\beta_2+\beta_3*\beta_6$	0.1996865	0.0629484	0.1756844	0.116208184	0.0701543	0.134509	0.02309
增长效应	挤出	引致	引致	挤出	引致	引致	挤出

(三) 均等效应的测量

在测量了转移支付对四川省内县级各项支出的"增长效应"之后,根据model3和公式6,我们进一步测量了转移支付对该省内各县间支出的"均等效应",结果见表6。测量结果表明,转移支付对所有支出均存在缩小县际间差异的"均等效应"。但效应大小各有不同,由高到低依次为:农林水事务支出、医疗卫生支出、教育支出、一般公共服务支出、公共安全支出、社保和就业支出、交通运输支出。

表6 转移支付对四川省内各县间支出的"均等效应"

自变量 \ 人均支出	一般公共服务	公共安全	教育	社保和就业	医疗卫生	农林水事务	交通运输
pertp (β_{11})	0.000364	0.0003387	0.0003647	0.0003679	0.0003674	0.000468	.0001408
ratio (β_{12})	3.872867	11.09618	4.378549	5.017537	5.700646	12.36267	9.809077
Pertp (β_6)	0	0	0	−7.56E−06	0	0	0
$E=\beta_{11}+\beta_6*\beta_{12}$	0.000364	0.0003387	0.0003647	0.0003299	0.0003674	0.000468	.0001408
均等效应	均等	均等	均等	均等	均等	均等	均等

(四) 综合效应的评估

最后,根据前面测量的转移支付对四川省内县级各项支出的"增长效应"和"均等效应",根据表2的判定规则,我们可以得到转移支付对该省县级支出的"综合效应"。对于公共安全支出、教育支出、医疗卫生支出和农林水支出而言,转移支付的"综合效应"都属于"1-1"型,即既对该项支出有超过自有财力的"引致效应",又同时考虑到了缩小省内县际间在该项支出上的差异,具有支出均等化的取向。而对于一般公共服务支出、社保和就业支出以及交通运输支出而言，转移支付的"综合效应"则属于"1－3"型，即虽有缩小省内县际间在这些支出上的差异，但却相较于一般预算收入对这些支出产生了"挤出效应"。

五、结　论

对于任何一个多层级的政府而言，政府间财政资金的转移支付都是必不可少的。中国自1994年分税制以后，形成了"事权层层下放，财权层层上提"的财政分配格局，使得下级政府尤其是县级政府的财政支出极大地依赖于各上级的转移支付。那么这些数额巨大的转移支付，究竟对县级政府的财政支出产生了何种影响，需要我们建立一个分析框架，来对既有的历史数据做出一个相对客观的评价。从转移支付的功能而言，有两项功能是尤其重要的：一项是缩小下级政府之间的财政支出差距，即财力均等化的功能；另一项则是引导下级政府的财政支出按上级政府的政策意图进行调整，加大某些支出而缩小另一些支出的比重，即引导下级政府的支出排序。然而，在上级政府同下级政府的博弈中，转移支付的这两种功能并不一定能同时实现，例如，下级政府为了争取上级政府更多的转移支付资金，可能会故意压低自有财力安排的支出，以迫使以均等化为导向的转移支付分配向这些支出落后的县倾斜；又或者上级政府为了鼓励下级政府的支出积极性，推出某些配套性的转移支付，虽然鼓励了下级政府用自有财力安排支出以套取更多的上级转移支付，但结果则可能造成"富者愈富，穷者愈穷"的非均等化效应。因此，本文通过构建一套转移支付"增长效应"和"均等效应"的综合分析框架，根据一系列判定规则来判断转移支付对县级政府财政支出的"综合效应"。同时，本文以2007年四川省的县级数据为例，运用这套框架进行了实证分析。分析结果表明，对于像四川这样一个县级政府高度依赖于上级转移支付的省份而言，在转移支付后，教育支出、社会保障和就业支出这些保障民生的支出得到了较高的支出优先权，反映农业大省特色的农林水事务支出也占有较高的比例，只是维持政府运转的一般性公共服务支出还占有较高的比例，而和民生相关的医疗卫生支出仍然仅占有较低的比重，前者需要进一步地控制，而后者也需更努力地提高。具体到转移支付对这些支出的"增长效应"上看，虽然转移支付和一般预算收入的增加都会引起各项支出的增长，但它们各自引起的支出偏好略有不同。二者都给一般公共服务支出和教育、农林水事务支出赋予了较高的权重，而转移支付相较于一般预算收入而言，加大了教育支出和医疗卫生支出的权重，但却降低了社保和就业支出的权重。总的说来，转移支付对教育支出、农林水事务支出、医疗卫生支出和公共安全支出产生了"引致效应"，而对一般公共服务支出、社保和就业支出以及交通运输支出产生了"挤出效应"。从转移支付的"均等效应"来看，转移支付在各项支出上都发挥了不同程度的缩小县际间支出差异的效用，其中农林水支出上的"均等效应"最显著，而交通运输支出上的"均等效应"最弱。从转移支付后各支出的离散指标上看，交通运输支出的县际间差异也是最大的，基尼系数为 0.4159，内部差距较大。从综合效应上来看，转移支付对一般公共服务支出、社保和就业支出、交通运输支出的效应属于"均等—挤出"型，而对其余支出的效应则属于"均等—引致"型。

对于四川这样一个农业大省而言，转移支付在农林水事务支出上发挥了最好的"均等效应"，也相对于一般预算收入而言提高了该项支出的权重，表现出较高的"引致效应"，符合四川省情，值得肯定。在医疗卫生支出方面，由于关系民生，且以往的财政投入较低，很明显四川省的转移支付提高了其支出权重，也较好地控制了该县支出的县际间差异。2007 年政府工作报告中已经明确提出将启动城镇居民基本医疗保险试点，且在新型农村合作医疗方面，从 2006 年开始，中央和地方财政补助标准有所提高。四川省的实证分析显示上级政府在医疗卫生支出方面的政策利好在该省得到较好地执行。在教育支出上，由于教育是一种准公共产品，具有较强的正外溢性，且关系到国民素质的提高，因此，上级政府在教育支出上应该肩负更多的财政责任，来为辖区内的居民提供更多且均等的教育服务，而对四川省的实证分析显示转移支付确实提升了该省教育支出的权重，也发挥了较好的均等化效应，体现了上级政府的政策意图。而在一般公共服务支出上，转移支付虽然体现出一定的"挤出效应"，但是一般公共服务支出本身基数较高，且主要是我们通常说的"保运转"的支出，转移支付能适当降低该省一般公共服务支出的权重也应该值得肯定。相较之下，转移支付在社保和就业支出上的效应却不那么令人满意。社保和就业支出往往与政府向公民提供的一些最基本的保障生存和发展的基础公共服务或转移性支出有关，理应具有较高的支出优先权和均等化程度，然而在控制住其他变量的情况下，转移支付对该项支出的"均等效应"相对较低，且对该项支出产生了"挤出效应"。说明该省的转移支付分配机制的设计上，没能较好地调动地方积极性，反而降低了该项支出的权重，这值得资金分配者们进行反思。对于公共安全支出而言，比重虽然不高，但转移支付对其有"均等—引致"效应，总体是在往好的方向发展。最后，在交通运输支出上，虽然县级政府主要负责一些和县、乡、村之间沟通相关的道路建设和维护，但对于一些老少边穷地区，这些生活生产必需的基础设施的提供是非常重要的，但是转移支付在该项支出上表现出较低的"均等效应"和较为明显的"挤出效应"，这都必须引起资金分配者的重视。转移支付的分配者们应该设计更好的激励机制，刺激基层政府在交通运输上的财政投入，同时缩小县际间的支出差异。

当然，本文主要是构建起一种分析转移支付"均等效应"和"增长效应"的评估框架。通过2007年四川省数据的实证检验，可以发现这是一套简单而有效的评估转移支付对下级政府支出综合效应的框架和方法。随着数据的积累，我们可以做更长时序和更多横截面上的实证分析，从而追踪转移支付分配的中长期政策效果，并比较各地区使用转移支付的效果差异，从而给出相应的政策建议。

【参考文献】

李永友、沈玉平：《转移支付与地方财政收支决策——基于省级面板数据的实证研究》，载《管理世界》，2009年第11期。

刘亮、胡德仁：《教育专项转移支付挤出效应的实证评估——基于面板数据模型的实证分析》，载《经济与管理研究》，2009年第10期。

王蓉：《中国义务教育经费的地区性差异研究》（工作论文）．北京：北京大学教育经济研究所，2001年。

曾明、李武龙：《财政转移支付与义务教育投入：以中部城市为例》，载《南昌大学学报》（人文社会科学版），2010年第2期。

尹恒、康琳琳、王丽娟：《政府间转移支付的财力均等化效应——基于中国县级数据的研究》，载《管理世界》，2007年第1期。

张光：《转移支付对县乡财政教育支出的影响——以浙江、湖北、陕西为例》，载《教育与经济》，2006年第2期。

张欢、张强、朱琴：《农村义务教育经费"挤出效应"研究》，载《清华大学教育研究》，2004年第5期。

Boadway, R., *How Well is the Equalization System Reducing Fiscal Disparities*, Working Paper, Queen's University, Kingsion, Ontario, 2004.

Brandford, D. F. & Oates, W. E., "The Analysis of Revenue Sharing in a New Approach to Collective Fiscal Decisions", *Quarterly Journal of Public Economics*, 1971, No. 3, pp. 416 – 439.

Lin, T., "Intra-provincial Inequality in Financing Compulsory Education in China: Exploring the Role of Provincial Leaders (1994 – 2001)", *Asia Pacific Education*, 2009, No. 3, pp. 321 – 340.

Shah, A., *Lessons from International Practices of Intergovernmental Fiscal Transfers*. XVI Regional Seminar on Fiscal Policy CEPAL/ECLAC, Santiago de Chile, 2004, January.

Tsui, K., "Local Tax System, Intergovernmental Transfers and China's Local Fiscal Disparities", *Journal of Comparative Economics*, 2005, No. 33, pp. 173 – 196.

嵌入科层体系中的包税制：中国财政收入汲取模式的组织学新解

张 克[*]

内容摘要：中国分税制改革以来财政收入高速增长引人关注，但现有的经济学解释路径中并没有考虑征税组织形式的影响。本文结合交易成本和委托代理理论构建了一个分析框架，将中国历史上的征税组织形式概括为"嵌入科层体系中的包税制"。研究指出，分税制改革之所以成功在于建立了直属于中央政府的科层化征税组织，并且综合运用三种组织契约：工资合同、分成合同与固定租金合同，有效实现了中央政府与地方政府剩余索取权配置的激励相容。作为委托人的中央政府在降低不确定性和监督成本的目标函数设置下，将征管难度较低的间接税作为中央税和共享税，作为代理人的地方政府依凭地方性知识的优势将有限的剩余索取权激励发挥到了极致。在央地财政分权法治化程度较低的历史条件下，科层体系中的包税制能够促进税收征管效率提升。

关键词：分税制 交易成本 委托代理 包税制 科层制 财政收入增长

---

[*] 张克，男，清华大学公共管理学院博士研究生，研究方向为公共财政管理、地方政府创新、公共政策过程理论。

一、问题的提出

过去 20 年中国财政收入高速增长现象引发了学术界广泛而深入的讨论。在经济学视角下，税基增长说（吕冰洋、郭庆旺，2011：67 - 90）、税收征管努力说（周黎安、刘冲、厉行，2011：2 - 17）、税制结构说（高培勇，2006：13 - 23）等理论较好地解释了中国财政收入何以实现高速增长。然而，从更为根本的财政制度设计与财政收入汲取组织形式角度展开的研究还付之阙如，财政收入背后的历史制度因素并未得到重视。政府为获得足够的财政收入采用了何种组织治理结构，其决定因素是什么？这种治理结构变迁对政府组织收入效率以及合法性的影响如何？经济学界往往将 1994 年分税制视为与既往财政包干制的对应物，但究竟分税制与财政包干在制度分析框架下有何区别？为什么分税制比财政包干更能够促进财政收入持续稳定增长？现有的研究并不能让人满意。

本文认为，中国自王朝财政时期以来的收入汲取组织形式可以被归纳为"嵌入科层体系中的包税制"，国家倾向于选择一种能够通过剩余索取配置达致激励相容，并且降低不确定性和监督成本的征税组织形式。当这种嫁接了科层与市场两种制度的组织形式既充分调动中央与地方汲取财政收入的积极性又保持较低的监督成本时，财政收入便会持续增长，为持续经济发展提供了有力支撑。在与中国历史上王朝财政时期、统收统支时期和财政包干时期的比较中可以发现，分税制以来的征税组织模式属于剩余索取权强激励、低监督成本模式，财政收入汲取效率更高。1994 年分税制改革之所以成功在于建立了直属于中央政府的科层化征税组织，并且综合运用三种组织契约：工资合同、分成合同与固定租金合同，有效实现了中央政府与地方政府剩余索取权配置的激励相容；中央政府为降低组织收入的不确定性，通过制度设计实现了监督成本最小化。这种基于交易成本政治学和组织理论的解释框架是理解中国财政收入汲取模式的基础。

论文的结构安排如下：首先，立足于新制度经济学和财政社会学简要评述财政收入组织形式的研究文献，指出基于市场化组织的包税商和基于科层化组织的税收行政官僚系统是最常见的两种组织模式。一般而言，包税商制度多见于前现代国家建构过程中，而税收行政官僚组织则被近代以来各国普遍采用。第二部分通过理论建构和历史梳理，提出一个是决定中国历史上各时期财政收入汲取模式的解释框架——"嵌入科层体系中的包税制"，结合中国分税制改革的制度实践进行阐释。最后，是对全文的讨论与总结。

二、科层制与包税制：文献述评

如何有效地汲取财政资源是跨越历史和疆域的普适问题。在对这一问题现存的回答中，考虑税收征管机构组织形式的理论解释还不多见。[①] 从全球历史来看，税收征管组织大致有两种类型：一是国家将征税权特许给市场，由各式各样的包税商负责税款收缴；其二是政府行为，以国家税收法律强制力为保障，建立作为公共组织的税务行政机关行使征税权。这两种模式并非相互排斥，而是有可能在某一历史时期共同起作用。

从征税组织的选择出发，市场化或科层化选择中蕴藏着一些十分值得思考的问题。如：被视为罪恶的包税商制度为什么在全球范围如此长时间存在？包税制在什么历史情景下是有效率的？作为公共组织的税务行政机关又是如何登上历史舞台的？再如，市场与政府两种不同的组织形式是如何被决策者选择的？他们面对的组织环境有何异同？能否建构一种综合税务行政机关与市场机制的税务征收组织模式，取长补短？从全球和历史的视角看，税务机构组织形式是如何变迁的？等等。

组织理论与交易成本政治、财政社会学等领域对上述问题已有一定研究，主要包括四个理论路径：其一是权力依赖理论，从征纳主体关系

---

① 一个例外是，张长东，2012：195-203。

的权力消长视角理解统治者为何选择某一种税收组织形式;其二是政治文化理论,从不同国家和地域的政治文化特点例如重视个人/市场主义或是集权/科层主义揭示制度背后的逻辑;其三是交易成本理论,以效率为目标出发,探究不同形式的税收组织如何以最小的交易成本实现财政收入最大化;其四是委托代理理论,将统治者视为委托者、征税组织视为代理人,以此理解委托代理关系存续及优化条件,并解释何种组织形式更高效。以下分而述之。

1. 权力/依赖理论

韦伯认为税收征管形式选择取决于统治者、征税组织和纳税人之间的相对权力和官僚的个体服从(Weber,1968:965)。他认为,包税制为统治者提供了可以估计的财政收入并成为"国家财政理性化的重要工具"(Weber,1968:965)。但在对埃及的分析中,他将包税制视为相对于税收行政组织的次优选项,认为包税制将会导致超额征税,并影响经济生产(Weber,1927:283)。总之,包税合同是否对经济产生消极影响取决于统治者、包税商和纳税人之间的相对权力。

包税制最为重要作用之一就是提供可预测的收入。一些论者认为,统治者偏好更加稳定可预测的、即使较低的总收入,以至于容忍包税商获取巨额利润。这种看法的假设是统治者在财政收入方面的风险厌恶型取向,因此寻求能够为此提供保险的包税商。税收收入变化越大,越可能采用包税制。间接税比直接税更不稳定,故而在间接税征收过程中更可能采用包税制。立基于此的依赖理论被操作化为统治者依赖包税商获取借款的程度,如法国自17世纪中叶到大革命期间严重依赖包税商提供的借款。统治者依赖向包税商的借款维系支出的程度越深,其税收征管组织形式越可能采取包税制而非行政组织。某一特定税种在税收收入中占比越大,就越有可能对其采用包税制。这种理论可以解释部分税制变迁原因,特别是斯图亚特时期的英格兰和18世纪的法国,但却无法将依赖因素与其他因素如包税商效率提升区分开来(Edgar,1994:285-316)。

2. 政治文化理论

Webber 与 Wildavasky（1986：317）认为政治文化是官僚行为与财政体制基本结构的决定因素。包税制长期存在于前现代欧洲国家的原因之一就是财政结构取决于"科层文化与市场文化的结合"。越是崇尚市场/个人主义的国家越有可能采纳包税制，相反，科层制文化发育充分的国家更有可能建立起税收行政组织。然而，即使政治文化难以度量，我们依然可以发现政治文化理论的显著反例，如科层文化占主导地位的西班牙和法国比市场文化主导的英格兰、尼德兰更多使用包税制。

3. 交易成本理论

前述两种理论认为包税制实际上是统治者的次优选择，其假设是行政组织比包税商的征税效率要高，但囿于权力依赖和政治文化等原因，国家采取了不符合效率要求的包税制。与此截然相反，接下来讨论的两种理论认为统治者之所以选择包税制恰恰是因为它在某些情况下是最有效率的组织形式。

交易成本理论认为，如果市场机制比科层制更有效率则会被采用。威廉姆森提出，在商业企业的组织结构中，科层化在以下情形下被采用：（1）交易频率非常高，（2）交易质量的不确定性非常高，（3）交易的资产专用性非常高。其中资产专用性被认为是最重要的影响因素（Williamson，1975）。那么，在市场化竞争条件下提出的交易成本理论能够解释税收组织形式变迁吗？有论者认为它不适用于政治制度领域，但统治者征税往往面临战争和潜在的竞争使这一理论可以有效应用于财政体制。以上述三种情形来检视税收征管活动不难发现，交易的高频率和高不确定性与市场环境下无异，相比而言以流转税为代表的间接税税基难以确定，不确定性更大。同时，税收征管活动中也存在人力资本的资产专用性问题，例如税收被认为是一项极为复杂的政策领域，一个企业所得税专家不见得对增值税同样在行。土地税、财产税等直接税的资产专用性要高于间接税。因此，在考虑交易成本的情况下，税收行政组织更适合征收直接税，包税制更适合间接税（Edgar and

Baker, 1994: 489 - 500)。

既然从交易成本的视角看具有极高交易频率、不确定性和资产专用性的征税活动符合适用科层制的有利条件,那么为什么在前现代是包税制而非行政成为了主导组织模式?一个至关重要的前提不应当被忽略,那就是前现代的税收行政组织可能是非常低效的。诺斯认为,类似中央集权的同构化国家能够比联邦分权制国家更好地执行政策。因此,越是差异性大的国家,征税的交易成本越高,越需要掌握地方性知识的征税人。包税商就是掌握充分地方信息的征税组织,因此,越是地方层级多、地区差异性大的国家越有可能采用包税制。Levi 在交易成本基础上提出了贴现率(discount rate)概念,指的是统治者考虑当期收益和长远收益的比率,越重视当期收益贴现率越高,反之亦然(North, 1981: 110 - 115)。包税制的初始选择可能是出于效率考虑最小化交易成本,但包税制的持续可能是因为包税商权力过大或者统治者的贴现率较高,即使包税已经不再具有效率优势。

马骏(2003: 72 - 89)以交易成本理论为分析框架,更为具体地解释了包税制于1500—1800 年间在各国的兴起与衰落。国家对征税机制的选择本质上是一个契约问题,契约类型包括工资合同、固定租金合同和分成合同。国家选择行政组织或是包税商实际上是在工资合同和固定租金合同之间作出选择。当国家选择包税制时,它实际上就是选择了固定租金合同;当国家决定采用行政的方式来自己征收税收,国家就选择了工资合同。选择工资合同建立起的税收行政组织要面对两种内部交易成本:一是纳税人服从的成本。前现代国家监督纳税人成本极高,而随着技术发展,现代的纳税信息成本越来越低;二是征税官僚的服从成本。街头官僚从事税收征管活动容易产生腐败和包庇导致税款流失,从前现代到现代监管手段在不断丰富,信息不对称程度也逐渐降低。内部交易成本的由高到低使得统治者从前现代倾向于选择包税商制度转变为选择税收行政组织。与此同时,选择固定租金合同的包税商模式则主要面对外部交易成本,即为列维所强调的包税商的讨价还价能力。最初统治者选择疆域内的少数民族作为包税商以便有效地加以控制,但由于包税商利润极高导致许多政治势力介入，包税商逐渐被政治权贵所掌握，统治者面对富可敌国的包税商时政治稳定往往无法保障，这成为包税制衰落的另一个原因。

4. 委托代理理论

许多学者认为包税制是低效的且仅作为税收行政组织的补充征收重要性较低的税种。我们先放弃预设包税制与行政组织效率孰高孰低的立场，设想统治者会如何去思考和选择征税机构的组织形式。Edgar提出，统治者会根据最大化国家收入的目标选择税收征管组织模式（Kiser Edgar，1994：285—316）。统治者最基本的选择就是与征税组织形成怎样的代理关系，既可以是市场化的组织例如包税商，也可以是行政科层化组织，还可以在特定情形下二者兼有。在征税的委托代理关系中存在两个主体，即统治者为委托人，税收行政组织或包税商为代理人，纳税人在委托代理关系之外深刻地影响委托人和代理人的行为和偏好。在税收征管的特定场域中，委托人也就是统治者的目标是税收净收入（包括毛收入减去税收成本）最大化，代理人也就是实际征税机构的目标是自身利益的最大化，纳税人的目标是尽可能少纳税。那么，在委托代理关系中委托人和代理人的目标极有可能不一致，委托人面对两个至关重要的行动难题，其一是如何有效地激励代理人实现委托目标；其二，如何有效地控制代理人不偏离委托目标。

激励问题在税收征管活动中就是如何配置剩余索取权。显然，包税商模式给予了代理人更大的剩余索取权，包税制采取事先竞拍方式取得征税权，同时支付给统治者标的金额，在征税过程中超出标的的全部收益归包税商所有，强大的激励使得包税商有足够的税收努力去尽可能地高效征收。如果建立科层征税组织，由委托人掌握全部剩余索取权，领薪水的征税官僚，固然可能有职务晋升的激励，但与包税商模式下代理人掌握剩余索取难以相提并论。从纯粹经济理性的角度而言，包税商的确比行政组织更有动力去进行组织创新、技术创新以提高征管效率，委托人与代理人实现了激励相容。

如果考虑纳税人对委托人、代理人行为的影响，就必须进一步思考如何有效控制税收征管中的腐败和税款流失问题。对税源的认证、控制是国家能力的基础（欧树军，2010：13—22），与这一历史时期技术发展水平、交通、信息认证等因素密切相关。同时，税种的特点、国家疆域大小和国家自主性的强弱都会影响委托人对代理人行为控制的有效性。隐藏可税资产和所得是纳税人的理性策略选择，征税组织是否有足够的人力、财力和技术手段进行税收信息的认证则是税款足够征缴的前提。如果国家对税收征管的街头官僚控制力较弱，纳税人便有可能通过贿赂基层征税官员以换取免税或少缴税的利益，代理人与纳税人便实现了激励相容，委托人对代理人的控制力越弱，则征管效率越低。再考虑具体税种的特性，例如间接税税基和纳税人是可能跨区域移动的，这就为税收征管组织带来了更高的协调成本，在此条件下纳税人隐藏和贿赂的几率也就更高。所以，一般而言在间接税征管上采用包税制更有效率（Kiser Edgar，1994：187—204）。国家疆域越大、层级越多则委托关系链条越长，对行政组织的监管要求越高，采用包税制的可能越大，因为包税制可以层层转包保证每层代理人都拥有一定的剩余索取权。统治者与包税商的包税合同长短也会显著影响对税基的侵蚀和征税力度，如果是10年的长期合同，包税商会涵养税源，若是1年短期合同，那么横征暴敛、涸泽而渔不可避免。国家自主性也是影响税收组织形式的重要因素，通常自主性强的专制国家决策权高度集中，易于采用包税制，而议会制国家纳税人讨价还价的能力较强，专制国家向议会制转型过程中包税合同的谈判成本上升导致包税商的没落。

上述四种主要的理论深入探讨了前现代税收征管组织形式选择与变迁的决定因素。总体而言，权力/依赖理论和政治文化理论的解释力较弱，存在较多实证上的反例，但其中一些重要论点例如相对权力、收入依赖为我们理解一国财政体制提供了极佳的切口，也为交易成本和委托代理理论的提出奠定了基础。后两者侧重有所不同，交易成本理论关注的是交易行为及其背后的契约选择，委托代理理论则重视多层的委托代理关系及其影响因素，但二者都是新制度主义的产物，共享了诸如不确定性、激励相容、剩余索取权等核心假设，将二者结合起来审视会更有裨益。

三、嵌入科层体系中的包税制：理论建构与历史变迁

概言之，前现代国家普遍实行包税制的原因是：从效率视角看，它为国家提供了稳定、可预测的收入；从组织激励看，剩余索取权的强激励且委托代理链条可以层层转包；从组织交易成本看，包税制将交易成本外部化，降低了纳税人服从与官僚服从的内部成本。如果国家采用科层制征税组织，那么契约为剩余索取权弱激励的工资合同，对科层体系的组织能力和专业知识要求较高，但好处是剩余索取权由国家全部掌握。

当然，上述各流派的研究主要关注于前现代国家，现当代国家的社会经济条件和税收组织形式影响因素发生了变化，部分理论假设需要进行修正。基于交易成本理论和委托代理理论的综合，本文针对中国的征税组织形式提出一个分析框架，力图运用组织理论为理解分税制以来中国财政收入增长提供一个新视角。

（一）理论建构

1. 剩余索取权配置

国家考虑选择科层制还是包税制抑或是二者的嵌入结合主要面临两个层面的约束，首先是剩余索取权的配置。从交易成本视角来看，执政者与征税组织之间的契约类型主要包括三种：一是工资合同即建立属于执政者的科层化官僚组织；二是给予征税组织一定的剩余索取权的比例分成合同，统治者与征税组织分享财政收入；三是固定租金合同，这是最原始意义上的包税制，统治者只能获得定额收入，征税组织拥有较强的剩余索取权。现当代国家既可以选择三者中的任何一种，也有可能在一定条件下同时使用几种，如何选择便需要考虑内部和外部交易成本。这里的内部交易成本指的是国家与征税组织之间的协调成本，而外部交易成本则是国家与纳税人之间的协调成本。

2. 监督成本评估

现代科层组织极其庞大,特别是税收作为国家的血液,对征税组织的人员数量和能力要求更高。在委托代理关系中,统治者与征税组织的激励相容是最高目标,特定的政治、经济结构组成的制度环境决定了国家如何综合运用三种契约达致财政收入最大化。另一方面,由不确定性和资产专用性带来的监督成本也构成征税组织形式选择的约束函数。与前现代国家不同,现当代国家科技手段日新月异,税收征管技术愈加发达,历史上面临的空间可及性难题不复存在,取而代之的是更多不确定性和专业性挑战。统治者天然地希望将财政收入的不确定性降至最低,所以会选择以直属科层官僚系统去征收风险更小、稳定性更高的税种,以流转税为代表的间接税是最佳选择。更为复杂、评估技术要求更高的所得税、财产税的监督成本也相对较高。总之,国家倾向于选择一种能够通过契约组合达致激励相容,并且降低不确定性和监督成本的征税组织形式。

"嵌入科层体系的包税制"理论框架

剩余索取权 \ 监督成本	高	低
强激励	财政包干时期	分税制时期
弱激励	王朝财政时期	统收统支时期

本文根据交易成本理论中的剩余索取权激励强度和委托代理理论中的监督成本高低构建了一个二维矩阵,以此解释中国历史上不同时期的征税组织形式选择。剩余索取权激励强度指的是国家征税组织安排中委托人给予代理人财政收入剩余索取权多少。监督成本则指在财政收入汲取委托代理关系中,委托人监控代理人执行委托目标的各类成本。按照时间顺序排列,前现代中国王朝财政时期的征税组织属于剩余索取权弱激励、高监督成本模式;新中国建立后至1978年间中央计划经济体制下的统收统支财政时期的征税组织属于剩余索取权强激励、低监督成本

模式;1978至1994年间"财政包干时期"的征税组织形式属于剩余索取权强激励、高监督成本模式;1994年分税制以来的征税组织模式属于剩余索取权强激励、低监督成本模式。

(二)历史变迁

揆诸中国历史,国家收入组织形式展现出一种独特现象即嵌入科层体系中的包税制。首先,与其他前现代国家不同,中国被认为是较早对官僚系统施行科层化的帝国(Edgar,2004:608—612)。中国数千年的集权政治传统没有孕育出强大的私人包税商,纯粹意义上的包税商只存在于税收征管活动的最底端即由乡绅、商会、揽户等组织代政府征缴税款,直至民国年间仍有此种包税制遗存(冯小红、张清芬,2008:88—95)。但是,更为值得重视的是中国作为一个历史悠久的中央集权国家如何处理央地关系特别是财政权分配。实际上,在中国语境下中央政府历来是税收征管委托代理关系中的委托人,而各级地方政府则是代理人即科层体系中的包税商。国家收入由地方政府逐级征收上解,除海关外中央政府并没有建立独立的收入征管机构(陈锋,1997a:20—26),因此保障钱粮运输的驿道、运河等交通设施建设历来就是国之大事(陈锋,1997b:100—114)。

(1)王朝财政时期

前现代中国施行家财型的财政制度,"普天之下,莫非王土;率土之滨,莫非王臣",中华帝国垄断包括土地在内的全部生产资料。这一时期对应前文理论框架中"剩余索取权弱激励与高监督成本"象限。前现代中国财政制度不存在严格意义上的中央财政与地方财政的区分,也没有现代意义上的转移支付制度,央地财政关系的调整主要由"起运""留存"比例的变动决定,作为代理人的地方政府不存在制度上的财政自主权。乾隆《大清会典则例》显示,"州县经征钱粮运解布政司,候部拨,曰起运","州县经征钱粮扣留本地,支给经费,曰留存"①。各地"起运"部分属于中央财政,而"留存"部分属于地方财

---

① 乾隆《大清会典则例》卷36《户部》。

政，起运与留存的比例并无法律规定，随着国家主要任务的变化而变动。例如，顺治初年，钱粮起运和留存各一半，随后由于战事频发，多变留存为起运，财力逐渐向中央集中，地方财政财力被削弱。作为中央政府科层组织延伸的地方政府在收入汲取任务中的剩余索取权激励非常弱，委托人与代理人之间订立近似于工资合同的契约。此外，前现代中国汲取财政收入的监督成本非常高。中华帝国幅员辽阔，地区差异极大，中央政府即使通过户籍制度控制、委任地方官员也无法充分掌握税基流动的具体信息。征收到的钱粮在长途运输过程中也多有损耗或被地方官员中饱私囊，真正能纳入中央政府控制的收入往往不如预期，故而这一时期财政收入的不确定性极高。

（2）统收统支时期

新中国成立后长期实行中央计划经济体制，在财政上呈现出统收统支的特征。这一时期征税组织形式对应为剩余索取权弱激励同时低监督成本模式。剩余索取权弱激励的原因与王朝财政时期大略相同，盖因没有明确区分中央财政与地方财政，不同政府层级的收入都由地方政府征收、中央政府统一调配。虽然这一时期地方政府的剩余索取权激励较弱，但统收统支的财政汲取模式还是为恢复重建和新中国工业化奠定了坚实的基础。根本原因在于统收统支的财政体制消弭了国家与社会之间的界限，社会主义改造后几乎全部的生产资料都由国家控制，国有企业上缴的利润占财政收入的很大比例，以至于上海、武汉等工业企业集中的城市成为纳税和利润上缴的大户。由于国家对社会各领域的全面控制，收入汲取的监督成本变得很低，强大的社会动员能力和意识形态宣导使得纳税人形成准自愿服从。在强调国有企业上缴利润的同时，1956年至1973年间工商税制不断简化，形成了工商统一税和工商所得税两种的极简格局。统收统支时期的是中国历史上财政收入占国民生产总值比例最高的时期，一般而言每年在30%左右，财政收入汲取效率相比于晚清和民国时期大为提升。

（3）财政包干时期

十一届三中全会后，中国迎来改革开放大潮，在财政上对各省采取放权,改变了传统较为僵化的统收统支体制。中央以分灶吃饭赋予各省极大的财政自主权,各地方政府通过搞活乡镇企业促进区域经济发展。这一时期的征税组织形式对应为剩余索取权强激励、高监督成本模式。中央政府与各省和计划单列市签订不同类型的收入分成合同,采用收入递增包干、总额分成、定额上解等制度赋予了地方政府极强的剩余索取权激励,财政收入分配向地方政府倾斜。由于打破了统收统支的计划财政体制,国家对社会资源放权让利,地方政府在竞争驱动下"放水养鱼"将收入留存于地方,委托人面临极高的监督成本。这一时期中央政府既无法全面掌握税源信息也无法获得大部分剩余,委托人与代理人无法达致激励相容,中央政府濒临破产,走向了岌岌可危的财政悬崖。

(4)分税制时期

1994年分税制改革对中国政治、经济、社会的影响极为深远,这一时期征税组织形式属于剩余索取权强激励与低监督成本的最佳模式。1994年以前财政收入采取的包干制本质上就是一种包税制,中央政府是委托人,地方政府是代理人。中央政府财政收入靠地方政府上解,无法达到激励相容的制度设计使得上解到中央的收入越来越少,地方政府防水养鱼,擅自减免税,藏富于民(周飞舟,2006:100—117;孙秀林、周飞舟,2013:40—61)。1994年以后,国税地税系统分立,中央政府拥有了直属的税收征管官僚系统,这无疑是提升科层化程度的一种努力。

1. 契约组合与激励相容

分税制之所以是有效的,拉开了中国财政收入高速增长的序幕,根本原因在于实现了中央与地方剩余索取权的良好配置,在委托代理关系中同时运行工资合同、比例分成合同和固定租金三种合同。分税制将征税组织分为国税系统和地税系统,其中国税系统是直属于中央政府的征税组织,可以被看做采用了工资合同,征税组织的运行费用纳入中央预算,并不享有剩余索取权。国税系统负责征管消费税,中央企业所得税,地方银行和外资银行及非银行金融企业所得税,铁道部门、各银行总行、各保险总公司等集中交纳的收入(包括营业税、所得税、利润和城市维护建设税）和中央与地方共享税。①

比例分成合同则体现在共享税制度设计上，增值税、资源税和证券交易税为共享税，其中最为核心的是增值税。将第一大税种增值税按中央与地方75%对25%进行分享，不仅一举扭转了中央集中收入占比过低的局面，同时也保证了地方政府有动力去维护本区域经济持续增长。② 地方政府作为科层体系中的包税商不负责共享税的征管，但是拥有部分剩余索取权，在一定程度上实现了激励相容。

固定租金合同则需要以更开阔的视野将前述比例分成合同纳入全口径财政收入的大盘子中加以考察。分税制改革后税种划分为三大类，包括中央税、地方税和共享税，以及其他非税收入。除开中央税不看，实际上共享税中归属中央政府的部分可以被视为地方政府缴纳的固定租金，包括地方税和其他非税收入在内的全部收入由地方政府征管和支配，享有充分的剩余索取权。正是因为拥有地方第一大税种营业税和土地出让金的全部收益权，地方政府经营城市、加强基础设施建设、推高地价的一系列财政行为逻辑才能成立。

"分税制"央地收入划分

	中央固定收入	共享收入	地方固定收入
契约	工资合同	比例分成合同	固定租金合同
中央	100%	75%	/
地方	/	25%	100%

分税制通过三种不同的合同重新配置了中央与地方的财权分配结构，也形成了嵌入科层体系中的包税制的激励相容的征税组织形式，其特点在于以科层制为外在表现形式和支柱，但在中央与地方关系处理上嵌入包税制的内核，对地方政府赋予剩余索取权，形成强激励，充分调

---

① 《国务院办公厅转发国家税务总局关于组建在各地的直属税务机构和地方税务局实施意见的通知》，国办发〔1993〕87号。

② 《国务院关于实行分税制财政管理体制的决定》，国发〔1993〕第85号。

动中央和地方两个积极性。当然,分税制的初衷就是改变中央财政收入占比过低的局面,为了取得地方政府支持推进改革,建立了过渡性的税收返还制度以及转移支付制度,最大限度地保证了地方既得利益(徐博,2010:69—71)。

值得说明的是,中国的分税制改革主要考虑的是内部交易成本,国家与纳税人的协调成本在当时并不是一个重要问题。全能主义国家传统(邹谠,1986:19—23)和沿袭苏联"税收无用论"(贾康,2011:13—17)使得建国以来纳税人权利不彰,财政民主和财税法治未得到重视,直至2000年以后人民的纳税人意识才逐渐觉醒,纳税人力量逐步凸显。时至今日,不得不说,分税制的诸多制度设计和创新是极为精巧和先进的,就降低内部交易成本和实现委托代理关系的激励相容而言极为有效。

2. 不确定性与监督成本

为了降低财政收入的不确定性,分税制以来中国采取了一系列制度设计与技术创新,例如各税种的预缴制度(许善达,2013:4—10)、定额征收、核定征收制度、提升信息化税控水平的"金税"工程(孙玉栋、李佳,2009:30—33)等,还包括利用流转税中的价内税制造税收幻觉,采取目标管理、任务分解等方式层层加码(李文,2012:8—14),以上税收征管中的制度元素都是各类包税制的遗存或变种。

应对不确定性的要求同样影响着国家对征收组织形式的选择。中央政府出于宏观调控和全局性考虑对降低不确定性需求更为强烈,这直接体现在分税制中对央地税种的划分上。新成立的国税系统负责征管的税种包括消费税、增值税等间接税,不但在数量上占据全部财政收入的绝大部分,同时由于技术手段进步也被认为是最易征管、成本较低的几个税种。相反,划归地方政府的税种都是一些数额既少征管难度又大的税种,例如房产税、个人所得税等直接税。这一点在当代中国与前现代国家有着显著区别。前现代国家往往将间接税交予包税商征收,以土地税为代表的直接税由科层组织征管,这是由于前现代社会交通、信息流通、认证手段不发达,间接税比直接税更难以征管。而在当代中国,由于价内税因素和技术手段进步,间接税成为较易征管的税种,相反直接剥夺公民财产的直接税更容易陷入合法性危机、引发社会矛盾,征收难度更大。这部分税种被划分为地方固定收入,由带有包税商色彩的地方政府征收。从资产专用性来看也是如此,税收征管被认为是极为复杂的技术领域,以增值税、消费税为代表的全国性税种资产专用性不如需要更多地方性知识的直接税高。仅以改革中的房产税为例,因为是地方税种,其课税要素和评估标准、扣除面积等各地会有较大差异。然而,遵循全国统一会计准则的间接税则对资产专用性要求低得多。

委托代理关系中委托人对代理人的监督成本往往决定了二者之间的组织关系。可从人事任免权、俘获可能性、信息不对称三个维度来衡量税收征管中的监督成本。国税系统实行垂直领导、分级管理和下管一级的人事任免制度,官员晋升与流动主要在系统内部完成,地方党委组织人事部门影响力较小。而地方税务系统和其他财政收入组织的人事任免权由地方政府掌握,仅需报国税总局征求意见或备案。[①] 一般而言,征管链条越长,层次越多则控制难度越大,分税制改革分设两条税务系统并将人事任命权下放地方政府可以有效降低监督成本。如果统一由中央政府层面的税务稽查机构对各省市直至县级征管分局基层工作人员进行监督,不仅没有必要更会面临极高的成本压力。事实上,在赋予地方政府剩余索取权的条件下,必然要求将监督权也下放至地方,中央政府仅保留税收立法权即税种的开征、停征和税收政策执行的解释权。中央政府直属的科层化征税组织主要面对的是企业纳税人,企业逐利的天性使得在税收法治尚不够健全的条件下容易产生政府俘获,相比而言,中央政府及其直属机构比地方政府更难以俘获(倪子靖,2011)。经验研究也已经证明,地税系统的征税效率远不如国税系统,这一方面与税种征收难度有关,但同时与地方政府有意地放水养鱼、藏富于企业不无关系(周黎安、刘冲、厉行,2011:2—17)。信息不对称广泛存在于央地关

---

① 《国务院办公厅转发国家税务总局关于组建在各地的直属税务机构和地方税务局实施意见的通知》,国办发〔1993〕87号。

系互动过程中,特别是在税收征管和政府性基金收入上,地方政府往往拥有更多的地方性知识来决定本年度财政收入和预算的数额,并以此为依据制定税收计划。税法的制定和执行过程也可以加以佐证,中国税收立法的初衷并不是有效保障纳税人权利,而是中央政府出于遏止地方政府擅自减免税的需要(崔威,2012:762—781)。总而言之,采用嵌入科层体系的包税制可以使得委托人的监督成本在抓大(国税系统)放小(地方政府)的条件下保持在一个较低的水平上。

四、小 结

本文从组织理论视角出发提出了理解中国分税制改革以来财政收入高速增长的一个理论路径,即回答了这样一个问题:何种形式的征税组织在中国改革进程中能够实现效率最大化。在回顾交易成本政治学和财政社会学对全球历史中的征税组织形式的文献基础上,我将交易成本和委托代理理论综合起来,修正了已有研究中前现代国家实行科层制与包税制的研究假设,针对中国国情与制度环境构建了一个基于剩余索取权和不确定性、资产专用性和监督成本的分析框架,将中国征税组织形式概括为"嵌入科层体系中的包税制"。这一组织形式及其制度安排体现为以科层制为外在表现形式和主要支柱,但在中央与地方关系处理上嵌入包税制的内核,剩余索取权强度和监督成本高低决定了某一时期财政收入征管的效率。从历史上看,前现代中国王朝财政时期的征税组织属于剩余索取权弱激励、高监督成本模式;新中国建立后至1978年间中央计划经济体制下的统收统支财政时期的征税组织属于剩余索取权强激励、低监督成本模式;1978年至1994年间"财政包干时期"的征税组织形式属于剩余索取权强激励、高监督成本模式;1994年分税制以来的征税组织模式属于剩余索取权强激励、低监督成本模式。分税制之所以有效是因为政策制定者在改革中建立了直属于中央政府的科层化征税组织,并成功地综合了三种契约:工资合同、分成合同与固定租金合同,有效地实现了中央政府与地方政府剩余索取权配置的激励相容。作为委托人的中央政府在降低不确定性和监督成本的目标函数设置下，将征管难度较低的间接税作为中央税和共享税，作为代理人的地方政府依凭地方性知识的优势将有限的剩余索取权激励发挥到了极致。分税制的经验启示我们：在单一制中国央地财政分权法治化程度较低的条件下，保持包税制的某些有利因素能够促进税收征管效率提升。这一结论对当前中国央地关系研究有重要的启示意义，改革央地关系要解决的并不是简单的财权零和博弈，而是基于当前制度环境和政治、法律结构所形成的组织关系和权力配置优化问题。如果看不到分税制改革对中国财政收入组织形式的深层形塑，就无法充分理解财政收入高速增长的制度根源。

【参考文献】

陈锋：《清代的钱粮征解与吏治》，载《社会科学辑刊》，1997年第3期，第20—26页。

陈锋：《清代中央财政与地方财政的调整》，载《历史研究》，1997年第5期，第100—114页。

崔威：《税收立法高度集权模式的起源》，载《中外法学》，2012年第4期，第762—781页。

冯小红、张清芬：《1928至1937年河北省县级税收征管中的经纪制改革述论——兼与杜赞奇先生商榷》，载《中国社会经济史研究》，2008年第1期，第88—95页。

高培勇：《中国税收持续高速增长之谜》，载《经济研究》，2006年第12期，第13—23页。

《国务院办公厅转发国家税务总局关于组建在各地的直属税务机构和地方税务局实施意见的通知》，国办发［1993］87号。

《国务院关于实行分税制财政管理体制的决定》，国发［1993］第85号。

贾康：《"十二五"：中国税制改革展望》，载《涉外税务》，2011年第5期，第13—17页。

李文：《从行政力量对税收征管的介入看中国宏观税负的影响因素》，载《税务研究》，2012年第7期，第8—14页。

吕冰洋、郭庆旺：《中国税收高速增长的源泉：税收能力和税收努力框架下的解释》，载《中国社会科学》，2011第3期，第76—90页。

马骏：《包税制的兴起与衰落——交易费用与征税合同的选择》，载《经济研究》，2003年第6期，第72—89页。

倪子靖：《转型经济中的分层俘获——以我国钢铁行业的规制为例》，浙江大学博士论文，2011。

欧树军：《财产认证与国家税收》，载《经济体制社会比较》，2010年第3期，第13—22页。

乾隆《大清会典则例》卷36《户部》。

孙秀林、周飞舟：《土地财政与分税制：一个实证解释》，载《中国社会科学》，2013年第4期，第40—61页。

孙玉栋、李佳：《我国税款预缴制度存在的问题及其对策》，载《涉外税务》，2009年第8期，第30—33页。

徐博：《关于分税制下税收返还问题的思考》，载《财政研究》，2010年第4期，第69—71页。

许善达：《金税工程：一项政治体制改革的实践》，《中国税务》，2003年第4期，第4—10页。

张长东：《税收与国家建构：发展中国家政治发展的一个视角》，载《经济体制社会比较》，2012年第4期，第195—203页。

周飞舟：《分税制十年：制度及其影响》，载《中国社会科学》，2006年第6期，第100—117页。

周黎安、刘冲、厉行：《税收努力、征税机构与税收增长之谜》，载《经济学（季刊）》，2011年第3期，第2—17页。

邹谠：《中国廿世纪政治与西方政治学》，载《经济社会体制比较》，1986年第4期，第19—23页。

Douglass C. North, *Structure and Change in Economic History*, New York: W. W. Norton & Company, 1981, pp. 110 - 115.

Kiser Edgar, "Markets and Hierarchies in Early Modern Tax Systems: A Principal-agent Analysis", *Politics& Society*, Vol. 22, No. 3, 1994, pp. 285 - 316.

Kiser Edgar, Joachim Schneider, "Bureaucracy and Efficiency: An Analysis of Taxation in Early Modern Prussia", *American Sociological Review*, Vol. 59, No. 2, 1994, pp. 187 - 204.

Kiser Edgar, Kathryn Baker, "Could Privatization Increase the Efficiency of Tax Administration in Less Developed Countries?" *Policy Studies Journal*, Vol. 22, No. 3, 1994, pp. 489 - 500.

Kiser Edgar, Yong Cai, "Early Chinese Bureaucratization in Comparative Perspective: Reply to Zhao", *American Sociological Review*, Vol. 69, No. 4, 2004, pp. 608–612.

Levi Margaret, *Of Rule and Revenue*. Berkeley: University of California Press, 1988.

Webber Carolyn, Arron Wildavasky, *History of Taxation and Expenditure in the Western World*, New York: Simon & Schuster, 1986.

Weber, Max, *Economy and Society*, Berkeley: University of California Press, 1968.

Weber, Max, *General Economic History*, Glencoe, Ill: Free Press, 1927.

Williamson, Oliver E., *Markets and Hierarchies*. New York: Free Press, 1975.

公共预算研究系列
Public Budgeting Research Series

政府间财政关系

中国地方政府省际财政健康度评价及解释
——结合资产负债与收支信息的分析*

解洪涛　陈志勇　陈利伟**

内容摘要：本文借鉴国际市（县）管理研究会（ICMA，2003）的地方政府财政健康度评价方法，构建了中国地方政府财政健康度评价指标体系。结合了审计署公布的地方政府负债信息及财政收支信息，对我国省际间财政健康度进行了评价，通过对评价结果的进一步分析得出了以下结论：（1）地方政府负债主要用于土地收储和基础设施建设项目，短期内江苏、重庆等省市积累负债风险较大；（2）依靠土地出让收入可以缓解短期偿债风险，但长期债务偿还能力还在于工业化带来的地方税收增长；（3）一般预算支付能力风险来自于以下方面，一是人口结构变动引起未来对公共服务，尤其是城市公共服务需求的大量增加；二是社会整体对公共服务质量的要求。此外，社保预算也因人口结构变动而影响未来风险。因此，在城市化快速进程中，积极的财政政策不可避免。以房产税、个人所得税等税种改革重构地方税体系是维持地方政府

---

* 本研究受国家社科重大项目"地方政府性债务管理和风险防范研究"（12&ZD047）、财政部、教育部高校共建项目"公共资源出让收益共享制度研究"的资助。本文已被《中国经济问题》接收。

** 解洪涛，中南财经政法大学财政税务学院，博士，讲师；陈志勇，中南财经政法大学财政税务学院，博士，教授，博士生导师；陈利伟，厦门大学经济学院硕士研究生。

财政健康的必要手段。

关键词： 财政健康度　长期偿债能力　短期偿债能力　公共服务支付能力　一般预算支付能力

一、引　言

现代政府提供公共产品的职能已在公共经济理论中广为讨论，政府的公共服务职能要求政府能够筹措足够资金。当政府在某一财政期间无法筹措到足够财力以应付基本公共服务职能及偿还债务时，政府的财政危机就会爆发。近年来，无论是2009年的欧洲债务危机、加州政府破产，还是2013年美国底特律政府破产等案例显示了政府财政行为短视是危机发生的根本原因。虽然其形成原因各异，既有在支出方面养老福利政策失误，也存在收入方面经济衰落导致不可预测的政府财源下降。但就总体而言，政府缺乏中长期的财政健康状况判断，对危机的预警机制不足，导致了累积的危机发生，最终对经济造成长期的破坏性冲击。

就中国而言，地方政府债务所累积的宏观经济风险已经引起了各方关注。现有的财政预算体系禁止地方政府赤字运转和发行债务。但在地方官员凭借"GDP锦标赛"获得晋升机会的治理背景下，几乎所有地方政府都通过成立投融资平台（国有投资公司）进行举债或担保举债，以此推动城市化和工业化进程，并由此产生了地方政府的巨额负债（周黎安，2007；傅勇，2010）。按照审计署2013年8月的数据，截至2013年6月地方政府负债总额超过20万亿元人民币，且主要集中在市、县两级政府。不可否认，地方政府依托投融资平台运作极大地推动了城市基础设施建设和经济增长。但巨额地方债所衍生出的后果，一是地方政府过度依靠土地财政，导致地价不断上涨，城市化成本被传递到居民生活和企业生活成本，反而对长期经济增长起到抑制作用；二是如果地方债集中爆发则有可能将危机传导至金融部门，进而导致中央政府被迫采用通胀手段还债，快速通胀对经济增长构成巨大威胁。

地方负债引发的财政风险一方面反映出了"自上而下"的政治治

理机制存在的制度缺陷，另一方面也反映出财政管理机制上需要创新去化解风险。从后者出发，十八届三中全会中提出尽快建立中央和地方政府的资产负债表，并定期披露地方政府的资产、负债信息，这无疑是对地方政府依靠负债推动发展行为的制度纠正。在学术界，2013年成为深入研究国家资产负债表的真正开始（李扬等，2013；马骏等，2013；曹远征等，2012）。上海、江西等省级政府开始探索地方资产负债表的编制。但单纯的资产负债表没有与地方政府的财政收支信息紧密结合起来，无法很好地反映地方政府的偿债能力。在理论上，需要将地方政府的资产负债信息与收支信息结合起来，建立类似于公司财务分析的指标体系（如杜邦财务分析体系），与地方政府资产负债表信息披露机制结合，成为约束地方政府债务风险的政策工具。为此，本文借鉴了美国市（县）管理协会（ICMA）的财政信息建设体系（FTMS，2003），结合了审计署2013年公布的各省市地方债务审计数据，以及各省近年的基金预算收入、土地出让收入、国有资源有偿使用收入等信息对省际间的财政健康度进行了评价。

二、地方政府财政健康测度的文献回顾

财政健康度有不同维度的定义，本质上财政健康意味着政府有足够财力提供一般公共服务和应付当前及未来债务，其与政府的财政收入、累计净资产、债务期限和净现金流相关。财政健康与一般的政府财政绩效存在差异，首先它比财政绩效含义更宽泛，一般的财政绩效只从收支角度考察，而它包含了政府长期财务的视角；其次它还包括影响财政收支需求变化的经济因素，如人口结构及公众对公共品的需求变化。

财政健康度的度量一直被理论界和实务领域所重视。美国的州政府和地方县、市政府通过建立地方法案对财政健康度进行测度（如佛罗里达州和密歇根州）。美国府际关系委员会（Advisory Commission on Intergovernmental Relations，1973）最早提出了检验市政财政健康度的指标体系。其中涵盖了六方面的财政健康测度指标：（1）政府运营资金

的收支平衡；（2）预期未来若干年支出超过岁入的持续性；（3）当前负债超过政府资产的程度；（4）本年年末累计的短期负债；（5）近年财产税（地方税）下降的趋势；（6）政府资产的预期估值缩水比率。自这一指标体系提出后，有一系列研究围绕着相关问题展开。Dommel & Nathan（1978）、美国国会预算办公室（1978）、美国财政部市政财务办公室（1978）、国际市（县）管理研究会（International City/County Management Association，ICMA，1994，2003）、Brown（1993）、Kloha et al.（2005）、Wang et al.（2007）及 Groves（1981，2003）等研究从不同侧面、使用不同变量对最早的指标体系加以修正，并对地方政府的财政健康度进行了测度。

与财政健康的理论研究相适应，信息披露的制度设计也在不断推进。在此过程中，美国政府会计标准委员会（Government Accounting Standards Board，GASB，1999）发布了 34 号准则修订了以往美国政府的财务报告体系，要求政府提供全面的资产、负债和收支报告，这为全面评价政府财政状况提供了制度基础。从 2003 年开始，美国各州开始按照 34 号公告披露详尽的政府资产负债和收支信息。

美国市（县）管理研究会（2003）在以往研究基础上提供了一套财政长期健康度评价体系（FTMS），其中涵盖了四方面的内容：（1）短期债务偿还能力；（2）财年内一般预算公共支付能力；（3）长期债务偿还能力；（4）未来一般预算公共服务支付能力。相关的指标也为政府会计标准委员会所采纳，用于评价政府的偿债能力和公共服务支付能力，但其中并未将财政可控因素和外部经济环境因素加以区分。这一指标体系后来成为了美国地方政府评价财政健康度的参考范本。

Kloha 等人（2005）结合经济环境变化等因素对财政健康度进行了测度，并讨论了财政风险管理的重点。与 ICMA 指标体系比较，Kloha 等人（2005）在设计指标体系时认为，如果舍弃经济环境变量，则意味着评价体系更多关注了地方财政决策在当期预算平衡的努力，而忽视了考虑未来经济环境变化后，当期财政决策对未来财政压力的反应。因此，其研究使用了一般预算支付能力、资产负债比、税收变动率、人口变动等 9 个指标。其评价结果强调一般预算赤字可以通过财政管理优化改进，但税收的下降可能由经济环境因素变动所致，并非财政管理能力所能改变。

一般而言，资金需求被定义为提供稳定公共服务的政府支出需求，收入被定义为税收的稳定性。但由于财政状况的周期性变动，以上测度在单一时点上完成，往往忽略了未来经济环境发生变化导致了收入能力和支出需求两方面的变化。Ladd & Yinger（1989）定义了"财政需求与资金筹集差额"的指标。类似地，Hendrick（2004）从预算口径角度对财政健康度指标进行了分类：（1）外部经济环境状况；（2）预算外收支"松弛"状况；（3）一般预算平衡状况。其中，预算外收支状况包括测度政府基金预算平衡、投资性支出占财政支出比例、国有企业利润上缴部分占财政收入比例等。这三方面都涉及到了资金的长期需求与收入差额的比较。Maher & Nollenberger（2009）、Sohl et al.（2009）、Levine et al.（2012）同样使用了类似的评估体系对政府财政状况进行测度。

美国俄亥俄州政府审计局（The Ohio Auditor of State's Office, 2012）[①] 从财政健康指标反映未来财政趋势的角度出发，设计了旨在识别地方政府财政困境迹象的指标体系。该体系由十六项指标组成，涵盖了政府性一般预算和政府性基金收支状况。分别为：流动净资产与政府一般支出比；一般预算资金平衡率；流动净资产价值变动额与一般预算支出比；一般预算资金平衡变动率；一般预算收入与全额岁入比；一般预算税收收入缩减率；一般预算盈余比例；政府一般预算收入与净支出比；政府间转移支付收入与一般预算收入比；当地家庭财产估值（与地方财产税有关）；债务支出与一般预算收入及基金收入比；流动性净资产与政府性一般公共服务支出比；扣除专项的预算收入与一般公共服务支出比；政府现金（短期投资）资产与一般公共服务支出比；总负债及净资产值与一般预算支出比；预决算收支差额。俄亥俄州审计局验证了上述十六项指标识别地方政府财政健康的有效性，要求次级地方政府按照

---

① The Ohio Auditor of State's Office. fiscal health indicator document. https://ohioauditor.gov/indicators/，2012.

GAAP准则上报财务报表，由此可预先判别次级地方政府的财政困境。

国内关于政府财政健康度的研究相对较少，刘军民（2007）提出了一个地方政府健康度的评价体系，涵盖了地方财力、地方财政管理能力和运行机制。在财政管理体制下设置了收入与支出匹配能力的子指标。总体而言，这一指标体系将财政管理体系与管理结果放在了一起，缺乏统一的逻辑框架，且很多指标缺乏计算的可操作性。李建军、谢欣（2011）主要从公共服务需求增长与财力匹配的角度度量了湖北省各县（市）的财政健康度，但缺乏对负债的考虑。此外，李扬等（2013）和曹远征等（2012）分别结合中央政府资产负债表的编制就直接显性负债、直接隐性负债、间接显性负债、间接隐性负债估算提出了框架，其理论涉及债务的期限结构及人口结构变动导致的养老金缺口负债等。但类似研究都缺乏对偿债能力的一个度量。

综合国内外的研究，可以发现地方政府财政健康度的评价不能仅考虑收支信息，必须包含地方政府的资产和负债信息。从长远看，包含政府资产负债表信息的财政状况的评估方法，将逐步成为我国宏观经济分析的基本方法之一（李扬，2012）。同时，财政健康度的评价也应考虑社会经济变动趋势，以反映政府的未来财政支付能力（Wang et al.，2007）。本文借鉴了ICMA（2003）、Wang et al.（2007）的评价体系，构建我国地方政府的财政健康度评价指标，在指标选择上兼顾了全面性和可操作性。第三部分是对某些指标含义的直观解释。在第四部分采用这一体系对我国省际间的财政健康度进行评价。对当前省际间的财政健康度差异原因进行初步解释。最后，提出了相应的治理建议。

三、中国地方政府财政健康度指标体系构建

（一）中国地方政府财政健康度评价指标选择

不同于李建军和谢欣（2011）对湖北省地方政府财政指标的选择，本文主要参考ICMA地方政府财务健康评价指标体系的构建，同时吸收Brown（1993）、Honadle et al.（2004）、Wang, et al.（2007）、Justice et al.（2012）等方法，并参考了审计署公布的中国地方政府负债状况的报告数据，建构一套全面的综合指标来衡量中国地方政府的财政健康度。地方政府财政健康状况可从多维角度考察，ICMA（Nollenberger，2003）由短期债务偿付能力、预算一般公共支出支付能力、长期债务偿还能力及长期公共服务支付能力四方面评估地方政府的财政健康度。其中，短期偿债能力衡量地方政府支付短期债务的能力；预算支付能力衡量地方政府是否有足够收入以支持一般性公共支出，不致发生财政赤字的能力；长债偿债能力衡量地方政府清偿长期借款与债务的能力；最后，长期公共服务支付能力衡量地方政府维持目前所提供之公共服务水平的能力（Wang, et al., 2007）。本文的指标体系沿用了这一框架，具体指标如表1所示：

表1 财政健康度评价指标体系

指标	计算公式	指标说明	权重
财政健康度指数	短期偿债能力＊(2/10) + 预算行政支付能力＊(1/10) + 长期偿债能力＊(4/10) + 长期公共服务支付能力＊(3/10)		
（一）短期偿债能力	流动性比率＊(3/10) + 土地出让收入短期债务比＊(5/10) + 其他基金收益短期债务比＊(2/10)	指标越大说明偿还保障能力越强	2/10
（二）长期偿债能力	3年土地和采矿权出让收入长期债务比＊(4/10) + 3年地方国有企业利润长期债务比＊(2/10) + 3年地方税收入与长期债务比＊(2/10) + 行政事业资产长期债务比＊(2/10)	指标大说明偿付能力强	3/10
（三）预算行政开支支付能力	税收收入与财政支出比＊(5/10) + 非税收入与财政支出比＊(4/10) + 转移支出付与财政支出比＊(3/10) + 一般公共服务支出占财政总支出比＊(-1/10) + 公共安全支出占财政支出比＊(-1/10)	指标大说明支付能力越强	2/10
（四）长期公共服务支付能力	人均教、科、文、卫支出比＊(3/10) + 社保收入与社保支出比＊(3/10) + 人均城乡基础设施支出比＊(2/10) + 人均节能环保支出比＊(2/10)	指标大说明偿付能力强	3/10

表1中省级地方政府（包含省本级，还涵盖县市）的财政健康度综合指标如下：

财政健康度综合指数 = 短期偿债能力 $*$ (2/10) + 长期偿债能力 $*$ (3/10) + 预算行政开支支付能力 $*$ (2/10) + 长期公共服务支付能力 $*$ (3/10)　　　　　　　　　　　　　　　　　　　　　　　(1)

子指标一衡量了短期偿债能力（见表1），其中，流动性比率、土地出让收入短期债务比、其他基金收入短期债务比三项次级指标，分别将期末财政存款、当年政府性基金中的土地出让收入、政府性基金中扣除土地出让收入的其他收入与年内到期债务相比。财政存款数据来自《中国金融年鉴》(2012)、土地出让收入和政府性基金收入数据来自于各省（市、自治区）"2012年全省及本级政府性基金预算收入预计执行情况表"。短期债务收据来自"2013年各省（市、自治区）政府性债务审计结果"。

子指标二为长期偿债能力（见表1），其中，3年的土地出让收入来自《中国国土资源年鉴》中国有土地出让宗数与当地土地价格乘积，这与通过基金预算获得数据口径大致相同，但由于部分基金预算数据年份的缺失，所以这里用此方法代替；地方国有企业利润数据来自《中国会计年鉴》(2012)，之所以选择这一指标，是因为现有国有企业利润已按5%上缴财政，部分学者也提出可以用这部分收入偿还债务；地方税收债务比主要反映地方财源对长期债务的偿还保障比；最后，行政事业性资产数据反映当前政府累积的主要资产，其中部分可以用以出让还债，由于《中国会计年鉴》(2012) 中仅有行政事业资产总额，我们用分地区的国有单位就业人数比例做了省际间的折算，假定了各省的资产是与就业数正相关，就业人数数据来自《中国人口与就业统计年鉴》(2012)。

子指标三衡量了预算行政开支支付能力（见表1），预算支付能力主要用于评价地方政府一般预算内不同渠道获得的资金用于应付支出的能力。最后两个次级指标主要用于评价政府和社会公共安全基本行政开支保障度，一般政府运行成本越高，必然挤占其他支出份额，因此这两个指标权重为负，以上数据来源主要《中国财政年鉴》(2012)。

子指标四为长期公共服务支付能力（见表1），长期公共服务支付能力的度量主要反映未来一段时期内政府预期的公共服务支出和财力匹配程度。政府在公共服务上的支出会因为人口结构和居民对公共品需求的改变而改变，因此这一指标是作为预警指标而设计。其中支出绝对数量的预测可简单采用 ARMA 时间序列预测，而老龄人口数据需要以普查数据为依据构建分省的人口生命表。本文按照中国的五年规划周期，使用和预测了2017年底的人口数据，旨在反映中期的财政健康度，其中财政收支数据来自《中国财政年鉴》(1996—2012)，老龄人口数据预测采用了《中国人口年鉴》(1996—2012)。

（二）财政健康度指标标准化及权重确定

综合以上说明，本研究以十六项财政指标衡量地方政府的四方面的支付和偿债能力，再依照不同权重加总成财政健康度指数。各项指数的计算方式如下：将每一项指标原始数值进行正态分布的标准化处理，即原始子指标数值与该指标均值的差与标准取比值。然后，我们将标准化的得分值映射在 0 – 10 之间，即极大值分数为10，极小值为0。其余值采用内插法折算在 0 – 10 之间，分指标值采用相关权重加权。

分指标的权重与总指标权重在计算总指标时极为重要，并影响最终计算结果。现有决策理论中已积累了层次分析法（AHP）、人工神经网络等方法。但相关方法也各自有其局限性，如 AHP 方法在确定指标权重时，也需依据专家意见对指标重要性进行排序，分析并总结排序结果及其影响。人工神经网络需要大样本对网络进行训练，这在本研究中难以实现。本文作为相关领域的尝试性研究，对权重依据实际重要性进行了简单赋权，例如由于现有地方政府大多依靠土地出让收益偿还债务，因此相应指标赋予了较大权重。而公共服务的权重含义在于公共品对居民的重要性，其权重本身应反映社会总体偏好，本文均采用专家打分法进行了简化。未来的相关研究可采用 AHP 方法验证计算结果对计算方法的敏感性。

四、省际间财政健康度评价指标含义

本文的指标体系反映了地方政府财源的流入与支出情况，其中地方债务和行政事业资产等项目被首次纳入了分析框架。但单从以下排名得分中较难直观理解省际间的差异，为说明得分差异的背后原因，以下结合省际间负债水平、公共服务水平、行政运行成本具体数据说明评价结果的实际意义。

（一）地方负债水平、偿债能力与地方财政健康度分析

现有的大量研究都已指出地方政府负债存在的巨大风险，但各地方的负债的产生又有其制度背景和社会发展背景（巴曙松，2011）。按照审计署 2014 年公布的地方债审计数据，在政府负有偿还义务的负债中，土地收储、市政建设和交通运输的投资合计占负债总额的比例在各省都超过了 50%，北京、天津、上海等地区超过了 80%，广东、辽宁和吉林等省份超过了 70%。这些数字显示出，中国地方政府通过负债支撑城市化进程的选择。尽管这种选择可归因为地方官员的 GDP 竞争行为，但不可否认这仍是中国社会快速城市化解决资金困境的现实选择。虽然政府能采用公共基础设施建设领域向私人投资开放等金融创新形式部分地缓解地方财政压力，但大规模的财政资金投入在未来 10 余年中不会放缓。

正如很难用简单的杠杆率去评价企业负债经营的优劣一样，单纯去评价政府负债规模的大小并无太大意义。如果当某一地区的负债能够促进未来的长久繁荣，这种财政政策仍是可取的。并且，良好的城市化推动工业化进而带来的税收增加，也为未来偿债奠定了基础。这意味着政府负债运营有一定的合理性。但从新古典经济学的动态均衡模型出发，一般性的结论都支持最优政府支出在代际间的平稳性。换言之，在未来不可预测的情况下，并假设当代人的单位消费效用不应

超过后代时，公共政策的价值取向并不支持高负债的积极财政政策。当理论很难获得明确结论时，对中国地方负债问题本身的关注也许更为重要。当前最紧要的问题，一是能否确定各地负债的风险承受规模，即与一定偿还能力所匹配的规模，一旦这一规模确定则可约束一届政府的最大负债；二是明确偿还渠道并将隐性负债显性化，即通过建立规范的地方债券市场，让全社会参与分担风险，同时逐步将融资平台负债证券化，并在未来预算体系中明确偿债基金和准备金的框架。

本文的研究恰是针对了前一问题，从目前地方政府的还债渠道入手，反映与负债匹配的偿还能力。当前地方政府财政收支框架体系中并未建立完善的还债渠道，现实中的做法一方面是举新债还旧债，另一方面是用资源性收益来偿债，主要是国有土地出让收入以及部分的探矿权、采矿权返还地方收入。其他还有超收的非税收入，如地方性的国有资源（资产）有偿使用收入。图1给出了用以计算短期偿债指标之一的财政性存款与年度债务的匹配情况，其中财政性存款代表行政掌握的短期财力。假设按1：1匹配的话，落在45度下的省份代表负债与偿还能力失衡，距离45度线越远，则意味着短期偿债风险越大。从图1中可以看出，江苏省短期偿债风险最大。其他省级行政单位如重庆、河北和广西等虽然短期负债总量不大，但都存在偿债风险。在45度线之上的省级行政单位，短期偿债能力最强的是广东、上海和山东等。进一步分析，山西、陕西、内蒙古、新疆和黑龙江等虽然也表现出短期较好的偿债能力。但从财政性存款构成情况看，这些省级行政单位的财政性存款中有大量的自然资源资源性收益（如与煤炭相关的地方基金收入），因此这些省级行政单位的偿债能力是建立在国有自然资源储量基础上的。从长期看，资源性收益用以偿债在代际间分配可能产生不公，且很难持续。

图2给出了以土地出让收入偿还短期债务的匹配情况。尽管各省的"政府性基金管理办法"中并未明确土地出让收入用以还债，但大多数地方政府依靠卖地还债已成常态。以山东为例，按照山东

省审计厅审计结果，地方政府还债约有 40% 依靠出让土地[①]。对比图 1 和图 2 可以发现，若依靠土地还债，江苏省的偿债能力将会大幅好转。湖北和贵州等省份却出现了情况恶化，原因可能在于当年的土地出让收入不理想。这实际也反映出所有地方政府需要正视的困难，即由于土地市场的波动性，以及国有土地资源的有限性，大量依赖卖地还债，虽然短期内不会出现困难，但长期看同样不具有可持续性。

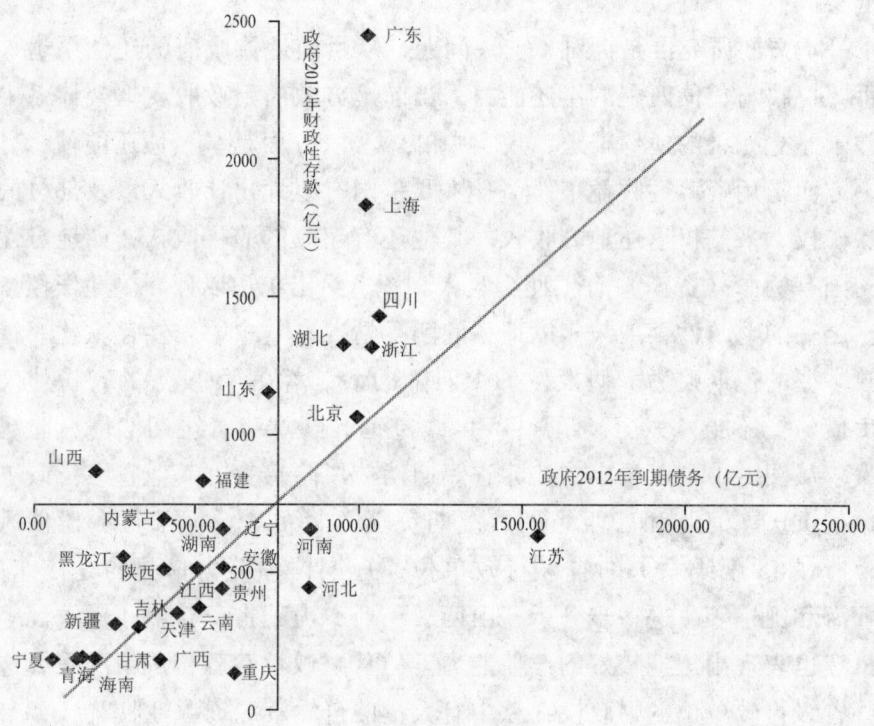

图 1　财政存款用以短期债务偿付匹配程度

---

① 见《地方政府还债近四成靠卖地》，参见中新网，http://www.chinanews.com/house/2014/03-27/6001783.shtml，2014 年 3 月 27 日。

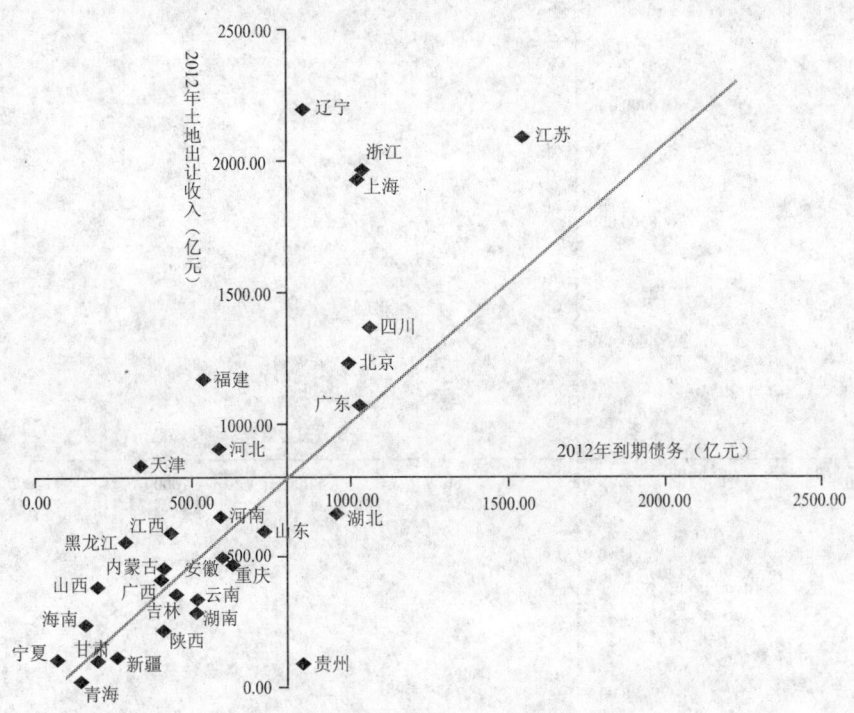

图2 国有土地出让收入用以短期债务偿还匹配程度

图3给出了3年的地方税收与长期债务的匹配程度，根据李嘉图等价定理，地方政府在当期可以用举新债还旧债，但这意味着居民未来承受更多的税负。如果未来经济增长乏力，则未来一代的财政风险爆发可能演变为经济危机。这显示出过去10年地方政府官员在有意无意间扮演着"击鼓传花"的角色。地方税收增长可能是长期债务偿还的最后保障。现实中，一些县级政府也确实用营业税偿还了部分债务利息。图3是本文长期偿债能力主要指标的反映，从图中可以发现，在经济增长较好的省份，依靠税收有较为充足的偿债能力。天津由于本身负债较低，且税收总量较高，因此具有最好的长期偿债能力表现。而四川、湖南、湖北是近年中西部地区经济增长和城市化较快的省份。但由于经济增长滞后于财政支出增长，这些省份的长期偿债能力不容乐观。

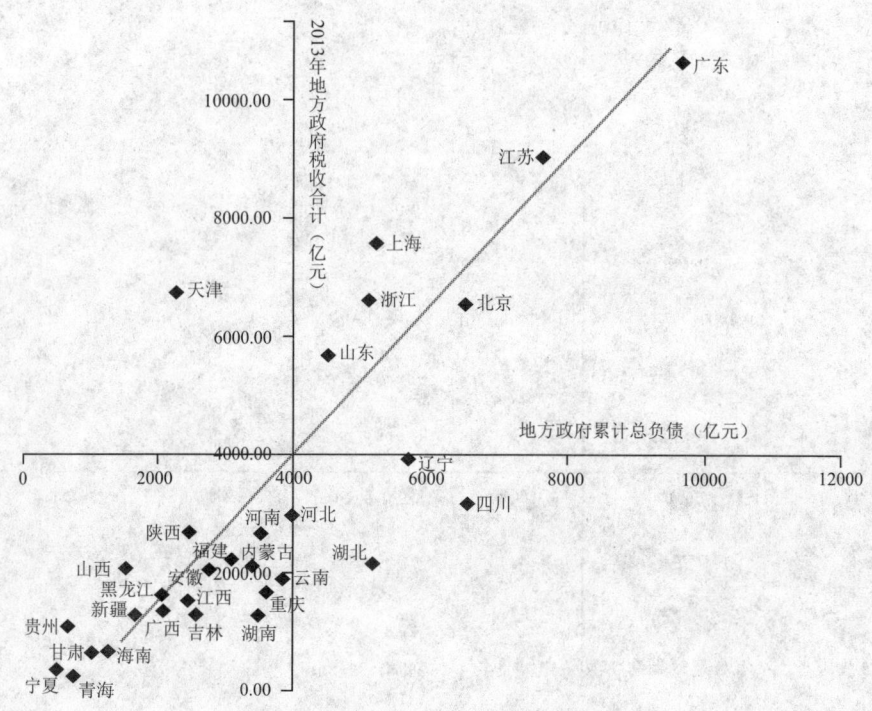

图3 长期税收与长期债务的匹配情况

此外，本文的长期偿债能力中还包含了对地方行政事业资产的估算，并用以与长期债务匹配。这主要是从近年地方政府非税收入快速增长的现实考虑。一些省份如湖南、山东2010年左右相继出台《国有资源资产有偿使用收入管理办法》。根据湖南长沙市的非税局的调研，政策出台以后，相应的非税收入快速增长，对充实地方财源，偿还负债起到了一定的积极作用。限于篇幅，其他测度指标含义不一一展开。

（二）公共服务水平与地方财政健康度分析

政府财政健康度的另一个评价维度，即是政府财力能否足额支出预算支出项目。这其中既包括用于保障国家行政体制运行的一般公共服务支出，也包括用于公共产品的教育、医疗和环保支出。此外，虽然社保预算与一般预算并行，但社保基金的最终缺口仍需政府"兜底"。因此，本文的指标构建中也考虑了社保预算的平衡情况。为评价政府的未来公共服务支付能力，本文作了远期预测，以2020年为时间节点，预测对应了社保收入和老龄人口，图4显示了其匹配情况。同时，在长期公共服务的支付能力上，我们均采用了简单的ARMA法，用历史数据预测了2020年的收支数据，并匹配了相应的人口数据。

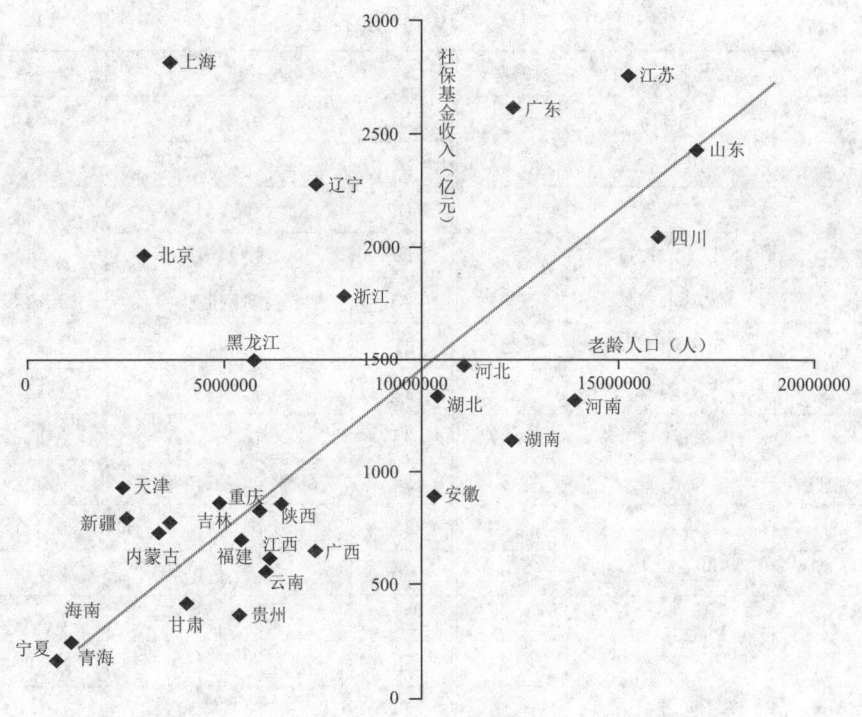

图4 2020年社保基金预测收入与老龄人口增长匹配情况

五、中国省际间的财政健康度评价结果

（一）地方政府短期、长期偿债能力测度

表2给出了地方短期偿债能力的评价结果，通过排名可以发现偿债能力与地区的经济发展水平有一定的相关性。但一些中部省份如湖南、

湖北、安徽其经济发展水平与负债水平并不相符，其短期偿债风险较大，这样的结果是与相关省份快速的城市化建设和基础设施投资相关联的。相应地江苏等省份虽然经济发展速度较快，但与其巨大的负债水平相比，在短期偿债上仍具有风险。从得分数值分布看，Wang et al. (2007) 研究认为得分值在3以下的省份其偿债风险较大。

表2 短期偿付能力得分

排序	省份	得分	排序	省份	得分
1	上海市	8.91	16	河南省	3.24
2	山东省	6.82	17	江苏省	3.12
3	福建省	5.92	18	广西壮族自治区	2.64
4	辽宁省	5.84	19	陕西省	2.54
5	广东省	5.82	20	湖南省	2.42
6	天津市	5.81	21	安徽省	2.37
7	山西省	5.11	22	吉林省	2.32
8	浙江省	5.07	23	甘肃省	2.12
9	海南省	4.35	24	新疆维吾尔自治区	2.09
10	河北省	4.00	25	湖北省	2.09
11	内蒙古自治区	3.93	26	云南省	1.93
12	黑龙江省	3.88	27	青海省	1.87
13	江西省	3.61	28	宁夏回族自治区	1.81
14	四川省	3.59	29	重庆市	1.71
15	北京市	3.30	30	贵州省	0.60

注：数据来源于《中国财政年鉴2012》《中国金融年鉴2012》、2012年各省（市、自治区）全省及本级政府性基金预算收入预计执行情况表和2013年各省（市、自治区）政府性债务审计结果，剔除了西藏自治区的相关数据。

表3是长期偿债能力的评测结果，天津具有良好的经济发展速度，同时保持了低负债，这是其获得高得分的依据。而山西的偿债能力是建立在其资源性收益之上，当资源性收益不可持续时，其长期偿债风险有可能加大。湖北、重庆、四川等中西部省市在长期偿债能力上依然排名

较后。值得关注的是，中国绝大多数省份的长期偿债能力得分均较低。这意味着地方债风险是普遍的。在城市化速度和基础设施投资速度无法放缓的情况下，当前政府应警惕负债规模的继续膨胀。

表3 长期偿付能力得分

排序	省份	得分	排序	省份	得分
1	天津市	9.03	16	辽宁省	1.46
2	山西省	4.14	17	海南省	1.43
3	福建省	3.35	18	河北省	1.41
4	上海市	3.29	19	广东省	1.39
5	山东省	3.07	20	重庆市	1.25
6	浙江省	3.06	21	贵州省	1.23
7	北京市	2.73	22	新疆维吾尔自治区	1.20
8	安徽省	2.58	23	云南省	1.11
9	陕西省	2.26	24	四川省	1.05
10	江苏省	2.04	25	湖南省	0.98
11	河南省	2.03	26	宁夏回族自治区	0.98
12	黑龙江省	2.01	27	吉林省	0.80
13	广西壮族自治区	2.01	28	湖北省	0.75
14	江西省	2.00	29	内蒙古自治区	0.74
15	甘肃省	1.66	30	青海省	0.65

注：数据来源于《中国财政年鉴2012》《中国税务年鉴2012》《中国人口和就业统计年鉴2012》《中国会计年鉴2012》《中国国土资源统计年鉴2012》，剔除了西藏自治区的相关数据。

（二）地方政府短期预算与长期公共服务支付能力测度

一般预算支付能力评价得分基本上是与经济发展水平一致的，但并非人均公共支出越大的省份得分越高。指标设计中还考虑政府一般预算收入结构的合理性和支出中行政事业成本的比例。因此，综合起来看，天津市的政府收入结构更合理，且一般行政支出占总支出比重较低。北京市的得分排名并非最高，正是由于以上的原因。

表4　一般预算支付能力得分

排序	省份	得分	排序	省份	得分
1	天津市	6.97	16	浙江省	3.63
2	江苏省	5.44	17	广西壮族自治区	3.56
3	上海市	5.24	18	湖北省	3.56
4	重庆市	5.22	19	贵州省	3.54
5	山东省	5.04	20	江西省	3.42
6	陕西省	4.79	21	四川省	3.38
7	北京市	4.65	22	吉林省	3.35
8	广东省	4.52	23	云南省	3.34
9	辽宁省	4.50	24	河南省	3.30
10	福建省	4.21	25	黑龙江省	3.23
11	安徽省	3.91	26	新疆维吾尔自治区	3.11
12	山西省	3.83	27	宁夏回族自治区	3.04
13	内蒙古自治区	3.80	28	海南省	2.85
14	河北省	3.79	29	甘肃省	2.83
15	湖南省	3.77	30	青海省	1.96

注：数据来源于《中国财政年鉴2012》《中国统计年鉴2012》，剔除了西藏自治区的相关数据。

长期服务主要涉及未来的公共服务支出水平与居民需求及人口结构的匹配性。从得分情况看，两极分化现象较为严重。一方面经济发达省份和资源性省份在长期公共服务上具有优势，但广东由于有大量的人口流入，所以其公共服务支出保障能力并不乐观。而有很大一部分省份的公共服务财力保障能力很低，这既来自于社保支出的压力，也反映出这些省份在环保、医疗、文化教育方面仍有较多历史欠账，进而阻碍了这些省份未来提高公共服务水平的能力。

表5　长期公共服务支付能力得分

排序	省份	得分	排序	省份	得分
1	北京市	8.62	16	山西省	1.64
2	福建省	7.63	17	浙江省	1.62
3	上海市	7.03	18	甘肃省	1.52
4	天津市	5.70	19	云南省	1.13
5	内蒙古自治区	4.39	20	贵州省	1.01
6	江苏省	4.28	21	青海省	0.93
7	新疆维吾尔自治区	3.63	22	四川省	0.82
8	重庆市	3.06	23	山东省	0.75
9	吉林省	2.88	24	湖北省	0.70
10	辽宁省	2.52	25	河北省	0.65
11	海南省	2.38	26	安徽省	0.64
12	宁夏回族自治区	2.20	27	江西省	0.62
13	黑龙江省	2.17	28	湖南省	0.54
14	陕西省	2.09	29	广西壮族自治区	0.47
15	广东省	1.65	30	河南省	0.11

注：数据来源于《中国财政年鉴2012》《中国人力资源与社会保障年鉴2012》，剔除了西藏自治区的相关数据。

（三）地方政府财政健康度的综合测度

表6是最后的综合评价得分，其含义已不像单一项的评价那么明确。但也预示了中国当前地方政府推动经济发展遭遇的普遍困境。城市化和工业化是当前中国经济发展的主线，发展经济学理论都支持政府推动的基础设施建设的重要性。然而，超越发展阶段的盲目投资也会导致财力枯竭和高负债。合理控制负债水平，有序推动城市化和工业化节奏，政府从直接投资者向投资引导者转变，需要大量的制度创新。得分实际上反应了该省域内地方政府发展的财政风险及财政可持续性的偏好。提高地方财政治理能力是未来改革的方向。总体而言，实体经济较发达的省（市、自治区），财政健康度较好；而中部省（市、自治区）

在近年取得高速增长的同时，累积的地方债风险最为显著，如重庆、湖南、湖北等省市。

表6 省际政府财政健康度评价得分

排序	省份	得分	排序	省份	得分
1	天津市	5.59	16	江西省	2.40
2	上海市	4.88	17	河南省	2.40
3	广东省	4.78	18	陕西省	2.39
4	浙江省	4.56	19	贵州省	2.37
5	山西省	4.37	20	四川省	2.37
6	福建省	3.95	21	广西壮族自治区	2.18
7	江苏省	3.65	22	内蒙古自治区	2.14
8	海南省	3.26	23	云南省	2.12
9	北京市	3.22	24	湖北省	2.00
10	山东省	3.19	25	甘肃省	1.99
11	宁夏回族自治区	3.01	26	重庆市	1.86
12	辽宁省	2.94	27	湖南省	1.76
13	安徽省	2.74	28	新疆维吾尔自治区	1.71
14	黑龙江省	2.52	29	吉林省	1.54
15	河北省	2.42	30	青海省	1.29

注：数据来源于《中国财政年鉴2012》《中国人力资源与社会保障年鉴2012》，剔除了西藏自治区的相关数据。

六、政策建议及研究展望

美国等西方国家的历史经验表明，在地方政府资产负债信息和财政收支信息基础上建立财政健康指标体系是提高政府财政风险防控能力，约束官员策略性行为，保证财政可持续性的有效方式（张光，2008）。2013年我国地方政府已尝试编制资产负债表，但地方性的国有资源

（资产）产权改革尚不到位，相关收益预算管理空缺使得收入流失的同时，也造成了统计信息的缺失。未来既需要自上而下建立地方政府的资源负债信息披露框架，也需要将基层的信息汇总建立以省为责任中心的地方资产负债信息数据库。

约束地方政府财政风险的制度建设还在于地方人大财政监督确权。虽然地方隐性负债的累积风险主要是通过事业单位和地方融资平台形成，未来可尽快推动相关机构的职能分离。对政府具有偿还和担保责任的债务进行证券化处理，建立规范的地方债务市场，以此降低风险。但债券良好的发行机制依然需要地方治理机制的形成，依托地方人大建立财政风险预防机制，对于地方官员推动的"负债城市化"战略予以约束，形成事前的评议否决机制，在制度上控制地方负债风险尤其重要。

地方政府在公共服务上的财力差异是地方发展差距的显现，城市化进程本身带来的人口空间转移会导致公共产品供给在地域、城乡间的重新调整。这也意味着地方政府间转移支付将是一个长期动态的过程。人口老龄化带来的地方人口结构的变化，则意味着基金预算、社保预算应尽快建立中长期滚动预算机制。

本文研究了省际间的财政健康度，实际上主要的地方债务风险和公共支出困境并非集中在省本级，而是较多的集中在市、县级。中国的县域经济由于自然资源禀赋的不同而差异巨大，由此导致的财政状况也是千差万别。在市、县级建立统一的财政健康度分析框架将有助于控制风险和为转移支付提供依据，下一步结合市（县）财政特征建立相关的评价体系将更有意义。

【参考文献】

巴曙松：《防范与化解地方债风险的途径》，载《中国对外贸易》，2011年第9期。

曹远征、钟红、廖淑萍、叶蓁：《重塑国家资产负债能力》，载《财经》，2012年第15期。

傅勇：《财政分权、政府治理与非经济性公共物品供给》，载《经济研究》，2010年第8期。

刘军民：《我国地方财政健康程度的评价分析与改进思路》，载《华中师范大学学报》（人文社会科学版），2007 年第 3 期。

李建军、谢欣：《地方财政健康与财政分权——基于湖北省县级数据的实证研究》，载《当代财经》，2011 年第 7 期。

李扬、张晓晶、常欣：《中国国家资产负债表（2013 理论方法与风险评估）》，中国社会科学出版社 2013 年版。

马骏等：《中国国家资产负债表研究》，社会科学文献出版社 2012 年版。

苗文龙：《"后危机"时代我国商业银行地方政府融资平台贷款风险及防控对策》，载《中国经济问题》，2011 年第 7 期。

袁国龙：《从"欧猪五国"到"新重债七国"——再论欧洲主权债务危机治理》，载《中国经济问题》，2014 年第 3 期。

张光：《美国进步时代的政府会计改革》，载《公共管理研究》，2008 年第 5 期。

周黎安：《中国地方官员的晋升锦标赛模式研究》，载《经济研究》，2007 年第 7 期。

B. W. Honadle, J. M. Costa & B. A. Cigler, *Fiscal Health for Local Governments. An Introduction to Concepts, Practical Analysis, and Strategies*, New York: Elsevier, 2004.

Charles H. Levine, "Organizational Decline and Cutback Management", *Public Administration*, Vol. 4, No. 38, 1978, pp. 316 – 325.

C. S. Maher, & K. Nollenberger, "Revisiting Kenneth Brown's '10-Point Test'", *Government Finance Review*, Vol. 25, No. 5, 2009, pp. 61 – 66.

GASB, *Statement of the Governmental Accounting Standards Board No. 34: Basic Financial Statements and Management's Discussion and Analysis for State and Local Governments*. Norwalk, CT: GASB, 1999.

Helen F. Ladd & John Yinger, *America's Ailing Cities: Fiscal Health and the Design of Urban Policy*, Johns Hopkins University Press (Baltimore), 1989.

J. B. Justice & E. A. Scorsone, "Measuring and Predicting Local Government Fiscal Stress: Theory and Practice", in H. Levine, J. B. Justice & E. A. Scorsone (eds.), *Handbook of Local Government Fiscal Health*. Burlington, Mass.: Jones & Bartlett, 2012.

K. W. Brown, "The 10-point Test of Financial Condition: Toward an Easy-to-use Assessment Tool for Smaller Cities", *Government Finance Review*, Vol. 9, No. 6, 1993, pp. 21 – 26.

P. Kloha, C. S. Weissert & R. Kleine, "Developing and Testing a Composite Model to Predict Local Fiscal Distress", *Working paper*, 2005.

Rebecca Hendrick, "Assessing and Measuring the Fiscal Health of Local Government:

Focus on Chicago Suburban Municipalities", *Urban Affairs*, Vol. 1, No. 40, 2004, pp. 78 – 114.

S. M. Groves, W. M. Godsey & Shulman, M. A. , "Financial Indicators for Local Government", *Public Budgeting and Finance*, Vol. 1, No. 2, 1981, pp. 42 – 60.

S. M. Groves, M. G. Valente & M. Schulman, *Evaluation Financial Condition: A Handbook for Local Government*, Washington D. C. : International City/County Management Association, 2003.

S. Sohl, M. T. Peddle, K. Thurmaier, C. H. Wood & G. Kuhn, "Measuring the Financial Position of Municipalities: Numbers Do Not Speak for Themselves", *Public Budgeting & Finance*, Vol. 29, No. 3, 2009, pp. 74 – 96.

Xiaohu Wang, Lynda Dennis, Yuan Sen (Jeff) Tu, "Measuring Financial Condition: A Study of U. S. States", *Public Budgeting & Finance*, Vol. 27, 2007, pp. 1 – 21.

自下而上 VS 自上而下：政府事权分割的理论逻辑和现实进路*

靳继东**

内容摘要：财税体制改革是实现国家治理体系和治理能力现代化的重要内容。政府事权划分作为确定不同层级政府支出责任和财力合理配置的根本依据，是当前财税体制改革的关键环节。政府事权划分涉及政府与市场关系、层级政府间关系、地方政府改革等多个重要领域，并且受制于经济转轨、国家结构、政治认同和民主建设等多重约束，因而在理论分析和实践操作等方面具有高度的综合性和复杂性。论文在我国转型期财税体制改革的现实需求、既有路径和根本取向等基础上，主要围绕层级制政府事权划分的理论逻辑、体制约束和实践路径等重点环节，力求提出我国政府事权划分的改革思路和政策建议，对于构建科学合理的政府间财政关系、为国家治理现代化提供制度保障具有重要现实意义。

关键词：治理现代化　事权分割　层级政府

---

* 国家社会科学基金"政府预算改革的政治约束、激励机制和路径选择研究"（项目编号：10CZZ019）、"我国政府间财政分配关系政治治理研究"（项目编号：11BZZ049）。

** 靳继东（1974—　），男，河南汤阴人，吉林大学政治学博士，东北财经大学应用经济学博士后，现任东北财经大学经济与社会发展研究院副院长、公共管理学院副教授，主要从事政治理论和公共政策等研究。

一、引 言

国家治理体系和治理能力现代化是继"四化"之后提出的中国特色社会主义建设的"第五个现代化"目标。财政作为国家强制性地从社会汲取货币或资源，并权威性分配这些公共资源以满足社会公共需求、提供基本公共服务的政治安排，是国家治理的根本基础和重要支柱，科学的财税体制是实现国家治理现代化的制度保障。当前，我国财税体制改革的重点在于改进预算管理制度、完善税收制度、建立事权和支出责任相适应的制度。其中，事权划分是确定不同层级政府支出责任和财力合理配置的根本依据，因而成为财税体制改革的关键环节。

事权划分涉及政府与市场关系、层级政府间关系、地方政府改革等多个重要领域，并且受制于经济转轨、国家结构、政治认同和民主建设等多重约束，因而在理论分析和实践操作等方面具有高度的综合性和复杂性。在我国转型期财税体制改革的现实需求、既有路径和约束条件等基础上，如何科学划分政府间事权结构，深化财税体制改革，为国家治理现代化提供制度基础？进而，政府事权划分需要进行哪些原则性调整和结构性转换，才能确立支出责任和财力配置的合理标准？更重要的是，在事权划分改革可能遇到的政治、经济约束条件下，怎样才能有效地推进政府事权改革的顺利实施？这些问题的实质，是寻求指导政府事权改革实践的理论逻辑和现实进路，本文希望通过研究对这些问题予以回应。

二、事权分割：政治本质、分析层次和主要问题

资源的相对稀缺性是分析人类社会行为的客观现实，也是政府得以产生的逻辑前提。由于自身需求的扩张性，人类必须依靠社会合作才能获取更大的规模收益，但如何分配合作所产生的收益，人们相互之间可能发生矛盾甚至冲突。最终，政府凭借其强制性优势来权威性地分配社

会合作所获得的规模收益，从而成为人类在资源相对稀缺的约束下以有限的资源来最大程度地满足自身需求的必然选择。与此同时，政府必须强制性地从社会汲取货币或资源才能完成这一功能和使命。由此，政府的出现并没有改变人类需求的无限扩张性和资源的相对稀缺性，而只是通过制度安排的方式改变了人的行为后果，使得人与人之间的利益合作和分配能够在秩序的框架内进行。进言之，政府并没有改变资源的相对稀缺性，它不仅本身就是资源相对稀缺的产物，而且其存在和发展也必然受到资源稀缺性的根本制约。不仅如此，政府作为一种合法拥有垄断强制力的公共组织，其存续和履职在受到可获取资源状况和水平制约的同时，也受制于社会对其强制权力的容忍或认同，即它能够有效地分配公共资源、满足公共需求，以及最大限度地降低社会对其汲取行为的反抗或容忍程度。换言之，政府的存在和发展必然受到政治认同和可获资源的双重约束。在这种双重约束下，政府汲取、分配和管理公共资源的制度结构和机制安排，尤其是层级制政府的事权分割、支出责任、财力配置等因素都制约着政府满足公共需求的能力和水平，并最终影响到社会对政府的政治认同。

　　在现实社会中，由于公共需求的地域性和层次性，政府的出现也总是地域性和层级制的。换言之，任何政府汲取资源、履行职能的行动都不是在真空中进行的，而只能通过一定组织结构尤其是层级制结构而展开。因此，政府能否有效地汲取和分配财政资源、履行职能，在很大程度上与其层级制的治理结构密切相关。所谓层级制政府治理结构，根本上取决于在不同层级的政府主体责、权、利关系基础上形成的激励和约束机制，从而为政府有效地满足社会公共需求、赢得政治认同提供动力支持。从财政的角度来看，层级制政府间的激励和约束机制主要是围绕不同层级政府的事权分割、支出责任和财力配置等关系，形成促进不同层级政府有效履职的结构安排。事权分割是不同层级政府承担支出责任的基础，又是相应配置其财力的重要依据。因此，形成层级制政府有效治理结构的关键在于厘清层级制政府间的事权关系。在经济发展性质和阶段、政治结构的制度化水平甚至历史传统、意识形态等条件和因素的制约下，不同国家的政府事权的划分必然具有其特殊性和多样性。结合我国经济转轨的阶段性特征、国家结构的制度安排以及事权划分的体制约束等现实条件，政府间的事权责任划分问题应主要按照政府与市场、中央政府与省级政府和省以下层级政府间关系等三个层次予以展开和研究。

市场化转轨不同阶段下政府与市场关系嬗变和政府职能调整是财政制度安排和事权责任调整的前置条件。从西方国家市场经济发展和公共财政建设的一般线索看，政府的职能范围是经历从"最小政府"的消极性事权结构向"积极政府"的扩张性事权结构转换以及"市场失灵"和"政府失灵"之后的不断调整、完善中演进和发展的，目前政府事权责任已经广泛地涵盖公共产品的生产、宏观经济的稳定、收入分配的公平以及社会福利的提供等领域。从社会主义国家经济转轨的经验教训来看，"短缺"是大多数社会主义国家在经济转轨初期面临的主要问题，"改革过程的一个目标是要消除短缺。查看短缺状况是检验进展程度的重要标志。如果在经济的一个或另一个重要方面短缺消失了，这就是一个相当可靠的信号，即改革在那里成功了"。（科尔内，1986：7）按照科尔奈的分析，在经济转轨的初期，社会主义国家经济改革的重要方向之一是解决供给约束型的短缺问题，政府相应的事权责任还包括进行大量的经济建设和保持经济增长，而伴随着市场化转轨的深入推进以及供给约束型短缺经济的消除，政府相应地面临着解决需求约束型的短缺问题（科尔奈，2011：58），事权责任范围也要向提供宏观经济的稳定以及有效地公共产品等转变。从我国1978年以来市场化经济转轨的现实逻辑来看，政府职能范围是在告别计划经济体制和全能政府模式后根据市场经济转型的阶段性需求而适时调整的。又由于经济转型期的过渡性特征，政府不仅要提供成熟市场经济以及基本公共服务等供给职能，还面临着承担从计划向市场转型的巨大成本，以及提供新的制度供给以应对新的转轨阶段给政府形成的新挑战等责任，因此政府事权结构更具复杂性。

现阶段我国政府事权结构的复杂性，不仅体现在转轨时期政府职能范围的历史综合性和政府与市场关系的动态发展性,更加体现在我国层级制政府的体制性安排及其实践运行的历史逻辑和现实矛盾中。根据我国国家结构形式的制度安排,政府的层级制结构主要体现中央政府与省级政府,以及省以下上级政府与下级政府两个层次。进言之,政府的事权结构需要在综合把握转轨时期政府与市场关系发展和政府职能范围调整的基础上,按照中央政府与省级政府和省以下上级政府与下级政府的关系逐级厘定和分解。《中国人民共和国地方各级人民代表大会和地方各级人民政府组织法》是我国层级政府事权分割的根本法律和制度依据。从中可以发现,除国防、外交等明确归属于中央政府外,对内职责贯穿于从中央、省、市、县到乡镇几乎所有政府层级,即所谓"职责同构"(朱光磊、张志红,2005)问题。其中,在逐项列举每级政府事权的最后一条都是"办理上级国家行政机关交办的其他事项",这不仅未能划清上下级政府及其职能部门之间的事权责任,更重要的是为上级政府向下转移事权提供了重要依据。1994年分税制改革的重心在于划分中央政府和地方政府财权关系,财权和财力进一步向中央政府和上级政府集中,相对忽视对层级制政府事权更为细致的划分,且事权分割的主要对象是中央政府与省级政府,并未有针对性地对省级以下政府纵向间事权划分作明确规定。在实践中,省以下地方政府基本按照"办理上级国家行政机关交办的其他事项"所体现的"上级决定原则"原则分解事权,从而形成了"财权层层向上集中,事权不断向下转移"的现实状况。为解决分税制改革后事权重心下移与财权重心上移的现实矛盾,中央及上级政府加大了转移支出的规模和范围,但由于缺乏层级政府间尤其是省以下地方政府间事权责任的细致划分,多级政府在基础设施、教育、医疗卫生、社会保障等诸多领域同时负有责任,结果导致各级政府在实际执行事权中出现职责交叉、重叠、错位现象,影响了公共服务尤其是地方公共服务的有效性。同时,由于转移支付制度的政策性和结构性问题,进一步加重了下级政府对上级政府的财力依赖,导致了"跑部钱进"等下级政府预算竞争及其他负面效应。据国家审计署对54个县财政性资金审计调查报告,2011年54个抽样县收到上级转移支付

738.18亿元，占公共财政支出中49.39%，其中中西部45个县的这一比例达61.66%。其中专项转移支付占50.78%，加上一般性转移支付中有规定用途的资金，共计有68.4%的转移支付有明确用途，地方政府不能统筹安排。① 此外，在现行层级政府事权划分中，各级政府尤其是基层政府都普遍承担经济建设责任，加之GDP指标在现行干部考核机制中占较大权重，各级政府都热衷于跑项目、跑资金，造成重复建设、资金浪费等降低公共资源效益、效率的问题，以及对提供公共服务的资金挤压效应等，都进一步制约和压缩了地方政府提供基本公共服务的能力空间。在层级制政府中，由于地方政府尤其是下级政府承担着更多的社会保障、医疗卫生、教育、住房等与群众生活密切相关的事权责任，因此地方政府提供公共服务不足将直接影响满足社会公共需求的能力和水平，从而最终影响政府整体的社会认同基础。

上述问题的存在和发展，最终指向在现有层级制政府事权分割的科学性、合理性问题。而政府事权分割的科学性、合理性的实质，则要求确立规范层级制政府结构中事权分割的理论逻辑，以及在现有体制约束和经验路径下指导政府事权改革的实践进路问题。

三、自下而上：政府分割事权的规范逻辑

确立层级制政府结构中事权分割的规范基础，实质是要求确立层级政府事权结构的价值判断和道德基础，从而主要取决于政治体系的核心价值取向和逻辑。然而，政治体系的核心价值往往与某种制度环境下的文化或意识形态复杂地联系、交织在一起，不同的制度和文化背景下政治价值标准又往往具有很大的差异性。因此，确立层级政府事权结构的价值判断和道德基础，实质上是寻求在不同制度和文化背景下对具有多样性、差异性的事权结构形式进行价值评判的经验基础和共识原则。根据布伦诺·S.弗雷、阿洛伊斯·斯塔特勒的研究，经济、政治结构形式

---

① 数据来源：中国人民共和国审计署网站。

与人类的福祉之间存在着更为关键的正相关性,"一个具有良好状态的经济状态,对个人和社会整体来说都是非常关键的……政治程序越是严肃地考虑人们的偏好,人们就会越幸福"(弗雷、斯塔特勒,2006:193)。这种将社会公共福利作为判定制度安排及其运行机制合理与否的道德逻辑,为确立层级政府事权结构的价值判断提供了经验基础和实践共识。以"最大多数人的最大幸福(The Greatest Happiness for the Greatest Numbers)"(周辅成,1987)即以公共福利的最大化为导向,在理论上为政治生活中制度安排、权力结构、机制设计确立了道德基础,在实践中为政府能否在社会认同和资源稀缺的双重约束下有效地提供公共服务、满足公共需求,提供了评价其体制安排和权力结构设计合理与否的价值原则。随着"最大幸福"原则的提出,在政治话语系统内评价政府事权范围和层级结构的正当性原则得以被成功地化约和转换为经济学家言说的有效性原则,即当社会资源配置达到帕累托最优时——即一个社会的资源配置已经达到这样一种状态:在不损害任何一个社会成员的境况的前提下,重新配置资源已经不可能使任何一个社会成员的境况变好,或者说,要改善任何一个社会成员的境况,必定要损害其他社会成员的境况——公共福利就会达到最大化。政府行动的边界是否正当、它从社会汲取资源的多寡,主要取决于它们是否能够有效地实现公共福利的最大化。相应地,衡量政府层级安排和事权结构的价值标准——公共福利的最大化也随之转化为经济效率的最大化,体制设计的效率与公共福利的实现合而为一,在政府职能范围、层级结构设计和事权责任划分等的各个环节,有效性都成为最核心、最重要的价值尺度。

一般地讲,政府作为一个整体与民众之间构成委托—代理关系,并在资源稀缺约束下汲取和分配有限的公共资源,以最大程度地满足社会公共需求,有效地提供公共服务和产品,从而赢得继续掌控公共权力的社会认同。然而,由于公共需求的地域性和层次性,政府必须按照不同的层级提供相应层次的公共物品和服务,即分层治理结构,主要包括中央政府与地方政府、地方政府纵向的上级政府与下级政府。进而,政府汲取和分配公共资源、满足社会公共需求的有效性，主要依赖于其层级治理结构的有效性。而层级政府治理结构有效性，则进一步取决于不同层级政府所受的激励和约束机制。层级政府激励和约束机制的实质，是不同层级的政府如何才能占有而非失去更多的汲取和分配资源的权力，以有效地履行职能、满足辖区内公共需求。在理论上，政府的层级越高，它拥有的强制力量越强，所获取的资源就可能越多。为了有效满足本辖区的公共需求，任何层级的政府必然谋求更多的资源和权力。但是，为了持久地获取权力和资源，并尽可能地减少获取权力、资源的暴力成本，政府仍必须考虑社会的认同或容忍程度和满足辖区公共需求的有效性。而公共物品和服务供给的有效性与民众对政府施政的正当认同是成正比的，即政府供给公共物品和服务越有效，民众对政府的认同度就越高；反之亦然。在不同的制度安排中，中央政府和地方政府所受激励和约束的性质、程度具有显著差异。在联邦制条件下，无论是联邦政府和地方政府，还是地方政府纵向的上级政府与下级政府，都根据法律规定分别由所辖区域的民众按照选举制度的安排选举产生，提供相应的公共服务和产品，并享有相应的汲取和分配资源的权限，并最终接受选民的认同考核。从这一角度来看，所有层级的政府接所受的激励和约束是一致的。对于地方政府来讲，它们往往也根据联邦政府转移支付、承担联邦政府的委托事务，从而也与联邦政府存在相应的委托—代理关系。但相比之下，地方政府与辖区民众之间委托—代理关系是主要的，它与中央政府之间委托—代理关系是次要的，即地方政府受辖区民众的横向激励和约束较强，受中央政府纵向激励和约束较弱。对于地方政府纵向间的层级关系而言，也是如此。在单一制条件下，中央政府和地方各级政府，构成自上而下的层级结构链条。在这一链条中，下级政府是上级政府的隶属单位或派出机构，根据上级政府的授权来提供公共物品和服务，有的地方政府还接受上级政府的任命以及财政拨款，事权与财权的予取予夺，主要取决于上级政府的意图。因此，尽管地方政府要考虑辖区公共需求以及民意诉求的影响，但仍主要受上级政府的约束和激励。根据我国单一制的国家结构形式以及双重领导体制的制度安排，层级制政府的有效治理结构主要围绕上级政府与下级政府之间的激励和约束机制展开。

事权是支出责任和财力配置的根据。因此，合理分割层级政府的事权关系是形成层级政府间激励和约束有效机制的关键。进而，政府层级化治理的规范结构，关键在于怎样分割上级政府和下级政府的事权关系，并据以确定相应的资源和责任，才能有效地激励和约束各级政府，从而实现公共物品和服务的有效供给。在考虑不同制度安排下层级政府约束和激励的性质和方向的基础上，层级政府间事权分割的理论根据，应以层级政府满足辖区公共需求、提供公共产品的有效性为原则，根据提供公共产品的层次来相应地逐级分解事权责任。由于公共物品的外部性特征，且外部性信息难以准确获得，所以市场无法有效供给，这构成了政府得以存在的根据；由于公共物品外部性的程度或范围不同，所以它们也是分层次的，这构成了层级政府的存在根据。换言之，不同层级的政府之所以应该承担不同的事权责任，是因为它们在提供不同层次公共物品方面的有效性不同；而它们之所以在提供不同层次公共物品方面的有效性不同，则源于它们在获得不同公共物品外部性信息的能力差异。从这一角度来看，分割上下级政府之间事权的基本依据，在于层级政府获取公共物品需求信息的相对能力，即哪一层级的政府能够获取哪一层次的公共物品的充分信息，则它提供该公共物品就是有效的；如果它无法获得某一层次公共物品的充分信息，则应该让位给其它层级政府。因此，为了实现层级政府提供公共物品的有效性，即为了使公共物品的外溢性范围与政府管辖范围相一致。这样，就相应存在两种基本的事权分割原则：自上而下的上级优先原则与自下而上的下级优先原则。前者是指只有上级政府获取某种公共物品的供求信息方面是无效的，这种公共物品的供给才应由下级政府承担；后者是指只有下级政府获取某种公共物品的供求信息方面是无效的，这种公共物品才应由上级政府承担。在理想状态下，如果公共物品不存在外部性，无论上级政府还下级政府，都能获取相应层次公共物品的需求信息，则这两种原则都可能是层级政府事权分割的正确思路，它们在实现提供公共物品和服务上是同样有效的。由于信息成本、决策成本、管理成本等与政府层级成正比，即政府层级越高，这些成本就越大，所以下级政府更具优势。在现实状态下，公共物品存在外部性，则下级政府无法获取效应溢出辖区的公共物品需求信息，而上一级政府在获取这些需求信息方面则是相对有效的。因此，根据获取需求信息的比较优势，该公共物品供给则应由下级政府让位于上级政府。综之，根据有效性原则，在分割层级政府的事权关系方面，应遵循下级政府优先原则，即除非下级政府在提供某种公共物品方面是无效的，否则该公共物品的供给权限就应归属于下级政府。当且仅当下级政府无效时，才应由上级政府承担该项事权责任。

四、自上而下：政府分割事权的实践逻辑

实现层级制政府事权分割的科学性、合理性，不仅需要从规范上确立层级制政府结构中事权分割的价值原则和逻辑，更重要的是找到在现有体制约束和经验路径下指导政府事权改革实践的可行性进路。按照政府事权划分的规范逻辑，由于信息成本、决策成本、管理成本的存在，下级政府在获取公共需求信息上有比较优势，所以应按照下级优先的原则进行层级政府的事权分割，从而实现公共需求和服务的有效供给。然而，政府事权分割的实践过程并不仅仅取决于处理需求信息因素的比较优势，还受到国家结构、法治程度、意识形态甚至历史文化传统等复杂条件尤其是改革开放以来在上述制约因素下形成的体制约束等。现阶段，以下级政府优先为原则分割政府事权的体制约束主要体现在：

首先，政府事权分割的法治化和制度化水平相对滞后。无论是根据市场转轨的阶段性需求适时调整政府整体的职能范围，还是根据有效性原则合理分解层级政府事权结构，最终必须在法治和体制层面得到落实和解决。当前，我国层级政府事权分割的主要法律和政策依据在于2004年全国人民代表大会常务委员会修改通过的《中华人民共和国地方各级人民代表大会和地方各级人民政府组织法》、1993年国务院《关于实行分税制财政管理体制的决定》和1996年财政部《关于完善省以

下分税制财政管理体制意见的通知》中有关上下级政府事权分割的规定。其中，全国人大常委会从法律角度对所有层级政府事权进行分割，国务院和财政部从部门规章的角度，按照支出责任对中央政府和地方政府、省以下地方政府间事权范围进行分解。即便不考虑后两者仍未实现层级政府间事权的细致划分，仅从法律层级的角度而言，《中华人民共和国地方各级人民代表大会和地方各级人民政府组织法》关于层级政府事权"职责同构"问题，仍是按下级优先原则重新上解政府事权责任的主要障碍。由于法律层面的障碍和约束，在实践中上级政府往往通过政策性的方式对政府事权进行调整，由于政策的时效性和随意性，实际上又制约着政府事权分割的制度化水平。

其次，按照下级优先原则划分层级政府事权与按上级决定原则分解政府事权之间的矛盾突出。从根本上讲，政府事权改革属于政府提供制度创新，以更有效地满足公共需求的范畴。其中，"制度变化的供给是重要的；需要变动的趋势虽为必要条件，但不是了解变化路线的充分条件。政治经济分析的要素是决定性的；对于统治精英的政治经济成本和收益，是对变换的性质和范围作出解释的关键……制度创新的供给主要决定于一个社会的各利益集团的权力结构或力量对比"。（奥斯特罗姆、皮希特，1999：130，131）由于层级政府事权划分涉及对不同层级政府的支出责任、财力配置的重新调整，因而必然牵扯到上下级政府之间复杂的利益、权力和权利的博弈。在我国既定体制下，上级政府在层级政府权力结构中往往更具优势地位，事实上主导着层级政府事权的分解过程，而根据现有财权、财力和支出责任的状况，按照下级优先原则逐级上解事权责任，实际上要求上级政府承担更多的支出责任和保障下级政府履行职能的充足财力。据此，上级政府可能成为按照下级优先原则逐级上解事权改革的主要障碍。

复次，政府事权关系改革面临支出责任和财力配置调整，与基于现行体制安排保持中央政府对地方政府的必要控制之间的复杂关系。根据下级政府优先原则逐级上解事权责任，并相应地进行财力下行配置的改革取向，要求改变地方政府、下级政府承担更多的事权和支出责任，而缺乏相应财力保障的现实矛局面,在实践上与20世纪80年代以来财政分权化取向具有某种程度的一致性。然而,根据我国单一制国家结构形式,中央政府对地方政府、上级政府对下级政府保持有效控制是必要的。相应地,在事权关系、支出责任和财力配置等方面维持一定程度的上级政府主导地位,是实现这种控制的重要方式和途径。1994年的分税制改革,实际上也是20世纪80年代以来中央政府汲取能力下降、宏观调控能力不足、"诸侯经济"潜在威胁等现实问题的反应,也是企图从财税改革的制度化角度提升国家治理能力的重大举措。(王绍光、胡鞍钢,1993)然而,由于注重财力重新分割、相对忽视事权合理划分,以及下级政府财力不足等因素,又导致了前已述及的诸多矛盾和问题。进而,在现行体制约束,按照下级优先原则逐级上解事权需要在与保持中央政府对地方政府必要控制的张力关系中综合考量。

政府事权分割所面临的政府事权分割的上位法与下位法、规范推演逻辑与实践路径约束、经济有效原则与政治现实考量之间的矛盾,直接表现为自下而上逐级分解事权原则与上级政府决定下级政府事权的体制安排冲突,在更深层次上指向能否在相对集中的层级结构下顺利推进层级政府事权改革的可能性问题。事实上,这种在方案上采取自下而上的事权逐级上解、在实践中按照自上而下的事权分割的悖论式改革进路在现行体制下具有现实的必要性和合理性。从层级事权分割的现实矛盾来看,当前层级政府事权分解的主要障碍在于上级政府,即由于在层级结构中上、下级政府的权力地位对比,自下而上地推进政府事权逐级上解很难实现,只有上级政府主动承担应该承担的事权责任之后,才有可能渐次分解和确定下级政府承担的事权责任。毋庸置言,在现有体制安排中,这种改革的实践进路可能存在上级政府改革动力不足甚至阻碍、扭曲改革等问题。在此情况下,改革能否取得实际进展在更大程度上取决于上级政府尤其是作为最高层级的中央政府自我改革的决心和意志。从中共十八届三中全会《中共中央关于全面深化改革若干重大问题的决定》以及国务院着力推进的行政审批制度改革等系列举措来看,这种改革的决心和意志显然是毋庸置疑的。当然,改革的成功仅仅依靠决心和意志是不够的，它在从更深层次上取决于能够落实这种决心和意志的权力结构，即相对集中的权力结构。在此意义上，现行相对集中的层级结构恰恰为推进政府事权改革提供了制度前提。从 20 世纪 80 年代社会主义国家经济转轨的历史逻辑来看，作为大规模制度变迁的过程，转轨过程中充满不确定性，经济活动主体和政府政策制定者面对总和不确定性进行博弈决策，经济转型与政府作为之间存在明显的相关性。一个有效的政府尤其是强有力的中央政府，往往是顺利推进改革的保障而非相反。而政府内部权力结构的必要集中，将在很大程度上决定着政府的有效性，并影响着改革的最终成效。从 1978 年以来中国市场经济深入推进和政府体制改革的经验特征来看，无论是农村家庭联产承包责任制、城市经济体制改革，或者放权让利、政企分开、社会主义市场经济体系的确立、发展等经济领域改革的背后，从政府的职能范围、权力结构到运作机制等各个环节都在发生着深刻的变革，其中重要的现实逻辑是：巨大的经济改革成效来自于政府自上而下的主导和推动，也来自于政府自身的改革。

综上，自上而下的推进层级政府事权改革不仅是构建有效层级治理结构所必需的，也符合政府改革的经验路径，还是现行体制安排下可供选择的行动策略，其现实可能性是存在的。

五、政府事权改革的政策方向和改革思路

改革开放是当代中国最鲜明的特色。无论从 1978 年中共十一届三中全会以来国家建设的历史经验，还是着力解决我国发展面临的一系列突出矛盾和问题的现实需要，积极推进和深化政府事权关系改革都是适应转变经济发展方式、促进经济社会持续健康发展和完善国家治理体系的客观要求、制度基础和关键环节。当前，我国政府事权改革的主要指向，是求解在我国转轨时期政府与市场关系动态发展的基础上政府职能范围如何在层级政府结构中分解和转换的问题。更具体地，是政府所承担的提供基本公共服务、市场转型成本以及提供新的

制度供给等事权,如何在中央政府与省级政府、省以下层级政府之间合理分割。政府事权改革的主要方向是按照自下而上逐级分解事权与自上而下推进事权改革的方式,围绕制约改革的突出矛盾、重点领域和关键环节,整体性地思考和把握改革的根本目标、现实方向和可行路径。基于前述分析,本文拟提出以下当前推进政府事权改革的政策方向和改革思路。

第一,根据经济转轨对政府事权范围的阶段性诉求,重点解决各级政府所承担的公共服务和经济建设事权分割等突出问题。当前,政府承担的基本公共服务事权中存在的突出矛盾集中体现为各级政府的"越位"和"缺位"现象,核心问题是经济建设事权在层级政府中难以合理分割矛盾。各级政府过多地介入经济建设和生产经营领域尤其是竞争性领域,不仅阻碍着市场在资源配置中决定性作用的发挥,而且极大地挤占和压缩了各级政府尤其是地方政府的可用资金,从而造成各级政府提供公共服务和产品的能力、水平不足等问题。地方政府推动经济增长是我国改革进程中客观存在的经验事实,也是我国市场化经济改革迅速发展、摆脱改革初期普遍面临经济"短缺"的体制动力。然而,随着我国经济转轨的阶段性发展,当前供给约束型的"短缺"已经不再是主要问题,而是需求约束型的"短缺"问题。相应地,政府职能的重心应该向有效扩大内部需求、为经济增长提供内生性动力转变,而有效提供更多的公共产品和服务,增强社会的购买力水平,应是扩大内需的客观要求。这在国际金融危机后外需动力不足、政府投资效益下滑以及物价上涨压力增大的背景下显得尤为重要。因此,在经济建设事权分割方面,应在整体压缩所有层级政府的经济建设事权基础上,主要由中央政府承担经济建设事权,且重点是关系国计民生的战略性领域和特大型项目建设,也可以从市场调节功能的角度有限参与部分竞争性领域和项目;省级或部分比较大的市级政府应逐步退出生产经营领域,可以承担区域性公共工程、公益性的基础设施建设,以及部分带有准公共性的投资项目;县、乡政府完全不承担经济建设责任,主要负责提供本辖区的公共产品和服务。在提供公共服务方面,应按照公共性、外溢性等原则，形成层级政府事权责任清单明细，原则上由中央和省级政府承担更多事权责任，基层政府主要提供本辖区有效的公共服务。

第二，根据经济转轨时期政府事权的复杂性特征，重点解决经济转轨成本和新的制度供给在层级政府中的分割问题。市场经济转轨构成改革开放以来我国政府事权范围的根本背景。从国内环境来看，市场化改革的深入推进既涉及政府与市场边界的重新调整以及宏观调控方式和手段的选择，也关系到政府推进、抉择、规范转轨的进程、策略和行为。转轨涉及利益、权利和权力关系的重塑与变革，因此在推进经济成长、社会发展的同时，可能会出现某些社会弱势群体利益受损、生态环境恶化、社会分配不公以及下岗职工、失地农民权益保障和补偿等复杂后果。从国外环境来看，全球经济政治一体化是当今世界政治经济发展最引人注目的重大趋势和集中体现，它是经济、政治、文化、社会关系、社会矛盾以及解决矛盾与实现方式等各种因素相互联系、相互影响的过程与结果。复杂的国际环境对政府的要求和约束成为一种客观现实，提高政府效能、与国际规则接轨以及建立公开、透明的政府都要求政府必须主动提供制度供给，包括加快自身改革、增强服务水平、提高管理效率以及新的改革举措和政策行动，都是当前政府必须面对的现实问题。如何尽可能地减少转轨的代价和巨额成本以保证转轨顺利、良性地进行，提供新的制度供给以应对世界政治经济发展新趋势的新挑战，是当前政府事权必然涵盖的职能范围。从经济转轨成本和制度供给的公共性和外溢性特点来看，它们大都超越了某一地方性政府所能有效提供的边界，因而应主要由中央政府提供。据此，诸如弱势群体权益保障、生态环境保护、促进社会公平分配以及提高产业核心竞争力等事权，中央政府应主动承担改革方案、制度设计、政策安排等责任。当然，这些责任最终需要落实到地方政府尤其是基层政府才能真正实现，从而不可避免地会出现相关事权的逐级分解和向下转移问题，因此问题的关键在于事权转移的方式和配套措施问题。

第三，根据政府事权政策性转移的制度惯性，着力提升层级政府事权分割的法治化和制度化水平。制度变迁具有一种路径依赖的惯性，即制度变迁的最终结果往往与制度变迁的初始条件及变迁过程中的偶然因素相关。受制于法律和体制层面的障碍和约束，政策性转移成为当前层级政府事权分割的主要方式。即，在不突破《中华人民共和国地方各级人民代表大会和地方各级人民政府组织法》等基本法律关于层级政府事权规定的前提下，上级政府往往依靠下级政府"办理上级国家行政机关交办的其他事项"的依据，通过法律层级较低的行政规章或部门规章等政策性方式向下逐级转移事权。由于政策性方式的时效性和随意性，加之缺乏相应的支出责任和财力配置的配套措施，实质上制约着政府事权分割的稳定性和制度化水平。对此，层级事权分割应在尊重我国政府事权关系中，中央相对集权的制度惯性基础上，按照不同层级政府在我国财政分配关系中的利益主体资格，依据适度分权、职能优势等原则，采取列举法，在层级政府间确定各自专有事权和共有事权，取消"未明事项"由上级政府行使或由上级政府委托下级政府行使的规定。在具体方式上，应建立健全包括政府组织法、财政法、预算法、税法、转移支付法等在内的法律体系，以法律形式明确各级政府的事权范围，提升有关政府事权分割的法律层级，逐步压缩政策性划分政府事权的空间；避免各级政府支出责任交叉，针对上级政府与下级政府共享事权，明确和合理分割各级政府支出分担比例，从根本上解决层级政府事权分割的法治化、制度化问题。

第四，根据政府事权改革的系统性和关联性，整体把握并逐步推进财政体制改革、地方政府考核机制改革、行政审批制度改革和政治体制改革等配套举措。政府事权改革的顺利推进并最终成功不仅要依靠政府层级结构的经济有效性，更要考虑在现有体制约束下的政治可能性，还必须考虑到其促动民主政治建设的政治功能，因而是一个系统性、整体性问题。从整体上把握、设计和推进政府事权改革，可以按照财政体制改革、政府体制改革和政治体制改革三个层次，分阶段、渐进性地逐步推出改革策略和政策举措。一是从政府间财政关系的内在逻辑出发，按照合理划分政府事权关系、明确不同层级政府的支出责任、调整政府间财力配置、财权划分和税收管理等步骤，全面推进和深化"乡财县管"

"省直管县"改革,适度压缩财政层级;试点推进税制改革和地方税体系建设,调整地方政府财力,规范和清理地方政府金融平台和地方债问题;加快推进转移支付制度改革,清理和压缩专项转移支付,提高一般性转移支付比重。二是从政府职能转换和体制改革的角度,积极推进政府职能转换,加快行政审批制度改革,从事前审批向事中监管、事后追责等方式转变;调整和优化政府支出结构,调整并严格把控预算科目,取消地方政府尤其是基层政府的经济建设职能;改革地方政府及其官员的绩效考核机制,加大最低生活保障、卫生保健、义务教育以及公益性基础设施建设等公共服务在地方政府考核中的比重。三是从政治体制改革的角度,实施全面规范、公开透明的预算制度,加快预算公开、预算参与建设,提高预算决策的民主化、科学化;鼓励基层政府的财政民主制度试点,创新普通民众广泛参与人代会或其他形式的制度,完善地方人大对本级政府的横向财政监督,硬化地方财政预算的约束机制;健全财政监督等财政问责机制和制度,建立权责发生制的政府综合财务报告制度。

【参考文献】

阿尔伯特·C.海迪:《公共预算经典——现代预算之路》(第三版),燕楠、董静译,上海财经大学出版社2006年版。

艾伦·希克:《当代公共支出管理方法》,王卫星译,经济管理出版社2000年版。

艾伦·威尔达夫斯基:《预算过程的新政治学》(第四版),邓淑莲、魏陆译,上海财经大学出版社2005年版。

冯兴元:《地方政府竞争:理论范式、分析框架与实证研究》,凤凰出版传媒集团译林出版社2010年版。

高培勇:《1994年后的财税改革》,中国财政经济出版社2013年版。

厉以宁等:《读懂中国改革:新一轮改革的战略和路线图》,中信出版社2014年版。

楼继伟:《中国政府间财政关系再思考》,中国财政经济出版社2013年版。

罗素:《权力论:新社会分析》,吴友三译,商务印书馆1991年版。

吕炜:《中国:新一轮财税体制改革》,东北财经大学出版社2013年版。

马骏：《治国与理财：公共预算与国家建设》，三联书店2011年版。

V.奥斯特罗姆、D.菲尼、H.皮希特：《制度分析与发展的反思：问题与抉择》，王诚等译，商务印书馆1999年版。

王绍光、胡鞍钢：《中国国家能力报告》，辽宁人民出版社1993年版。

亚诺什·科尔内：《短缺经济学》，经济科学出版社1986年版。

亚诺什·科尔奈：《后社会主义转轨的思索》，吉林人民出版社2011年版。

朱光磊、张志红：《"职责同构"批判》，载《北京大学学报（哲学社会科学版）》，2005年第1期：第101—112页。

财政分权对地方政府规模的影响效应研究
——基于1997—2012年的省际面板数据分析

严 敏 朱春奎[*]

内容摘要：财政分权对政府规模的影响效应是一个具有理论争议、有待实证研究的领域。本文在相关研究成果的基础上，建立了中国式财政分权影响地方政府规模的概念模型，并运用1997—2012年的省际面板数据就财政分权对地方政府规模的影响效应进行计量分析。研究结果表明，财政分权程度的增加和纵向不平衡度的增加，都将显著扩大地方政府规模；政府竞争度也会对地方政府规模产生扩大效应，但是政府竞争和财政分权制度结合在一起，会共同对地方政府规模产生显著抑制效应。此外，经济发展水平、少数民族人口和人口密度的增加，也会对地方政府规模产生正向影响。

关键词：财政分权 地方政府规模 纵向不平衡 政府竞争

---

[*] 严敏，西南交通大学公共管理学院，讲师，minyan502@163.com；朱春奎，复旦大学国际关系与公共事务学院，教授、博导，ckzhu@fudan.edu.cn。

一、引　言

财政分权对政府规模的影响效应是财政分权研究的焦点问题。自20世纪50年代起，学界就对该问题展开大量研究并取得丰硕成果。但是，由于缺乏一个被普遍接受的理论框架，财政分权的效应研究仍然存在很多争议。支持财政分权的观点主要有三类：一是分权有助于改善公共资源配置效率（Tiebout，1956；Oates，1972）；二是分权有助于限制政府权力（Musgrave，1959；Brennan & Buchanan，1980）；三是分权有助于促进经济发展（Qian & Weingast，1997）。反对财政分权的观点有两类，一是认为分权不利于规模经济与外部性治理（Brueckner，1999），二是分权容易引发地方政府行为不当（Zodrow & Mieszkowski，1986；Hines，1995；Prud'Homme，1995；Smoke，2006）等。这些分歧，在很大程度上影响了财政分权与政府规模之间关系的研究。

通过对相关文献进行梳理表明，财政分权与政府规模之间的关系并未得到一致结论。在二者的直接相关关系上，存在三个主要的研究假说：一是利维坦假说，认为财政分权有助于限制政府规模；二是沃利斯假说，认为财政分权会扩大政府规模；三是共谋假说，认为纵向不平衡会扩大政府规模。在经验研究方面，有学者通过研究表明，财政分权与政府规模没有必然的因果关系（Oates，1972）；有学者认为政府部门的规模与财政分权程度呈负相关关系（Brennan & Buchanan，1980）；也有学者认为财政分权会导致政府规模的扩大（Jin & Zou，2002）。

之所以出现不同的验证结果，除了理论假设本身的因果机制不一样，一个重要的原因是验证方法与数据使用上的差异（Granad，2003）。大多数关于财政分权与政府规模的研究，仍然缺乏对制度环境的关注，都以现行制度作为已知不变的参数，尤其缺乏对非联邦制国家治理背景的研究。目前国际研究的数据大多来自OECD国家或是IMF国家的数据库，对于联邦制国家研究较多，而对发展中国家或是转型国家的专门研究还相对较少，这在一定程度上影响了研究结论的普适性。当前，财政分权已经成为发展中国家摆脱增长不足与治理效率低下的普遍手段，在相关问题的研究上，也应纳入对发展中国家的关注。

普遍认为，中国改革开放以来取得的惊人成就，与财政分权改革密切相关（Cao, Qian & Weingast, 1999；丁菊红，2010；Shen, Jin & Zou, 2012）。自改革开放以来，中国基本上建立起了财政分权体制，并且政府的职能也发生了转变。尤其是1994年以来的分税制改革，从根本上改变了中央政府与地方政府之间的关系，直接或间接地影响了地方财政支出的规模和结构。那么，中国的财政分权对地方政府规模的影响究竟如何呢？本文试图在已有研究的基础上，围绕中央与地方的财政分权对地方政府规模的影响效应展开实证研究。

本文一共分为五个部分，除引言外的其余四个部分作如下安排：第二部分拟提出一个适于中国的、用于考察财政分权对地方政府规模影响的概念模型，并提出相关研究假设；第三部分根据已有理论选择指标，建立财政分权影响地方政府规模的计量经济模型，并报告方法和数据来源；第四部分报告分析结果并进行讨论；第五部分是结论。

二、概念模型与立论依据

文献回顾表明，政府规模的变动同时受到政府系统内外各种因素的影响和制约。要全面理解政府规模，需要综合考虑制度因素、需求因素、供给因素和社会因素等多种因素（Lane & Ersson, 1999；吴木銮、林谧，2010；庄玉乙、张光，2012）。财政分权是我们关注的核心解释因素，在此基础之上将其他相关因素纳入到研究范围之内，形成如图1所示的概念模型。其中，制度因素除了财政分权，还包括纵向不平衡、民族因素等符合中国现实、可能影响政府公共支出的因素；供求因素即影响政府规模的供给与需求因素，包括政治锦标赛、人均收入、人口密度、人口增速、规模经济、公共服务需求、城市化、开放度和市场化等因素；社会因素包失业率和城乡收入差距等。

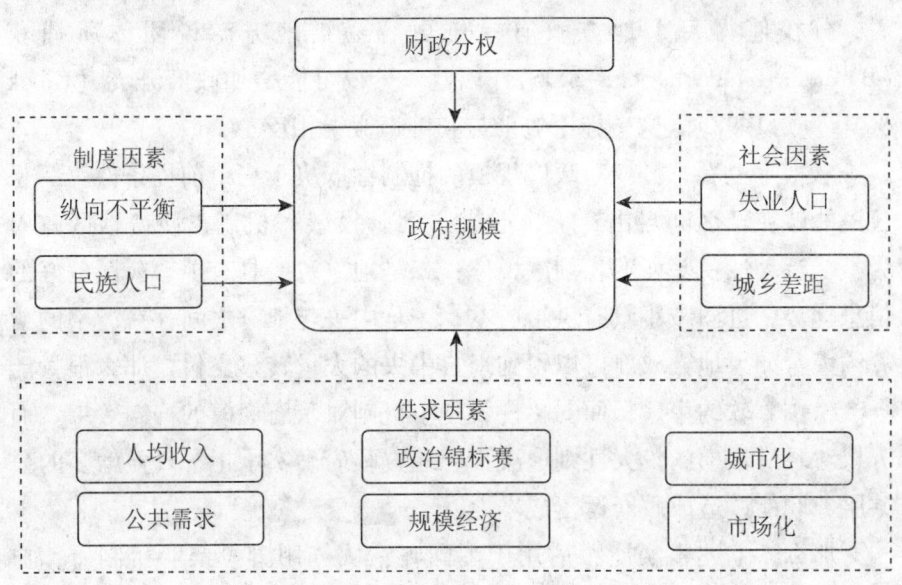

图1 中国式财政分权对地方政府规模的影响

资料来源：作者自行绘制。

1. 影响政府规模的制度因素

国内外关于财政分权与政府规模的实证研究的一个重要理论假说，即是利维坦假说（Brennan & Buchanan，1980）。利维坦假说认为，政府并非传统意义上的仁慈政府，而是追求税收最大化的"利维坦"怪物。而财政分权必然带来地方政府间的竞争，使得政府间为了争取流动性税基展开竞争，相互之间竞相削减税率；同时，居民为追求最大化的公共福利而进行的辖区迁移，能够促使政府优化福利供给，从而对硬性的权力制度约束产生替代，导致政府规模缩减。

沃利斯（Wallis）假说始于奥茨（Oates，1985）的文章。沃利斯基于对美国经济史的考察发现，州和地方政府规模会随着国家分权程度的提高而扩大。沃利斯假说认为，之所以会出现这一结果，是因为分权程度越高，地方政府越容易被当地居民掌控，居民会期望政府承担更多的职能，进而造成地方政府规模的扩大。此外，从特殊利益集团的视角来看，分权使得每个地方政府单位更容易被地方游说团体所捕获（Bardhan & Mookherjee，2006），因此，分权可能增加政府开支（Crook & Manor，1998）。这一推论似乎与利维坦假说相反。

从根本上看，分权对政府规模的抑制性取决于三个前提条件：一是公民能够在辖区间自由迁徙，形成"用脚投票"机制，使得辖区政府为争夺流动性税基而竞相削减税率；二是地方政府具有了解公民偏好的信息优势，进而减小政府供给成本；三是中央与地方之间存在严格的预算约束，如果地方政府可以得到来自中央的大量转移支付，那么很肯能会产生预算软约束，从而弱化税收竞争机制对政府规模的抑制效果。而分权对政府规模的扩大性则取决于，地方政府确实承担了日益增多的公共服务职能，造成政府运营成本上升。

那么，上述事实能否适用于中国呢？从"用脚投票"机制看，户籍制度的存在使得居民进行自由迁徙的行为受到抑制；从预算约束看，中国式分权很可能存在预算软约束问题。尽管当前的财政体制非常接近准传统财政联邦制（Feng et al，2013），但是，财政分权只是作为中央集权体制的一种补充。尤其是在1994年分税制改革以后，形成了税收集中、支出分权与转移支付相结合的混合制度。中央政府最终获得所有关键性的财政决策权力，而地方政府仅具有一些日常财务管理的自主权。在税收权力上移和公共服务下沉的情况下，地方政府不得不依赖于来自中央的大量转移支付。因此，中国式财政分权能够抑制地方政府规模的推论是值得怀疑的。

此外，考虑到中国地方政府在现有考核指标下热衷于参与经济、并承担大量公共服务的现实情况，财政分权的增加会使地方掌握的公共资源增多，反而扩大地方政府的支出。大多数对中国的经验研究也确实证明了财政分权会扩大地方政府规模的这一结论（Zhu & Krug，2004；Chen，2004；苏晓红、王文剑，2009；潘春阳，2008）。因此，我们提出以下假设：

H1：中央对地方的财政分权程度越大，地方政府的规模就越大。

如前所述，利维坦假说的有效性，需要以严格的预算约束为前提。国外大量关于财政分权与政府规模的经验研究框架，都以满足预算约束的地方政府收支行为为前提，并未考虑不同类型的财政收入对政府规模产生的不同影响效应。换言之，这些研究将各级政府的收支平衡或是财权与事权对称当做默认前提，认为收入分权与支出分权对政府的激励是相同的，但是，中国并非是标准意义的财政分权国家，在地方政府层面，税收权力与支出权力并不对称。在中国，一方面存在来自中央的大量转移支付，另一方面，地方政府也寻求各种途径积极增收。这种纵向不平衡的财政制度安排，会为政府规模扩张提供空间。

不与地方税收权力对等的支出分权既不会产生利维坦模型的税收竞争，也不会强化地方公民与其代理人之间的关系。布伦南和布坎南（Brennan & Buchanan, 1980）认为，一旦中央政府与地方政府之间、地方政府与地方政府之间形成财政"共谋"，采取税收共享的形式，政府间的竞争就会减弱，不仅导致中央政府规模的扩大，也会导致地方政府规模的扩大。通过割断税收与利益之间的纽带，更多的支出分权可能将公共部门资源转化成为一个"公共池塘"，导致竞争性的地方政府过度开支（Khemani, 2010）。这一解释尤其适用于包括中国在内的非联邦制国家的现实情况，这些国家的州与地方开支都主要来自转移拨款、共享税收或其他由中央政府控制与监管的其他资源（Josselin, Padovano & Rocaboy, 2012）。

很多国家的经验研究（Joulifian & Marlow, 1990; Grossman, 1989; Ehdaie, 1994; Shadbegian, 1999; Rodden, 2003）表明，政府间共谋的存在，或是政府间拨款的增加会将导致政府规模的扩大。对中国的经验研究（Zhu & Krug, 2004; Chen, 2004）也表明，在转移支付存在的前提下，财政依赖度会弱化财政分权对政府规模产生的抑制效应，使得政府规模不减反升。因此，在收入分享、转移支付以及地方税收中央管理等事实存在的前提下，会导致地方政府与中央政府的纵向不平衡状态，进而减弱分权竞争的激励效应，导致地方政府规模的扩大。我们据此提出如下假设：

H2：中央与地方的财政纵向不平衡程度越大，地方政府的规模就越大。

在此前对政府规模的研究中，学者们普遍忽视民族因素这一特殊的人口结构问题。中国作为一个多民族国家，历来将国家统一与民族稳定视为首要的政治问题。在这一制度前提下，地方政府在提供公共产品与公共服务时，很可能受到民族因素的影响。同时，由于少数民族地区大多属于欠发达地区，尤其是随着地区差距的逐渐加大，对地区平衡与社会稳定产生了重大影响，为此，政府通常为少数民族地区提供大量优惠政策和转移支付。当前，中央对民族地区的财政转移支付除了税收返还、一般性转移支付、专项转移支付，还增加了民族地区转移支付。此外，少数民族与汉族具有很大的差异，而不同民族的人口在公共服务需求上是有所不同的，当政府面对多样化的需求时，不得不提供多样化的公共服务予以应对，从而导致政府施政成本的上升（孙琳、潘春阳，2009）。由此，我们形成如下假设：

H3：少数民族人口越多，地方政府的规模也就越大。

2. 影响政府规模的供求因素

如前所述，中国地方政府间的竞争机制与理论意义上的财政竞争相去甚远。在集权体制尤其是人事集权体制下，中国的地方政府官员更多地表现为对上级政府负责，形成"政治锦标赛"的不良竞争（Li & Zhou, 2004）。在市场维持型联邦制下，追求经济绩效的"政治锦标赛"成为"标尺竞争"的替代物。自改革开放以来，经济增长指标就成为地方政府官员在政治晋升中最重要的硬性指标之一。为了促进地区经济发展，地方政府往往通过增加公共产品供给来改善招商引资环境，一是通过提供基础设施改善招商环境，二是提供公共服务增加人力资本累积（周黎安，2007）。公共产品的增加，必然带来政府规模的扩大。基于此，我们提出如下假设：

H4：政治锦标赛的程度越高，地方政府的规模就越大。

在计划经济体制下，由于国有企业与地方政府在资金、人事等方面存在密切联系，使得地方政府往往具有保护国有企业的行为倾向，但是，随着市场化进程的加快，政企分离将使得政府减少对经济活动的干预（胡书东，2001）。根据"市场维持型联邦制"模型，中国在市场化进程中，地方政府之间出于对税基和资本的竞争，会减少对经济的管制。尤其是在财政分权制下，由于预算有限，地方政府很难再去补助亏损的国有企业，甚至还会为了提高国企效益而推动国有企业的民营化和重组（Qian & Weingast，1997；Cao, Qian & Weingast，1999；Jin, Qian & Weignast，2005）。因此，市场化会提高政府的财政支出效率，进而导致政府规模减小。研究（谢乔昕、孔刘柳，2011）表明，政府规模确实会随市场化程度的提高而减小。进而，形成如下假设：

H5：市场化程度越高，地方政府的规模就越小。

在财政分权与政府规模关系的经验研究中，有必要控制经济发展的变量（Oates，1985）。根据瓦格纳法则（Wagner，1958），经济活动与公共支出之间存在正相关关系，人均收入是导致政府公共支出持续增长的重要原因。这主要是由三个原因导致：一是社会经济的日益复杂化要求政府履行更多的社会保障与规制职能；二是真实收入的增长会导致文化与福利支出的增长；三是经济发展与技术变迁要求政府对自然垄断企业加以更有效的管理。因此，瓦格纳法则认为，政府支出无论在绝对规模还是在相对规模上都会随着经济发展而不断增长。大多数研究也表明，人均收入与政府支出之间存在显著的正向效应（Lowery & Berry，1983；Thornton & Ulrich，1999；王凯等，2011）。为此，我们提出如下假设：

H6：人均收入越高，地方政府的规模就越大。

沃利斯（Wallis & Dollery，1991）认为，由于个人在次国家层级上的公共决策影响力要比在国家层面上大，会鼓励居民根据自身偏好要求政府提供更多的产品与服务，进而扩大地方政府的职责。研究表明，政府支出的扩大部分是由高需求类型的人群所导致（Dye & MacManus，1990）。比如，如果65岁以上老年人口的比例很高，那么对健康、娱乐、文化等相关的支出就要求较高（Lindert，1996；Shelton，2007；Martin，1982；秦强，2012）。在校学生或是少年人口的增多，也会导致政府公共开支的提升（Martin，1982；秦强，2012）。综上，本文做

出如下假设:

H7: 公共服务需求越大,地方政府的规模就越大。

一般来说,城市化水平与现代化速度越快,对政府支出与服务质量的要求就越高(Benton,2006)。随着城市化水平的提高,人口对基础社会和分配服务的需求也就越高,进而引起更多的发展或是分配支出,比如经济发展、住房和城镇建设、交通运输、公共安全、街道治安、一般公共建筑、公园和娱乐等投入的增大。为此,我们提出以下假设:

H8: 城市化水平越高,地方政府的规模就越大。

规模经济效应也是影响政府规模的重要因素。奥茨(Oates,1972)指出,分权可能会损失经济规模,导致政府预算上升。由于构建一个行政系统需要投入大量固定成本,因此,小规模的人口可能导致公共服务供给的高成本。正是由于政府行政成本的增加,政府在执行同样的政府职能时就会产生更高的政府支出。因此,在其他条件不变的情况下,辖区内较低的人口密度会增加提供公共服务的成本,导致政府支出规模扩大。一些研究(Andrews & Boyne,2009;吴木銮、林谧,2010;张光,2005;张光、唐灿明,2006;张光、曾明,2008)表明,规模效应确实有助于解释政府规模的扩大,行政辖区的人口与该辖区政府规模呈负相关关系。因而本文提出如下假设:

H9: 地方政府下辖行政区划的平均人口越多,地方政府的规模就越小。

H10: 人口密度越大,地方政府的规模就越小。

3. 影响政府规模的社会因素

当前,地区差距、收入差距和城乡差距正在日益拉大,成为威胁社会稳定的重要因素。而城乡收入差距则是当前最大最普遍的问题之一。在此背景下,中央与各地方政府均出台了各种措施来缩小城乡收入差距,显示出政府将再分配职能提升到重要高度。经验研究(Meltzer & Richard,1983;Lindert,1996)表明,政府的再分配会对政府规模产生显著扩张效应。马斯格雷夫(Musgrave,1959)指出,如果政府旨在减少收入分配差距,那么随着人均收入的增加,政府转移支付的绝对额度

也将随之上升。故而,形成如下假设:

H11:城乡收入差距越大,地方政府的规模就越大。

失业人口是影响社会安定的重要因素,但是,在中文文献中,失业人口对政府规模的影响常常被忽视。有研究(Esping - Andersen,1996)表明,失业率与政府规模之间呈正相关。为此,我们提出如下假设:

H12:失业人口越多,地方政府的规模也就越大。

三、计量模型、指标选择与数据说明

为了验证前面提出的研究假设,我们建立如下计量回归模型:

$$Gsize_{i,t} = \alpha_0 + \beta_1 \cdot FD + \beta_2 transf + \beta_3 \cdot compe_{i,t} + \beta_4 \cdot FD * compe_{i,t} + \gamma \cdot X_{i,t} + \varepsilon_{i,t}$$

在上述回归模型中,$Gsize_{i,t}$为被解释变量,即地方政府规模;α_0代表常数项;$FD_{i,t}$表示财政分权度;$transf_{i,t}$表示纵向不平衡度,$compe_{i,t}$表示政府竞争度;$FD * compe_{i,t}$表示财政分权与政府竞争度的交互作用;$X_{i,t}$是各类控制变量,包括人口密度(density)、人口增速(gpop)、人均 GDP(pgdp)、县均人口(scale)、抚养比(depend)、万人在校生数量(student)、少数民族人口(ethnic)、失业率(unemploy)等;$\varepsilon_{i,t}$则是随机误差项。其中,β是个解释变量的系数,下标 i 和 t 分别表示第 i 个省份第 t 年的观测值。

地方政府规模的测量,采用各省的地方一般预算内支出/该省地区 GDP 来计算。目前,政府规模的主要测度方法有两类:一是以政府控制或支配的(包括政府收入、支出、消费)社会资源占 GDP 的比重表示;二是以政府部门人力资源(政府部门的从业人数)占全社会人力资源(就业人数)的比重表示(潘卫杰,2007)。由于政府规模对经济社会的影响,主要表现为政府所占有和支配的经济资源的规模与大小,尤其是以政府支出为主,使得政府支出规模成为很多研究政府规模普遍使用的指标。之所以不采用财政收入指标,是因为在收小于支的普遍情况下，该指标会导致政府规模的低估（Marlow，1988）。而对于"官民比"的指标，由于其标准比较模糊、存在诸多争议（吴木銮、林谧，2010；张光，2012）也不宜采纳。相对而言，财政支出指标一方面更容易获取，另一方面也真实反映了政府在预算范围内行使政府职能对社会的相应比重和客观影响。

财政分权是我们最关心的核心解释变量。测量财政分权的指标有很多，并且存在一定争议（Martinez-Vazquez & MeNab，2003；陈硕、高琳，2010；张光，2011a）。易德海（Edhaie，1994）指出，需要从收入和支出两个方面对财政分权加以衡量。本文借鉴大多数研究使用的指标，选取了"支出分权"（Dec_exp）作为衡量财政分权度的主要指标，其计算方法为：省人均预算收入/全国人均预算内收入。同时，还选取了"收入分权"（Dec_rev），计算方法为：省人均预算内支出/全国人均预算内支出。本文在基本检验以支出分权作为解释变量，在稳健性检验中使用收入分权和收支平均分权作为支出分权的替代变量。

由于存在大量的转移支付，中国的财政分权具有严重的纵向不平衡问题。本文纳入财政依赖度与财政自主度对纵向不平衡进行考察。在基本模型中使用财政依赖度，其具体计算方法为：一省所获中央补助收入/省预算内收入。与此同时，考虑到已有研究（郑磊，2008；孔刘柳、谢乔昕，2010；谢乔昕、孔刘柳，2011）使用财政自给度（fiscal）指标作为纵向不平衡的测量指标，即一省预算内收入占预算内支出的比重作为衡量预算约束的代理变量，本文也将使用财政自给度作为财政依赖度的替代指标进行稳健性检验。

应当指出，考察财政分权对地方政府规模的影响，更好的指标应该包括地方政府有更大灵活性的预算外支出。但遗憾的是，受到数据可及性的限制，更为可取的方法是使用预算内统计口径。由于在1994年、1996年和2004年，中央分别对预算外资金支出的范围进行了调整，不具有可比性。因此，考虑到这些因素的复杂性，这里只使用各年度财政预算内统计数据作为测量指标。不过，这一替代性做法的潜在好处是：如果我们发现管理较为严格的预算内收支分权对预算支出规模也存在扩大效应，那么有关财政分权效应的结论将更具说服力。

关于政府竞争度，本文以各地政府吸引的外商直接投资（FDI）占全国当年 FDI 的比重作为该指标的代理变量。之所以不直接以地方政府实际利用的 FDI 数额作为代理变量，是因为 FDI 受外界因素影响较大，比如，宏观经济衰退导致一省 FDI 下降，并不意味着该省在全国的竞争力有所下降。同时，这一做法也免去了将 FDI 的美元单位换算为人民币并进行物价调整的过程（郑磊，2008）。本文还将在稳健性检验中以开放度，即贸易进出口总额占全国进出口总额的比重作为竞争度的替代指标进行估计。由于分权对于政府支出规模的影响可能随着竞争程度的不同而改变（傅勇、张宴，2007），我们还引入了分权和竞争度的交互项加以考察。

X 表示一组控制变量和其他解释变量：以人均 GDP（pgdp）来观测经济发展水平的差异对财政支出规模的影响；使用城镇化率（urban）指标（以一省非农人口占总人口比重进行测量）、年末人口增速（gpop）来考察城市化对地方政府规模的影响；纳入人口密度（density）和县均人口（scale）两个指标变量对规模经济效应加以观测，其中在基本模型中使用人口密度，在稳健性检验中以县均人口作为人口密度的替代变量；使用少数民族人口比重来对民族因素加以考察；引入人口抚养比、万人在校学生人数作为公共服务需求的代理变量；使用省非国有企业在岗职工占省在岗职工比重作为市场化指标；以城乡居民纯收入之比表示城乡收入差距；以城镇登记失业率表示失业人口。本文所使用的所有指标变量如表 1 所示。

表1 指标变量说明

	缩写	变量定义	单位	预期方向
政府规模	gsize	省地方一般预算内支出/地区 GDP	%	
支出分权	dec_exp	省人均地方一般预算内支出/全国人均预算内支出	%	+
收入分权	dec_rev	省人均地方一般预算内收入/全国人均预算内收入	%	+

(续表)

	缩写	变量定义	单位	预期方向
财政依赖度	transf	省所获中央补助（含税收返还）/省地方本级预算收入	%	+
财政自给度	fisical	省地方一般预算收入/省地方一般预算支出	%	—
竞争度	compe	省外商投资总额/当年全国外商直接投资总额	%	—
开放度	open	省外贸进出口总额/当年全国外贸进出口总额	%	
人口密度	density	省人口密度	人/km², 取对数	—
县均人口	scale	省各县级（县级市、市辖区）行政区平均人口	万人/区, 取对数	—
人均实际GDP	pgdp	省人均GDP，以1997年价格折算	元/人, 取对数	+
人口增长速度	gpop	省年末人口增长速度	%	+
民族人口	ethnic	省少数民族区划中民族人口占全省人口比重	%	+
抚养比	depend	省15岁以下和65岁以上人口占15—64岁人口比重	%	+
在校生数	student	省各类学校（普通高等学校、普通中等学校和普通小学）在校学生数/省年末总人口	人/万	+
市场化	market	省非国有企业在岗职工/省在岗职工	%	
城镇化率	urban	省每年非农人口/省年末总人口	%	+
城乡收入差距	gap	省城镇居民可支配收入/农村居民人均纯收入	%	+
失业率	unemply	一省城镇登记失业率	%	+

资料来源：作者自制。

本文使用省际面板数据对以上模型进行估计。考虑到1994年的分税制改革，对中央与地方之间的财政关系进行了根本性的调整，并且重庆从1997年起作为直辖市独立报告财政收支数据，因此，本文观测时间区间选择在1997年—2012年。数据涵盖西藏除外的30个省、自治区和直辖市的观测值，属于平衡面板数据。数据来源主要包括《中国财政年鉴（1998—2012）》《中国统计年鉴（1998—2013）》《新中国六十年统计资料汇编（1949—2009）》等。

四、计量结果与分析

1. 基本模型

固定效应（Fixed Effects，FE）与随机效应（Random Effects，RE）是主要使用的两种面板数据估计方法。本文的所有估计模型经过豪斯曼检验（Hausman Test），检验结果P值均小于0.05，拒绝自变量与随机误差不相关的假设，均使用固定效应模型。实证检验结果如表2所示。

表2 地方政府规模的基本模型回归结果

	(1) FE	(2) FE	(3) FE	(4) FE	(5) FE	(6) FE
dec_exp	0.0734*** (0.00746)	0.0301*** (0.00617)	0.0732*** (0.00745)	0.0585*** (0.00665)	0.106*** (0.00921)	0.0791*** (0.00893)
ln_pgdp	4.216*** (0.297)	5.796*** (0.266)	4.095*** (0.325)	5.246*** (0.469)	3.618*** (0.325)	4.415*** (0.508)
transf	0.0467*** (0.00339)	0.0470*** (0.00364)	0.0473*** (0.00348)	0.0538*** (0.00329)	0.0442*** (0.00341)	0.0527*** (0.00334)
density	19.51*** (2.461)		19.86*** (2.383)	18.17*** (2.275)	20.10*** (2.304)	18.11*** (2.247)
compe			0.0423 (0.0522)		0.497*** (0.0947)	0.340*** (0.0865)
dec_exp * compe					−0.00406*** (0.000716)	−0.00239*** (0.000679)

（续表）

	(1) FE	(2) FE	(3) FE	(4) FE	(5) FE	(6) FE
gpop	0.00133 (0.00368)			0.000520 (0.00322)		0.000532 (0.00317)
student		-0.815 (1.142)				
ethnic				0.537*** (0.0737)		0.518*** (0.0736)
depend				0.0148 (0.0386)		0.00431 (0.0389)
market				0.00648 (0.0233)		-0.00777 (0.0241)
urban				0.0136 (0.0398)		0.0168 (0.0392)
gap				-3.567*** (0.445)		-3.337*** (0.448)
unemploy				-0.570*** (0.181)		-0.514*** (0.178)
Constant	-141.7*** (11.99)	-41.12*** (9.588)	-142.7*** (11.60)	-138.1*** (14.43)	-142.2*** (11.22)	-131.5*** (14.33)
Obs	480	480	480	480	480	480
R-squared	0.780	0.747	0.781	0.838	0.796	0.843

注：***、**、*分别表示1%、5%、10%的显著水平。

为验证财政分权是否会对中国地方政府的规模产生影响，我们首先估计了模型（1）。结果表明，财政分权度系数在1%的水平下显著为正，财政分权度每增加1个单位，地方政府支出比重就会增加0.073个单位。并且，财政分权度在模型（2）、模型（3）、模型（4）和模型（5）中均在1%的水平下显著为正，即财政分权扩大了地方政府规模。这与本文的预期相符，证明了沃利斯假说在中国的适用性。根据沃利斯假说，分权程度越高，地方政府越能够被当地居民所掌控，随着地方居民对地方政府提出更多的要求，进而造成地方政府规模的扩大。

模型（1）中，财政依赖度的系数在1%的水平下显著为正，这说明，随着财政依赖度的增加，将导致地方政府规模的显著扩大，当财政自主度每增加1个单位，政府规模就会缩减0.047个单位。模型（2）、模型（3）、模型（4）和模型（5）和模型（6）中，财政依赖度对政府规模的影响也均显著为正，与本文的预期相符。由于分税制改革以后，我国的财政分权体制形成了收入集权、支出分权的体制特征，同时建立了转移支付制度，地方政府往往收大于支，在很大程度上依赖于中央的转移支付，形成了严重的纵向不平衡状态。这在很大程度上弱化了预算硬约束下的竞争机制，使得分权不但不会产生利维坦效应，反而会促使政府规模扩大。

人均GDP对数的系数在1%的水平下显著为正，表明经济发展将导致政府规模的显著扩大，验证了瓦格纳法则在中国的适用性。与此同时，人口密度的系数也在1%的显著水平下为正，说明人口密度将导致地方政府规模的扩大。这是因为，随着经济的发展和人口规模的扩大，社会需求将日益增多，政府面临的公共事务就会越多，导致政府支出的扩大。此外，人口增长率对政府规模的影响为正，但并不显著。

为考察学生人数对地方政府规模的影响，模型（2）剔除了人口密度和人口增速，引入学生人数作为控制变量。结果显示，学生人数对地方政府规模的影响并不显著，因此在后面的研究中略去学生人数这一变量。

为了验证分权体制下中国地方政府之间的竞争对政府规模的影响效应。我们估计了模型（3），结果表明，财政分权度显著为正，财政依赖度的系数显著为正，虽然政府竞争度的系数不够显著，但是呈正向影响。而当我们在模型（5）中加入财政分权与竞争度的交互项以后，政府竞争度对地方政府规模的扩大效应得到增强。由于财政分权与竞争度的交互项系数显著为负，说明财政分权越大的地方，竞争度与政府规模的关系越呈现负相关关系。竞争度对地方政府规模的影响效应包括两部分：一是直接效应，二是基于财政分权度的偏效应。根据模型（5）的结果，竞争度每提升1个单位，政府规模将显著增加近0.5个单位，但是，随着财政分权度的提升，竞争度对地方政府规模的扩大效应将显著减少：在支出分权度均值94.75处，竞争度的偏效应为0.11（=0.497−0.00406*94.5）。

另一方面，分权度对地方政府规模的影响也包括两部分：一是直接影响；二是基于竞争程度的间接影响。模型（5）显示，分权度每提升1个单位，政府支出规模将在1%的显著水平下扩大0.11个单位；而随着竞争度的加剧，这一扩大效应将受到抑制。在竞争度均值4.84处，分权度的偏效应为0.086（=0.106-0.00406*4.84）。这意味着，地区竞争的升级将导致地方政府缩减。这是因为，随着竞争度的提升，地方政府将会更多地采用税收减免的手段导致政府规模下降，而政府规模缩减的幅度超过了地方改善投资环境导致的政府规模扩大的幅度。

模型（4）在模型（1）的基础上进一步引入了民族人口、抚养比、市场化、城镇化、城乡收入差距和失业率等指标。估计结果表明，财政分权度、人均GDP、财政依赖度和人口密度系数仍然显著为正，人口增长率的系数仍不显著，与模型（1）的估计结果保持一致。同时，新加入的抚养比、市场化和城镇化等指标变量对地方政府规模并未产生显著影响。根据理论假设，抚养比的提高与城镇化率的增加会扩大地方政府规模，但是检验结果并不支持相关假设。由于人口密度显著正向影响地方规模，而抚养比则不起显著作用，说明地方政府的财政支出回应了当地居民的公共需求，但是对少年人口和老年人口的回应性仍然不足。此外，市场化系数也并不显著，表明市场化不会对地方政府规模起到显著影响。

模型（4）的估计结果还显示，民族人口对地方政府规模起到显著正向影响，民族人口比重每增加1单位，政府规模将扩大约0.54个单位，这表明前文的相关假设成立。我国是一个多民族国家，维护民族团结与统一历来是我国的基本国策。当前，很多少数民族地区主要分布在边远地区，自然条件艰苦，财政基础有限，与发达地区相比存在很大的差距。为此，《民族区域自治法》特别做出规定，要随着经济发展和财政收入的增长，上级财政应逐步加大对少数民族自治地方财力转移支付力度。在此背景下，中央财政专门对民族地区给了特殊照顾。这些优惠政策与转移支付会扩大地方政府规模。地区少数民族人口比重的增加，会对该地区的政府规模产生显著扩大效应。模型（4）的估计结果表明，地方政府有效回应了制度需求与民族需求。

值得注意的是,城乡收入差距的系数显著为负。在模型(4)中,城乡收入差距每增加1个单位,政府规模将显著缩小3.57个单位。这与本文的预期相反。导致这一结果出现的原因可能是中国的城乡收入扩大导致城乡隔阂的扩大,限制了城乡交流,进而降低了发生社会冲突的风险,致使政府规模缩小;而城乡差距较小的地方,反倒容易因为交流频繁引发社会冲突,进而引起政府规模的扩大(樊鹏、易君健,2009)。不过,这一研究结果也同时表明,地方政府在缩小收入差距方面的努力仍然有待提高。另一个不符合预期是结果是,失业率的系数也显著为负。失业率每增加1个单位,政府规模将缩小0.58个单位。理论上,失业率的增加应该导致政府相关支出的增加。

模型(6)综合考虑了上述模型中出现的财政分权度、财政依赖度、政府竞争、分权与政府竞争度交互项等控制变量。从回归结果看,制度因素中的财政分权度、财政依赖度均符合预期方向,会对地方政府规模产生显著正向影响。供求因素中的政府竞争度会对地方政府产生起到显著正向影响。而其他控制变量,在制度因素方面,民族因素对地方政府规模的影响显著为正,与本文预期一致;在供求因素方面,人均GDP、人口密度都对地方政府规模产生显著正向影响,相关假设成立;但是,抚养比和城镇化对地方政府规模的影响为正的假设未能得到检验;市场化对地方政府规模的影响并不显著;在社会因素方面,失业率与城乡收入差距对地方政府规模的影响显著为负,与预期相反。

2. 稳健性检验

接下来,我们对模型中的主要解释变量财政分权度、财政依赖度、人口规模、人均GDP和政府竞争度进行稳健性检验。首先,考虑到直辖市的资源禀赋与社会经济状况与其他省、自治区具有较大差别,因此我们将直辖市的观测值剔除,只对直辖市以外的26个省、自治区样本观测值进行回归。同时,将我们最关心的核心解释变量——财政分权度、财政依赖度和竞争度三个变量以及人均GDP变量偏离(大于或小于)均值1.5个标准差的观测值剔除。结果如表3所示,在进行样本拆分的子样本回归中,主要解释变量的结果方向及其显著性均与基本模型保持一致，因此可以判断以上解释变量均具有较好的稳健性。

表3 地方政府规模模型的稳健性检验——样本拆分

	(6) FE	(1) FE	(2) FE	(3) FE	(4) FE	(5) FE
dec_exp	0.106*** (0.00921)	0.172*** (0.0113)	0.200*** (0.0144)	0.127*** (0.0170)	0.0285** (0.0116)	
ln_pgdp	3.618*** (0.325)	3.052*** (0.384)	3.167*** (0.324)	2.843*** (0.456)	4.263*** (0.337)	
transf	0.0442*** (0.00341)	0.0390*** (0.00338)	0.0387*** (0.00353)	0.0395*** (0.00437)	0.0258*** (0.00338)	
density	20.10*** (2.304)	26.32*** (2.847)	14.92*** (3.341)	15.43*** (3.446)	6.358** (2.635)	
compe	0.497*** (0.0947)	0.498** (0.204)	0.161 (0.101)	0.450** (0.214)	0.403*** (0.0950)	
dec_exp*compe	−0.00406*** (0.000716)	−0.00672*** (0.00209)	−0.00238*** (0.000882)	−0.00266 (0.00207)	−0.00186** (0.000734)	
constant	−112.5*** (14.16)	−116.1*** (17.49)	−110.3*** (17.25)	−163.9*** (13.06)	−68.57*** (13.73)	
Obs	480	368	368	272	304	
R-squared	0.780	0.856	0.852	0.824	0.831	

注：***、**、*分别表示1%、5%、10%的显著水平。模型（1）为基本模型；模型（2）为剔除北京、上海、天津和重庆四个直辖市的样本；模型（3）为剔除分权度偏离均值1.5个标准差的样本；模型（4）为剔除财政依赖度偏离均值1.5个标准差的样本；模型（5）为剔除竞争度偏离均值1.5个标准差的样本；模型（6）为剔除人均GDP偏离均值1.5个标准差的样本。

由于财政分权指标的选取方法可能导致完全相反的结论（Oates，1985；Ebel & Yilmaz，2002；Akai & Sakata，2002；Martinez-Vazquez & McNab，2003），因此，我们在模型（2）和模型（3）中分别引入收入分权和收入与支出的平均分权作为支出分权的替代指标。此外，我们在模型（4）中引入财政自给度作为财政依赖度的替代指标，模型（5）中引入开放度作为竞争度的替代指标，在模型（6）中引入县均人口指标作为人口密度的替代指标分别进行回归。如表4所示，各指标变量替换后的估计结果几乎都与基本模型保持一致，证明了基本模型具有较好的稳健性。

表4 地方政府规模模型的稳健性检验——指标替换

	(1) FE	(2) FE	(3) FE	(4) FE	(5) FE	(6) FE
dec_exp	0.106*** (0.00921)			0.125*** (0.00988)	0.131*** (0.00943)	0.0599*** (0.00808)
dec_rev		0.0557*** (0.0142)				
dec_average			0.0986*** (0.0118)			
ln_pgdp	3.618*** (0.325)	5.299*** (0.325)	4.303*** (0.331)	3.311*** (0.372)	3.452*** (0.280)	5.443*** (0.271)
transf	0.0442*** (0.00341)	0.0553*** (0.00394)	0.0517*** (0.00356)		0.0452*** (0.00309)	0.0436*** (0.00367)
fiscal				−0.168*** (0.0195)		
density	20.10*** (2.304)	11.71*** (2.715)	18.27*** (2.533)	23.72*** (2.542)	17.26*** (2.194)	
scale						1.074** (0.481)
compe	0.497*** (0.0947)	0.132 (0.0961)	0.362*** (0.0970)	0.546*** (0.103)		0.436*** (0.102)
open					1.320*** (0.143)	
dec_exp*compe	−0.00406*** (0.000716)			−0.00474*** (0.000774)		−0.00372*** (0.000777)
dec_rev*compe		−0.00124 (0.000889)				
dec_avg*compe			−0.00336*** (0.000810)			
open*compe					−0.00720*** (0.000788)	
constant	−142.2*** (11.22)	−107.3*** (13.85)	−137.2*** (12.57)	−146.3*** (12.19)	−128.6*** (10.77)	−50.37*** (2.959)
Obs	480	480	480	480	480	480
R-squared	0.796	0.744	0.771	0.759	0.819	0.763

注：***、**、*分别表示1%、5%、10%的显著水平。

考虑到财政分权、人均 GDP、政府竞争度与政府规模可能存在内生性，即政府规模的变动可能也反过来影响财政分权的大小、经济发展的快慢和政府竞争的程度，导致模型设定的偏误，我们采用两阶段最小二乘法（2SLS），使用这三个变量滞后一期作为工具变量加检验。支出分权、收入分权和平均分权模型相应的 Sargon 检验的 P 值均为 0.000，表明工具变量的选取是有效的。而加入工具变量后的模型（2）、模型（4）和模型（6）与原始固定效应模型（1）、模型（3）和模型（5）在系数方向和显著性水平上较为一致（如表5所示），证明了变量选择和模型设定的可靠性。

表5　地方政府规模模型的稳健性检验——方法替换

	(1) FE	(2) 2SLS	(3) FE	(4) 2SLS	(5) FE	(6) 2SLS
dec_exp	0.106*** (0.00921)	0.102*** (0.0167)				
dec_rev			0.0557*** (0.0142)	0.0421 (0.0278)		
dec_average					0.0986*** (0.0118)	0.0900*** (0.0221)
ln_pgdp	3.618*** (0.325)	3.928*** (0.493)	5.299*** (0.325)	5.816*** (0.492)	4.303*** (0.331)	4.739*** (0.517)
transf	0.0442*** (0.00341)	0.0436*** (0.00384)	0.0553*** (0.00394)	0.0533*** (0.00497)	0.0517*** (0.00356)	0.0509*** (0.00402)
density	20.10*** (2.304)	19.84*** (2.756)	11.71*** (2.715)	10.51*** (3.890)	18.27*** (2.533)	17.60*** (3.274)
compe	0.497*** (0.0947)	0.396* (0.223)	0.132 (0.0961)	−0.0181 (0.215)	0.362*** (0.0970)	0.228 (0.226)
dec_exp*compe	−0.00406*** (0.000716)	−0.00350** (0.00151)				
dec_rev*compe			−0.00124 (0.000889)	−0.000127 (0.00181)		
dec_avg*compe					−0.00336*** (0.000810)	−0.00248 (0.00170)
Constant	−142.2*** (11.22)		−107.3*** (13.85)		−137.2*** (12.57)	
Observations	480	450	480	450	480	450
R-squared	0.796	0.776	0.744	0.715	0.771	0.746
Number of code	30	30	30	30	30	30

注：***、**、*分别表示1%、5%、10%的显著水平。

3. 地区差异

从发展情况来看，由于分属不同地区的省份面临的实际情况各不相同，分权对地方政府规模的影响效应也可能受制于地区差异而有所不同。为对东、中、西地区进行进一步比较，我们构建并引入了地区虚拟变量：以西部地区为基组，属于东部地区的省份，则赋值虚拟变量 east = 1，否则为 0；属于中部地区的省份，则赋值虚拟变量 middle = 1，否则为 0。结果显示（见表6），财政分权对政府扩张效应存在显著的地区差异，对于西部地区而言，财政分权度每提升 1 个单位，地方政府规模就会显著扩大 0.158 个单位；与西部地区相比，财政分权对地方政府规模的扩大效应在东部地区要显著低 0.14 个单位，在中部地区则不存在显著差异。可以看出，财政分权对地方政府规模的扩大效应在西部比东部更显著。这是因为，西部获得的中央转移支付要远远高出东部地区，造成西部地方政府的纵向不平衡程度较高，弱化了预算硬约束；而东部地区政府则正好相反，由于获得的转移支付较少，主要依靠自身实现预算平衡，在预算硬约束的作用下，东部地区的地方政府规模会受到一定限制。

表6 地方政府规模模型的东中西样本对比

地方政府规模		
	系数	标准误
dec_exp	0.158***	(0.0119)
dec_exp*east	-0.141***	(0.0146)
dec_exp*mid	-0.0289	(0.0325)
transf	0.0537***	(0.00362)
transf*east	0.00827	(0.0107)
transf*mid	-0.0188***	(0.00677)
compe	-0.101	(0.148)
compe*east	0.233*	(0.139)
compe*mid	-0.0248	(0.202)

(续表)

	地方政府规模	
	系数	标准误
urban	-0.0295	(0.0380)
dec_exp * compe	0.000396	(0.000728)
density	9.027***	(2.202)
gpop	-0.00116	(0.00282)
ln_pgdp	3.269***	(0.497)
ethnic	0.305***	(0.0693)
depend	-0.0401	(0.0356)
market	-0.0614***	(0.0231)
gap	-2.863***	(0.414)
unemploy	-0.348**	(0.161)
constant	-64.80***	(14.26)
Observations	480	
R-squared	0.879	

注：***、**、*分别表示1%、5%、10%的显著水平。

就财政依赖度而言，在西部地区，财政依赖度每增加1个单位，地方政府规模就会显著扩大0.05个单位；与西部地区相比，财政依赖度对地方政府规模产生的正向影响在中部地区要显著缩小0.02个单位，在东部地区则不存在显著差异。这一结果表明，财政依赖度地方政府规模的正向影响，在西部地区要显著高于中部地区。这可能源于西部获得的转移支付数额相对较大；使得西部地方政府的能动性大为降低，更加依赖来自中央政府的转移支付。

在竞争度的影响效应上，西部地区政府竞争度对地方政府规模并不存在显著影响，中部与西部相比不存在显著差异，但是东部地区与西部地区存在显著差异：在东部地区，竞争度每提升1个单位，地方政府规模将扩大0.13（-0.101+0.233）个单位。因此，竞争度的扩大效应在东部地区表现得最为显著。有学者（Qian & Roland，1998；傅勇、张宴，2007）认为，地方政府之间实际上存在异质性竞争，对于弱势地区来说，由于资源禀赋差异过大，可能无论如何都不能从竞争中获胜，故导致弱势地区可能放弃参与竞争。对于东部地区来说，地方政府有更强的竞争优势，为了在竞争中获胜，地方政府会竞相扩大投入进一步改善招商环境，促使地方政府规模扩大。

五、结　论

本文就中国式财政分权对地方政府规模的影响效应展开讨论，提出了包括制度、供求关系与社会因素在内的、旨在考察财政分权与政府规模关系的概念模型，并运用1997—2012年的省际面板数据对相关假设进行了经验验证。结果表明，财政分权程度的增加对地方政府规模产生了显著扩大效应，支持了沃利斯假说在中国的适用性；与西部地区相比，东部地区财政分权对地方政府规模的扩大效应会显著减小，在中西部地区之间则不存在显著差异。财政依赖度的增加将显著扩大地方政府规模，为共谋假说在中国的适用性提供了实证支持；西部地区的财政依赖度对地方政府规模的正向影响要显著高于中部地区，西部与东部则不存在显著差异。政府竞争度的加剧将对地方政府规模产生显著的扩大效应；与西部地区相比，这一扩张效应在东部地区更为明显，但中西部地区之间则不存在显著差异。

从以上研究结果中可以得到的启示是，如果中国进一步严格预算约束制度，提升地方政府的财政自给度，使地方政府获得真正有效的财政收入和支出分权，建立起财权与事权匹配的财政体制，将有助于遏制地方政府规模的扩张。由于政府竞争和财政分权制度结合在一起，会共同对地方政府规模产生显著负向影响。因此，政府竞争与地方政府规模之间的关系是非线性的，随着财政分权程度的提高，政府竞争度对地方政府规模的抑制效应将得以显现。此外，论文的经验研究还表明，地方政府有效回应了经济发展、民族因素和人口密度加剧等带来的职能诉求，但是对社会风险的防御和医疗及教育等基本公共服务的供给上仍有待加强。鉴于当前中国的公共服务主要由地方政府承担，财政分权的完善与规范将有助于提升地方政府的治理能力与公共服务水平。

应当指出的是，财政分权对地方政府规模的影响机制远比简化的理论分析更为复杂，本文的探讨只是一个初步尝试，无论是在深层次的原因分析上，还是在更为精准的指标选择上，都有待进一步的修正与完善。受制于相关数据的可及性限制，本文也未能将更长时期的观测值纳入研究范围。此外，由于财政分权效应在东中西不同地区之间存在显著不同，有必要对地区间产生差异的原因进行更为深入的研究。总之，更好地研究财政分权对地方政府规模的影响仍然是一项富有挑战的工作。

【参考文献】

陈硕、高琳：《央地关系：财政分权度量及作用机制再评估》，载《管理世界》，2012年第6期。

丁菊红：《中国转型中的财政分权与公共供给激励》，经济科学出版社2010年版。

樊鹏、易君健：《地方分权、社会犯罪与国家强制能力增长——基于改革时期中国公安财政经费发展的实证分析》，载《世界经济文汇》，2010年第2期，第99—120页。

傅勇、张晏：《中国式分权与财政支出结构偏向：为增长而竞争的代价》，载《管理世界》，2007年第3期，第4—12页。

胡书东：《经济发展中的中央和地方关系——中国财政制度变迁研究》，上海三联出版社2001年版。

孔刘柳、谢乔昕：《财政分权对地方政府规模影响的区域差异实证》，载《上海经济研究》，2010年第2期。

潘春阳：《"中国式分权"能够遏制政府规模的膨胀吗？》，载《世界经济情况》，2008年第10期。

潘卫杰：《对省级地方政府规模影响因素的定量研究》，载《公共管理学报》，2007年第7期。

秦强：《中国式财政分权与地方政府规模膨胀的关系及实证检验》，载《贵州财经学院学报》，2012年第3期。

苏晓红、王文剑：《中国的财政分权与地方政府规模》，载《财政研究》，2008年第1期。

孙琳、潘春阳：《"利维坦假说"、财政分权和地方政府规模膨胀》，载《财经论丛》，2009 年第 3 期。

王凯等：《"瓦格纳法则"在中国适用性研究》，载《经济与管理》，2011 年第 2 期。

吴木銮、林谧：《政府规模扩张：成因及启示》，载《公共管理学报》，2010 年第 4 期。

谢乔昕、孔刘柳：《财政分权、地方政府行为与地方政府规模——基于区域差异的视角》，载《税务与经济》，2011 年第 4 期。

张光：《规模经济与县政区划：以福建省为例的实证研究》，载《管理观察》，2005 年第 5 期。

张光：《测量中国的财政分权》，载《经济社会体制比较》，2012 年第 6 期。

张光、曾明：《规模经济和分税制对政府雇员规模的影响——基于河北省分县数据的实证研究》，载《武汉大学学报》（哲学社会科学版）》，2008 年第 1 期。

张光、唐灿明：《规模经济与县行政区划改革：对湖南省的实证分析》，载《天津行政学院学报》，2006 年第 4 期。

郑磊：《财政分权、政府竞争与公共支出结构——政府教育支出比重的影响因素分析》，载《经济科学》，2008 年第 1 期。

周黎安：《中国地方官员的晋升锦标赛模式研究》，载《经济研究》，2007 年第 7 期。

庄玉乙、张光：《"利维坦"假说、财政分权与政府规模扩张：基于 1997—2009 年的省级面板数据分析》，载《公共行政评论》，2012 年第 4 期。

Akai, N., & Sakata, M., "Fiscal Decentralization Contributes to Economic Growth: Evidence from State-level Cross-section Data for the United States", *Journal of Urban Economics*, Vol. 52, No. 1, 2002, pp. 93 – 108.

Andrews, R., & Boyne, G. A., "Size, Structure and Administrative Overheads: An Empirical Analysis of English Local Authorities", *Urban Studies*, Vol. 46, No. 4, 2002, pp. 739 – 759.

Bardhan, P., & Mookherjee, D., "Pro-poor Targeting and Accountability of Local Governments in West Bengal", *Journal of Development Economics*, Vol. 79, No. 2, 2006, pp. 303 – 327.

Benton, J. E., "County Government Service Provision: The Impact of Urbanization and Population Growth", Paper presented at the meeting of the Southern Political Science Association, Atlanta, GA. January, 2006.

Brennan, G., & Buchanan, J. M., *The Power to Tax: Analytic Foundations of a Fiscal*

Constitution, Cambridge University Press, 1980.

Brueckner, J. K., "Welfare Reform and the Race to the Bottom: Theory and Evidence", Working Paper, Urbana-Champaign, University of Illinois, 1999.

Cao, Y., Qian, Y., & Weingast, B. R., "From Federalism, Chinese Style to Privatization, Chinese Style", *Economics of Transition*, Vol. 7, No. 1, 1999, pp. 103–131.

Chen, C. H., "Fiscal Decentralization, Collusion and Government Size in China's Transitional Economy", *Applied Economics Letters*, Vol. 11, No. 11, 2004, pp. 699–705.

Crook, R. C., & Manor, J., *Democracy and Decentralisation in South Asia and West Africa: Participation, Accountability and Performance*, Cambridge: Cambridge University Press, 1998.

Dollery, B. E., & Worthington, A. C., "The Empirical Analysis of Fiscal Illusion", *Journal of Economic Surveys*, Vol. 10, No, 3, 1996, pp. 261–297.

Dye, T. R., & MacManus, S., "State VS. Local Public Sector Growth: A Comparison of Determinants", *Policy Studies Journal*, Vol. 18, No. 2, 1990, pp. 645–657.

Ebel, R. D., & Yilmaz, S., *On the Measurement and Impact of Fiscal Decentralization* (No. 2809), World Bank, 2002.

Ehdaie, J., "Fiscal Decentralization and the Size of the Government—an Extension with Evidence from Cross-country Data", Policy Research Working Paper 1387, the Word Bank, 1994.

Esping-Andersen, G., *Welfare States in Transition: National adaptations in Global Economies*. London: Sage, 1996.

Feng et al., "Fiscal Federalism: a Refined Theory and Its Application in the Chinese Context", *Journal of Contemporary China*, Vol. 22, No. 82, 2013, pp. 573–593.

Granad, F. J. V. A. D., "A Study of the Relationship Between Fiscal Decentralization and the Composition of Public Expenditures", A Dissertation Submitted for the Degree of Doctor in Philosophy in the Andrew Young School of Policy Studies of Georgia State University, 2003.

Grossman, P. J., "Fiscal Decentralization and Government Size: An Extension", *Public Choice*, Vol. 62, No. 1, 1989, pp. 63–69.

Hines, J. R. & Thaler, R. H., "Anomalies: The Flypaper Effect", *The Journal of Economic Perspectives*, Vol. 9, No. 4, 1995, pp. 217–226.

Jin, H., Qian, Y., & Weingast, B. R., "Regional Decentralization and Fiscal Incentives: Federalism, Chinese Style", *Journal of Public Economics*, Vol. 89, No. 9, 2005, pp. 1719–1742.

Josselin, J. M., Padovano, F., & Rocaboy, Y., "Fiscal Rules VS. Political Culture as Determinants of Soft Budget Spending Behaviors", Working paper, Centre de Recherche en Économie et Management (CREM), 2012.

Joulifian, D., Marlow, M. L., "Government Size and Decentralization: Evidence from Disaggregated Data", *Southern Economic Journal*, Vol. 56, No. 4, 1990, pp. 1094 – 1102.

Khemani, S., "Political Cycles in a Developing Economy: Effect of Elections in the Indian States", *Journal of Development Economics*, 2001, 73 (1), 125 – 154.

Lane, J. E. & Ersson, S. O., *Politics and society in Western Europe*. Sagepublications, 1999.

Li, H., & Zhou, L. A., "Political Turnover and Economic Performance: the Incentive Role of Personnel Control in China", *Journal of Public Economics*, Vol. 89, No. 9 – 10, 2004, pp. 1743 – 1762.

Lindert, P. H., "What Limits Social Spending", *Explorations in Economic History*, Vol. 33, No. 1, 1996, pp. 1 – 34.

Lowery, D., & Berry, W. D., "The Growth of Government in the United States", *American Journal of Political Science*, Vol. 27, 1983, pp. 665 – 694.

Marlow, M. L., "Fiscal Decentralization and Government Size", *Public Choice*, Vol. 56, No. 3, 1988, pp. 259 – 269.

Martin, J. P., "Public Sector Employment Trends in Western Industrialized Economies", in R. H. Haveman (Ed.), *Public Finance and Public Employment*, Detroit: Wayne State University Press, 1982.

Martinez-Vazquez, J., & McNab, R. M., "Fiscal Decentralization and Economic Growth", *World Development*, Vol. 31, No. 9, 2003, pp. 1597 – 1616.

Meltzer, A. H., & Richard, S. F., "A Rational Theory of the Size of Government", *The Journal of Political Economy*, Vol. 89, No. 5, 1981, pp. 914 – 927.

Musgrave, R. A., *The Theory of Public Finance: A Study in Public Economy*, New York: McGraw-Hill, 1959.

Musgrave, R. A., "The Nature of Horizontal Equity and the Principle of Broad-based Taxation: A Friendly Critique", in Musgrave, R. A., *Public Finance in a Democratic Society: Collected Papers of Richard A. Musgrave*, New York: New York University Press, 1986.

Oates, W. E., *Fiscal Federalism*, New York: Harcourt Brace Jovanovich, 1972.

Oates, W. E., "Searching for Leviathan: an Empirical Study", *American Economic*

Review, Vol. 75, No. 4, 1985, pp. 748 – 57.

Pommerehne, W. W., *Quantitative Aspects of Federalism: A Study of Six Countries*, Diskussionsbeiträge des Fachbereichs Wirtschaftswissenschaften der Universität Konstanz, No. 74, 1976.

Qian, Y., & Roland, G., "Federalism and the Soft Budget Constraint", *American Economic Review*, Vol. 88, No. 5, 1998, pp. 1143 – 1162.

Qian, Y., & Weingast, B. R. "Federalism as a Commitment to Perserving Market Incentives", *The Journal of Economic Perspectives*, Vol. 11, No. 4, 1997, pp. 83 – 92.

Rodden, J., "Reviving Leviathan: Fiscal Federalism and the Growth of Government", *International Organization*, Vol. 57, No. 4, 2003, pp. 695 – 730.

Shadbegian, R. J., "Fiscal Federalism, Collusion, and Government Size", *Public Finance Review*, Vol. 27, No. 3, 1999, pp. 262 – 281.

Shelton, C. A., "The Size and Composition of Government Expenditure", *Journal of Public Economics*, Vol. 91, No. 11 – 12, 2007, pp. 2230 – 2260.

Shen, C., Jin, J., & Zou, H. F., "Fiscal Decentralization in China: History, Impact, Challenges and Next Steps", *Annals of Economics and Finance*, Vol. 13, No. 1, 2007, pp. 1 – 51.

Smoke, Paul, "Fiscal Decentralization in Developing Countries: Theory and Practice", in Bangura, Y. & Larbi, G. A. (eds.), *Public Sector Reform in Developing Countries: Capacity Challenges to Improve Services*, Basingstoke and New York: Palgrave Macmillan/UNRISD, 2006.

Thornton, M., & Ulrich, M. "Constituency Size and Government Spending", *Public Finance Review*, Vol. 27, No. 6, 1999, pp. 588 – 598.

Tiebout, C. M., "A Pure Theory of Local Expenditures", *The Journal of Political Economy*, Vol. 64, No. 5, 1956, pp. 416 – 424.

Wagner, A. "The Nature of the Fiscal Economy" (N. Cooke, Trans.), in R. A. Musgrave & A. T. Peacock (eds.), *Classics in the Theory of Public Finance*, New York: Macmillan, 1958.

Zhu, Z. & Krug, B., "Is China a Leviathan", Working Paper. Rotterdam, the Netherlands: Erasmus Research Institute of Management, November, 2004.

Zodrow, G. R. & Mieszkowski, P., "Pigou, Tiebout, Property Taxation and the Underprovision of Local Public Goods", *Journal of Urban Economics*, Vol. 19, No. 3, 1986, pp. 356 – 370.

地方分权与预算自主
——论分税制下的地方预算自主权及其宪制意涵

吴良健[*]

内容摘要：地方财政预算权是央地分权的核心内容，决定了地方政府能否自主地治理，并对中央的权力形成有效制衡。在当下中国，该项自主权的实质范围如何、受到何种来自中央的限缩抑或自身如何扩张，则是与央地宪制分权紧密相连的重大问题。本文首先重构地方预算自主权概念，建立起一个包含程序与实质两个层面的新分析框架。其后回顾了分税制改革前后我国央地财政分权的历史。之后，本文结合法律文本和政治实践，通过对地方预算自主权的内容进行细致的分项分析，将目前地方预算的自主程度概括为"程序地方分权，收入中央集权，支出地方部分分权"。在此框架下，主要的地方预算收入和支出决策权仍保留于中央，地方只有执行权和有限的决策权。最后，本文剖析了地方预算自主权不足的根源，并提出宪制层面的改革之道。

关键词：地方预算自主权　地方分权　分税制　财政宪法

---

[*] 吴良健，男，浙江省温岭市人，法国巴黎政治学院公法学博士生，北京大学法学院法学学士、硕士，研究方向为财政宪法、地方分权、预算改革、宪制史。联系邮箱：liangjian.wu@sciences-espo.fr。

一、引 言

（一）问题的提出

中央和地方的纵向分权是一个国家宪制框架的基本构成要素，而地方财政预算权又是地方分权的核心内容，决定了地方政府能否自主地治理，并对中央的权力形成一定制衡。因此，地方预算自主权的变迁具有深远的宪制意涵。1994年的分税制改革兼有"收入集权"和"支出分权"色彩，改革后地方政府的预算收入大幅减少，对中央转移支付的依赖加强；但同时分税制后出台的《预算法》确认了"一级政府一级预算"，地方政府可以自主编制其年度预算，并由本级地方人大审查和批准本级预算。从法律文本上看，作为整体意义上的地方政府拥有了一定的预算自主权，但我们进一步思考的核心问题是：在当下法律实践中，该自主权的实质范围如何？是否受到中央限缩或被地方主动地加以扩展？这又对央地分权关系产生何种影响？

本文将通过梳理、重构地方预算自主权的概念与内涵，结合法律文本和政治实践，探讨分税制改革对于地方预算自主权各个部分的实质影响，以及这一变革在纵向分权层面上的意涵与不足之处，最后试图提出其所面临困境在宪法上的解决之道。

（二）文献综述

本文的研究接续了下列三方面研究脉络：其一，预算政治学与宪法学研究。本文意图以政治学与公法学的视角考量地方预算过程，着重关注预算过程中的权力分配问题，而非操作性的预算制定技术。其二，分税制的宪制意涵研究。1994年的分税制改革不仅具有财政意义，而且深刻地改变了中央与地方的纵向分权关系，本文的分析将在剖析分税制宪制意涵的背景下展开。其三，地方自治与地方财政预算自主权研究。地方财政预算自主权是地方自治的核心内容，本文将以地方预算自主权的具体内容为分析对象，阐述目前地方预算自主程度与地方自治的要求之间的差距。笔者将以一些有代表性的学者为例，简要梳理这三条学术脉络。

1. 预算政治学与宪法学研究

长期以来，预算过程被视为一项纯粹的技术性、管理性事务，归于财政学研究领域。1961 年，美国著名公共预算学家阿伦·威尔达夫斯基提出了预算改革的政治意涵这一命题，认为公共预算的本质是政治，"任何有效的预算改革都必须对政治过程作出实质性的改变"（Wildavsky, 1961：183）。自此之后，预算改革的政治学成为了公共预算的一个关键研究分支。我国政治学也曾长期忽视公共预算研究，但自 20 世纪 90 年代以来，我国启动了一场意义深远的预算改革，从横向分权和纵向分权上均深刻地影响了我国的整体政治和宪制架构[①]，一些重要的政治学学者开始解读预算改革中所包含的政治意涵。王绍光和马骏指出了中国从"税收国家"到"预算国家"的发展趋势：1978 年经济体制改革以来，中国逐步从财政收入主要来自于国企利润的"自产国家"，转向了税收收入主要来自于社会和私人部门的"税收国家"。随着 90 年代启动预算改革，中国开始迈向具有财政集中和预算监督两大基本特征的"预算国家"，国家治理也变得更加高效而且负责（王绍光、马骏，2008；王绍光，2007）。此外，马骏还在对许多省市实地调研的基础上，分析了预算改革如何改变了中国的政治权力架构和行政决策程序，以及深化预算改革所面临的困境（马骏，2007）。

受预算政治学研究的启发，近年来，我国的宪法学和财政法学学者也开始挖掘预算改革的宪制意涵，角度各异。刘剑文（2007）从宏观视角指出宪制对预算法治的具体要求；闫海（2012）从宪制史的角度，回顾了公共预算在英、美、日等国的历史演进及其与该国宪制发展的关联，并阐述了预算与宪制横向、纵向分权之间的关系；韩姗姗（2011）

[①] 许多学者以 1999 年为中国预算改革的起点，因为当年的改革涉及部门预算改革、国库集中收付体制改革和政府采购制度的建立，从而建立起预算的行政机关内部控制，同时也有助于人大从外部对政府预算进行监督，具有横向分权的政治改革意义。但是 1994 年《预算法》中含有的纵向预算改革往往被人忽视。《预算法》规定"一级政府一级预算"，将地方预算从中央预算中独立出来，使得地方开始享有预算支出自主权，具有至关重要的宪制纵向分权的意义。因此，笔者倾向于将二者合称为"20 世纪 90 年代以来的中国预算改革"。

着重考察在我国预算改革中，预算权在行政机关、立法机关和公民等各宪法主体之间如何被重新配置，并对应当如何使预算改革起到宪制结构改良的效果提出建议；张献勇（2008）则以议会预算权为研究对象，讨论其基本理念、历史起源、权力构成和我国人大预算权的完善途径。

从对这些研究的综述中可以发现，目前大多数讨论集中在预算改革与横向分权关系问题上，而除闫海外，少有人讨论预算改革对纵向分权、地方自治的影响，这是因为大多数研究者把我国的预算改革狭义地定位于1999年后的改革，而未重视1994年后地方预算从中央预算中独立这一纵向分权的宪法现象。

2. 分税制的宪制意涵研究

1994年分税制究竟使得我国的宪制架构更趋向于中央集权，还是地方分权？这一问题历来聚讼纷纭。周飞舟（2012）从政治社会学的视角出发，通过历史考察和实证研究，认为分税制改革在中央"财权"或财政收入层面上带有极为明确的集权性质，而财政支出责任（事权）在央地之间并未出现重大的调整，一直维持央地支出大致3∶7的比例，即"收入集权、支出分权"。欧树军（2012）认为分税制强化了中央政府的宏观调控能力，中央重新获取了对社会经济的主导权和调控权，而且其行为不受宪法约束，因此很容易形成"财权层层上移，事权层层下移"，导致乡县政府的"吃饭财政"和"赤字财政"。分税制改革影响了整体的宪制制度，是中国从邓小平时代的"分权的单一制"（或称"事实上的财政联邦制"）走向了"相对集权的单一制"。沈寿文（2012）则侧重于讨论分税制改革的宪法性质，认为改革的目标是希望进行央地的"财税分权"，使得央地的财权和事权都明晰化，但实际取得的效果却是央地之间事权并未划分清楚，上级政府可以把责任无限下派给下级政府；而且在财权上，地方只取得"财税分工"，其与"分权"的区别在于"分工"中地方只具有税收的执行权，而税收决策权仍由中央保留，可以随时调整税权划分。该文将事权和财权未能划分清楚的原因归结为地方自治制度的欠缺，导致地方无法抑制集权的中央政府的权力。

概而言之，学界大致都同意分税制改革导致了"收入集权，支出分权"的央地财政格局，并认为改革后央地事权划分仍然不够清晰。

3. 地方自治与地方财政预算自主权研究

法学研究中，地方财政预算自主权常常被作为地方自治的核心内容之一，甚至是其前提和保障，因此有关地方自治、地方分权的著作多少都有所涉及地方财政预算自主权。台湾学者蔡茂寅（2003）就在其《地方自治之理论与地方制度法》中专设"地方财政权之保障"一章，并明确指出地方财政自主权相对于国家而言，是地方政府的一种自由权、防御性权利；而且，地方预算虽然受到来自中央政府的监督，但在具体的预算行为上，地方自治团体（台湾对于作为公法人的地方政府的称谓）仍有高度的自主性，具有可排除来自国家非法干涉、侵害的自主权。张千帆（2012）在《国家主权与地方自治》一书中设专章讨论了中央与地方的财政分权，以比较法的视角考察美、德、印度、南非等国的央地税制与开支结构及其转移支付制度，得出世界各国的整体发展趋势是：在税收方面，赋予地方税收自主权，以便各地可以按照自己的情况和需要获得公共资源；在开支方面，实行地方民主自治，由地方选民自己决定当地政府提供公共物品的种类和数量（支出自主权）。而针对中国财政分权中体现出的事权划分不清晰、"中央请客、地方买单"问题，作者的建议是中央与地方财政关系应当走向法治化。闫海（2012）则讨论了辅助原则与地方预算制度的关系。作为地方自治核心的辅助原则，要求政治决策应当尽可能由靠近公民的层次做出，因而地方各级政府在本级公共物品供给的决策应具有自主性，这正是地方预算自主权的正当性所在。

近年来也产生了不少对于地方财政自主权或地方预算自主权的专项研究作品。徐阳光（2009）将地方财政自主权分为财政预算、收入、支出和监督自主四方面，并支出影响每类自主权的因素及其制度保障途径，但限于篇幅，在讨论我国地方财政自主权不充足的深层原因时未能深入。罗春梅（2010）以地方政府的财政预算权为中心，分析了我国地方收入和支出自主权的有限性及其原因，援引了较多财政数据，说服力比较强，但由于作者并非法学背景，并未对与地方预算自主权相关的法律规范作系统梳理，因而分析稍显零散、缺乏对立法背景的讨论。徐键(2010)对地方财政自主权作了非常系统的研究，其思路依循下列路径展开：正式制度下的地方财政自主权有哪些内容→这些财政自主权在实际运行过程中受到哪些限缩→有限的财政自主权且被限缩的情况下，地方在改革创新中又拓展了哪些事实上的财政自主权→哪些现实因素引致了地方财政自主权的复杂构造→从变动到稳定的逻辑线上，应如何确定和保障地方财政自主权。该论文对相关法律规范作了细致的梳理，并辅以大量实证数据资料。稍显不足的是，在文章首部并未对地方财政自主权的内涵和要素作清晰阐释，并且，在上述思路推进过程中就某些问题重复讨论（例如强制性支出），而对另一些重要问题论述又较少（例如分税制后在地方财政预算体系中扮演着新角色的转移支付制度）。

本文将在梳理上述三条学术脉络的基础上，系统地研究地方预算自主权制度，重构其内涵与要素体系（现有研究对这一概念的定义非常模糊而零散），并对于该自主权的每一个要素，均先梳理相关制度文件，再结合实证数据资料归纳其法律实践中的运行状态，最终细致剖析其合理之处或面临的困境。而相比于之前已有的地方财政/预算自主研究，本文的分析框架基于重构后的要素体系，并且更侧重于"分税制"和"宪制"两个维度：在分税制的背景下理解地方财政和预算的现状，并致力于阐释每项预算自主权中所蕴含的宪制纵向分权意涵。

二、地方预算自主权的内涵及其要素重构

"地方预算自主权"的概念虽在我国正式立法中并未出现，但在目前的预算法研究中被较广泛地使用着。遗憾的是，不同学者其实在程序自主和实质自主两个不同层面上援引该概念，造成其具体内涵的模糊与混淆。有鉴于此，笔者认为应当重构地方预算自主权的概念，使其涵括预算程序和实质层面的自主权：

预算程序自主权要求地方政府的预算决策程序能够独立于中央及其

他上级政府的预算,不受过度干扰。根据《预算法》及其相关宪法性法律规定,地方预算程序自主权包含预算编制、审批、执行及监督、调整和预算立法自主权。

实质层面的地方预算自主权包括收入和支出自主权。预算收入自主权是地方政府通过使用自主的税收、举债及其他法定财政收入权以增减其预算规模、保障财源充足、与事权成比例的能力。由于地方政府一般的收入来源包括税收收入、非税收入、上级政府转移支付收入,以及《预算法》所禁止而实际上在各地方大量存在的政府公共债务,地方预算收入自主权也就分别包括上述各项收入的自主权,此外,政府间财权分配的规范性和预算外资金的残留也对于地方的预算收入自主发生着影响。

地方预算支出自主权则要求地方政府享受充分支出的稳定性和可预测性,地方政府有权根据其自身的优先次序来使用(大多数)财源,并且能够以其认为最有效益的生产方式安排预算支出的结构,从而提供高效的公共服务(徐阳光,2007)。按支出资金的来源,地方预算支出可分为自有财源和转移支付资金的自主权,而政府间事权和支出责任分配的规范性、法定支出以及上级政府的政策和考核指标也在实质性地影响着自主权。

通过上述讨论,我们可以对地方预算自主权加以初步的定义:在纵向宪制分权的意义上,地方预算自主权是地方政府(subnational government)以税收、举债等手段获得充足的财政预算收入,并通过自身主导、独立于上级政府的法定预算决策程序,在其权限范围内根据自身的优先次序自由安排其预算支出的权利。地方预算自主权是一个复合的概念,是一系列"权利束"的总称,其具体内容包含预算程序自主权和实体性的预算收、支自主权。

三、分税制对地方预算之影响:历史背景与过程回顾

1994年分税制改革深刻地影响了我国中央与地方之间的财政权力

配置，乃至整体上的纵向宪制架构，这点已多有法政学者论及。但对于分税制所带动的地方预算改革，则仍然少有研究涉足。缘此，本部分将通过对法律规范和文献的梳理，回顾1994年改革前后的地方预算权历史，对地方预算自主权空间在这场改革中的扩张或限缩状态进行实然描述，从而为后文对地方自主权的文本与实践分析奠定基础。

（一）改革前：地方权力收放循环与地方预算自主权的萌芽

新中国成立后，在财政央地分权问题上一直处于摸索阶段，体制变动频仍，甚至一度陷入"一统就死、一放就乱"的怪圈。周飞舟曾将分税制前的中国财政体制变迁态势简要概括为如下表格（笔者补充了1980年后部分）：

表1　财政体制的变迁态势（1949—1994）

	财政体制	对地方收入的激励	收/放权性质
1949—1952	统收统支	无	收权
1953—1958	分类分成	中	放权
1959—1970	总额分成	弱	收权
1971—1973	收支包干	强	放权
1974—1975	固定分成	中	收权
1976—1979	总额分成	弱	收权
1980—1993	分级包干	强	放权

资料来源：周飞舟：《以利为利：财政关系与地方政府行为》，上海三联书店2012年版，页31。

从该图表可见，新中国的财政史清晰呈现出"集权—分权"或"收权—放权"反复循环的波浪形变动趋势。

而在地方预算层面，这一时期上述"收权—放权"的变动也影响着地方预算的编制和收支自主权。在地方预算编制权方面，1949年以后的相当长一段时间内，我国实行统收统支的财政管理体制，即财政收入上缴中央，财政支出由中央核定指标，地方政府没有财政资源的配置权，全国只存在中央预算而没有地方预算（徐键，2010：34—35）。而在1978年至分税改革前,地方政府拥有了相对独立的预算编制权,并据此享有一定程度的财政自主性,比如地方政府在法定权限内可以较自主地决定预算支出、与中央政府分享预算收入等,而非同此前由中央部委来规划地方的预算收支、发布强制性的财政指令(虽然此时仍有参考性指令)(Oksenberg and Tong, 1991: 88)。1991年,地方预算权制度在《国家预算管理条例》中得到规范化的确认,其中包含地方政府预算编制、审查、批准、执行、监督和调整权等程序性权力,以及实质内容上的预算收支自主权(甚至在第十七条中直接出现"赋予地方相应的财政自主权"的提法,但在《预算法》中被删去)。然而,与此同时,地方预算自主权又受到相当大的实质性限制,并非完全独立于中央:地方预算尽管不再由中央编制,但依据《国家预算管理条例》第三十六条之规定,地方编制的预算并不仅仅停留于地方层面,而且需要报送财政部汇总成国家预算,由国务院审定后,提请全国人大审查和批准。同时,国务院"每年提前向地方提出编制预算的要求"(1993年国务院《关于实行分税制财政管理体制的决定》,以下简称《分税制决定》),这种"要求"不仅仅是对地方预算编制的"时间提示",而且包含了内容上的要求(徐键,2010:35)。同时,在实践中仍然存在地方预算由中央政府代为编制的情形。①

总之,1994年之前,虽然全国财政体制上体现出收放循环的特征,然而地方预算自主权整体呈增量发展态势,经历了从"零"到"有限"自主的过程。

(二) 改革后:"收入集权、支出分权"的央地预算权力分配模式

1994年的分税制改革是一次财政体制的改革,即中央和地方重新划分和调整各自的事权和财权。《分税制决定》中主要提及的改革内容有三方面:(一)中央与地方事权和支出的划分;(二)中央与地方收入的划分;(三)逐步实行规范化的中央财政对地方税收返还和转移支

---

① 1993年《国务院关于实行分税制财政管理体制的决定》中提到的"改变目前中央代编地方预算的做法",可见分税制施行前这种做法在实践上非常普遍。

付制度。对于此次央地财政分权的倾向与效果，学界基本形成了"收入集权、支出分权"的共识，而这对于地方预算收入和支出自主权也产生了相似影响。

分税制有其集权的一面，它将大部分地方财政收入集中到中央，再通过转移支付的拨付弥补地方财源的不足。分税制最重要的改革背景之一，便是20世纪80年代以来各地实行的财政包干制急剧地削弱了中央的财政宏观调控能力。因此，分税制改革的制度设计意图本身就带有极为明确的集权性质，事实上也达到了此种效果，1994年中央财政收入占总收入的比重从1993年的23%骤然升至57%（周飞舟，2012：55）。但从另一视角看，这也正体现出地方预算收入的骤降，致使地方政府可自主支配的财政收入变得捉襟见肘。另外，决定所提及的转移支付制度的建立，也对地方预算自主产生影响，因为财政包干制时期中央和地方"自收自支"的局面发生了彻底改变，地方政府出现了巨大的收支缺口，这就要靠中央对地方通过转移支付进行弥补。但转移支付显然会体现中央政府对支出责任的意志，影响地方政府预算的自主性，其中规定了支出用途的专项转移支付尤其如此（周飞舟，2012：60）。概言之，中央在从税收分配获得大部分财政收入的基础上，通过转移支付和税收返还将部分收入交付给地方政府，以此"一上一下"的途径加强中央对地方的控制、地方对中央的依赖程度，从而弱化地方财政和预算的实质自主权。

然而，分税制改革"分权"的一面却少为研究者关注，而这一层面主要体现于央地财政预算支出上。

首先，分税制增强了地方预算编制权的独立性。1993年《分税制决定》提出"建立和健全分级预算制度"、"改进预算编制办法，硬化预算约束。实行分税制之后……中央与地方财政之间都不得互相挤占收入。改变目前中央代编地方预算的做法，每年由国务院提前向地方提出编制预算的要求。地方编制预算后，报财政部汇总成国家预算"。但国家预算草案仍须由全国人大审查和批准才能生效，因而地方预算的生效尚不独立于中央。次年颁行的《预算法》以法律的形式确认了《分税制决定》中的分级预算制度①，而且更进一步地，将地方预算案从中央预算中分离出来，排除了全国人大对地方预算的批准权，将地方预算草案的最终批准权赋予了地方各级人大。②

其次，分税制改革初步厘定了央地事权划分的界限，目的在于使地方预算支出责任走向明晰化，但与此同时，地方政府过于宽泛的事权和被限缩的财权也对其预算支出自主产生负面影响。我国1982年的《宪法》仅在第三条规定了一项笼统原则："中央和地方的国家机构职权的划分，遵循在中央的统一领导下，充分发挥地方的主动性、积极性的原则。"宪法并未阐明如何界定央地事权，也没有具体规定如何解决央地在面临事权归属争议时的解决途径，以至于我国在纵向分权的宪制架构设计上几乎是一片空白。在分税制前，便有倡导该改革的学者批评这一纵向分权缺失的状态，指出中央与地方权力的划分是依靠央地领导人之间谈判的结果，缺乏合法性基础；中央向地方放权、收权均缺乏宪法和法律依据，仅凭借中央下发的政策文件而已，导致中央权力不受任何制约，易于腐化，故应通过修宪对央地事权关系作出明文规定，实现制度化的权力分享（王绍光、胡鞍钢，1993：168—169）。中央整体上接纳了这一分权的倡议，先在1993年11月中共十四届三中全会通过的《中共中央关于建立社会主义市场经济体制若干问题的决定》中提及"把现行地方财政包干制改为在合理划分中央与地方事权基础上的分税制"。该决定明确地将"合理划分中央与地方事权"和"合理分权"作为分税制的核心原则和基础。随后，当年12月颁布的《分税制决定》作出了划分央地事权关系的初步尝试，将中央的事权/支出责任定位为

---

① 《预算法》第二条规定"国家实行一级政府一级预算。设立中央，省、自治区、直辖市，设区的市、自治州，县、自治县、不设区的市、市辖区，乡、民族乡、镇五级预算"。

② 《预算法》第四、五条分别规定中央和地方政府预算的内容组成。第四条规定："中央政府预算（以下简称中央预算）由中央各部门（含直属单位）的预算组成。"第五条："地方预算由各省、自治区、直辖市总预算组成。地方各级总预算由本级政府预算（以下简称本级预算）和汇总的下一级总预算组成；下一级只有本级预算的，下一级总预算即指下一级的本级预算。没有下一级预算的，总预算即指本级预算。地方各级政府预算由本级各部门（含直属单位）的预算组成。"可见中央预算中并不包含地方预算的内容，中央对其亦无批准权。对于《预算法》排除了《决定》中全国人大对地方预算批准权的相似观点，参见徐键（2010：35）。

"国家安全、外交和中央国家机关运转所需经费,调整国民经济结构、协调地区发展、实施宏观调控所必需的支出以及由中央直接管理的事业发展支出";地方则为"地方财政主要承担本地区政权机关运转所需支出以及本地区经济、事业发展所需支出",并分别列举两者包含的部分具体事项。当然,下文将分析指出,这一事权划分标准仍然模糊,导致中央事务可以轻易下派,加之地方财权上移后事权并未同步上移,因此地方很难拥有根据自身需求安排预算支出的实质自主空间,改革的"分权"初衷收效甚微。

通过分税制改革的历史梳理可见,中央财政收入集权、转移支付制度的建立、央地预算编制独立化和事权初步划分是分税制改革对地方预算产生影响的四项核心要素。前两者是"收入集权"的体现,后两者则与"支出分权"息息相关,因此分税制改革的目标兼有集权和分权的双重性质——尽管从实质效果看,其集权作用远大于分权作用。在本文的下一部分,笔者将结合对先行法律文本和地方实践的分析,细致评估分税制改革在上述层面对地方预算自主权的实质影响。

四、中国地方政府预算自主权:文本与实践的分析

本部分将对地方预算自主程度进行分项分析,以发现当下立法对地方政府预算自主权的限缩,以及地方政府在立法范围外的扩张。

(一)预算程序自主权

1. 预算编制自主权

上文已提及,从法律文本上看,我国各级地方政府拥有较为独立的预算编制自主权,因为《预算法》颁布后实行"一级政府一级预算"的预算编制制度,上级政府也不再代编下级预算。但是,程序上没有代编,并不意味着地方在编制时完全不受上级政府控制,奥妙在于中央政府向地方所下发的指导性"通知"。《预算法实施条例》第二十四条规定:"国务院于每年11月10日前向省、自治区、直辖市政府和中央各部门下达编制下一年度预算草案的指示,提出编制预算草案的原则和要

求。"按政治惯例,在该类通知中,中央政府也会对地方预算支出结构作出调整安排,地方需要根据该安排中确定的要求编制地方预算(徐键,2010:64)。例如,《国务院关于编制 1996 年中央预算和地方预算的通知》就要求:"各地区、各部门在接到本通知后,要按照上述要求,立即布置,着手编制 1996 年预算。"这体现出中央政府在地方预算的编制过程中具有一定程度的组织权。根据徐键的归纳,此类通知对地方预算编制内容产生着实质性影响,例如强化地方特定项目的强制支出责任、控制地方支出规模等。①

在我国单一制的宪制架构下,中央对于地方政府在预算上的行政命令具有一定的正当性,能够起到使各地方预算支出结构理性化、均质化的宏观调控作用,但不应过度指示,否则如果地方预算安排的自由空间过于狭窄,不利于地方根据自身情况因地制宜地编制预算。而这一指令式的手段本身也存有隐患,地方政府对于上级的行政指令大多只能选择执行,没有防御性的权利。

另一预算编制自主问题源自于地方人民代表大会会期的设置。我国《地方组织法》未对地方人代会每年会期的选择作统一化的规定,由各级人大常委会或乡镇人大主席团自行确定代表大会召开日期。从目前的政治惯例来看,全国人民代表大会已基本固定在每年的 3 月 5 日召开;各省人代会召开虽无固定日期,但基本上有章可循,都在春节前一两周左右举行;大部分市、县(区、市)、乡镇的人代会都在上级人代会召开前后不久、甚至同时召开,因而下级政府预算编制往往先于上级政府完成(省级和中央之间最为明显)。由此造成两方面问题:一是上级政府预算的编定时常引起下级政府预算的调整,此时大多正值地方人代会的闭会期间,因此只能由人大常委会(而非大会)决定作出调整,削弱了地方预算的民主性(徐阳光,2009:139),而且地方预算编制自主受到实质的侵蚀,因为下级人大常委会

---

① 参见徐键,2010:64-65,图表 13 "历年国务院关于编制中央预算和地方预算的通知内容及对地方预算编制的影响"。

只是在被动地执行上级政府的预算指令而已。其二是本年度上级预算出台前，下级地方预算难以对其中的税收返还和转移支付金额作出预测，而且有些上级的预算项目还需要地方安排辅助资金予以支持，只能空出一定比例不进入预算的预留资金，以致地方预算编制不完整，提交给本级人大审议的只是"半本帐"。这就严重违背了公共财政体制下的预算完整性原则。

针对此问题，有学者建议应当改革地方人大的会期设置，错开地方上下级政府的预算编制时间，为下级政府引入相对滞后于上级的预算程序时间表，从而当下级政府需要自主决策时，上级政府早已做出了决策（徐阳光，2009：139）。然而，这种自上而下地召开各级人代会的会期模式是否合理？在计划经济时代，我国就曾自上而下地召开各级人代会。前全国人大负责人之一陈寒枫曾指出这一会制的弊端以及近年来的地方改革（陈寒枫，2007：16—18），地方会期的提前有利于尽早讨论地方性事务，对预算编制的民主性有利，自上而下分级召开的会制反而是计划经济时代的产物，不利于地方预算自主。在实际可操作性上，会期制度也难以整体改变，由于全国人大会议内容准备量比地方大，难再进一步提前召开。① 因此，地方预算编制不完整的问题主要不应归咎于会期安排，而应归因于两个"不确定性"：地方政府需要执行上级分配任务的不确定性，和中央每年下发给地方的转移支付的不确定性。② 那么，解决途径也正在于用立法来消除这种不确定性。对于前者，应当以立法进一步明确央地事权和财权的区分，并且规定上级政府下移事权时必须提供配套资金，防止"中央请客、地方买单"，从而使下级

---

① 陈寒枫曾解释全国人代会的会期不能继续提前的原因："因为国务院的政府工作报告、中央财政预决算、上一年的全国经济和社会发展数字、本年度的全国经济和社会发展目标，难以在一二月拿出来。特别是国务院的政府工作报告，要经过国务院及其各部委认真、反复、多次讨论修改，要征求各民主党派、工商联、无党派人士的意见，还要征求群众代表的意见，因此，工作量很大，起草周期很长，一二月拿不出来。"参见陈寒枫，2007：18。

② 值得注意的是，2008年财政部下发了《关于进一步提高地方预算编报完整性的通知》，其中规定要完整编报上级各项补助收入，将中央所告知的转移支付预计数列入预算收入。但该条规定的执行情况并不容乐观。

政府不必为其委任事务在预算外预留资金。对于后者，则上级政府应当提前将预计转移支付资金数告知下级政府的方式，或中央以立法的形式（如颁布《转移支付法》）来确立财政转移支付的规模、比例和具体的计算公式，保证地方对其预算收入的可预期性（徐阳光，2009：139），以便使转移支付的估计数额也纳入地方预算，接受地方人大的审查。

2014年修订的《预算法》一定程度上弥补了上述漏洞。第十六条禁止了转移支付需下级配套资金的现象。第三十八条进一步明确县级以上各级政府应当将对下级政府的转移支付预计数提前下达下级政府。第五十四条规定了地方在预算案审批前可以安排的支出。如能切实执行这些规定，将有助于使地方预算编制更为全面。当然，由于央地事权划分在预算法修改后仍不清晰，因此，地方政府在预算执行过程中，仍存在为完成上级所分配任务而增加开支的隐忧。

2. 预算审批自主权

预算审批自主权包括地方政府对其预算草案的审查权和批准权。上文已提及，就批准权而言，1994年《预算法》排除了《决定》中全国人大对于地方预算的批准权，将地方预算草案的专属批准权赋予了地方各级人大。然而，对于地方预算草案的审查权，除地方人大享有之外，《预算法》同时赋予了全国人大。但在实践中，全国人大对地方预算草案的审查权其实是虚置的，原因仍然在于上文所提到的会期问题。目前，在3月5日全国人大会议开始前，地方各级人代会绝大多数已经召开，会上也根据《预算法》的规定批准了地方预算，所以全国人大审查的其实是已经生效的地方预算，而非"草案"。

这一预算审查权在立法与实践的矛盾，可能导致地方预算批准权面临法理危机。就先审查后批准的法律程序原理而言，既然全国人大对地方预算草案有权审查，便意味着地方预算草案在未经全国人大审查的情况下，是不能提交本级地方人大审查和批准的；如果报送全国人大的地方预算草案不能通过，则应退回地方修改，而不能直接提交本级地方人大审查批准。以此推论，则目前大多数地方人大在全国人大召开前就已在其人代会上批准预算的行为,都是违反《预算法》的,这显然不合情理,而且会使地方预算批准权被中央审查权架空——地方人代会已经批准的预算要等到经过中央审查后才能真正生效。为避免这一困境,全国人大对于地方预算草案的审查只能是形式化的。

而要根本消除这一法理冲突,笔者认为应当取消全国人大对地方预算的合理性审查权,理由有二:其一,上文已经阐明,目前各级人大会期制度设置有其合理性,不应当、也不可能作整体顺序重构,因此通过中央和地方人代会会期调整来实现中央先审查草案、地方后批准预算,是不可行的。其二,全国人大审查地方预算的合理性本身便存在疑问,因其与民主责任制(democratic accountability)原则相悖。美国的马歇尔大法官在影响深远的"麦克洛诉马里兰州"案中阐述了民主责任制学说,认为权力和职责必须对称,任何权力最终都必须受到权力管辖范围内选民的民主政治制衡:中央政府对全国的选民负责,地方政府则对地方选民负责。[①] 如果中央插手地方事务,而地方选民只占中央选民的一小部分,那么中央就可能代表全国的多数选民对该地方滥用权力,而地方民主过程对中央的行为又无法加以制衡,导致民主政治制衡机制遭到破坏,严重时则会蜕变为中央对地方的专制。全国人大行使地方预算的审查权正有此患。此外,全国人大代表来自各地,大多不熟悉某个具体地区的具体问题,不宜在短暂的会议期间匆匆干预地方预算事务。

当然,出于全国法制统一考虑,中央对地方预算在制定后的合法性监督有其正当性,这在《预算法》中其实已经有所体现,第二十条规定了全国人大常委会有权"撤销省、自治区、直辖市人民代表大会及其常务委员会制定的同宪法、法律和行政法规相抵触的关于预算、决算的地方性法规和决议"。

综上所述,笔者建议在《预算法》修改时保留全国人大常委会对

[①] McCulloch v. State of Maryland, 17 U. S. (4 Wheat.) 316 (1819). 转引自张千帆:《国家主权与地方自治——中央与地方关系的法治化》,中国民主法制出版社2012年版,第61—62页。

地方预算的事后合法性监督权，而除去全国人大对地方预算的事先合理性审查。如此，则地方对于其自身预算有专属、独立而完整的审查、批准权，改变目前地方预算审批权在法理上的瑕疵状态。

3. 预算执行及监督自主权

预算草案被同级人大审批后，地方行政机关应当严格执行预算确定的收支计划。然而，预算既然是一种预期计划，也意味着预算的编制带有不具体性并留有一定的调整空间（徐键，2010：36）。因此，地方行政机关在执行预算时，往往具有一定的自主权，但这一自主权受到地方人大和中央政府的双重监督。本文侧重考察纵向监督层面。

据现行《预算法》，全国人大常委会和国务院都有权监督地方预算的执行。在该法的"监督"一章中，进一步规定中央政府监督下一级政府预算的执行、省级政府及其财政、审计部门应当分别定期向中央政府及其财政、审计部门报告预算执行情况。因此，地方行政机关的预算执行受中央政府的严格监督，自主空间较小。当然，也有学者指出，中央政府对地方政府预算执行的监督主要涉及总预算执行情况，而对于具体的预算执行情况，地方行政机关主要对本级人大常委会负责，因而仍有一定自主空间（徐键，2010：37）。

另外，上级预算监督的方式也值得重新反思。我国《宪法》和《地方组织法》确立了地方政府对地方人大和中央政府的双重负责制，因此在预算执行上，也存在着双重监督。这一体制增强了监督的力度，但也容易引发法理问题：如果地方人大和中央政府作出了不同决定，地方行政机关应当执行何者？考虑到地方预算是由地方人大审查批准通过，而且对于执行过程中所涉及的地方具体事项，地方人大通常比中央政府更为了解，因此理论上应由地方人大主导监督权更为合适。而《预算法》中却规定国务院可以直接"改变或者撤销地方政府关于预算、决算的不适当的决定、命令"，对地方人大的自主监督权不够尊重，地方政府只能被动接受中央的决定。这也正是我国单一制之下地方自主权缺乏宪法保障的体现，地方对于中央的决定缺乏防御性权利和法治化的争议解决机制，仅可能通过非正式的途径与中央或上级政府协商。

4. 预算调整自主权

根据《预算法》的规定,地方预算调整指经地方各级人民代表大会批准的本级预算,在执行中因特殊情况需要增加支出或者减少收入,使原批准的收支平衡的预算的总支出超过总收入,或者使原批准的预算中举借债务的数额增加的部分变更。

目前《预算法》对于地方政府调整预算的行为设置了横向和纵向的监督。横向监督来自本级人大常委会（乡镇一级为本级人民代表大会）,纵向监督则来自于上级政府的备案和撤销权。就现实而言,上级政府备案之后动用撤销权的实例很少,大多数预算调整只需经过同级人大常委会批准即可,所以从中央和地方的纵向权力关系角度看,地方政府享有着较大预算调整的自主权。

5. 预算立法自主权

目前,我国地方预算立法自主权体现于三类法律规范：地方性法规（例如北京市人大2002年颁布的《北京市预算监督条例》）、地方政府规章（例如河北省政府于2005年颁布的《河北省省级预算管理规定》）和地方规范性文件（例如浙江省温岭市人大常委会于2001年颁布的《温岭市市级预算审查监督办法》）。①

根据《立法法》的规定,有权制定地方性法规的人民代表大会及其常务委员会（省、自治区、直辖市和较大的市）根据本行政区域的具体情况和实际需要,在不同宪法、法律、行政法规"相抵触"的前提下,可以就地方预算事项制定地方性法规。因此,"不抵触"是地方权力机关制定地方性法规必须遵循的原则。在此原则下,地方性法规的形式较为灵活,可以根据本地特殊情况,在上位法未规定或授权的情况下进行某些因地制宜的立法；内容上,则可根据本地特点,在与上位法"不抵触"的情况下设定某些新的权利义务规范（叶世治,2002：73）。

---

① 对于前两类各地预算地方立法清单的一个整理（截至2011）,参见韩姗姗,2011：164—168。

因此，地方性预算法规隐含了较为广阔的立法自主权空间。而从立法实践来看，很多省市的人大也在积极地运用这一自主立法权来作出预算监督程序的创新（赵雯，2008：159）以补充《预算法》中规定不明确之处，例如，地方人大的预算修正权就是一项重要的补充，有利于改变审查中人大只能对预算草案进行整体否决或整体通过的困境。

相比之下，有权制定政府规章的地方政府则只能"根据"法律、行政法规和本省、自治区、直辖市的地方性法规，制定有关地方预算的地方政府规章，并且"国务院有权改变或者撤销不适当的部门规章和地方政府规章"（《立法法》第七十三、八十八条）。在形式上，"根据"立法必须遵照上位法的目的，严格按照上位法的规定来进行，没有法律的具体依据便不能创设，行政机关制定预算行政规章时必须指明是依据哪一上位法规定而制定的；在内容上，除非经特别授权，否则只能制定执行性的规定（叶世治，2002：73）。从中可见，地方政府预算规章所享有的自由空间远小于地方性预算法规。

此外，没有立法权的地方人大及其常委会除了因行使监督权、重大事项决定权、任免权等法定权力而制作的规范性文件外，往往还有用于规范人大及其常委会自身运作、涉及地方人大工作创新的规范性文件（陈志，2006：4），其中多有涉及对本级预算审查办法的规定。近年来，基层人大成为预算审查监督制度探索的主力，积累了非常有益的地方经验，对其体制创新往往以规范性文件的方式固定下来，典型者如浙江省温岭市人大根据其"参与式预算"制度实践制定了《温岭市市级预算审查监督办法》（2012）、上海市闵行区人大在其"预算初审听证会"试验基础上颁布了《闵行区人民代表大会常务委员会预算初审听证规则》（2010）。这些规范性文件主要用来规范本级人大及其常委会的权力运作，并对同级"一府两院"有一定约束力。不可否认的是，在这些规范性文件的实施过程中，有不少意见质疑这一缺乏《立法法》依据的基层人大预算立法权，有违"法无授权即禁止"的公法原则。但是，如果在中国正处于法治转型的大背景下理解，则这些制度带有"良性违宪"的色彩。改革开放以来，中央一直默许地给予地方试验、制度创新的空间，正如张五常的归纳，中国的隐含指导原则在于邓小平所说的六个字："试一试，看一看。"（张五常，2009：143）只有让地方大胆"试"行创新、相互进行体制竞争，中央才能"看"出最适合国情的改革方案。因此，这些文件虽然没有上位法依据，但具有一定程度的实质正当性和规范效力。当然，该类规范性文件的制定权并非不受制约，根据《监督法》中的规定，基层人大的预算规范受制于上级人大常委会"不超越法定权限、限制公民权利"和"不抵触"为主要标准的合法性审查。然而，出于完善立法体系的考虑，《立法法》日后在修改时应当对基层人大规范性文件的效力和立法权限作出明确规定，其立法权限应以"不抵触"上位法为标准，而无需有上位法的"根据"，因为目前《监督法》对其合法性审查的标准便是如此；而且，《立法法》对中央和地方人大立法一贯延续"不抵触"即可的思路，这从法理上也有其内在逻辑，因为地方人大职责主要不在于执行上级立法，而是回应本辖区内立法诉求、对其选民负责，只要不违背整体宪法框架，应当拥有自主立法的权力，无需以存在上位法规定为前提。这也适用于地方预算立法领域。

综合上文对三类地方预算立法的考察，以纵向分权来看，地方所拥有的预算立法自主权整体上比较充足，实践中也少有受到上级干预、撤销的先例。地方预算，在某种意义上成为了体制创新的试验田。

（二）预算收入自主权

现代政治体系下，财政收入的多寡对于政治自主权的强弱有着举足轻重的影响。德国税法学家迪特尔·伯克曾言："金钱之支配，即政治权力之获得；并且，各国自主性之证明，亦仅在其有权支配金钱工具并已达成自主政治目标之范围内才有价值。"[①] 相似地，地方自主权的取得也以拥有充足财源为前提，其充足程度集中体现在预算收入数目上，而后者又由税收、非税、转移支付和举债等各部分收入组成。因此，下

---

① Dieter Birk, Steuerrecht I, Allgemeines Steuerrecht, 1994, §8, Rz. 1. 转引自黄俊杰：《财政宪法》，翰芦图书出版有限公司 2005 年版，第 64 页。

文将考察中国的地方政府能否从各部分财源中自主地获取充足的预算收入。

1. 税收收入自主权

我国地方政府税收收入自主权主要受以下四方面影响：

其一，地方税收立法自主权空心化。地方税的主要课税要素都由中央而非地方人大决定，地方只在某些税种上可以决定税率、税额、减免税等课税要素的具体适用标准，以及执行性的税收征管权。

其二，全国人大向国务院概括性授予税收立法权，与租税法律主义原则相违。租税法律主义是税收立法的普遍原则，要求"无代表则不纳税"，税收应当由全国各地方代表组成的国民议会审议后确定，并以法律的形式颁布。这一原则的确立意味着税收立法过程是一个容纳并整合地方诉求的政治过程，是对中央可能出现的税权滥用的约束，包含了地方自主的要素（徐键：2010：67）。然而，目前《税收征收管理法》允许全国人大通过特别授权决议的方式，将某个税种的税收立法权概括性地授权给国务院。这种税收立法概括性授权的方式虽然于法有据，但却"使税收制定程序绕过了全国人大及其常委会的立法审查，本质上是在阻隔着地方利益表述的通道"（徐键：2010：68）。在中央基本垄断税收立法权后，地方本来尚可通过全国人大的平台参与中央税收立法的讨论，但上述概括性授权方式又实质地架空了地方这一参与权，因而地方在税收收入上的自主性已微乎其微。

其三，地方征税计划自主权受到中央税收任务计划的侵蚀。分税制确立了国家和地方两套税务机构，地方税的征管主体是地方税务机构。由于地方税并不与中央政府分享，同时，地方税纳入地方政府预算，因此，如果以预算保持地方收支平衡的工具主义为取向，地方税的征收计划应当由地方设定，中央不应干预（徐键：2010：71）。但事实上，我国地方政府戏剧性地存在着三种财政收入计划：除预算收入计划外，还有国家税务总局下达的税收任务计划和上级政府下达的指导收入计划（详见下表）。

表 2 我国地方财政的三种年度收入计划表

类型	下达机构	制约关系	任务增长比例	实际执行力度
税收任务计划	国家税务总局	税务部门内部	低	大，指令性任务
预算收入计划	人大	立法制约政府	较高	中，准法律效力
指导收入计划	上级政府	上级制约下级政府	最高	小，指导性依据

资料来源：罗春梅：《地方财政预算权与预算行为研究》，西南财经大学出版社 2010 年版，第 41 页。

由于地方各级税务部门实行条条管理（受国家税务总局领导），而国家税务总局通常都会为地方税务机构设定地方税征收计划任务，并对其进行工作考核[①]，因此，地方税务局主要执行的是上级下达的税收计划，而非本级人大批准的地方税收计划，地方在税收收入的实质决定权上受到限制。笔者在某县级市的调查中了解到，地方人大的税收收入预算基本上是根据本地地方税务局的计划确定的，因为人大自身缺少对税收实务的了解，因此基本尊重税务机关及其上级机关所定的计划。

其四，地方税总量低，且共享税分成比例的调整主导权完全由中央掌握。在改变央地税收分成规则时，中央政府单方面地做出决策，地方政府只能提建议，没有正式的决策参与权与双边协商机制。而分成规则的变化直接导致地方（尤其是县乡）财政收支粗缺口逐年递增。

2. 转移支付收入自主权

对于地方财政收支粗缺口的增长，学界之前普遍的看法是将其归因为分税制将大量原本属于地方的收入集中到中央，以至于形成"财权层层上收、事权层层下移"的效应。但周飞舟认为这一归因有简单化之嫌，虽然分税制集中县乡收入的作用非常明显，但是上级政府也在持续增加向下的转移支付弥补补助金额，因而县乡财政的净缺口一直维持在较低水平（罗春梅，2010：73）。但转移支付的效果分地区来看，则

---

① 例如，在《国家税务总局关于下达 2004 年个人所得税收入任务的通知》（国税函 [2004] 319 号）中，国家税务总局明确设定了 2004 年"各省、自治区、直辖市和计划单列市地方税务局（征收个人所得税）"的具体任务，包括计划收入数和增幅百分比。

存在着比较严重的地区不均衡现象：东部地区对转移支付的依赖性较小，主要靠工商业发展人均收入；西部地区靠中央补助使得人均财力有明显而迅速的增长；唯有中部地区基层政府的人均财力增长缓慢，与东部和西部的差距越来越大，说明转移支付制度的均等化作用还需完善。这是目前我国转移支付制度运作的大致状态。随着上级向下转移支付资金占下级政府财政收入的比重增加，下级财政对于上级转移支付的依赖性越来越强，尤其是中西部地区政府。

与此同时，我国转移支付制度的运行却又极不规范，在2014年《预算法》修订前，一直没有法律或行政法规来系统调整规模日益扩大的财政转移支付制度。财政部每年发布年度《一般性转移支付办法》来解决一般性转移支付问题，对于专项转移支付，主要的依据就是财政部发布的各类专项转移支付资金的管理办法，至于省以下的财政转移支付立法更是严重缺失（刘剑文，2012：147。）目前，国务院已将《财政转移支付管理暂行条例》列入立法工作计划。在规范缺失的现状下，许多转移支付项目管理仍然沿用计划经济延续下来的资金分配方式，往往靠下级写申请或上级拍脑袋分配，缺乏规范、统一、透明的决策程序，其配套金额、到达时间和配套条件都是不确定的，且在次年办理决算时才补助给地方。这种"边执行、边下达"的方式，加大了地方政府转移支付收入的随意性、不可预测性（罗春梅，2010：53）。地方对转移支付依赖度高，而且转移支付的决策权和执行权基本均赋予了国务院及相关部委，导致地方政府到中央"跑部钱进"的现象非常普遍，部门的预算权力膨胀，地方只能被动地"讨好"。加之在实践中，为了满足上级政府许多不确定的转移支付所需的大量配套资金，在专项资金和配套条件明确之前，下级政府常常被迫在一年的大部分时间内保持相当的资金余额（徐阳光，2007：85）使得地方实际可自由支配的预算收入资金大为减少。这些因素都造成了地方难以在收入预算中自主地决定或预测能够拿到转移支付的资金数量。

2014年《预算法》针对这些问题作出了修正：第16条规定上级政府在安排专项转移支付时，不得要求下级政府承担配套资金；第38和

52条的规定提高了转移支付执行、下达的可预测性。此外，2015年财政部《中央对地方专项转移支付管理办法》也对专项转移支付程序作了细化、规范化。这些措施能否有效限制转移支付决策任意性、根绝"跑部钱进"现象，尚待观察。

3. 非税收入自主权

非税收入是政府为实现其职能，依法采取收费、基金等非税方式，由中央和地方分别筹集用于特定用途的财政性资金（李有志，2003：3）。目前我国地方的非税收入主要由行政事业性收费、政府性基金和资产资源性非税收入组成。本文主要探讨地方对于政府性基金中的土地出让金收入和行政事业性收费的自主权。

在政府基金中，国有土地使用权出让金收入被归为政府性基金收入，在地方非税收入中占最大比重。在地方税收收入减少、上级转移支付难以预测的现状下，高额的土地出让金收入成为了地方政府主要收入来源之一，有"第二财政""土地财政"之谓[1]。对于土地出让金收益，分税制改革将其确定为地方财政的固定收入，1992年确定的中央提取5%的规定也被取消，土地出让金全部划归地方政府，由其自由支配（常红晓，2006）；但在2006年国务院《关于规范国有土地使用权出让收支管理的通知》中被纳入地方的政府性基金预算，受到地方人大的审查。当然，地方仍然保留一定执行上的自主权，例如土地出让的范围、价格标准等，而正是这部分自主权给地方政府带来了巨大的财政收入。

而对于行政事业性收费，省级政府对省级以下的收费享有较高的自主权，但也受到一定程度来自中央的制约。根据国务院《行政事业性收费项目审批管理暂行办法》的规定，目前实行中央和省两级收费项

---

[1] 孙秀林、周飞舟通过定量研究证明分税制改革与土地财政之间存在因果联系。该文认为我国转移支付体系的结构性问题导致了分税制所产生的地方财政的"饥饿效应"并没有得到有效缓解，所以中央与地方、政府与企业的关系在分税制后都出现了巨大的变化。这种变化导致地方政府全面以土地征用、开发和出让作为新的支持地方财政和经济增长的主要来源。该文使用全国的省级面板数据证明了这二者之间的稳定关系。参见孙秀林、周飞舟，2013：58。

目审批制度。对于省级以下的行政事业性收费,省级人民政府享有项目设定自主权,此外,还附带对其享有撤销或暂停征收已设立收费项目的自主决定权、收费标准的确定与调整权、分成比例自主确定权和减免自主决定权(徐键,2010:48—49)。但是在中央政府和省级政府之间,省级政府行政事业性收费自主权又受中央的下列制约:其一,其设定自主权范围受到法律、行政法规和国务院规范性文件(诸如《行政许可法》和《国务院关于加强预算外资金管理的决定》)的限缩。① 其二,省级政府各部门重要的收费项目和标准制定及调整,应报请国务院批准(《国务院关于加强预算外资金管理的决定》)。其三,对已设立的行政事业性收费和政府型基金,中央政府采取合法与合理性双重审查(徐键,2010:76)。财政部《关于加强政府非税收入管理的通知》(财综〔2004〕53号)规定:"取消不合法、不合理的行政事业性收费和政府性基金项目,合理控制行政事业性收费和政府性基金规模。"据此,近年来财政部着重清理整顿地方的乱收行政事业性收费现象。② 其四,按照分级财政管理体制的原则,涉及上下级政府间分成的行政规费,其分成比例由上级政府决定。因此,涉及中央与地方分成的政府非税收入,国务院或财政部具有分成比例决定权(徐键,2010:49—76)。

除了上述具体措施的限制外,中央的"费改税"改革对地方费权收入产生实质限缩影响,即用税收来取代一些具有税收特征的收费。此类改革的优点之一正在于防止地方对其费权的滥用,而以设立过程更为规范审慎的税收取代之。

此外,作为我国预算改革的重要组成部分,预算外资金改革也对地方非税收入自主权产生整体性影响。2002年前,行政事业性收费在

---

① 《行政许可法》第五十八条规定:"行政机关实施行政许可和对行政许可事项进行监督检查,不得收取任何费用。但是,法律、行政法规另有规定的,依照其规定。"《国务院关于加强预算外资金管理的决定》规定:"行政性收费中的管理性收费、资源性收费、全国性的证照收费和公用事业收费以及涉及中央和其他地区的地方性收费,实行中央一级审批。"

② 财政部、国家发展改革委《关于公布取消314项行政事业性收费的通知》(财综〔2013〕98号)。

"收支两条线"改革中被缴入地方预算外资金专户①,不编入预算收入,地方各部门对该部分资金几乎可以完全自由地使用,而未在部门预算中将预算内外资金统筹安排。从 2002 年开始,各级财政部门加大"收支两条线"改革的力度,逐步将行政事业性收费收入纳入预算内。② 2011年,"预算外收入"终于将全部预算外资金纳入预算管理。非税收入从预算外到预算内,主要具有横向权力制衡的意义,即政府的该部分资金要体现于预算中,从而受到人大的审查;但同时也具有加强中央对地方监督的纵向制衡意义,因为此前中央对地方的预算外资金管理缺乏法定监督途径。

对于地方非税收入自主权的限制具有源自财政民主和平等原则的正当性。这一领域与税收不同,根据租税法定主义,税收经过民意机关立法确定,受到中央或地方(如果地方有税收立法权的话)民主政治的制衡。而非税收入则由政府单方设立,缺乏外部制衡,如被滥用,则相当于在缺乏人民同意的情形下强行侵犯其财产权,违反财政民主原则。另一方面,财政平等原则要求在地区间财政关系方面,应当保证最低限度的财政均衡(刘剑文,2012:27),避免地区间财政负担差距过大的状态。税收在目前由中央垄断设立权,因而对地域公平影响不大,而各省自主设立的费权可能会造成省际人均收费严重不均的现象。此外,地方在土地出让金收入上也应当受到一定限制,因为虽然土地出让金使得地方政府的建设资金更为充裕,但弊病甚多:土地收益具有不可持续性,是多年积累、一次性取得,往往导致年度间失衡,与预算支出均衡性产生矛盾(罗春梅,2010:54);此外,又有以"剪刀差"价格征收土地,对农民的土地权益造成隐含侵害、提高房价、影响民生、减少增加金融体系风险等诸多副作用(王玮,2013:214)。因此,在非税收

---

① 《财政部、国家发展计划委员会、监察部、公安部、最高人民检察院、最高人民法院、国家工商行政管理局关于加强公安、检察院、法院和工商行政管理部门行政性收费和罚没收入收支两条线管理工作的规定》的通知(中办发〔1998〕14 号)。
② 《国务院办公厅转发财政部关于深化收支两条线改革进一步加强财政管理意见的通知》(国办发〔2001〕93 号)。

入领域,上述限缩地方自主权的改革是有其进步意义的。

但是,从社会学角度作实证考察,对于地方非税收入的限缩并未起到抑制土地出让金增长的效果,而税费改革甚至引发了乡镇财政的"悬浮"状态。先看土地出让金收入。地方本级人大和上级政府都清楚在上级转移支付供应不足的情形下,土地出让金收入是本级政府的主要财政来源,因而往往对该部分收入的扩张持默许态度,即便土地出让金纳入了预算监督,也不会因此而减少土地使用权出让的成交规模。就税费改革而言,我国非税收入的情况大致呈东中西三个级次分布,东部地区非税收入巨大,包括各种行政事业性收费和土地开发收入;中部地区则以收费为主;西部地区的非税收入总量很小(周飞舟,2012:107)。税费改革后,中西部地区的财力结构发生明显变化,原本占主要比例的非税收入大大减少,但在乡镇政府中,转移支付和农业税的增加额不足以弥补原来的"三提五统"收费。税费改革转移支付中有相当大的一部分并没有发到乡镇政府中去,许多部门的"专项资金"也开始越来越"绕开"乡镇政府,使得县级财政集中了越来越多的乡镇财力,乡镇财政变得越来越"空壳化"(周飞舟,2012:110—127),预算收入急剧萎缩,基本只剩"吃饭财政"而无法履行基层治理功能。目前在中西部地区,主要依靠县级政府来提供公共服务,整个国家政权"悬浮"于乡村社会之上(周飞舟,2012:127)。

总而言之,抑制非税收入在地方预算收入中的过高比重是具有充分合理性的,地方政府在此方面的自主权应当受到限制。但目前乡镇政府的"悬浮化"不应归咎于其非税收入的减少,而是上下级政府间转移支付制度设计不合理所导致。上级给下级政府的转移支付资金不足,迫使东部地区基层政府只能转而追求扩大土地出让金收入来作为其主要财源,而"卖地"收入少的中西部地区基层政府则干脆"空壳化"。

4. 举债自主权

在2014年《预算法》修改前,地方举债自主权的立法和实践存在着鲜明的冲突。旧《预算法》第二十八条禁止列预算赤字,并原则上禁止发行地方债。然而,如上文所述,地方政府普遍存在财源不足的困境，因此除了土地财政外，地方债也实质上成为了维持地方财政收支平衡的重要方式。从地方土地财政的支出用途看，除一部分用于土地开发过程之外，还有一部分用来建立地方政府的"融资平台"（周飞舟，2012：231）。目前各地地方债的规模已经非常巨大，据2013年审计时的数据显示，截至2013年6月底，全国省、市、县、乡四级地方债余额17.89万亿元，而且审计只是摸清了地方债的"底数"而非"实数"，若加上一些隐蔽的地方债务，目前实际规模很可能已超过30万亿元（李小健，2014：28）。鉴于此，《预算法》修订时对地方政府举债权限作了适度放开，限制举债主体、控制举债规模、明确举债方式、限定债务资金用途，同时，地方举借的债务列入本级预算调整方案，报本级人大常委会批准，且举债情况要向社会公开并作出说明。

地方债的金融风险已得到较多讨论，本文着重探讨地方预算与地方债之间的关系。其实，在2014年《预算法》修订前，财政部《2009年地方政府债券预算管理办法》已经根据预算编制全面性的原则，将地方债的收入、支出列入地方预算，接受预算监督。但是目前地方政府债务的形式除了地方政府债券之外，还存在着地方政府投资所欠债务、借款、担保债务、社会性债务等多种形式（王玮，2013：221—223）。在地方预算过程中，除了省级预算中可以看到归还由财政部代发的地方债券外，大部分其余地方政府性债务，在公开的预算报告中是看不到还债计划的，但并不代表没有计划。一位熟知情况的财税系统人士称，除了政府预算外，还有一本政府性债务计划报告，但是现在大部分的政府性债务计划报告并不对外公布（杜涛，2014）。笔者也从浙江省某县级市财政局的实际情况了解到，目前该市的地方债务主要由两部分组成：地方政府债券（浙江省是地方政府债券发行的试点省份）和地方投融资债务。前者已按上述《地方政府债券预算管理办法》纳入预算管理，而后者则独立列账。可见，大量地方政府债务游离于预算管理之外。

这一"游离"状态，会造成"预算软约束"（Soft Budget Problem）的问题，即下级政府的支出超过预算，但自身并不为其缺口负责，通常由上级政府的事后追加补助或借债来填补。因此，新《预算法》以法律规定的形式，将地方政府债券纳入预算管理、人大监督范围，有利于加强预算的"硬约束"。作为地方预算自主权的一部分，地方发债自主同样具有"自由"和"自律"的两层意涵，除了根据自身财源需要"自由"地举债而不受中央或上级干预外，更为重要的是，地方政府要自己为自身债务负责，不依赖于中央来清偿债务，做到举债"自律"、理性。同时，新《预算法》将举债形式仅限定于发行地方政府债权、且地方政府及其所属部门不得为任何单位和个人的债务以任何方式提供担保的举措，目的在于清理地方融资平台和其他一些游离于预算之外、风险不易控制的隐性负债。但从目前隐性负债的巨大体量来看，这一清理过程依然任重而道远。

（三）预算支出自主权

上文在对地方预算自主权的概念讨论中已指出，判断地方预算支出自主程度最重要的指标是地方政府有权根据其自身的优先次序来使用财源。分税制改革后，一般认为地方在编制预算独立后能够"支出分权"，但是通过对地方在自有财源和转移支付资金上支出过程的细致考察，我们仍可发现有许多实际因素在影响着地方根据自身偏好来做出支出规划。

1. 自有财源支出自主权

自有财源是除来自上级政府转移支付之外的预算收入，包括税收、非税和举债所得收入。自有财源虽然不像专项转移支付那样附有明确的支出方向，但实践中受到下列三方面因素影响：

（1）影响因素1：政府间事权和支出责任分配的规范性

我国地方政府事权分配在立法上仍然比较模糊。我国《宪法》第89条和第107条虽然笼统地规定了县级以上地方各级政府的职权，但地方政府拥有的事权除去国防、外交外，几乎全是中央事权翻版，从而呈现各级政府功能"同质化"特征，难以从法律规范中获得划分政府间职能分工的具体标准。《立法法》第六十四条规定地方性法规可就两类事务作出规定："为执行法律、行政法规的规定，需要根据本行政区域的实际情况作出具体规定的事项"和"属于地方性事务需要制定地方性法规的事项",这两类事务可归纳为委任事务和自治事务。虽然该条意在阐明央地立法权限,但是"地方性事务"这一称法的提出也可作为整体央地分权的划分标准①。此外,如上文所述,1993 年《分税制决定》以规范性文件的形式初步列举了部分中央和地方的事权划分。然而,在整体上,央地事权和支出责任的标准并不清晰,导致中央可以随意地向地方政府转移支出责任。

依"事权与财权相匹配"的宪法原理,中央立法要求地方办理的法定事项,属于地方的任务事项,地方负有支出责任,但中央应负有为地方筹措财源的义务,以满足地方基本的财政需要。② 以法国为代表的国家甚至将此原则写入宪法,作为地方分权的基本原则。现行《法兰西第五共和国宪法》(2008 年 7 月 24 日修正)在其第十二章"地方公共团体"第 72—2 条第 4 款中规定了保障地方财源与事权同步转移原则:"每当中央与地方公共团体之间转移事权时,与行使这些权力相应的财政收入也应当同步被转移。"但是,这一原则在我国的央地关系中很少被强调,多见的是"无经费式支出指令",即中央下移给地方的无(或"部分")配套财政补助的转移性支出责任。此类行政指令可以随意下移中央的支出责任,而不必给予相配套的转移支付资金或财政补助,从而损害了地方政府的预算支出自主权——地方不仅必须将上级下移的事项安排入预算(而不是根据自身偏好安排预算项目的轻重缓急),还要从自有财源中抽出资金保障该事项的完成,俗称"中央请客、地方买单"。

---

① 与"地方性事务"相对的应当是"全国性事务",首先提出这一央地权限二分法的是美国最高法院在"领港调控案"(Cooley v. Board of Wardens of Port of Philadelphia)中所发展的"库利原则"(Cooley's Doctrine)。该原则要求根据调控事项的内在性质来界定中央和地方的权限:如果事务要求全国统一调控,那么国会就具有专有立法权;如果事务需要根据地方特色得到多样化处理,那么即使它处于国会权力范围之内,只要国会没有制定立法去优占(pre-empt)各州调控,各州就仍有权行使共有调控权。参见张千帆,2008:223。

② 陈清秀:《中央与地方财政调整制度之探讨》,载台湾《植根杂志》1996 年第 9 期。转引自徐键,2010,85。

在宏观财政上,这导致了央地收入结构和开支结构严重失衡的怪象:据《中国统计年鉴》统计,1994年分税制改革后,中央财政收入稳定占总收入的50%—60%之间,相应地,地方收入占40%—50%,而分税制之后地方政府的支出比例却不减反增,1994年以来,地方财政支出占国家财政支出的比重一直维持在65%以上,2003年以来,则维持在70%以上,2013年甚至高达85%(中华人民共和国国家统计局,2014)。不可否认,转移支付的制度设计较大程度上起到了缓和央地收支结构失衡的现象,但转移支付运作过程中存在地域间分配不平衡现象,使得许多地方在事权增加的同时无法得到相应财源。

因此,目前我国央地事权与支出责任分配缺乏规范性,使得强制地方政府负担支出责任、事权与财权未同步下移的现象非常普遍,极大地限制了地方支出自主权。

(2) 影响因素2:法定支出

法定支出(亦称"强制性支出")指有关法律法规对某一特定项目所规定的支出比例或增长幅度。我国立法中法定支出的初衷是为了矫正分税制改革以后地方公共物品供给状况较增长速度而言有所弱化的现实,该项制度设计期待起到平衡地区间的公共服务水平、确保地方最低公共服务水准、提高支出效率和优化地方支出结构的效果(徐键,2010:77)。

但是,对预算的法定支出要求又存在两方面缺陷:其一,容易导致部门利益立法,而架空地方民主预算决策过程。地方确定预算支出是一个政治过程,各方利益代表在此过程中进行公平竞争,而法定支出却直接绕过了地方的民主过程。这些包含法定支出要求的法律、行政法规乃至地方性法规一般都先强调某部门、某一事业发展的重要性,然后明确规定经费保障具体措施,例如硬性规定某类指标或增幅(马骏,2011:296)。这限缩了地方预算支出的自主空间。

其二,法定支出也会造成地方预算安排和执行上的压力。地方政府面对这些刚性要求,处于两难境地。执行预算法,保持收支平衡,许多法律、政策规定的支出要求不能达到;执行其他法律、政策,收支平衡又不能保证，预算法的要求不能落实，其结果是年初预算安排中的一些项目支出符合法定要求，而年终决策结果却是低增长甚至负增长，地方政府处于被动应付的境地（廖家勤，2006：15）。

其三，也是最重要的原因，便是"一刀切"的数额设定违背了因地制宜的原则。就笔者在某县级市的调查所知，以教育为例，4%的法定支出数额对于一些正在进行教育基础设施建设、GDP总量不大的地方政府而言正好合适，而对于一些GDP总量较大、已经基本完成基础设施建设的发达地区地方政府而言，相应的法定支出数额就远远超过实际所需，而造成了其他方面经费的紧张。

总之，法定支出设置的目的是合理的，但手段值得商榷，直接规定支出比例的方式过于干预了地方预算支出安排自主，有违比例原则。我们可以考虑通过设置比例区间的方式减小对地方支出安排的干预，或是中央努力采取相关性拨款的方式来激励地方在某些方面增加预算支出。

在某种程度上，中央政府已经意识到法定支出的负面作用，并在2014年财政部预算报告中宣称将"清理规范重点支出同财政收支增幅或生产总值挂钩事项，一般不采取挂钩方式，编制预算时据实安排重点支出，不再采取先确定支出总额再填项目的办法"。在2014年《预算法》修改中，第四十八条规定，全国和地方人大的预算审查范围只包含"预算安排是否符合本法的规定"、"预算安排是否贯彻国民经济和社会发展的方针政策，收支政策是否切实可行"、"重点支出和重大投资项目的预算安排是否适当"，而非"是否符合其它法律中的法定支出要求"，财政部长楼继伟亦称"现在全国人大常委会明确表示，要关注重点支出，不关注挂钩"。此外，在预算编制过程中，新法第三十七条规定"各级一般公共预算支出的编制，应当统筹兼顾，在保证基本公共服务合理需要的前提下，优先安排国家确定的重点支出"，但并未设定任何配额。从这两点看，法定支出"挂钩"条款的效力已几乎被架空。然而，《教育法》等其它法律中的"挂钩"条款并未得到相应修改，与《预算法》修改的精神存在冲突，应予以补正。

(3) 影响因素3：上级政府的政策和考核指标

国务院在每个财政年度开始前都会发布下一年度的预算编制通知，并在该通知中明确地方预算编制的基本要求，事实上确定了很大一部分该年度地方预算支出的优先次序。地方需要考量中央的政策意见，难以完全根据自身的优先次序安排财政支出。

另外，由于中国存在特定的干部任用与任期制度以及行政系统"下管一级"的模式，因而政绩考核对下级政府官员的任免有决定性作用，后者往往更倾向听命于上级政府，而非向本级人大或选民负责。在这一背景下，中央的政绩指标"偏好"成为了地方政府确定预算投资项目的"指挥棒"，直接影响着地方预算支出结构（罗春梅，2010：56）。

2. 转移支付支出自主权

在讨论地方预算收入自主权时，本文曾论及地方转移支付收入的主要问题在于收入分配的不确定性。而转移支付制度对于地方预算支出自主权的主要影响则在于专项转移支付限定了地方在该部分资金上的支出用途。

目前，中央对地方的转移支付包括三大类：税收返还、专项转移支付和一般性转移支付。地方在三类资金上的支出自主权各有不同：税收返还本质上属于地方的自有财源，地方对其支出安排享有相对充分的自主权。一般转移性支出是一种无条件拨款（unconditional grant），不规定拨款的适用范围和要求，地方可以按照自己的意愿使用拨款。专项转移支付包括狭义上的有条件拨款（conditional grant）和分类拨款（block grant）。狭义上的有条件拨款，意味着地方政府必须按照中央政府的用途要求用于指定的支出项目。对于这类转移支付（俗称"戴帽资金"），地方在使用时基本上没有支出自主权，而且要接受中央政府的审计。分类拨款则是一种确定了支出方向，但并不具体指明支出细目与用途的转移支付形式。例如，某种分类拨款指定应当用于农业领域，但并没有指明用于农业领域中的具体项目。因此，对于分类拨款，只要是属于特定领域的支出，地方就享有一定的支出自主权（徐键，2010：60）。根据财政部《关于2013年中央和地方预算执行情况与2014年中央和地方预算草案的报告》中的最新统计，专项转移支付虽然所占比重仍然较大，但呈现下降趋势。整体上，地方政府在转移支付资金上的支出自主权在增大。

为减少对地方政府转移支付支出上的限制，2014年，国务院规定"建立一般性转移支付稳定增长机制。增加一般性转移支付规模和比例，逐步将一般性转移支付占比提高到60%以上。……中央出台增支政策形成的地方财力缺口，原则上通过一般性转移支付调节"①。从2012到2014年，上述比例已从53.3%上升为58.2%。② 同时，财政部也在"进一步清理整合专项转移支付，从2014年的150项减少为2015年的96项"③。整体上，地方政府在转移支付资金上的支出自主权在增大。

与此同时，央地支出责任也随着转移支付制度的完善而得以进一步明晰。根据国务院《关于改革和完善中央对地方转移支付制度的意见》以及财政部《中央对地方专项转移支付管理办法》，目前所确立的支出责任分配整体原则可概括为：（1）中央政府通过其自身收入承担中央事权；（2）中央委托地方实施的中央事权，须设立专项转移支付来提供足额资金；（3）中央与地方共同事项须由央地政府共同承担支出责任，且中央政府通过专项转移支付将其份额拨予地方政府，并将其中的各种项目细分为共担类、引导类、救济类、应急类等四类，建立健全定期评估和退出机制，对其中目标接近、资金投入方向类同、资金管理方式相近的项目予以整合，严格控制同一方向或领域的专项数量；（4）地方政府以自身收入承担地方事权，但若其缺乏充足的自有财源，中央政府将通过一般性转移支付的方式给予援助。如何明确划分

---

① 国务院《关于改革和完善中央对地方转移支付制度的意见》，（国发〔2014〕71号），2014年12月27日发布。
② 李丽辉：《一般性转移支付占比将提至六成以上》，《人民日报》2015年2月3日第2版。
③ 财政部《关于2015年中央和地方预算执行情况与2016年中央和地方预算草案的报告》，2016年3月5日发布。

中央、地方、中央与地方共同事权,成为实施中的要害之处。

(四) 小结

从上述分项分析中,我们可以从中央改革初衷和地方应对策略两个方面,总结出分税制改革后,我国地方预算自主权发展有两大特征:

其一,本文第三部分在回顾历史中指出,中央进行分税制改革的初衷是"收入集权,支出分权",因此,改革后央地财政模式发生了彻底性的变迁,导致我国地方预算整体呈现"预算收入集权,预算程序分权,预算支出部分分权"的特征。分税制对我国财政格局最大的改变之处,乃是由改革前地方"自收—自支"为主的模式,变为先由中央集中、再流向地方的"一上一下"过程,可归纳为"收税—上解—转移支付"的模式。这样一来,地方预算收入对中央财政的依赖性剧增。但转移支付目前仍然很不规范,导致基层财政收入不足,东部政府多数靠土地出让金,中西部政府则只能靠转移支付勉强维持"吃饭财政",乡镇政府更是呈现"悬浮化"状态。另一方面,由于"一级政府一级预算",地方预算的程序和支出权有着相对比较自主的色彩,虽然强制性支出和专项转移支付等因素对自主权有着一定限缩。

其二,地方政府面对中央在分税制中的集权化改革倾向,也作出试图扩张其自主权的应对策略,于是央地在正式和非正式制度之间相互"拉锯",呈现利益博弈局面。这一央地博弈行为的模式可归纳为:正式制度下地方预算自主权的确立——中央通过正式制度的法律改革和非正式制度的指令限缩地方预算自主权——地方在非正式制度中扩大其事实上的自主权。① 中央通过自上而下的单向度行政命令挤压地方财源,地方又无有效的、防御性的法律手段以及正式的央地政治协商机制,只会进一步恶化地方财政的困境,迫使其不断挖掘出新的、制度外的"生财之道"。

---

① 这一模式的归纳受到徐键先生论文的启发。参见徐键,2010。

五、地方预算自主权不足之根源及其宪制改革路径

（一）地方预算自主权不足之根源

在细致地讨论地方预算权的各项内容后，我们可以用以下方式对地方预算自主程度作一整体性评估：由于自主权的核心是决策权而非执行权的归属，因此以每项权力的决策权属于中央还是地方为标准，来对各项权力趋向于中央集权还是地方分权定性。结合上文讨论，可初步归纳如下（部分分权是指中央和地方共享部分的决策权）：

表3 各项地方预算权性质归纳表

预算程序自主权		预算收入自主权		预算支出自主权	
权力名称	权力性质	权力名称	权力性质	权力名称	权力性质
预算编制自主权	分权	税收收入自主权	集权	自有财源支出自主权	部分分权
预算审批自主权	分权	转移支付收入自主权	集权	转移支付支出自主权	部分分权
预算执行及监督自主权	部分分权	非税收入自主权	部分分权		
预算调整自主权	分权	举债自主权	集权（有分权趋势）		
预算立法自主权	分权				

从中可见，地方的预算程序权基本是分权的，预算收入权倾向于中央集权，而预算支出权则可归结为部分分权。整体而言，我国地方预算自主权并不充分，尤其在预算收入权领域。根源何在？

我国地方预算改革是在分税制的大背景下展开，而分税制本质上是一场"收入集权，支出部分分权，程序基本分权"的改革，这一背景决定了地方预算权的发展方向：就中央下放其决策权的程度而言，预算支出和程序权远大于收入权。在预算收入领域，分税制的目标是"财税分工"而非"财税分权"。两者的根本区别在于："财税分工"只是

一种税收征收和管理等执行性职能在央地之间的分工，而税收的设定、调整和减免等决策性权力仍然由中央掌握，并且中央有权干预地方政府的税收征收和管理活动；而"财税分权"则是根据宪法或法律的规定，央地政府各自享有自己的税收权力（包括税收立法权和税收执行权），两者之间互不干涉，当一方侵夺另一方税收时受害一方有权通过法律途径（即宪法诉讼机制）获得救济（沈寿文，2012：22）。在预算支出领域，中央通过专项转移支付、法定支出和无经费式指令等手段保留了部分预算支出的决策权。而在预算程序领域，大部分程序决策权都赋予了地方政府，中央也很少加以干预。

那么，中央为何要在财政收入和部分支出领域保留决策权？一种可能性是"自私自利"，保留收入决策权是为了把更多的收益留给中央自身。但从上文转移支付数额统计来看，中央在分税制后增收的税收收入基本以转移支付的形式发还了地方政府，可见自利并非主要因素。另一种可能性便是加强中央对地方收支结构的控制，地方经历"收税—上解—转移支付"的模式后，极其依赖上级转移支付的资金，而转移支付制度能够向地方灌输中央对财政的宏观调控意志：对于全国各地收入不均的状况，它能够起到均等化的效果，并使地方支出结构优化、理性化。

因此，分税制之后兴起了以转移支付为中心的地方财政体系，其背后逻辑预设是：通过转移支付来实现中央对地方财政结构的控制，比地方自治更有效率，因为中央符合善良和自觉性的行为假设，能够通过实施宏观经济政策减小经济波动，缩小地方发展不平衡性，能根据全国总体情况判断经济形势，而地方则符合邪恶和盲目性假设（王绍光、胡鞍钢，1：98—99）这两种中央优越性假设决定了分税制和转移支付改革的整体思路是倾向于中央集权的，并影响了地方预算自主权的基本架构，是目前地方预算自主不足的根源。

而这一假设恰与地方自治的思维相悖。作为地方自治体系的核心，辅助原则要求决策应当尽可能地以接近公民的方式作出，上级的决策只起到辅助作用。而目前的在预算体系中，收入和支出决策权中的大部分仍然保留在中央。这一模式固然有统筹协调、省时高效、克服地方恶性竞争的优点，但弊病是中央掌握的资讯毕竟有限，难以根据各个地方的实际需要给予恰当的转移支付金额，而对地方支出的统一化安排也可能严重偏离地方自身的实际偏好。目前转移支付制度无法改变地方政府财政困境的原因，正是因为难以因地制宜地解决地方问题，而地方自治正可以解决这一点。因此，目前地方财政预算体系中的集权倾向已经过度，应当重新朝向地方分权自治、增进预算自主的方向发展。

（二）地方预算的宪制改革路径建议

如欲彻底改变地方预算中的中央集权过度问题，一般性的技术化改革难以产生效果，而必须从改革央地分权的宪制关系入手。笔者认为，地方预算自主权的宪制改革路径主要有二：法治化和民主化。

1. 地方预算权的法治化

在单一制体制下，央地政府间是行政领导关系而非享有宪法地位的公法人之间的关系，地方政府的预算自主权也并没有宪法保障。例如，在1994年分税制改革中，中央在与地方进行非正式协商后，就仅以国务院规范性文件（而非立法）的方式，单方面地改变了央地之间的税种分配，并在其后不受任何约束地调整分享税的分配比率，地方眼看自己利益受损只能被动接受，而无法律上的救济，这一现象正凸显出我国纵向府际关系的非法治化特征。

走向地方预算权的法治化，首先要求央地关系的法治化：以宪法或央地关系法明确央地之间的事权划分，并确立财权与事权成比例的宪法原则，从而保障地方预算收入不被中央任意侵占，并在自主的事权上根据自身的偏好安排预算，不受中央指令的过度干预。此外，在央地就预算收支问题发生争议时，长期而言，需改变目前不稳定的、非正式的协商乃至博弈渠道，设置法定的争议解决机制，并应最终建立宪法诉讼的解决机制。从域外经验看，宪法诉讼大致可分为分权化的"美国违宪审查模式"和集权化的"欧洲模式"。而从我国的政治传统和近年司法实践（如河南种子案）出发考虑，我国地方法院相对弱势，尚缺乏解决府际纠纷所需的高度司法权威，因此依循欧洲模式、尤其是偏政治机构性质的法国宪法委员会模式,设立一个针对宪法争议的专职审查机构,或更可行。这样,因预算争议而产生的府际纠纷便能被提交到该机构,由其对该争议中所蕴含的央地事权、财权分配作出解释、裁断,使问题能得到更权威、合理的解决。

2. 地方预算权的民主化

预算民主主义原则由人民主权原则衍生,要求地方预算决策需经过当地居民的同意。然而,中央或上级所保留的地方预算决策权侵蚀着这一原则,常以其行政指令架空地方人大的预算民主过程。有两种宪制改革路径可以解决这一问题:

一是保障地方政府在中央平等的政治参与权,从而在中央做出与地方相关预算决策时,地方能够在正式的政治协商过程中保护本地的权益。目前地方在中央的政治参与权主要通过参加全国人民代表大会,但是会期短、效率低;而在常设的全国人大常委会中,虽然也有来自各省的代表,但常委所来自的地区分布非常不平衡,《选举法》也对常委会的选举办法语焉不详,造成各地在常委会决策中的影响权不平等(张千帆,2012:260)。因此,需改革全国人大常委会的选举方式,逐步实现地方政府在中央的代表权平等化、地方利益表达渠道规范化,并增强人大常委会作为代议机构的民主决策功能。

二是上级行政机关应当尊重地方人大的预算自主权。我国的地方人民代表大会制的设计带有地方自治的潜在因素,由地方人民选举产生人大代表并组成地方人民代表大会,当地的其他国家机关(政府、法院、检察院)由它选举产生,对其负责、受其监督,每一级人民代表大会都相对独立,相互间没有行政领导关系,一定意义上是具有自治性质的地方利益代表机构(沈寿文,2012:24)。然而,目前地方行政机关采取双重领导机制,不仅对人大负责,而且也受上级政府领导,由于后者的领导关系直接决定了行政官员的任免,人大在我国横向政治机构体系中的实际地位又比较弱势,因此地方行政机关大多倾向于听从上级政府的指令,而架空了本级人大的监督,可见我国纵向宪制架构仍是以中央集权而非地方分权为主。但如果能够"认真对待人大",地方人民代表大会能够享有作为民意机关的实质权力,上级政府在预算收入规划和预算支出政策上能够更多尊重下级地方人大基于地方民意的决定,而非擅自通过指令干预,只保留事后的合法性监督权,那么地方人大在"地方自治"上的潜力将得到拓展,从而更好地维护地方预算的自主权。

3. 前瞻:多中心地方自治模式与预算自主

美国政治学、地方政府学者文森特·奥斯特罗姆曾提出,按照政府间的纵向分权关系,可以将政治体制分为"多中心政治体制"和"单中心政治体制"。前者意味着有多个相互独立的决策中心,它们之间不是等级隶属关系,而是竞争或者合作的平等关系,能更有效地提供公共物品,及时回应民众需求。每级政府都完整地拥有立法权、行政决策权和执行权,而不依赖于其他级别的政府。而后者则意味着存在一个单一的决策中心,所有的事务都由它负责,在它下面形成一个等级官僚体系,主要依靠命令与控制的方式统治。每一级政府都不完整,高层级政府拥有立法权和决策权,而其执行却依赖低层级政府,高层级政府的管理对象不是民众,而是低层级政府(王建勋,2012)。一般而言,联邦政府采取多中心的纵向分权模式,而单一制采取单中心模式。但一些单一制国家也采纳了多中心的、高度地方自治的分权模式,法国就是典型的例子。1982年后,法国开始进行地方分权改革,分为大区、省、市镇三级地方政府,每级政府都是具有宪法保障的公法人,根据法律的划分而拥有互不重叠的事权范围,采取"议行合一"体制,拥有其独立的财政自主权(税收由全国性法律设定)和规章制定、执行权,各层级政府间禁止监护(上级向下级政府下达强制性的行政命令),但可以相互合作。由中央下派的国家代表(préfet,或译"省长")不再具有地方长官的职权,而只是代表国家对地方政府行为进行合法性监督(里韦罗、瓦利纳,2008:115—134)。

我国目前采取的则是单中心的政治体制,地方政府之间仍是行政领导关系为主,在地方预算中,也仍有许多决策权被中央保留。单中心的体制往往难以高效地向地方公众提供公共品。因此,在前述法治化、民主化的基础上,长期来看,我国地方政府或可走向高度地方分权的多中心治理模式，并以辅助原则为基础分配各级地方政府的事权，在这一框架下，地方将拥有比较完整的预算自主权。

六、结　语

我国当前地方预算自主权的框架是在分税制改革的背景下形成的。分税制改革的初衷是为了提高中央财政汲取能力，并在财政支出上给予地方一定自主空间，于是形成了以转移支付为中心的地方财政预算体系，这些特征深刻地影响了地方预算权的发展。通过对地方预算自主权内容的分项分析，我们可以归纳出目前地方预算的自主程度可概括为"预算程序地方分权，预算收入中央集权，预算支出地方部分分权"。在这一框架下，主要的地方预算收入和支出决策权仍保留于中央，地方只有执行权和有限的决策权，中央集权的特征仍然明显，加之转移支付制度尚不够完善，于是造成了目前基层地方政府普遍的财政困境和预算不自主。

如欲真正增强地方预算的自主权，靠技术化的预算改革难以解决这一问题，而需要对央地宪制权力架构作出改革，使中央和地方关系走向法治化、争议解决机制司法化，并保障地方在中央的政治参与权和规范化的利益表达渠道、充实地方人大的自治权力，最终从"单中心"的中央集权的政治体制逐步走向"多中心"的地方自治。

【参考文献】

蔡定剑：《中国人民代表大会制度》，法律出版社2003年版。

蔡茂寅：《地方自治之理论与地方制度法》，学林文化事业有限公司2003年版。

蔡茂寅：《预算法之原理》，元照出版有限公司2008年版。

陈寒枫：《人代会会期制度的完善——进一步完善人大及其常委会会议制度、工作程序和议事规则的探索之二》，载《人大研究》，2007年第7期。

陈清秀：《中央与地方财政调整制度之探讨》，载台湾《植根杂志》，1996年第9期。

陈志：《浅谈没有立法权地方人大的规范性文件》，载《人大研究》，2006年第

12 期。

韩姗姗:《预算权力配置的宪法分析》,北京大学博士研究生学位论文,2011 年。

黄俊杰:《财政宪法》,翰芦图书出版有限公司 2005 年版。

黄凯斌:《法国分权改革与地方治理研究》,中国社会科学出版社 2012 年版。

黄佩华等:《中国:国家发展与地方财政》,中信出版社 2003 年版。

李有志:《政府非税收入管理》,人民出版社 2003 年版。

廖家勤:《中国地方预算决策自主权缺失问题分析》,载《中央财经大学学报》,2006 年第 5 期。

刘剑文:《宪政下的公共财政与预算》,载《河南省政法管理干部学院学报》,2007 年第 3 期。

刘剑文等:《中央与地方财政分权法律问题研究》,人民出版社 2009 年版。

刘剑文主编:《财税法学》,高等教育出版社 2012 年第 2 版。

刘全顺、魏俊、张献勇:《地方财政体制的法律问题研究》,知识产权出版社 2011 年版。

[日] 芦部信喜:《宪法》(第三版),林来梵、凌维慈、龙绚丽译,北京大学出版社 2006 年版。

罗春梅:《地方财政预算权与预算行为研究》,西南财经大学出版社 2010 年版。

马骏:《中国预算改革的新政治学:成就与困惑》,载《中山大学学报》,2007 年第 3 期。

马骏:《治国与理财:公共预算与国家建设》,生活·读书·新知三联书店 2011 年版。

毛泽东:《论十大关系》,人民出版社 1976 年版。

欧树军:《"看得见的宪政":理解中国宪法的财政权力配置视角》,载《中外法学》,2012 年第 5 期。

[法] 让·里韦罗、让·瓦利纳:《法国行政法》,鲁仁译,商务印书馆 2008 年版。

上官莉娜:《走出支离破碎化困境:法国地方政府改革研究》,人民出版社 2012 年版。

沈寿文:《论我国"分税制"的宪法性质》,载《时代法学》,2012 年第 10 卷第 2 期。

孙秀林、周飞舟:《土地财政与分税制:一个实证解释》,载《中国社会科学》,2013 年第 4 期。

王建学:《作为基本权利的地方自治》,厦门大学出版社 2010 年版。

王建勋主编：《自治二十讲》，天津人民出版社2008年版。

王绍光、胡鞍钢：《中国国家能力报告》，辽宁人民出版社1993年版。

王绍光：《分权的底限》，中国计划出版社1997年版。

王绍光：《从税收国家到预算国家》，载《读书》，2007年第10期。

王绍光、马骏：《走向"预算国家"——财政转型与国家建设》，载《公共行政评论》，2008年第1期。

王世涛：《财政宪法学研究：财政的宪政视角》，法律出版社2012年版。

王玮：《地方财政学》，北京大学出版社2013年版。

辛向阳：《百年博弈：中国中央与地方关系100年》，山东人民出版社2000年版。

辛向阳：《大国诸侯：中国中央与地方关系之结》，中国社会出版社2008年版。

熊伟：《宪法视野下的预算：预算法律说批驳》，载《江苏行政学院学报》，2007年第7期。

熊文钊主编：《大国地方：中央与地方关系法治化研究》，中国政法大学出版社2012年版。

徐键：《地方财政自主权研究》，上海交通大学博士学位论文，2010年。

徐阳光：《地方财政自主的法治保障》，载《法学家》，2009年第2期。

徐阳光：《论财政转移支付法与地方分权自治》，载《安徽大学法律评论》，2007年第2辑。

闫海：《公共预算过程、机构与权力：一个法政治学研究范式》，法律出版社2012年版。

叶世治：《关于我国立法制度中"根据"与"不抵触"的比较》，载《行政与法》，2002年第8期。

张千帆：《法国与德国宪政》，法律出版社2011年版。

张千帆：《国家主权与地方自治——中央与地方关系的法治化》，中国民主法制出版社2012年版。

张千帆：《美国联邦宪法》，法律出版社2011年版。

张千帆：《宪法学导论：原理与应用》，法律出版社2008年版。

张千帆、［美］葛维宝主编：《中央与地方关系的法治化》，译林出版社2009年版。

张五常：《中国的经济制度》，中信出版社2009年版。

张献勇：《预算权研究》，中国民主法制出版社2008年版。

赵雯主编：《地方人大预算审查监督简明读本》，复旦大学出版社2008年版。

周飞舟:《以利为利:财政关系与地方政府行为》,上海三联书店 2012 年版。

朱丘祥:《分税与宪政——中央与地方财政分权的价值与逻辑》,知识产权出版社 2008 年版。

Aaron Wildavsky, "The Political Implications of Budgetary Reform", *Public Administration Review*, Vol. 21, No. 4, 1961, pp. 183 – 190.

Michel Oksenberg and James Tong, "The Evolution of Central-Provincial Fiscal Relations in China, 1971 – 1984: The Formal System", *The China Quarterly*, No. 125, March 1991, pp. 1 – 32.

图书在版编目（CIP）数据

中国公共预算研究：第五届学术会议论文集（2014·北京）/马骏，王浦劬，黄严主编. —北京：中央编译出版社，2016.6
ISBN 978-7-5117-3020-6

Ⅰ.①中…
Ⅱ.①马… ②王… ③黄…
Ⅲ.①国家预算-中国-学术会议-文集
Ⅳ.①F812.3-53

中国版本图书馆 CIP 数据核字（2016）第 117598 号

中国公共预算研究：第五届学术会议论文集（2014·北京）

出 版 人：葛海彦
出版统筹：贾宇琰
责任编辑：贾宇琰　赵　灿
责任印制：尹　珺
出版发行：中央编译出版社
地　　址：北京西城区车公庄大街乙 5 号鸿儒大厦 B 座（100044）
电　　话：(010) 52612345（总编室）　　　(010) 52612375（编辑室）
　　　　　(010) 52612316（发行部）　　　(010) 52612317（网络销售）
　　　　　(010) 52612346（馆配部）　　　(010) 55626985（读者服务部）
传　　真：(010) 66515838
经　　销：全国新华书店
印　　刷：北京溢漾印刷有限公司
开　　本：787 毫米×1092 毫米　1/16
字　　数：348 千字
印　　张：24.25
版　　次：2016 年 6 月第 1 版第 1 次印刷
定　　价：98.00 元

网　　址：www.cctphome.com　　　邮　　箱：cctp@cctphome.com
新浪微博：@中央编译出版社　　　微　　信：中央编译出版社(ID: cctphome)
淘宝店铺：中央编译出版社直销店(http://shop108367160.taobao.com)　(010)52612349

本社常年法律顾问：北京嘉润律师事务所律师　李敬伟　问小牛
凡有印装质量问题，本社负责调换，电话：(010) 55626985